역사를 꿰뚫어 보는 지혜

춘추곡량전
(春秋穀梁傳)

남기현 해역

자유문고

'춘추곡량전(春秋穀梁傳)' 이란 어떤 책인가?

곡량전(穀梁傳)은 춘추곡량전(春秋穀梁傳)이라고 일컫는데 일상적으로 곡량춘추(穀梁春秋)라고도 부른다.

정확한 저자는 확인되지 않고 있다. 단 노(魯)나라의 곡량자(穀梁子)라고만 전한다.

한(漢)나라의 반고(班固)가 편찬한 '한서예문지(漢書藝文志)' 를 참고해 보면 '곡량전(穀梁傳) 11권' 이라 했고 그 주석에 '곡량자(穀梁子)의 저작이며 노(魯)나라 사람이다.' 라고 했다.

반고(班固)는 노나라 사람 곡량자(穀梁子)라고 했고, 당(唐)나라의 안사고(顔師古)는 이름을 희(喜)라고 했다. 희(喜)라는 이름에 대해서도 일부 학자들은 숙(俶) 또는 적(赤)으로 쓰고 있기도 하다.

또 동한(東漢)의 일부 학자들은 곡량자는 곡량적(穀梁赤)을 말하며 그는 일찍이 공자(孔子) 문하에서 배운 자하(子夏)의 학생이라고 전했다.

한(漢)나라 환담(桓譚)의 '신론(新論)' 이나 후한(後漢) 채옹(蔡邕)의 '정교론(正交論)' 이나 응소(應劭)의 '풍속통(風俗通)' 에서 모두 자하(子夏)의 제자라는 것을 인정하고 있다.

다만 후한(後漢) 왕충(王充)의 '논형(論衡)' 에서는 곡량치(穀梁寘)라고 했고 완효서(阮孝緖)의 '칠록(七錄)' 에서는 곡량숙(穀梁俶)이라고 했다.

당(唐)나라 시대에 이르러 경학가(經學家)들이 역대(歷代) 명가(名家)의 설에 의거하여, 새로운 자료를 발굴하지 못했지만 새로운 설명은 있었다.

안사고(顔師古)는 '한서예문지(漢書藝文志)'를 주석하면서 반고의 해석 밑에 이름은 희(喜)라고 했다. 뒤에 전대소(錢大昭)는 '한서변의(漢書辨疑)'에서 곡량희(穀梁喜)는 마땅히 곡량가(穀梁嘉)가 되어야 한다고 했다.

이어서 육덕명(陸德明)은 '경전석문(經典釋文)'의 서록(序錄)에서 믿기 어려운 말로 곡량적(穀梁赤)이라 하고, 전국시대(戰國時代) 진(秦)나라 효공(孝公) 때의 사람이라 했다.

양사훈(楊士勛)이 '곡량의소(穀梁義疏)'를 저작할 때에는 완효서(阮孝緖)의 설(說)을 취하되 곡량숙(穀梁俶)을 곡량숙(穀梁淑)으로 하고 그 설명에 '자(字)는 원시(元始)이고 노(魯)나라 사람이다. 일명 적(赤)이라고 한다.' 라고 했다.

하나의 '곡량자(穀梁子)'가 앞에서부터 뒤에 학자들까지 '적(赤), 치(寘), 희(喜), 가(嘉), 숙(俶), 숙(淑)' 등의 여섯 가지 이름으로 기록되어 있어서 후세의 학자들은 어느 것을 취해야 할지 난감한 실정이었다.

이상과 같이 저작자의 이름이나 신분이 확실하지 못하고 저작된 연대도 의문투성이였다.

양사훈의 '곡량의소(穀梁義疏)'에서 살펴보면 '곡량숙(穀梁淑)은 자하(子夏)에게서 춘추(春秋)를 학습한 연후에 경문(經文)에 의거하여 전(傳)을 지었다.' 라고 했다. 그런데 이 말에도 문제가 있다.

공자(孔子)의 제자인 자하(子夏)는 춘추시대 후기(後期) 사람인데 과연 곡량숙이 자하에게 수학하였다면 곡량숙은 자하와 동시대 사람이거나 혹은 조금 뒤의 사람일 것이며 또 경(經)에 의거하여 전(傳)을 지었다면 이는 응당 몸소 지었을 것이다. 그런데 곡량전 안에 기재되어 있는 문장을 보면 이미 '곡량자(穀梁子)' 라는 칭호가 있고 자하보다 뒤늦은 사람들이 나타나고 있다.

곧 곡량전 안의 몇몇 부분에 '심자(沈子)'와 '시자(尸子)'가 인용되었는데, 심자(沈子)는 전국시대 사람이며 공양전(公羊

傳)에도 인용되어 있고 시자는 시교(尸佼)이다. 시교(尸佼)는 상앙(商鞅)의 스승이었다. 이들의 생활 연대는 비록 확실하게 단정하기는 어려우나 자하보다 한참 후대라는 점에 문제가 있다.

동한(東漢)의 환담(桓譚)이 지은 '신론(新論)' 에서는 "좌전(左傳)이 전국시대의 어두운 세상을 만난 뒤, 백여 년 뒤에 노나라 사람 곡량적(穀梁赤)이 춘추(春秋)를 지었는데 빠지기도 하고 생략되기도 하여 잃어버린 글들이 많았다. 또 제(齊)나라 사람 공양고(公羊高)가 경문(經文)을 만들고 전(傳)을 만들었는데 더욱 본사(本事)를 잃었다."라고 했다.

모든 사람들이 인정하기를 '춘추(春秋)' 의 삼전(三傳) 가운데 좌전(左傳)이 가장 일찍 나타났고, 곡량(穀梁)과 공양(公羊)이 동시에 출현함이 많이 다르지 않다고 인정하고 있으면서도 하나같이 의문을 벗어나지 못하고 있다.

당(唐)나라의 육덕명(陸德明)은 삼전(三傳)에 대하여 차서를 설명하기를 "좌구명(左丘明)이 중니(仲尼 : 공자)에게서 받고 공양고(公羊高)는 자하(子夏)에게서 받았고 곡량적(穀梁赤)은 후세(後世)에 전해 들었다."라고 했다. 곧 곡량(穀梁)이 삼전(三傳) 가운데서 가장 늦게 출현했다는 것이다. 당연히 창작 연대의 선후가 고려되어야 할 것인데도 이 밖에는 달리 고증할 방법이 없다.

오늘날에는 연구하는 학자들이 적지 않아서 공양전과 곡량전의 내용을 대비하여 양전(兩傳)에서 곡량전의 창작 연대를 한(漢)나라의 경제(景帝) 때이거나 심지어는 그보다 뒤일 것이라고 하고 있다. 이 말이 비록 조금은 옛것을 지키는 것이나 그 밖의 특별한 증거가 나오지 않는 이상 한나라의 경제 때나 그 뒤의 것이라는 설에서 벗어나지 못할 것이다.

또한 곡량전(穀梁傳)이 한(漢)나라 이전(以前)에 전수되었다는 설은 한결같은 그 연대를 확정할 만하지 못한다.

양사훈(楊士勛)이 말하기를 "곡량숙(穀梁淑)이 자하(子夏)에게 경(經)을 받아 곡량전(穀梁傳)을 지어서 순자(荀子)에게 전하고 순자(荀子)가 또 노(魯)나라 사람 신배(申培)에게 전했다."라고 했다.

이와 같은 상황에서 육덕명(陸德明)의 말을 인용해 보면 곡량적(穀梁赤)은 진효공(秦孝公)과 동시대 사람이다. 진효공(秦孝公)의 연대를 대략 살펴보면 B.C. 361년에서 B.C. 337년 간이다. 순자(荀子)의 연대는 대략 B.C. 313년에서 B.C. 238년 사이이다. 노나라 사람 신배(申培)가 서한(西漢)의 무제(武帝) 3년까지라면 이 때는 80여 세이다. 이러한 과정에서 자하를 따라서 곡량자(穀梁子)에 이르고 다시 순자(荀子)를 따라서 노나라 사람 신배(申培)에 이르렀다는 말은 논란의 여지가 남아 있고 연속되는 것이 이어지지 않는다.

중간에 그 밖의 전수자가 존재하지 않는다면 확실한 글로 기재할 수가 없고 알 수도 없어서 곡량전이 이루어진 배경이 서한(西漢) 초기 이전이라는 설은 균일하게 믿지 못할 것들이다.

'사기(史記)' 유림열전(儒林列傳)에 "하구(瑕丘)의 강생(江生)이 곡량춘추(穀梁春秋)를 만들었다. 공손홍(公孫弘)부터 사용하여 일찍이 그 의(義)를 비교하고 마침내는 동중서(董仲舒)가 사용했다."라고 했다.

이것이 한(漢)나라 때 곡량(穀梁)의 전수(傳授)와 관련된 최초의 기록이다.

'한서(漢書)' 유림전(儒林傳)에는 비교적 상세하여 기재했는데 "하구강공(瑕丘江公 : 瑕丘江生)이 곡량(穀梁)을 노나라 사람인 신배(申培)에게 받아서 동시에 시(詩)를 배워 한나라 무제(武帝) 때 노시(魯詩)로 박사(博士)가 되었다. 태자가 본래부터 공양(公羊)을 배웠는데 사사로이 또 곡량(穀梁)을 배워서 잘했다."라고 했다.

당시에는 공양(公羊)이 판을 쳤고 곡량(穀梁)을 배우고 연구하는 학자는 적었는데 다만 노나라 사람인 영광(榮廣)과 호성공(皓星公)이 강공(江公 : 江生)학인 곡량(穀梁)을 따랐다.

영광(榮廣)에게 배우는 학생에는 채천추(蔡千秋)와 주경(周慶)과 정생(丁姓) 등이 동시에 호성공(皓星公)의 학을 따랐다.

선제(宣帝) 때에는 곡량전이 최고의 발흥기(發興期)를 맞이하여 학관이 세워지는 전성기였다가 차츰 침체를 벗어나지 못하고 공양전에 밀리기 시작했다.

이후로 경학이 정치적 세력에 좌우되면서 곡량전의 전수나 유포가 차츰 쇠퇴해지고 그 빛을 잃어갔다.

옛부터 왕자(王者)가 새로 태어나면 대대로 사관(史官)이 있었다. 천자(天子)가 무엇인가 말을 하면 사관(史官)은 반드시 그것들을 기록하였다. 그것은 천자가 언행(言行)을 삼가고 자손에게 법칙을 보이기 위해서였다.

좌사(左史)는 왕의 말을 기록하고 우사(右史)는 왕의 행동을 기록하였다. 그 왕의 행동을 기록한 것이 춘추(春秋)이고 왕의 말을 기록한 것이 상서(尙書 : 書經)이다.

이 춘추곡량전(春秋穀梁傳)은 공자(孔子) 춘추(春秋)의 명분(名分)과 의리(義理)를 내세워 춘추경문(春秋經文)을 해설한 것으로 고문학(古文學)의 최고서라 일컬어진다.

명분(名分)이나 참 의리(義理)가 무엇인가를 살피기 위해서, 사회인들이 한 번은 필독해야 할 경서(經書)이다.

이 역서는 상해(上海) 고적출판사(古籍出版社)의 영인본을 저본으로 하여 춘추좌전(春秋左傳 : 자유문고 발행)을 참조하고 공양전(公羊傳 : 자유문고 발행)도 참조하여 번역하였다.

춘추곡량전 서(春秋穀梁傳序)

옛날부터 주(周)나라의 도(道)가 쇠약하여 짓밟혀 왔다. 이 때문에 주(周)나라 천자(天子)의 대본(大本)인 줄이 끊어졌다. 이로 인하여 예(禮)가 무너지고 음악이 붕괴되었으며 사람이 사는 도리가 무너져 내렸다. 자식이 부모를 죽이고 신하가 임금을 죽이고 자리를 빼앗는 자들이 나라에 있게 되었으며 음란하고 방종하여 인간의 의리를 파괴하는 자들이 어깨를 나란히 하고 다녔다.

이로 인하여 요상한 재앙이 틈을 따라서 일어나고 백성들의 풍속은 이러한 것들로 물들어 옮겨갔다. 이에 음양이 법도를 이그러뜨렸고 태양과 달과 오성(五星 : 金水木火土)이 빛을 발하기도 하고 위축되기도 하였으며 하천(河川)이나 오악(五岳)이 마르고 무너져 내렸으며 귀신들이 재앙을 만들어냈다.

아버지와 아들의 은혜가 부족해져 시경(詩經)의 소반(小弁)과 같은 헐뜯는 시(詩)가 일어났다. 임금과 신하의 예가 피폐해져 시경의 상호(桑扈)와 같은 풍자(諷刺)의 시가 일어났다. 부부(夫婦)의 도(道)가 끊어져 시경의 곡풍편(谷風篇)이 연주되었다. 골육(骨肉)의 친함이 떠나가 시경의 각궁(角弓) 같은 원망하는 시가 드러났다. 군자(君子)들의 길이 막히게 되어 시경의 백구(白駒) 같은 시가 나타나 현자가 떠나가는 것을 노래하였다.

하늘은 본보기를 내려서 길하고 흉한 것을 나타낸다. 성인(聖人)은 가르침을 만들어 성공한 일과 실패한 일들을 적어서, 사람의 임금들이 그 행동을 삼가고 덕정(德政)을 더욱 닦도록 한다.

대개 그들에게는 정성스럽고 곡진하게 가르치고 나는 귀담아 듣는다. 이는 서리가 내리면 굳건한 얼음이 어는 것처럼 말미암는 바를 점진적으로 하는 것이다.

사방(四方)의 오랑캐가 교대로 침략하여 중화(中華)와 오랑캐가 함께 익숙해졌다. 주(周)의 유왕(幽王)이 포악함으로써 재앙을 보이고 평왕(平王)이 미약한 상태에서 동쪽으로 천도(遷都)하여 정벌(征伐)이 천자(天子)의 명으로부터 말미암지 못하고 호령(號令)이 권신(權臣)의 문(門)으로부터 나오게 되었다.

양관(兩觀)이 나타나면서 신하의 예가 없어졌고 주간(朱干)이 설치되면서 임금의 권력이 상실되었다. 이때부터 신하가 임금을 능멸하고 임금의 권위가 땅에 떨어졌으며 다스림의 지극함이 참핍(僭逼)되고 온 천하가 너무 넓고 넓어져서 왕도(王道)가 다하게 되었다.

공자(孔子)께서는 창해(滄海 : 큰 바다)가 멋대로 흐르는 것을 보시고 이에 위연(喟然)히 탄식하기를 "주(周)나라 문왕(文王)이 이미 몰하시니 문(文)이 이에 있지 않는구나. 문왕의 도(道)가 상실되었으니 흥성할 자는 나에게 있구나."라고 말씀하시고 이에 태사(太師)로 취임하여 아(雅)와 송(頌)을 바로잡으셨다.

또 노나라의 역사를 인용하여 춘추(春秋)를 닦고 세상사의 무상함을 국풍(國風)에 나열하고 왕덕(王德)을 나라의 임금들에게 가지런하게 함으로써, 아(雅 : 음악)가 회복되지 못하고 정치의 풍화가 족히 여러 후비(后妃)들에게 혜택이 미치지 못하는 것을 밝히셨다.

때는 노(魯)나라 은공(隱公)과 접한 시기로 이로부터 인하여 처음을 시작했다. 이는 하늘과 땅이 만물을 만들어 자라게 하는 것에 해당한다. 인도(人道)의 조용한 변화를 도와 얻고 잃음을 들어서 강등하기도 하고 드높여 빛내기도 했으며 성공과 실패를 밝혀서 권하고 징계함을 나타냈으며 무너져 내린 기강을 건져내고 삼황(三皇)과 오제(五帝)를 계승시키고 향기로운 바람을 들쳐서 돌아다니는 먼지들을 부채질하였다.

한 글자로 표현하는 칭찬과 총애는 화곤(華袞)을 주는 것을 넘어섰고, 한 마디로 표현하는 폄하와 능욕은 시장에서 매를 치는 것보다 지나쳤다. 덕으로 돕는 것은 비록 미천하더라도 반드시 펴주었고, 의(義)로써 억제해야 할 것들은 비록 귀하더라도 반드시 굴복시켰다. 그러므로 세력에 아부하여 그른 것을 숨긴 자는 그 죄가 도망갈 곳이 없게 되었고, 덕을 침체시키고 독재를 한 자는 그 이름을 숨길 곳이 없게 되었다. 진실로 바꾸지 못할 큰 법도이고 모든 왕들에게 통하는 법칙이었다.

선왕(先王)의 도(道)가 이미 홍대(弘大)하여 기린(麒麟)이 감동하여 와서 응하였다. 이로 인하여 일이 갖추어지고 편(篇)이 종결되었다. 그러므로 이 해에 절필(絶筆)하고 천하의 사업을 성취시켰다. 천하의 사특하고 바른 것을 안정시킨 것은 춘추(春秋)보다 좋은 것이 없다.

춘추(春秋)의 전(傳)은 세 가지가 있는데 경(經)의 뜻은 전일(專一)하다. 다만 좋고 나쁜 것이 동일하지 않을 뿐이다.

대개 구류(九流)로 나누어져 미언(微言)이 숨어 있고 이단(異端)이 일어나서 대의(大義)가 어그러졌다.

좌씨(左氏)는 육권(鬻拳)의 병간(兵諫)을 애군(愛君)으로 삼았고 문공이 납폐(納幣)한 것을 예를 사용했다〔用禮〕고 했다.

곡량씨(穀梁氏)는 위첩(衛輒)의 거부(拒父)를 조상을 높인 것으로 삼았고 자규(子糾)를 불납(不納)한 일을 내악(內惡)으로 삼았다.

공양씨(公羊氏)는 제중(祭仲)이 폐군(廢君)한 일을 행권(行權)으로 삼았고 첩모(妾母)를 부인(夫人)으로 칭한 것을 합정(合正)으로 인정하였다.

병간(兵諫)을 애군(愛君)으로 삼게 되면, 이를 사람의 임금이 되어서 얻게 되면 위협당하는 것이 된다. 납폐(納幣)를 용례(用禮)로 삼게 되면, 이는 거상(居喪) 중이라도 얻어서 혼인하게 되는 것이다.

거부(拒父)로써 조상을 높인 것으로 삼게 된다면, 이를 자식된 자가 얻으면 반역이 되는 것이다. 자규(子糾)를 불납(不納)한 일을 내악(內惡)으로 삼게 된다면, 이를 원수가 얻는다면 용납하는 것이 된다.

폐군(廢君)을 행권(行權)으로 삼게 된다면, 이는 신기(神器)를 얻은 자들은 엿보게 되는 것이다. 첩모(妾母)를 부인(夫人)으로 삼게 된다면, 이는 적자가 얻거나 서자가 얻거나 가지런하게 되는 것이다.

이와 같은 유형들은 가르침을 손상시키고 의(義)를 해치는 것들로, 강제로라도 통하지 못하게 해야 하는 것이다.

무릇 전(傳)이란 경(經)을 통하게 하는 것으로 주인을 삼으며, 경(經)은 반드시 합당한 것으로 이치를 삼는 것이다.

대저 지극히 합당한 것은 둘이 없다. 세 사람의 전(傳)이 비록 말이 다르나 어찌 그 막힌 것들을 버리고 선을 가려서 따르지 않겠는가? 이미 합당한 것을 갖추지 못하면 굳이 포용하더라도 함께 잃는 것이리라. 만약 지언(至言)이 깊숙이 끊기고 선을 가려서 따르지 않는다면 어찌 함께 놓아버리고 으뜸되는 것을 구하여 이치에 의거하여 경에 통하도록 하지 않겠는가? 비록 나의 옳은 것이 이치에 전혀 합당하지 않더라도 어찌 가히 합당하게 하는 어려움 때문에 스스로 드물게 통하는 것을 끊겠는가?

한(漢)나라가 흥성한 이래로 괴망(瑰望)한 큰 선비들이 각각 자신이 익힌 것만 믿어 옳고 그름이 어지럽게 어그러져 수평으로 재단하는 것들이 정해지지 않았다. 그러므로 아버지와 아들의 다르고 동일한 논란과 석거(石渠)의 분쟁(分爭)의 설이 있다.

폐하고 흥성하는 것은 좋고 나쁜 것에서 말미암고 성하고 쇠하는 것은 말 잘하고 어눌한 것에서 이어진다. 이는 대개 사방으로 통하는 지극한 이치가 아니겠는가? 진실로 군자들이 탄식하는 것들이다.

좌씨(左氏)는 고우면서도 부유하여 그 잃는 것이 무당 같고, 곡량씨(穀梁氏)는 맑으면서도 완만하여 그 잃는 것이 짧고, 공양씨(公羊氏)는 말 잘하면서도 재단하여 그 잃는 것이 속되었다.

만약 능히 부유하여도 무당 같지 않고 맑으면서도 그 잃는 것이 짧지 않고 재단하여도 속되지 않게 되면 그 도에 깊어진 것이다. 그러므로 군자는 춘추(春秋)에 자신을 다할 따름이다.

동진(東晉)의 승평(升平) 말에, 태세(太歲)가 대량(大梁)에 차례했을 때 선군(先君 : 范甯의 아버지)이 북번(北蕃)에서 회진(廻軫)하고 오(吳)에 머리 숙였다. 이에 문하생들과 고리(故吏)들과 우리의 형제와 자식과 조카들을 거느리고 육적(六籍 : 易·詩·書·禮·樂·春秋)을 연마하여 강의하고 차례로 삼전(三傳)에 이르렀다.

좌씨(左氏)는 복건(服虔)과 두예(杜預)의 주(注)가 있고, 공양씨(公羊氏)는 하휴엄(何休嚴)과 팽조(彭祖)의 훈(訓)이 있다. 곡량전(穀梁傳)을 해석한 자는 비록 10가(十家)에 가까우나 모두가 살갗처럼 얇은 말학(末學)으로 경(經)의 모범이 될 만한 것들이 아니었으며 사리(辭理)와 전거(典據)가 보잘것 없었다. 또 좌씨와 공양(公羊)을 인용하여 이 전(傳)을 해석하면 문의(文義)가 위반되어 이에 해로울 따름이었다.

이에 명분의 예(例)를 헤아려 간략하게 하고 의심스럽고 막힌 것들은 다시 나열하고 널리 모든 유가(儒家)의 동이(同異)의 설을 보였다. 하늘이 돕지 않아 태산(太山)이 이에 무너져 내려 포복하여 무덤에 머무니, 사망하는데 날이 없었다. 해와 달이 지나가고 발돋움하여 눈으로 보고 코로 숨쉬는 지경에 이르러 이에 두서너 사람의 학사(學士)와 모든 자제(子弟)와 더불어 각각 아는 바를 기록하고 아울러 그 뜻을 말하였는데도 업을 마치는데 이르지 못하였다.

추상같은 서릿발이 여름에 떨어지고 종제(從弟)들이 시들어가고 두 아들이 죽었다. 하늘이 실로 나에게 많은 것을 잃게 했으니 어찌 아픔이 이와 같은가?

지금 제자(諸子)들의 말과 그의 성명들을 기록하여 엮어서 이르기를 '춘추곡량전집해(春秋穀梁傳集解)' 라고 이름하노라.

국자사문조교(國子四門助教) 양사훈(楊士勛)이 쓰다.

차 례

제5편 희공 시대(僖公時代) / 171

제9편 양공 시대(襄公時代) / 359

제12편 애공 시대(哀公時代) / 509

제1편 은공 시대(隱公時代)

(재위 : 1년~11년까지)

시법(諡法)에 '그의 지위를 헛되지 않게 하다'를 '은(隱)'이라 했다.

▨은공 연표(隱公年表)

국명 / 기원전	周	鄭	齊	宋	晉		衛	蔡	曹	滕	陳	杞	薛	莒	郲	許	小郲	楚	秦	吳	越	魯
	平王	莊公	僖公	穆公	翼 鄂侯	曲沃 莊伯	桓公	宣公	桓公		桓公	武公	武公	子爵	儀父 (附庸國)	莊公	(附庸國)	武王	文公			隱公
722	49	22	9	8	2	11	13	28	35	후작의 나라	23	11	자작의 나라				전욱의 후예	19	44			1
721	50	23	10	9	3	12	14	29	36		24	12						20	45			2
720	51	24	11	10	4	13	15	30	37		25	13						21	46			3
719	桓王 1	25	12	殤公 1	5	14	16	31	38		26	14						22	47			4
718	2	26	13	2	6	15	宣公 1	32	39		27	15						23	48			5
717	3	27	14	3	哀侯 1	16	2	33	40		28	16						24	49			6
716	4	28	15	4	2	17	3	34	41		29	17						25	50			7
715	5	29	16	5	3	武公 1	4	35	42		30	18						26	寧公 1			8
714	6	30	17	6	4	2	5	桓公 1	43		31	19						27	2			9
713	7	31	18	7	5	3	6	2	44		32	20						28	3			10
712	8	32	19	8	6	4	7	3	45		33	21	설백 조회					29	4			11

은공 시대(隱公時代)의 나라들

周 희성(姬姓)이다. 후직(后稷)의 후예이다. 문왕(文王)의 뒤를 이은 무왕(武王)이 은(殷)나라의 주(紂)를 무너뜨리고 풍호(豊鎬)에 도읍을 정했다. 그뒤 유왕(幽王)과 여왕(厲王)의 폭정으로 나라가 어지러워지자 뒤를 이은 평왕(平王)이 동쪽인 낙양(洛陽)으로 도읍을 옮기고 풍호를 버렸다. 이때부터 동주(東周)라 했다. 평왕 49년이 노(魯)나라 은공(隱公)의 원년이며, 은공 3년에 평왕이 죽고 환왕(桓王)이 즉위했다.

鄭 희씨(姬氏)이다. 백작(伯爵)의 나라. 정나라 환공(桓公)이 처음으로 작위를 받았다. 주나라 여왕(厲王)의 아들 일왕(壹王)의 아우. 무공(武公) 장공(莊公)으로 이어졌으며 장공 22년에 해당한다.

齊 강씨(姜氏)이다. 후작(侯爵)의 나라이다. 주나라 무왕을 도와 천하를 통일한 강태공, 곧 태공망(太公望)을 봉한 나라이다. 13대를 이어와 제나라 희공(僖公) 9년에 해당한다.

宋 자씨(子氏)이다. 공작(公爵)의 나라이다. 주나라 무왕이 은나라를 정벌하고 은나라 후손(後孫)인 미자계(微子啓)를 송나라에 봉해서 은나라의 선조를 제사 지내게 했다. 14세를 이어왔으며 14대손 목공(穆公) 8년에 해당한다.

晉 희성(姬姓)이다. 후작의 나라이다. 당숙(唐叔)을 처음 봉하여 이때 11세인 소후(昭侯)에 이르렀으며 소후가 문후(文侯)의 동생 성사(成師)를 곡옥(曲沃)에 봉했다. 이 때부터 진나라가 분열되어 익(翼)과 곡옥(曲沃)으로 나뉘어졌다.

翼(익) : 진나라 소후(昭侯)가 효후(孝侯)에게 전하고 효후가 악후(鄂侯)에게 전했으며 악후 2년이 은공 원년이다.

曲沃(곡옥) : 성사(成師) 뒤에 장백(莊伯)에게 전해지고 장백 11년 11월이 노나라 은공 원년이다. 은공 11년에 장백이 죽었고 그의 아들 무공(武公)이 즉위했다.

衛 희성(姬姓)이다. 후작의 나라이다. 강숙(康叔)으로부터 13세손인 환공(桓公)에 이르렀고, 환공 13년이 노나라 은공 원년이다. 은공 4년에 위나라 주우(州吁)가 환공을 살해하고 스스로 즉위했으나 그 해 가을에 주우를 살해하고 선공(宣公)인 진(晉)이 즉위했다.

蔡 희성(姬姓)이다. 후작의 나라이다. 채숙(蔡叔)의 아들 채중(蔡仲)이 덕을 쌓고 행실을 고쳤으므로 성왕(成王)이 다시 채에 봉해 13세손인 선공(宣公) 28년이 노나라 은공 원년이다. 노나라 은공 8년에 선공이 죽고 아들 환후(桓侯)인 봉인(封人)이 즉위했다.

曹 희성(姬姓)이다. 백작(伯爵)의 나라이다. 조숙(曹叔)인 진탁(振鐸)이 처음 봉해졌으며 12대가 전해져 환공(桓公) 35년이 노나라 은공 원년이다.

滕 희성(姬姓)이다. 후작의 나라이다. 노나라 은공 7년에 등후(滕侯)가 죽었다고 했으며 그의 후예가 자작으로 강등되어 당시의 왕에게 축출되었다고 했다.

陳 규성(嬀姓)이다. 후작의 나라이다. 순(舜)임금의 후예이며 호공(胡公)이 처음으로 봉해지고 12대손인 환공(桓公) 23년이 노나라 은공 원년이다.

杞 사성(姒姓)이다. 후작의 나라이다. 하(夏)나라 우(禹)임금의 후예이다. 동루공(東樓公)이 처음 봉해졌으며 5세 후예인 무공(武公) 11년이 노나라 은공 원년이다.

薛 임성(任姓)이다. 후작의 나라이다. 노나라 은공 11년에 조회에 들어왔고 장공(莊公) 31년에 설백(薛伯)이 죽었다고 기록되어 있다. 당시의 왕에게 축출된 것 같다.

莒 사성(巳姓)이다. 자작(子爵)의 나라이다. 노나라 문공(文公) 18년에 서기(庶其)가 보인다.

郲 조성(曹姓)이다. 부용국(附庸國)이다. 의보(儀父)가 춘추에 기록되어 있다. 노나라 장공 16년에 주자(郲子)인 극(克)이 죽었다고 기록되어 있다.

許 강성(姜姓)이다. 대악(大嶽)의 후예이다. 노나라 은공 11년에 허(許)나라 장공(莊公)과 허숙(許叔)을 보다라고 기록되어 있다. 희공 4년에 허남(許男) 신신이 졸하다.

小郲 조성(曹姓)이다. 자작의 나라이다. 전욱(顓頊)의 후예이다. 부용국이었다. 희공 7년에 소주자(小郲子)라고 처음 기록하다.

楚 미성(羋姓)이다. 자작의 나라이다. 웅역(熊繹)이 처음 봉함받아 6대손 웅거(熊渠)가 그의 큰아들을 왕으로 세워 참왕의 시작이다. 무왕(武王) 19년이 노나라 은공 원년이다.

秦 영성(嬴姓)이다. 백작의 나라이며 전욱의 후예이다. 문공(文公) 44년이 노나라 은공 원년이다. 부용국이었으나 평왕의 동천에 공이 있어서 제후가 되었다.

吳 희성(姬姓)이다. 자작의 나라이다. 주나라 태백(太伯)의 5세손을 무왕이 봉했다. 그후 14세손인 수몽(壽夢)에 이르러 왕이라 칭했다. 성공(成公) 7년에 기록되어 있다.

越 선조는 우(禹)의 후예이며 소강(少康)의 서자이다. 회계(會稽) 땅에 봉하여 우임금의 제사를 지내고 20여 세 윤상(允常)에 이르렀다. 소공 5년에 처음으로 윤상이 오나라 합려와 싸웠다고 기록이 보인다. 윤상의 아들이 구천이다.

제1편 은공 시대(隱公時代)

1. 은공(隱公) 원년 기미(己未)

가. 춘추(春秋)는 사람의 아름다움을 이루어 준다

원년(元年)의 봄은 왕력(王曆)으로 정월이다. 비록 일이 없으나 반드시 정월(正月)을 거론한 것은 시작을 신중히 한 것이다.

은공(隱公)이 즉위(卽位)한 것을 왜 말하지 않았는가? 은공의 뜻이 이루어져서이다. 무엇이 이루어졌다는 것인가? 군주 자리를 취하려 하지 않았는데 군주가 된 것을 말한 것이다. 군주 자리를 취하려 하지 않았는데 군주가 되었다는 것은 무슨 뜻인가? 장차 환공(桓公)에게 양위(讓位)하려고 한 것이다. 환공에게 양위하는 것이 바른 것인가? 바르지 않다고 이른 것이다. '춘추(春秋)'는 사람들의 아름다운 것을 이루어지게 하고 사람들의 나쁜 것은 이루어지지 않게 하는데 은공의 바르지 않은 것을 이루어지게 한 것은 무엇 때문인가? 이로써 장차 환공을 미워하기 위해서이다.

환공을 왜 미워하고자 했는가? 은공이 장차 양위하려 했는데 환공이 은공을 시해했다. 이는 환공이 악(惡)한 것이다. 환공이 시해해도 은공은 양위하려 했는데 이는 은공이 선(善)한 것이다. 선한데 바르지 않다고 한 것은 무엇 때문인가? 춘추는 의(義)를 귀하게 여기고 은혜는 귀하게 여기지 않으며 도(道)는 펴고 사특한 것은 펴지 않는 것이다.

효자(孝子)는 아버지의 아름다운 것을 드러내고 아버지의 나쁜 것을 드러내지 않는다. 선군(先君 : 惠公)이 환공(桓公)에게 주고자 한 것은 바르지 못한 것이며 사특한 것이었다. 비록 그러나 이미 그 사심(私心)을 이기고 은공(隱公)에게 주었다.

이 선군(先君)의 사특한 뜻을 탐색하고 드디어 환공에게 주었으니 이는 아버지의 악이 이루어지게 한 것이다. 형제는 천륜(天倫)이다. 자식이 되는 것은 아버지에게서 받고 제후(諸侯)가 되는 것은 임금에게서 받는다. 이미 천륜을 폐지하고 임금과 아버지를 잊고 자그마한 은혜를 행한 것을 '소도(小道)'라고 이른다.

만약 은공 같은 자라면 가히 천승(千乘)의 나라를 가볍게 여기고 도를 밟아서 하지 않을 것이라고 이를 것이다.

元年[1] 春 王[2]正月 ◌雖無事 必擧正月 謹始也 公[3]何以不言卽位 成公志也 焉成之 言君之不取爲公也 君之不取爲公 何也 將以讓桓也 讓桓正乎 曰不正 春秋成人之美 不成人之惡 隱不正而成之 何也 將以惡桓[4]也 其惡桓 何也 隱將讓而桓弑之 則桓惡矣 桓弑而隱讓 則隱善矣 善則其不正焉 何也 春秋貴義而不貴惠[5] 信[6]道而不信邪 孝子揚父之美 不揚父之惡 先君[7]之欲與桓 非正也 邪也 雖然 旣勝其邪心以與隱矣 已探先君之邪志 而遂以與桓 則是成父之惡也 兄弟 天倫[8]也 爲子 受之父 爲諸侯受之君 已廢天倫 而忘君父 以行小惠 曰小道也 若隱者 可謂輕千乘之國[9] 蹈道則未也

1) 元年(원년) : 노(魯)나라 은공(隱公) 원년. 주평왕(周平王) 49년인, B.C.722년.
2) 王(왕) : 주(周)나라 왕실(王室)에서 쓰는 역법(曆法)을 말한다. 이때의 왕은 평왕(平王)이며 성은 희씨(姬氏), 이름은 의구(宜臼)이고 일명 의구(宜咎)라고도 한다. 유왕(幽王)의 태자이며 신후(申后)의 소생.
3) 公(공) : 노(魯)나라 은공(隱公)을 말한다. 성은 희(姬)이고, 이름은 식고(息姑)이며 혜공(惠公)의 서자(庶子)이다.
4) 桓(환) : 노나라 환공(桓公)이다. 은공의 아우. 서형(庶兄)이 은공이다. 은공의 뒤를 이어서 임금이 되었다.
5) 惠(혜) : 사사로운 은혜를 뜻한다.
6) 信(신) : 신(申)과 같다.

7) 先君(선군) : 노나라 혜공(惠公)을 말한다. 이름은 불황(不湟) 또는 불황(弗皇)이라고 한다. 곧 은공과 환공의 아버지이다.
8) 天倫(천륜) : 부자 형제 사이 같이 변하지 않는 떳떳한 도리. 하늘이 정해 준 도리.
9) 千乘之國(천승지국) : 수레 한 대를 네 마리 말이 끄는 것을 일승(一乘)이라고 한다. 여기서 천승이란 이러한 수레 1천 대를 징발할 수 있는 나라를 뜻한다. 곧 큰 제후국이라는 뜻이다.

나. 의보(儀父)와 멸(眜)에서 동맹하다

3월에 공(公)이 주(邾)나라 의보(儀父)와 멸(眜)에서 동맹(同盟)을 맺었다. 급(及)이란 무엇인가? 노나라 국내에서 기록하는 것이다. 의(儀)는 자(字)이다. 보(父)는 부(傅 : 스승)와 같으며 남자(男子)를 아름답게 여기는 칭호이다. 주자(邾子)라고 말하지 않은 이유는 무엇인가? 주(邾)나라가 상고(上古)에는 미약하여 주(周)나라에서 작위를 명받지 못해서이다. 날짜를 쓰지 않은 것은 그 맹세가 변했기 때문이다. 멸(眜)은 노나라의 땅 이름이다.

여름인 5월에 정(鄭)나라 군주인 백작이 언(鄢)에서 단(段)과 싸워서 이겼다. 이겼다는 것은 무엇인가? 능한 것이다. 무엇을 능하다고 하는가? 죽이는 데 능한 것이다. 왜 죽였다고 말하지 않았는가? 단(段)의 무리가 있었음을 나타낸 것이다.

단(段)은 정(鄭)나라 군주인 백작의 아우이다. 무엇으로써 그의 아우가 된다는 것을 알았는가? 세자(世子)와 어머니를 같이 한 동생을 죽였다고 하면서 그의 군주를 지목했다. 그의 군주를 지목했으므로 그가 아우임을 아는 것이다. 단(段)이 아우인데 아우라고 이르지 않고 공자(公子)인데 공자라고 이르지 않은 것은 폄하(貶下)한 것이다. 이는 단(段)이 자제(子弟)의 도리를 잃었으므로 단(段)은 천하게 여기고 정나라 군주인 백작의 행동을 너무 심하게 여긴 것이다. 무엇 때문에 정나라 군주인 백작이 심하다고 여긴 것인가? 정나라 군주인 백작의 마음가짐이 죽이는 데만 뜻이 있었으므로 매우 심했다는 것이다.

우언(于鄢)은 '멀다' 이다. 오히려 그 어머니의 품속에서부터 죽인다는 생각을 가진 것과 같으므로 매우 심하다고 이른 것이다.

그렇다면 정나라 군주인 백작과 같은 자는 마땅히 어째해야 하는가? 달아나는 도적을 서서히 쫓아서 친한 이를 친하게 하는 도리로써 해야 하는 것이다.

三月 公及邾儀父[1]盟于眛[2] ◌及者何 內爲志焉爾 儀 字也 父 猶傅[3]也 男子之美稱也 其不言邾子 何也 邾之上古微[4] 未爵命[5]於周也 不日[6] 其盟渝也 眛 地名也

夏 五月 鄭伯克段于鄢[7] ◌克者何 能[8]也 何能也 能殺也 何以不言殺 見段之有徒衆[9]也 段 鄭伯弟也 何以知其爲弟也 殺世子母弟[10]目[11]君 以其目君 知其爲弟也 段 弟也 而弗謂弟 公子也 而弗謂公子 貶之也 段失子弟之道矣 賤段而甚鄭伯也 何甚乎鄭伯 甚鄭伯之處心積慮[12] 成於殺也 于鄢 遠也 猶曰取之其母之懷中[13]而殺之云爾 甚之也 然則爲鄭伯者宜奈何 緩追逸賊[14] 親親[15]之道也

1) 邾儀父(주의보) : 주(邾)는 나라 이름이다. 자작(子爵)으로 봉해졌다. 작은 나라로서 독립하지 못하고 노나라에 부용국(附庸國)으로 있었다. 의보는 의는 이름이고 보는 미칭(美稱)으로 의보는 주나라 임금이라는 뜻이다. 주나라는 뒤에 추(鄒)로 이름을 바꾸었다.
2) 眛(멸) : 땅 이름. 멸(蔑)과 같이 발음함. 좌전(左傳)에는 멸(蔑)로 되어 있다.
3) 傅(부) : 스승의 뜻. 곧 부용국(附庸國)의 임금이 주(周)왕실의 명을 받지 못하였으므로 스승의 예로 접한다는 뜻.
4) 邾之上古微(주지상고미) : 주나라가 상고시대에는 아주 미약했다. 주(周)나라 무왕(武王)이 은(殷)의 주왕(紂王)을 멸망시키고 자작(子爵)으로 봉했는데 전욱(顓頊)의 후예라고 했다.
5) 未爵命(미작명) : 작위를 왕명(王命)으로 받지 못하다. 곧 주(周)나라 천자의 승인을 받지 못했다는 뜻이다.
6) 不日(불일) : 날짜를 기록하지 않았다는 뜻.
7) 鄭伯克段于鄢(정백극단우언) : 정나라 군주인 백작이 언 땅에서 단을 이기다. 정은 나라 이름이다. 백은 정나라 임금이 백작(伯爵)이라는 뜻이며 성은

희(姬)씨이다. 주(周)나라 선왕(宣王)의 동생 희우(姬友)를 봉했는데 이가 곧 정환공(鄭桓公)이다. 당시의 정백은 장공(莊公)이고 단은 장공의 아우 공숙단(共叔段)이다. 언은 정나라의 지명이다.

8) 能(능) : 능히. 곧 능히 잘 죽이다의 뜻. 죽이는 것이 능숙하다.

9) 徒衆(도중) : 그의 무리들. 곧 잔당들.

10) 世子母弟(세자모제) : 세자와 어머니를 같이 한 동생이라는 뜻. 세자는 왕위계승권이 일차적으로 있다는 것을 뜻한다.

11) 目(목) : 일컫다. 지목하다의 뜻.

12) 處心積慮(처심적려) : 마음 속으로 동생을 죽이고자 하는 뜻이 있었다는 뜻.

13) 懷中(회중) : 마음 속.

14) 逸賊(일적) : 도망하는 적(賊).

15) 親親(친친) : 친한 이를 친하게 하다. 곧 가까운 친척과 친하게 지낸다는 뜻.

다. 천왕(天王)이 예물을 드리다

가을인 7월에 천자(天子)가 재(宰)인 훤(咺)으로 하여금 와서 혜공(惠公)과 중자(仲子)의 죽음에 대한 예물을 드리게 했다. 어머니는 자씨(子氏)이다. 중자(仲子)란 누구인가? 혜공(惠公)의 어머니이고 효공(孝公)의 첩이었다.

예(禮)에는 남의 어머니에게 봉(賵 : 수레를 보내다)하는 것은 옳은 일이요 남의 첩에게 봉(賵)하는 것은 옳지 않다고 했다. 군자(君子)가 가히 사양하고 받는 것들이 일에 미치지 못한 것을 기록한 것이다. 봉(賵)이란 무엇인가? 수레와 말을 보내는 것을 봉(賵)이라 이르고 옷이나 이불을 보내는 것을 수(襚)라고 이르고 패옥(貝玉)을 보내는 것을 함(含)이라 이르고 돈이나 재물을 보내는 것을 부(賻)라고 이른다.

9월에 송(宋)나라 사람이 이르러 숙(宿)에서 동맹을 맺었다. 이르렀다고 한 것은 어째서인가? 국내에서 신분이 낮은 사(士)가 참가하고 송(宋)나라 사람도 대외적으로 지위가 낮은 사람이었기 때문이다. 지위가 낮은 사람끼리의 동맹은 날짜를 기록하지 않는 것이다. 숙(宿)은 읍(邑)의 이름이다.

秋 七月 天王[1]使宰咺[2]來歸惠公仲子之賵[3] ◌母以子氏 仲子者何 惠公之母 孝公之妾也 禮 賵人之母則可 賵人之妾則不可 君子以其可辭受之 其志不及事也 賵者 何也 乘馬曰賵 衣衾曰襚[4] 貝玉曰含[5] 錢財曰賻[6]

九月 及宋人盟于宿[7] ◌及者何 內卑者[8]也 宋人 外卑者也 卑者之盟不日 宿 邑名也

1) 天王(천왕) : 주(周)나라의 평왕(平王)을 뜻한다.

2) 宰咺(재훤) : 재는 관직 이름이고 훤은 사람 이름이다.

3) 賵(봉) : 죽은 사람에게 도움을 주는 예물. 봉은 수레와 말을 보내는 것인데 여기서는 수레, 말, 패옥, 돈 같은 모든 것을 뜻한다.

4) 襚(수) : 사람이 죽으면 입히는 옷. 옷을 상가에 보내는 일을 뜻하기도 한다.

5) 貝玉曰含(패옥왈함) : 패는 옛날의 돈을 뜻한다. 옥은 죽은 사람의 입에 넣는 것을 뜻하며 이것을 반함(飯含)이라 한다.

6) 賻(부) : 상가에 도움을 주기 위하여 보내는 재물이나 돈이다.

7) 宿(숙) : 고을 이름. 좌전에는 남작(男爵)에 봉해진 작은 나라 이름이라 했다.

8) 卑者(비자) : 경(卿)이나 대부(大夫)가 아닌 신분이 낮은 사람이라 했다.

라. 12월에 제백(祭伯)이 오다

겨울인 12월에 제백(祭伯)이 왔다. 내(來)라는 것은 조회(朝會)온 것을 말한다. 그가 조회를 왔다고 이르지 않은 이유는 무엇인가? 경기(京畿) 고을 내에서는 제후가 천자의 명령이 있지 않으면 제후들의 모임에 나가지 못한다. 그 외교가 합당하지 않으므로 조회에 참여했다고 하지 않은 것이다.

활을 바치며 빙문(聘問)했는데, 후시(鍭矢)는 국경을 나가지 않고 속수(束脩)의 포(脯)는 국경 안에서 행하지 않는 것이다. 지극히 존경스러운 사람을 모시는 자는 두 마음을 갖지 않는 것이다.

공자(公子) 익사(益師)가 세상을 떠났다. 대부(大夫)가 죽은 날을 기록하는 것은 바른 것이다. 그런데 죽은 날짜를 기록하지 않은 것은 다른 죄가 있어서 나쁘게 여겨서이다.

冬 十有二月 祭伯[1]來 ◌來者 來朝也 其弗謂朝 何也 寰內諸侯[2] 非有天子之命 不得出會諸侯 不正其外交 故弗與朝也 聘弓[3]鍭矢[4] 不出竟埸[5] 束脩[6]之肉 不行竟中 有至尊[7]者 不貳[8]之也

公子益師[9]卒 ◌大夫日卒[10] 正也 不日卒 惡也[11]

1) 祭伯(제백) : 주(周)왕실의 경(卿)이며 백작(伯爵)이라는 뜻.
2) 寰內諸侯(환내제후) : 천자(天子)의 기내(畿內)에 대부(大夫)의 채지(采地)가 있는 것을 뜻한다.
3) 聘弓(빙궁) : 활을 예물로 바치다의 뜻.
4) 鍭矢(후시) : 쇠로 화살촉을 만든 화살.
5) 竟埸(경역) : 경역(境埸)이다. 국경.
6) 束脩(속수) : 예물로 쓰는 마른 포(脯)의 묶음.
7) 至尊(지존) : 주(周)나라 천자를 뜻한다.
8) 不貳(불이) : 두 마음을 갖지 않는 것. 곧 배반하지 않는다는 뜻.
9) 公子益師(공자익사) : 공자는 제후국 군주의 아들을 뜻함. 익사는 그의 이름이다. 자는 중보(衆父)이다.
10) 大夫日卒(대부일졸) : 대부가 어느 날에 죽다의 뜻.
11) 惡也(오야) : 다른 죄가 있어서 나쁘게 여기다의 뜻. 곧 미워하다의 뜻.

2. 은공 2년 경신(庚申)

가. 잠(潛) 땅에서 은공이 융(戎)과 회합하다

2년인 경신(庚申) 봄에 은공이 융(戎)과 잠(潛) 땅에서 회합했다. 회합했다는 말은 밖에서 일을 주관했다는 뜻이다. 지혜로운 자는 생각하고 의로운 자는 행동하고 인(仁)한 자는 지키는 것이다. 이상의 세 가지를 가진 연후에 가히 회합에 나가는 것인데 융

(戎)과의 회합은 은공에게 위태로운 것이었다.

여름인 5월에 거(莒)나라 사람이 상(向)으로 들어갔다. 들어갔다는 것은 안에서 받아들이지 않은 것이다. 상은 우리의 고을이다.

무해(無侅)가 군사를 거느리고 극(極)나라로 들어갔다. 들어갔다는 것은 안에서 받아들이지 않은 것이다. 극(極)은 나라 이름이다. 구차하게 사람이 들어간 것을 기록한 것은 사람이 또한 들어갔기 때문이다. 씨(氏)를 일컫지 않은 것은 동성(同姓)을 멸망시킨 것을 폄하한 것이다.

가을인 8월 경진일(庚辰日)에 은공(隱公)이 융(戎)과 당(唐)에서 동맹을 맺었다.

9월에 기(紀)나라의 이수(履緰)가 와서 노나라의 딸을 맞이했다. 여자를 맞이했다는 것은 몸소 맞이한 것이다. 대부를 시키는 것은 예에 합당한 일이 아니다. 국가로써 씨(氏)를 말한 것은 그가 와서 우리와 접촉했기 때문이다. 그러므로 군자께서 높여준 것이다.

二年 春 公會戎于潛[1] ◌會者外爲主[2]爾 知者慮[3] 義者行[4] 仁者守[5] 有此三者 然後可以出會 會戎 危公也

夏 五月 莒人入向[6] ◌入者 內弗受也 向 我邑[7]也

無侅[8]帥師入極[9] ◌入者 內弗受也 極 國也 苟焉以入人爲志者 人亦入之矣 不稱氏者 滅同姓 貶也

秋 八月 庚辰[10] 公及戎盟于唐[11]

九月 紀履緰[12]來逆女 ◌逆女 親者[13]也 使大夫非正也 以國氏者 爲其來交接於我 故君子進之[14]也

1) 會戎于潛(회융우잠) : 잠 땅에서 융과 회합하다. 융은 서융(西戎)이며 서쪽에 살고 있던 이민족의 총칭이다. 여기서는 노나라 동방에 거주하던 이민족을 뜻한다. 잠은 땅 이름이다. 회는 회합하다, 만나다.
2) 外爲主(외위주) : 융이 노나라 밖에서의 주인이 되려고 한 것이다.
3) 知者慮(지자려) : 지혜로운 자는 편안함과 위태로움을 살핀다. 지는 지(智).
4) 義者行(의자행) : 의로운 자는 일에 임해서는 과단성 있는 행동을 한다는 뜻.
5) 仁者守(인자수) : 인(仁)한 자는 군중이 돌아가는 곳을 견고하게 지킨다는 뜻.

6) 莒人入向(거인입상) : 거나라 사람이 상(向)나라로 들어가다. 거는 옛날의 나라 이름이며, 서주(西周)시대에 봉해진 작은 나라이다. 일설에 기(己)씨라고도 하고 조(曹)씨라고도 한다. 지금의 산동성(山東省) 거현(莒縣) 일대이다. 상은 옛날 나라 이름. 성은 강씨(姜氏)이며 거현의 서남쪽 일대라고 했다.
7) 我邑(아읍) : 노나라를 기준으로 하여 아읍(我邑 : 우리의 읍)이라 했다.
8) 無侅(무해) : 노(魯)나라의 경(卿)이다. 좌전에는 무해(無駭)라고 했다.
9) 極(극) : 옛날 나라 이름이다.
10) 八月庚辰(팔월경진) : 두예(杜預)의 주(注)에 8월에는 경진(庚辰)일이 없다고 했으니 7월 9일이 경진인데 착오라고 했다.
11) 唐(당) : 노(魯)나라의 땅 이름이다.
12) 紀履綸(기이수) : 기는 나라 이름이며 강씨의 성이라 했다. 이수(履綸)는 기나라의 대부이다. 좌전에는 열수(裂繻)로 되어 있다.
13) 親者(친자) : 스스로 맞이한 것을 뜻한다.
14) 進之(진지) : 이를 올리다. 싣다.

나. 백희(伯姬)가 기(紀)로 시집가다

겨울인 10월에 백희(伯姬)가 기(紀)나라로 시집갔다. 예(禮)에 부인(婦人)이 시집가는 것을 '귀(歸)'라 이르고, 되돌아오는 것을 '내귀(來歸)'라 이른다고 했다. 사람을 따른다는 것이란 부인이 집에 있으면 아버지를 따르고 이미 시집가서는 지아비를 따르고 지아비가 죽으면 장자(長子)를 따라서 부인은 전행(專行 : 마음대로 행동하다)하지 못하고 반드시 따르는 곳이 있다는 것이다. 백희(伯姬)가 기(紀)나라로 시집갔다고 한 것은 전행(專行)했다는 말과 같은데 무슨 뜻인가? 말하기를 전행이 아니라 우리의 백희(伯姬)가 기나라로 시집간 것이므로 이를 기록한 것이다. 그 사자(使者)를 말하지 않은 것은 어째서인가? 맞이하는 도가 미약하고 족히 도(道)가 되지 못했기 때문이었다.

기(紀)나라의 자백(子伯)과 거(莒)나라 군주인 자작(子爵)이 밀(密)에서 동맹을 맺었다. 어떤 이가 말하기를 "기(紀)나라의 자백(子伯)과 거(莒)나라 군주인 자작이 함께 하여 동맹을 맺은 것이다."라고 했다. 어떤 이는 "같은 해에 같은 작위(爵位)이므로 기(紀)나라의 자작을 백(伯)으로 삼아 먼저한 것이다."라고 했다.

12월 을묘(乙卯)일에 부인(夫人 : 군주의 아내) 자씨(子氏)가 훙거(薨去)했다. 부인(夫人)이 훙(薨)했는데 장지를 기록하지 않았다. 부인이란 은공의 아내이다. 죽었는데 장사 지낸 곳을 기록하지 않은 것은 부인(夫人)의 의(義)는 군주를 따르기 때문이다.

정(鄭)나라 사람이 위(衛)나라를 공벌하였다.

冬 十月 伯姬[1]歸于紀 ◌禮 婦人謂嫁曰歸 反曰來歸 從人者也[2] 婦人在家制於父 旣嫁 制於夫 夫死 從長子 婦人不專行[3] 必有從也 伯姬歸于紀 此其如專行之辭 何也 曰 非專行也 吾伯姬歸于紀 故志之也 其不言使 何也 逆之道微[4] 無足道焉爾

紀子伯[5] 莒子 盟于密[6] ◌或曰 紀子伯[7] 莒子 而與之盟 或曰 年同爵同 故紀子以伯先也

十有二月 乙卯 夫人子氏[8]薨 ◌夫人薨 不地[9] 夫人者 隱之妻也 卒而不書葬 夫人之義 從君者也

鄭人伐衛[10]

1) 伯姬(백희) : 노나라 혜공(惠公)의 장녀. 아버지의 성씨로 이름을 삼았다.
2) 從人者也(종인자야) : 사람을 따르다. 곧 의지하여야 할 사람을 뜻함.
3) 專行(전행) : 마음대로 행동하다.
4) 微(미) : 기(紀)나라 임금이 직접 오지 않고 대부를 보낸 일과 대부가 늦게 온 것을 뜻한다.
5) 子伯(자백) : 이수(履緰)의 자(字)이다. 좌전에는 자백(子帛)으로 되어 있다.
6) 密(밀) : 거(莒)나라 땅이다.
7) 伯(백) : 장(長)과 같다.
8) 子氏(자씨) : 좌씨(左氏)는 환공(桓公)의 어머니인 중자(仲子)라고 했고 여기서는 은공의 아내라고 했는데, 공양(公羊)씨는 은공의 어머니라고 했다.
9) 不地(부지) : 장지(葬地)를 쓰지 않은 것을 뜻함.
10) 衛(위) : 나라 이름. 주(周)나라 무왕(武王)의 동생 강숙(康淑)을 봉했다.

3. 은공 3년 신유(辛酉)

가. 신유(辛酉)년 봄에 일식이 있었다

3년인 신유년 봄, 왕력(王曆)으로 2월 기사(己巳)일에 일식(日蝕)이 있었다. 날짜를 말하고 초하루를 말하지 않은 것은 그믐날에 일식이 있었기 때문이다. 그 날에 일식이 있었다는 것은 무슨 뜻인가? 토해내는 것은 밖이 상한 것이고 먹히는 것은 안이 상한 것이다. 궐연(闕然)히 그 상한 것은 나타나지 않고 먹힘만 있은 것이다. 유(有)는 안으로 이지러지거나 혹은 밖으로 이지러질 때 쓰는 말이다. 유식지(有食之 : 일식이 있었다)란 일식이 안으로만 이지러진 것을 말한다. 식(食)이라고 말하지 않은 것은 무엇 때문인가? 그 알지 못하는 것을 알아내는 것은 지혜이기 때문이다.

3월 경술(庚戌)일에 천자가 붕어(崩御)했다. 높은 것을 붕(崩 : 무너지다)이라 하고, 두터운 것은 붕(崩)이라 하고, 존귀한 사람을 붕(崩)이라 한다. 천자의 붕(崩)은 존귀한 것으로써 한 것이다. 그것을 붕이라고 하는 이유는 무엇인가? 그 백성들의 위에 있기 때문에 붕이라고 한다. 그 이름을 기록하지 않은 것은 어째서인가? 태상(太上 : 지극히 존귀함)이므로 이름을 기록하지 않은 것이다.

여름인 4월 신묘일(辛卯日)에 윤씨(尹氏)가 졸(卒)했다. 윤씨란 누구인가? 천자의 대부(大夫)이다. 외국의 대부는 죽음을 기록하지 않는데 왜 이 곳에 졸(卒)이라고 했는가? 천자의 붕(崩)이란 노나라의 주인도 되므로 비통하게 여겨서 졸이라고 한 것이다.

三年 春 王二月 己巳 日有食之[1] ◌言日不言朔 食晦日[2]也 其日有食之何也 吐者外壤[3] 食者內壤 闕然[4]不見其壤 有食之者也 有 內辭[5]也 或外辭也 有食之者 內於日也 其不言食之者何也 知其不可知 知也[6]

三月 庚戌 天王崩 ◌高曰崩 厚曰崩 尊曰崩 天子之崩 以尊也 其

崩之何也 以其在民上 故崩之 其不名 何也 太上[7] 故不名也

夏 四月 辛卯 尹氏[8]卒 ◯尹氏者 何也 天子之大夫也 外大夫不卒 此何以卒之也 於天子之崩爲魯主 故隱[9]而卒之

1) 日有食之(일유식지) : 일식(日蝕)이 있었다는 뜻이다.

2) 晦日(회일) : 그믐날.

3) 壤(양) : 상하다의 뜻.

4) 闕然(궐연) : 모자라서 완전하지 않은 모양.

5) 內辭(내사) : 안으로 이지러지다의 뜻.

6) 知也(지야) : 지야(智也)와 같다.

7) 太上(태상) : 지극히 존귀하다. 또는 그 위에 서는 것이 없다는 뜻.

8) 尹氏(윤씨) : 좌전(左傳)에는 군씨(君氏)라고 했는데 은공(隱公)의 생모(生母)인 성자(聲子)라고 했다.

9) 隱(은) : 비통의 뜻.

나. 무씨(武氏)의 아들이 부의(賻儀)를 구하다

가을에 무씨(武氏)의 아들이 와서 부의(賻儀)를 요구했다. 무씨(武氏)의 아들이란 누구인가? 천자(天子)의 대부이다. 천자의 대부를 무씨(武氏)의 아들이라고 일컬은 이유는 무엇인가? 상(喪)을 마치지 않았고 고(孤)로써 작위(爵位)를 받지 못했기 때문이다. 작위를 가지지 못했는데 사신으로 온 것은 예에 합당한 일이 아니었다. 그를 사신이라고 말하지 않은 까닭은 무엇인가? 임금인 천자의 자리가 비었기 때문이다.

죽은 자에게 맡기는 것을 봉(賵)이라 이르고 산 자에게 맡기는 것을 부(賻)라고 이른다. 말하기를 "맡기는 것은 예에 합당한 것이요, 구하는 것은 예에 합당한 것이 아니다."라고 했다.

주(周)나라에서 비록 구하지 않더라도 노나라에서는 가히 맡기지 않을 수 없는 것이며, 노나라에서 비록 맡기지 않는다 하더라도 주(周)나라에서는 구하지 않는 것이다. 구한다고 말한 것은 얻거나 얻지 못한 것을 가히 알지 못한다는 말이다. 함께 책망한 것이다.

8월인 경진(庚辰)일에 송(宋)나라 군주인 공작(公爵) 화(和)가 세상을 떠났다. 제후(諸侯)가 세상을 떠난 날을 기록한 것은 예에 합당한 것이다.

겨울인 12월에 제(齊)나라 군주인 후작과 정(鄭)나라 군주인 백작이 석문(石門)에서 동맹을 맺었다.

계미(癸未)일에 송(宋)나라 목공(繆公)을 장사 지냈다. 장사 지낸 날을 기록한 것은, 그 까닭이 있다. 당시 송나라가 위태하여 장사를 치르지 못할 상황이었기 때문이다.

秋 武氏子[1]來求賻[2] ◌武氏子者 何也 天子之大夫也 天子之大夫其稱武氏子 何也 未畢喪 孤未爵[3] 未爵使之 非正也 其不言使 何也 無君[4]也 歸[5]死者曰賵 歸生者曰賻 曰歸之者 正也 求之者 非正也 周雖不求 魯不可以不歸 魯雖不歸 周不可以求之 求之爲言 得不得未可知之辭也 交譏之

八月 庚辰 宋公和[6]卒 ◌諸侯日卒 正[7]也

冬 十有二月 齊侯鄭伯[8] 盟于石門[9]

癸未 葬宋繆公[10] ◌日葬 故也 危不得葬也

1) 武氏子(무씨자) : 무씨(武氏)의 아들. 천자(天子)의 대부(大夫)이다.

2) 賻(부) : 장례를 돕기 위한 재물이나 돈을 주는 일.

3) 孤未爵(고미작) : 고는 아버지를 잃은 고아의 뜻. 미작은 아직 작위를 수여받지 못한 것. 곧 주(周)나라 평왕(平王)의 상에 빈소가 있어서 작위를 받지 못한 상태이다.

4) 無君(무군) : 환왕(桓王)이 상사에 있어 즉위하지 못한 것을 이른 것이다.

5) 歸(귀) : 맡기다의 뜻.

6) 宋公和(송공화) : 송(宋)나라 공작(公爵)인 화(和). 화는 이름이다. 죽은 뒤의 시호는 목공(穆公 : 繆公)이라 했다.

7) 正(정) : 적통으로 이어진 것을 뜻한다.

8) 齊侯鄭伯(제후정백) : 제나라 군주인 후작과 정나라 군주인 백작의 뜻.

9) 石門(석문) : 제(齊)나라의 땅 이름.

10) 繆公(목공) : 송(宋)나라 임금인 화(和)의 시호이다.

4. 은공 4년 임술(壬戌)

가. 기(杞)나라를 쳐서 모루 땅을 빼앗다

4년 임술(壬戌)의 봄, 왕력(王曆)으로 2월에 거(莒)나라 사람이 기(杞)나라를 쳐서 모루(牟婁)를 취하였다. 전문(傳文)에 이르기를 '벌(伐)이라고 말하고 취(取)라고 말한 것' 은 모두 미워한 것이다. 제후들이 서로 침략하고 땅을 빼앗는 일이 여기에서부터 비롯되었다. 그러므로 경계하여 금하도록 기록한 것이다.

무신(戊申)일에 위(衛)나라 축우(祝吁)가 그의 임금인 완(完)을 시해했다. 대부가 그 임금을 시해하였는데 국씨(國氏)로써 한 것은 그에게 혐의를 둔 것이다. 시해하고 자신이 대신한 것이다.

여름에 은공이 송(宋)나라 군주인 공작과 청(淸) 땅에서 만났다. 급(及 : 함께 하다)이란 노나라에서 주관했기 때문에 기록한 것이다. 만났다는 것은 서로 얻은 것을 기록한 것이다.

四年 春 王二月 莒人伐杞[1] 取牟婁[2] ◯傳曰[3] 言伐言取 所惡也 諸侯相伐 取地於是始 故謹而志之也

戊申 衛祝吁[4] 弑其君完[5] ◯大夫弑其君 以國氏者 嫌也 弑而代之也

夏 公及宋公遇于淸[6] ◯及者 內爲志焉爾 遇者 志相得也

1) 杞(기) : 나라 이름. 성은 사(姒)씨이다. 하우(夏禹)씨의 후예인 동루공(東樓公)을 봉했다고 했다.

2) 牟婁(모루) : 기(杞)나라 땅 이름이다.

3) 傳曰(전왈) : 전해 내려오는 말.

4) 衛祝吁(위축우) : 축우는 위나라 대부(大夫)이다. 공영달(孔穎達)은 위나라의 공자(公子)라 했다. 좌씨(左氏)와 공양씨는 '주우(州吁)' 라고 했다.

5) 完(완) : 환공(桓公)의 아들 이름이다.

6) 淸(청) : 위(衛)나라의 땅 이름이다.

나. 정(鄭)나라를 치다

송(宋)나라 군주인 공작과 진(陳)나라 군주인 후작과 채(蔡)나라 사람과 위(衛)나라 사람이 정(鄭)나라를 정벌했다.

가을에 휘(翬)가 군사를 거느리고 송나라 군주인 공작과 진(陳)나라 군주인 후작과 채(蔡)나라 사람과 위(衛)나라 사람과 회합하여 정(鄭)나라를 정벌했다. 휘(翬)는 누구인가? 공자(公子) 휘(翬)이다. 그를 공자(公子)라고 일컫지 않은 이유는 무엇인가? 폄하한 것이다. 어찌하여 폄하한 것인가? 참여하여 은공(隱公)을 시해한 까닭으로 폄하한 것이다.

9월에 위(衛)나라 사람이 축우(祝吁)를 복수(濮水)에서 죽였다. 위나라 사람이 죽였다고 일컬은 것은 죄가 있어서 죽인 것을 말한다. 축우라고 명칭을 쓴 것은 나라를 잃었던 혐의가 있어서였다. 그 달을 기록한 것은 경계하여 삼가도록 한 것이다. 복수(濮水)에서 했다는 말은 역적을 죽이는 시기를 잃은 것을 책망한 것이다.

겨울인 12월에 위(衛)나라 사람이 진(晉)을 군주로 세웠다. 위(衛)나라 사람이란 여러 사람이란 말이다. 세웠다는 것은 세우는 것이 적당하지 않았다는 것이다. 진(晉)이란 이름을 기록한 것은 미워한 것이다. 그 사람을 일컬어 세웠다고 하는 것은 무슨 뜻인가? 무리를 얻었다는 것이다. 무리를 얻었다면 이는 현명한 자라 할 수 있다. 현명하다면서 세우는 일이 적당하지 않았다고 이른 것은 무엇 때문인가? 춘추(春秋)의 의는 '제후는 적장자(嫡長子)와 함께 하고 현명함과 함께 하지 않는다.' 라는 뜻이다.

宋公 陳侯[1) 蔡[2)]人 衛人 伐鄭

秋 翬[3)]帥師會宋公陳侯蔡人衛人伐鄭 ◌翬者何也 公子翬也 其不稱公子 何也 貶之也 何爲貶之也 與[4)]于弑公 故貶也

九月 衛人殺祝吁于濮[5)] ◌稱人以殺 殺有罪也 祝吁之挈 失嫌也 其月 謹之也 于濮者 譏失賊也

冬 十有二月 衛人立晉[6] ◯衛人者 衆辭[7]也 立者 不宜立者也 晉之名惡也 其稱人以立之 何也 得衆也 得衆則是賢也 賢則其曰不宜立 何也 春秋之義 諸侯與正[8]而不與賢也

1) 陳侯(진후) : 진나라의 후작이며 규(嬀)씨이다. 국도(國都)는 완구(宛丘)에 있다. 순(舜)임금의 후예를 봉했다.
2) 蔡(채) : 나라 이름. 희(姬)씨. 주무왕(周武王)의 동생 숙도(叔度)를 봉했다.
3) 翬(휘) : 노나라 공자(公子)이며 대부(大夫)였다. 자는 우보(羽父)이다.
4) 與(여) : 함께 참여하다.
5) 濮(복) : 복수(濮水)이며 강 이름이다.
6) 晉(진) : 위(衛)나라의 공자(公子)이며 환공(桓公)의 아우이다.
7) 衆辭(중사) : 여러 사람의 말이라는 뜻. 곧 여론의 일치이다.
8) 與正(여정) : 적장자(嫡長子)와 함께 하다. 곧 정통적인 계승을 뜻한다.

5. 은공 5년 계해(癸亥)

가. 당(棠)에서 물고기를 살펴보다

5년인 계해(癸亥) 봄에 은공이 당(棠)에서 물고기를 살펴보았다. 전문(傳文)에 이르기를 "일상적인 일을 '본다〔視〕'라 하고 일상적이지 않은 것을 '살펴본다〔觀〕'고 한다."라고 했다. 예(禮)에는 "존귀한 사람은 조그마한 일에 친하게 하지 않고 지위가 낮은 사람은 큰 공로를 주장하지 않는다."라고 했다. 물고기는 천한 자의 일이다. 은공이 살펴보았다는 것은 예에 합당한 처사가 아니었다.

여름인 4월에 위(衛)나라 환공(桓公)을 장사지냈다. 4월에 장사 지낸 데에는 까닭이 있다.〔위나라에서 축우(祝吁)의 난으로 15개월 만에 장사를 지냈다.〕

가을에 위(衛)나라 군사가 성(郕)나라로 들어갔다. 들어갔다는 것은 국내에서 받아주지 않았다는 뜻이다. 성(郕)은 나라이다. 장수의 지위가 낮아도 군사들이 많은 것을 '사(師)'라고 이른다.

9월에 중자(仲子)의 사당을 완성하였다. 고자(考者)란 무슨 뜻인가? 고(考)란 이루어졌다는 말이다. 이룬 것은 부인(夫人)을 위해서였다. 예(禮)에 "서자(庶子)가 임금이 되면 그 어머니를 위하여 궁(宮)을 쌓고 공자(公子)로 하여금 그 제사를 주관하게 한다. 자식이 제사 지내고 손자가 중지한다."라고 했다. 중자(仲子)는 혜공(惠公)의 어머니이다. 은공(隱公)은 그 손자가 되는데 사당을 닦았으니 이는 은공을 책망한 것이다.

五年 春 公觀魚于棠[1] ◌傳曰 常事曰視 非常曰觀 禮[2] 尊不親小事 卑不尸[3]大功 魚 卑者[4]之事也 公觀之 非正也

夏 四月 葬衛桓公 ◌月葬 故也[5]

秋 衛師入郕[6] ◌入者 內弗受也 郕 國也 將卑師衆曰師

九月 考仲子之宮[7] ◌考者 何也 考者 成之也 成之爲夫人也 禮 庶子爲君 爲其母築宮 使公子主其祭也 於子祭 於孫止 仲子者 惠公之母 隱孫而脩之 非隱也[8]

1) 棠(당) : 노(魯)나라의 땅 이름. 수도에서 먼 지방이다.

2) 禮(예) : 일상적인 관례(貫禮)를 뜻함.

3) 尸(시) : 주장하다.

4) 卑者(비자) : 하찮은 것이란 뜻.

5) 故也(고야) : 제후가 죽으면 5개월 만에 장사 지내는데 위(衛)나라에서는 축우(祝吁)의 난으로 15개월 만에 장사를 지냈다.

6) 郕(성) : 나라 이름. 희성(姬姓). 주 문왕(文王)의 아들 숙무(叔武)를 봉했다.

7) 宮(궁) : 사당(祠堂). 중자를 제사 지내기 위한 사당이다.

8) 非隱也(비은야) : 은공을 책망한 것이라는 뜻. 비는 꾸짖다, 책망하다.

나. 육우(六羽)의 춤을 추어 바치다

처음으로 육우(六羽)의 춤을 추어 바쳤다. 처음이란 시작이다. 곡량자(穀梁子)가 이르기를 "대하(大夏)를 춤추는데 천자(天子)는 팔일(八佾)로 추고 제공(諸公)은 육일(六佾)로 추고 제후

(諸侯)는 사일(四佾)로 춘다. 처음으로 육우(六羽)를 추어 바친 것은 처음으로 음악을 참람한 것이다."라고 했다. 시자(尸子)가 이르기를 "대하(大夏)를 춤추는 것은 천자로부터 제후에 이르기까지 모두 팔일(八佾)을 사용했다. '처음으로 육우(六羽)를 바쳤다.' 라고 한 것은 처음으로 음악을 강등시킨 것이다."라고 했다.

주(邾)나라 사람과 정(鄭)나라 사람이 송(宋)나라를 정벌했다.

멸구(마디충) 떼가 발생했다. 벌레의 재앙이 있었던 것이다. 재앙이 심하면 달〔月〕을 쓰고, 심하지 않으면 계절〔時〕를 쓴다.

겨울인 12월 신사(辛巳)일에 공자(公子) 구(彄)가 세상을 떠났다. 구(彄)가 대부(大夫)의 작위를 내리는 명(命)을 받지 못한 일을 가엾게 여긴 것이다. 그를 공자(公子) 구(彄)라고 이른 뜻은 무엇인가? 선군(先君)의 대부(大夫)라는 뜻이다.

송(宋)나라 사람이 정(鄭)나라를 쳐서 장갈(長葛)을 포위했다. 벌국(伐國)에는 읍(邑)을 포위했다고 말하지 않는 것인데 여기에서 포위했다고 한 이유는 무엇인가? 오래도록 했기 때문이다.

정벌에서는 계절을 넘기지 않고 싸움에서는 도망하는 자를 쫓지 않고 적을 베는 데는 항복한 자로 채우지 않는다. 인민을 포로로 잡아가고 소나 말들을 몰아가는 것을 '침(侵)' 이라 이르고 수목(樹木)을 베고 궁실을 허물어뜨리는 것을 '벌(伐)' 이라고 이른다.

初獻六羽[1] ◯初 始也 穀梁子[2]曰 舞夏[3] 天子八佾[4] 諸公六佾 諸侯四佾[5] 初獻六羽 始僭樂矣 尸子[6]曰 舞夏自天子至諸侯 皆用八佾 初獻六羽 始厲[7]樂矣

邾人 鄭人 伐宋[8]

螟[9] ◯蟲災也 甚則月 不甚則時

冬 十有二月 辛巳 公子彄卒 ◯隱不爵命大夫 其曰公子彄 何也 先君[10]之大夫也

宋人伐鄭 圍長葛[11] ◯伐國不言圍邑 此其言圍 何也 久之也 伐不踰時[12] 戰不逐奔 誅不塡[13]服 苞人民 敺牛馬 曰侵 斬樹木 壞宮室 曰伐

1) 六羽(육우) : 사당에서 제사 지낼 때 추는 춤으로 꿩의 꼬리 깃이 달린 깃발

을 들고 여섯 사람이 춘다.

2) 穀梁子(곡량자) : 이 책의 전(傳)을 낸 곡량적(穀梁赤)이다. 전국시대(戰國時代)의 유학자(儒學者)이며 자하(子夏)의 제자라고 했다. 춘추곡량전(春秋穀梁傳)이 그의 저작이다.

3) 夏(하) : 대하(大夏)를 말한다. 하우(夏禹)의 악명(樂名)이다.

4) 八佾(팔일) : 주(周)나라 때 천자가 제사 때 쓰던 음악이며, 8명이 8줄로 늘어서서 춤을 추던 천자(天子)의 무악이다. 총 64명이 춘다.

5) 四佾(사일) : 주나라 때 제후들이 제사 때 쓰던 무악이며, 4명이 4줄로 늘어서서 추는 음악으로 총 16명이 춘다.

6) 尸子(시자) : 시교(尸佼). 전국시대 학자이며 진국인(晉國人). 일설에는 노나라 사람이라고도 하고 상앙의 스승이라고도 한다. 저서에 시자(尸子)가 있었는데 일찍 분실되고 후세 사람이 모아서 편집한 것이 현재 존재하고 있다.

7) 厲(여) : 덜다. 강등시키다.

8) 邾人鄭人伐宋(주인정인벌송) : 주(邾)나라 사람이 주동했으므로 앞에 놓았다.

9) 螟(명) : 명충(螟蟲). 묘심(苗心)을 파먹는 벌레. 곡식을 망치는 해충이다.

10) 先君(선군) : 돌아가신 아버지. 선대(先代)의 임금이다.

11) 長葛(장갈) : 정(鄭)나라의 땅 이름.

12) 時(시) : 철. 곧 절기.

13) 塡(전) : 죽음으로 몰아넣다의 뜻.

6. 은공 6년 갑자(甲子)

가. 정(鄭)나라와 구원(舊怨)을 풀다

6년인 갑자(甲子) 봄에 정(鄭)나라 사람이 와서 지난 원한을 풀고 화평하게 지내자고 했다. 수(輸)라는 것은 '떨어뜨리다'이다. 화평이라고 말한 것은 도(道)로써 이루어지는 것이다. '와서 구원을 풀고 화평하게 지내자라고 했다'라는 말은 화평이 이루어진 것은 아니라는 뜻이다.

여름인 5월 신유(辛酉)일에 은공이 제(齊)나라 군주인 후작과 만나 애산(艾山)에서 동맹을 맺었다.

가을인 7월이었다.

겨울에 송(宋)나라 사람이 장갈(長葛)을 점령했다. 외국에서 읍(邑)을 점령한 일은 기록하지 않는 것인데 여기에서 이를 기록한 뜻은 무엇인가? 오래도록 포위하고 있었기 때문이다.

六年 春 鄭人來輸平[1] ◌輸者 墮也 平之爲言 以道成也 來輸平者不果成也

夏 五月 辛酉 公會齊侯盟于艾[2]

秋 七月[3]

冬 宋人取長葛 ◌外取邑不志 此其志何也 久之也

1) 輸平(수평) : 좌전(左傳)에는 유평(渝平)으로 되어 있다. 곧 구원(舊怨)을 풀고 화평하게 지내다의 뜻. 은공이 호양(狐壤)에서 정나라와 싸울 때 정나라에 포로로 잡혔다가 도망쳤던 일이 있어 정나라와 원한 관계였다.

2) 艾(애) : 애산(艾山). 노나라와 제(齊)나라의 국경을 이루는 산의 이름.

3) 秋七月(추칠월) : 일이 없는데 달만 기록한 것은 때를 잃지 않기 위한 것이다. 다른 곳도 이와 같다.

7. 은공 7년 을축(乙丑)

가. 숙희(叔姬)가 기(紀)나라로 시집가다

7년인 을축(乙丑)년 봄, 왕력(王曆)으로 3월에 숙희(叔姬)가 기(紀)나라로 시집갔다. 숙희를 맞이하였다고 말하지 않은 뜻은 무엇인가? 맞이한 도가 미약하여 족히 이를 것이 없었기 때문이다.

등(滕)나라 군주인 후작(侯爵)이 세상을 떠났다. 등(滕)나라 군주인 후작의 이름이 기록되지 않았다. 젊어서는 세자(世子)라 이르고 성장하면 임금이라고 이르는 것은 북방 오랑캐의 도(道)

이다. 예에 합당하지 않으면 이름을 쓰지 않는 것이다.

여름에 중구(中丘)에 성을 쌓았다. 성(城)이란 백성을 보호하기 위하여 만든 것이다. 민중(民衆)이 많고 성(城)이 작으면 성을 넓히는데 성을 넓히는 일은 끝이 없는 것이다. 대저 성(城)을 쌓았다고 기록한 것은 모두 책망한 것이다.

七年 春 王三月 叔姬[1]歸于紀 ◌其不言逆[2] 何也 逆之道微 無足道焉爾

滕侯[3]卒 滕侯無名 ◌少曰世子 長曰君 狄[4]道也 其不正者名也

夏 城中丘[5] ◌城爲保民爲之也 民衆城小 則益城 益城無極 凡城之志 皆譏[6]也

1) 叔姬(숙희) : 은공의 누이, 백희의 동생. 혜공(惠公)의 딸. 춘추시대에는 언니의 출가시 동생이 잉(媵)으로 따라갔는데 숙희가 너무 어려 따라가지 않았다.
2) 逆(역) : 맞이하다. 곧 신부를 맞이하러 오는 것.
3) 滕侯(등후) : 등나라 군주인 후작. 등은 옛날의 나라 이름이다.
4) 狄(적) : 북방의 오랑캐.
5) 中丘(중구) : 노(魯)나라의 땅 이름.
6) 譏(기) : 책망하다. 비난하다. 나무라다.

나. 제나라에서 예물을 가지고 찾아오다

제(齊)나라 군주인 후작이 그의 아우 연(年)에게 예물을 가지고 노나라를 예방하게 했다. 제후의 존귀함은 아우나 형이라도 친족 관계로 통하지 못하는 것이다. 그 동생이라고 이른 것은 그가 와서 우리와 접촉하였기 때문에 그가 귀하다는 뜻을 거양해 준 것이다.

가을에 은공이 주(邾)나라를 정벌했다.

겨울에 천왕(天王 : 천자)이 범(凡)나라 군주인 백작에게 노나라를 예방하게 했다. 융(戎 : 오랑캐)이 범나라 군주인 백작을 초구(楚丘)에서 정벌하고 돌아갔다. 범나라 군주인 백작은 누구인가? 천자의 대부이다. 나라를 치는 것을 '벌(伐)'이라 이르는데 여기서 한 사람을 친 일을 '벌(伐)'이라고 이른 뜻은 무엇인가? 대천자(大天子)의 명을 중요하게 여긴 것이다. 융(戎)은 위(衛)나라를 말한다. 융위(戎衛)라고 한 것은 천자의 사신을 정벌하였으므로 폄하하여 융(戎)이라고 한 것이다. 초구(楚丘)는 위(衛)나라의 읍(邑)이다. 돌아갔다는 것은 승리하고 사로잡아갔다는 것이다.

齊侯使其弟年[1]來聘[2] ◌諸侯之尊 弟兄不得以屬通[3] 其弟云者 以其來接於我 擧其貴者也

秋 公伐邾

冬 天王使凡伯來聘 戎伐凡伯[4]于楚丘[5]以歸 ◌凡伯者何也 天子之大夫也 國而曰伐 此一人而曰伐 何也 大天子之命也 戎者 衛也[6] 戎衛者 爲其伐天子之使 貶而戎之也 楚丘 衛之邑也 以歸 猶愈乎執[7]也

1) 其弟年(기제연) : 그의 아우 연(年). 곧 제(齊)나라 희공(僖公)의 동모제(同母弟)인 이중(夷仲)이다.

2) 來聘(내빙) : 예물을 가지고 찾아오다. 예방하다의 뜻.

3) 屬通(촉통) : 혈통을 계승하다.

4) 凡伯(범백) : 범(凡)나라 군주인 백작. 범(凡)은 나라 이름이다. 범백은 주왕조(周王朝)의 경(卿)이며 범국(凡國)의 백작이다.

5) 楚丘(초구) : 위(衛)나라의 땅 이름이다.

6) 衛也(위야) : 위나라이다.

7) 愈乎執(유호집) : 이겨서 사로잡았다는 뜻과 같다.

8. 은공 8년 병인(丙寅)

가. 송나라와 위(衛)나라가 수(垂)에서 만나다

8년인 병인(丙寅) 봄에 송(宋)나라 군주인 공작(公爵)이 위(衛)나라 군주인 후작(侯爵)과 수(垂) 땅에서 만났다. 기약하지 않고 만나는 것을 우(遇)라고 이른다. 우(遇 : 길에서 만나다)란 두 나라의 군주가 뜻이 서로 맞은 것이다.

3월에 정(鄭)나라 군주인 백작이 원(宛)을 보내 병(邴)을 돌려주겠다고 했다. 원(宛)이라고 이름을 기록한 것은 정나라 군주인 백작을 폄하하고 땅을 준 것을 미워한 것이다.

경인(庚寅)일에 우리는 병(邴)으로 들어갔다. 들어갔다는 것은 성 안에서 받아주지 않은 것이다. 들어간 날짜를 기록한 것은 들어간 것을 미워한 것이다. 병(邴)이란 정(鄭)나라 군주인 백작이 천자에게 명을 받은 곳이며 태산(泰山)에 제사 지내는 고을이다.

여름인 6월 기해(己亥)일에 채(蔡)나라 군주인 후작(侯爵) 고보(考父)가 세상을 떠났다. 제후가 죽은 날을 기록한 것은 정통적인 계승이 이루어져 예에 합당하다는 것을 뜻한다.

八年 春 宋公 衛侯 遇于垂[1] ◌不期[2]而會曰遇 遇者志相得也

三月 鄭伯使宛[3]來歸邴[4] ◌名宛 所以貶鄭伯 惡與地也

庚寅 我[5]入邴 ◌入者 內弗受也 日入 惡入者也 邴者 鄭伯所受命於天子 而祭泰山之邑也

夏 六月 己亥 蔡侯考父[6]卒 ◌諸侯日卒 正也

1) 垂(수) : 위(衛)나라 땅 이름이다. 지금의 산동성(山東省) 조현(曹縣)의 북쪽. 좌전(左傳)에는 견구(犬丘)로 되어 있다.

2) 不期(불기) : 기약하지 않았다. 곧 우연히 만나는 것을 뜻한다.

3) 宛(원) : 정(鄭)나라 대부의 이름이다. 그 이상은 자세하지 않다. 공양(公羊)씨는 미천한 사람이라 했다.

4) 邴(병) : 정나라에서 태산에 제사를 지내기 위하여 가지고 있던 고을 이름이다. 좌전(左傳)에는 팽(祊)으로 되어 있다.

5) 我(아) : 노(魯)나라 사람을 가리킨다. 노나라를 말한다.

6) 蔡侯考父(채후고보) : 채나라 선공(宣公). 일명 조보(措父). 재위 35년이다.

나. 숙(宿)나라 군주인 남작이 세상을 떠나다

신해(辛亥)일에 숙(宿)나라 군주인 남작이 세상을 떠났다. 숙

(宿)은 작은 나라이다. 능히 함께 동맹할 수 없는 처지이므로 남작이 세상을 떠났다고만 기재했다.

가을인 7월 경오(庚午)일에 송(宋)나라 군주인 공작과 제(齊)나라 군주인 후작과 위(衛)나라 군주인 후작이 와옥(瓦屋)에서 동맹을 맺었다. 국외에서의 동맹은 날짜를 기록하지 않는 것인데 이 곳에 그 날짜를 기록한 뜻은 무엇인가? 제후들이 동맹에 참여하게 된 것이 여기에서 비롯되었으므로 경계를 삼기 위하여 날짜를 기록한 것이다. 이때 고서(誥誓)는 오제(五帝)에 미치지 못했고 맹조(盟詛)는 삼왕(三王)에 미치지 못했고 인질(人質)을 교환하는 일은 이백(二伯)에 미치지 못했다.

8월에 채(蔡)나라의 선공(宣公)을 장사 지냈다. 이 달에 선공을 장사 지낸 것은 까닭이 있었다.

9월 신묘(辛卯)일에 은공이 거(莒)나라 사람과 포래(包來)에서 동맹을 맺었다. '공급인(公及人)' 이라고 말하는 것은 옳고, '공급대부(公及大夫)' 라고 언급하는 것은 옳지 않은 것이다.

멸구 떼가 발생했다.

겨울인 12월에 무해(無侅)가 세상을 떠났다. 무해(無侅)의 이름을 들어보지 못했다. 어떤 이는 이르기를 "은공이 대부(大夫)로 작위를 내리지 않았다."라고 하고, 어떤 이는 설명하기를 "이유가 있어서 폄하한 것이다."라고 했다.

辛亥 宿男[1]卒 ◌宿 微國也 未能同盟 故男卒也

秋 七月 庚午 宋公 齊侯 衛侯 盟于瓦屋[2] ◌外盟不日 此其日 何也 諸侯之參盟於是始 故謹而日之也 誥誓不及五帝[3] 盟詛不及三王[4] 交質子不及二伯[5]

八月 葬蔡宣公 ◌月葬 故[6]也

九月 辛卯 公及莒人盟于包來[7] ◌可言公及人 不可言公及大夫

螟

冬 十有二月 無侅[8]卒 ◌無侅之名 未有聞焉 或曰[9] 隱不爵大夫也 或說曰 故貶之也

1) 宿男(숙남) : 숙(宿)나라 군주인 남작(男爵)이다. 곧 공후백자남(公侯伯子男)의 다섯 등급에서 다섯번째 등급의 봉작을 받은 임금이다.
2) 瓦屋(와옥) : 주(周)나라 지명이다.
3) 誥誓不及五帝(고서불급오제) : 고서가 오제에게 미치지 못하다. 고서는 가르침이나 경계의 글로 서경(書經)의 육서(六誓)와 칠고(七誥) 등이다. 오제(五帝)는 황제(黃帝) 전욱(顓頊) 제곡(帝嚳) 제요(帝堯) 제순(帝舜)을 말한다.
4) 盟詛不及三王(맹조불급삼왕) : 맹세와 저주는 삼왕에 미치지 못하다. 맹조는 맹세에 들어 있는 서약. 삼왕은 우(禹)왕 탕(湯)왕 무왕(武王)을 뜻한다.
5) 交質子不及二伯(교질자불급이백) : 인질을 교환하는 일이 이백에 미치지 못하다. 교질자는 서로 인질을 교환하는 일이고, 이백은 제(齊)나라 환공(桓公)과 진(晉)나라 문공(文公)을 뜻한다.
6) 故(고) : 까닭이다. 곧 변고가 있었다는 뜻.
7) 包來(포래) : 송(宋)나라의 지명이다. 좌전에는 부래(浮來)로 되어 있고 기(紀)나라 고을 이름이라 했다.
8) 無侅(무해) : 자세한 기록이 없다.
9) 或曰(혹왈) : 어떤 사람의 뜻.

9. 은공 9년 정묘(丁卯)

가. 남계(南季)가 예방하다

9년 정묘(丁卯) 봄에, 천왕(天王 : 天子)이 남계(南季)에게 예물을 가지고 노나라를 예방하게 했다. 남(南)은 성씨(姓氏)이고 계(季)는 자(字)이다. 빙(聘)은 찾아온 것이다. 제후를 찾아온 것은 예에 합당한 처사가 아니었다.

3월 계유(癸酉)일에 큰 비가 내리고 천둥과 번개가 쳤다. 진(震)은 천둥소리이고 전(電)은 번개가 친 것이다.

경진(庚辰)일에는 크게 눈이 내렸다. 크게 눈이 내렸다는 말은 성기고 자주하는 것을 기록한 것이다. 계유(癸酉)에서 경진(庚

辰)까지는 8일 간으로 다시 큰 변고가 있었는데 이는 음과 양이 어그러져서 행해진 것으로 경계시키기 위하여 날짜를 기록한 것이다. 비가 내린 달을 기록한 것은 예에 합당한 것이다.

九年[1] 春 天王使南季[2]來聘 ◌南氏 姓也 季 字也 聘 問也 聘諸侯非正也

三月 癸酉 大雨震電 ◌震 雷也 電霆也

庚辰 大雨雪[3] ◌志疏數[4]也 八日之間[5] 再有大變 陰陽錯行 故謹而日之也 雨月[6]志 正也

1) 九年(구년) : 주(周) 환왕(桓王) 6년이며 기원전 714년이다.

2) 南季(남계) : 주환왕(周桓王) 때의 상대부(上大夫).

3) 大雨雪(대우설) : 크게 눈이 내렸다의 뜻.

4) 疏數(소삭) : 성기고 자주하다의 뜻.

5) 八日之間(팔일지간) : 계유에서 경진까지는 8일이라는 뜻.

6) 雨月(우월) : 비가 온 달.

나. 협(俠)이 세상을 떠나다

협(俠)이 세상을 떠났다. 협(俠)이란 소협(所俠)이다. 대부(大夫)라고 하지 않은 것은 은공이 대부의 작위를 내리지 않은 것이다. 은공이 대부의 작위를 내리지 않은 것은 무엇 때문인가? 말하기를, 임금이 되는 것을 성취해 주지 못했기 때문이다.

여름에 낭(郞)에 성을 쌓았다.

가을인 7월이었다. 아무 일이 없는데 왜 기록했는가? 계절을 빠뜨리지 않기 위해서였다.

겨울에 은공이 제(齊)나라 군주인 후작과 방(防)에서 만났다. 만났다는 것은 국외(國外)에서 이를 주관한 것이다.

俠[1]卒 ◌俠者所俠也 弗大夫者 隱不爵大夫也 隱之不爵大夫 何也 曰 不成爲君也[2]

夏 城郎[3]

秋 七月 ◌無事焉 何以書 不遺時[4]也

冬 公會齊侯于防[5] ◌會者 外爲主[6]焉爾

1) 俠(협) : 사람 이름이다. 노(魯)나라 대부. 좌전에는 협(挾)으로 되어 있으며 우리 대부로 명을 받지 못한 사람이라 했다. 소(所)는 성씨(姓氏)이다.

2) 不成爲君也(불성위군야) : 임금이 되는 것을 이루지 못했다. 이때 장차 환공(桓公)을 세우겠다고 밝혔기 때문이다.

3) 郎(낭) : 노나라의 읍. 좌전에는 앞에 나왔던 낭(郎)과는 다른 곳이라 했다.

4) 不遺時(불유시) : 때를 빠뜨리지 않다. 곧 가을의 계절을 빠뜨리지 않기 위함이라는 뜻.

5) 防(방) : 노(魯)나라의 지명이다.

6) 外爲主(외위주) : 노나라 이외의 밖은 다른 나라가 주관했다는 뜻이다.

10. 은공 10년 무진(戊辰)

가. 중구(中丘)에서 회합을 가지다

10년인 무진(戊辰) 봄, 왕력으로 2월에 은공은 제나라 군주인 후작과 정나라 군주인 백작과 중구(中丘)에서 회합했다.

여름에 휘(翬)가 군사를 인솔하고 제(齊)나라 사람과 정(鄭)나라 사람을 만나서 함께 송(宋)나라를 정벌하였다.

6월 임술(壬戌)일에 은공이 송(宋)나라 군사를 관(菅) 땅에서 패배시켰다. 자국(自國) 안에서 전(戰)이라고 말하지 않은 것은 그 큰 것만 거양한 것이다. 신미(辛未)일에는 고(郜)나라를 취하고 신사(辛巳)일에는 방(防) 땅을 취했다. 읍(邑)을 취할 때는 날짜를 기록하지 않는데 이 곳에 날짜를 기록한 것은 무슨 뜻인가? 그 패한 사람들을 올라탄 것이 바르지 않고 깊은 이득만 위하여 두 읍(邑)을 취했기 때문에, 경계하라고 날짜를 기록한 것이다.

十年[1] 春 王二月 公會齊侯鄭伯 于中丘[2]

夏 翬帥師會齊人鄭人 伐宋

六月 壬戌 公敗宋師于菅[3] ◯內不言戰 擧其大者也 辛未 取郜[4] 辛巳 取防[5] 取邑不日 此其日 何也 不正其乘敗[6] 人而深爲利 取二邑 故謹而日之也

1) 十年(십년) : 주(周) 환왕(桓王) 7년. B.C. 713년.

2) 中丘(중구) : 노(魯)나라 읍(邑) 이름.

3) 菅(관) : 송(宋)나라의 지명(地名). 지금의 산동성 단현(單縣) 북부지방.

4) 郜(고) : 나라 이름. 좌전에는 남고(南郜)와 북고(北郜)가 있는데 여기서는 남고를 뜻한다고 했다.

5) 防(방) : 땅 이름. 지금 산동성(山東省) 비현(費縣)의 동북쪽.

6) 敗(패) : 송(宋)나라를 패퇴시킨 일.

나. 송나라와 위(衛)나라가 정나라를 침입하다

가을에 송나라 사람과 위(衛)나라 사람이 정나라로 쳐들어갔다.

송(宋)나라 사람과 채(蔡)나라 사람과 위(衛)나라 사람이 재(載)나라를 공벌하자 정(鄭)나라 군주인 백작이 그들을 토벌하여 점령했다. 그 사람들의 힘을 따른 것이 바르지 않고 손쉽게 점령했으므로 정나라에서 그 일을 주관한 것으로 기록한 것이다.

겨울인 10월 임오(壬午)일에 제(齊)나라 사람과 정(鄭)나라 사람이 성(郕)나라로 쳐들어갔다. 들어갔다는 것은 국내에서 받아들이지 않은 것이다. 임오일(壬午日)에 들어갔다고 기록한 것은 들어간 것을 미워한 것이다. 성(郕)은 하나의 나라이다.

秋 宋人衛人 入鄭

宋人蔡人衛人 伐載[1] 鄭伯伐取之[2] ◯不正其因人之力而易取之 故主其事也

冬 十月 壬午 齊人鄭人 入郕[3] ◯入者 內弗受也 日入 惡入者也 郕 國也

1) 載(재) : 옛 나라 이름이다. 좌전(左傳)에는 대(戴)로 되어 있다.
2) 鄭伯伐取之(정백벌취지) : 정나라 군주인 백작이 정벌하여 점령했다. 곧 송나라 채나라 위나라를 이기고 아울러 재(載)라는 나라를 취했다는 뜻이다.
3) 郕(성) : 나라 이름. 희성(姬姓). 성(盛) 또는 성(成)이라고도 한다고 했다.

11. 은공 11년 기사(己巳)

가. 등(滕)나라와 설(薛)나라 군주가 찾아오다

11년 기사(己巳) 봄에 등(滕)나라 군주인 후작과 설(薛)나라 군주인 후작이 찾아왔다. 천자(天子)가 일이 없으면 제후들이 서로 찾아오는 것이 예에 합당한 것이다. 예를 고찰하고 덕을 닦는 것은 천자를 높이는 것이다. 제후들이 서로 때를 맞추어 찾아보는 것은 바른 것이다. 특별히 두 군주가 같은 때에 이르러 수를 보태서 함께 이른 것을 말한 것이다.

여름인 5월에 은공이 정(鄭)나라 군주인 백작과 시래(時來)에서 회합했다.

가을인 7월 임오(壬午)일에 은공은 제(齊)나라 군주인 후작과 정(鄭)나라 군주인 백작과 함께 허(許)나라로 쳐들어갔다.

겨울인 11월 임진(壬辰)일에 은공이 훙거(薨去)했다. 은공이 훙거했는데 죽은 곳을 기록하지 않은 이유는 무엇인가? 비통하여 차마 그 곳을 기록하지 않은 것이다. 그 장사 지내는 것을 말하지 않은 것은 무엇 때문인가? 임금이 시해되었는데 그 시해한 자를 토벌하지 않아 장사 지낸 날을 쓰지 않았는데 이는 그 죄가 신하에게 있기 때문이다. 은공 10년에는 정월(正月)이 없었는데 은공 스스로가 합당한 절차에 의하지 않았기 때문이었다. 원년(元年)에 정월(正月)을 둔 것은 은공을 예에 합당하게 만든 것이다.

十有一年 春 滕侯薛侯來朝[1] ◌天子無事[2] 諸侯相朝 正也 考禮脩

德 所以尊天子也 諸侯來朝時 正也 犆言[3] 同時也 累數[4] 皆至也

夏 五月[5] 公會鄭伯于時來[6]

秋 七月 壬午 公及齊侯鄭伯 入許[7]

冬 十有一月 壬辰 公薨[8] ◯公薨不地 故也 隱[9]之 不忍地也 其不言葬何也 君弒賊不討 不書葬 以罪下也[10] 隱十年無正 隱不自正也 元年有正 所以正隱也

1) 來朝(내조) : 노나라의 조정을 찾아오다. 친선 방문차 노나라를 찾아온 것이다.

2) 無事(무사) : 순수(巡守)나 붕장(崩葬)이나 병혁(兵革)의 일이 없는 것.

3) 犆言(특언) : 별언(別言)이다.

4) 累數(누수) : 여러 번의 수. 곧 총괄한 것의 뜻.

5) 五月(오월) : 좌전에는 이 두 글자가 없다.

6) 時來(시래) : 정(鄭)나라의 지명(地名)이다.

7) 許(허) : 나라 이름이다. 강씨(姜氏)가 봉작되었다.

8) 薨(훙) : 훙거(薨去)한 것은 실제로 시해당한 것이다.

9) 隱(은) : 애통하다의 뜻.

10) 以罪下也(이죄하야) : 죄가 아래의 신하들에게 있다는 뜻이다.

제2편 환공 시대(桓公時代)

(재위 : 1년~18년까지)

시법(諡法)에 '국토를 넓히고 먼 곳까지 복종시키다'를 '환(桓)'이라 했다.

▨환공 연표(桓公年表)

국명 / 기원전	周	鄭	齊	宋	晉		衛	蔡	曹	滕	陳	杞	薛	莒	邾	許	燕	楚	秦	吳	越	魯
	桓王	莊公	僖公	殤公	翼 哀侯	曲沃 武公	宣公	桓侯	桓公		桓公	武公	武公	子爵	儀父(附庸國)	許叔	穆公	武公	寧公			桓公
711	9	33	20	9	7	5	8	4	46		34						18	30	5			1
710	10	34	21	莊公 1	8	6	9	5	47		35						宣公 1	31	6			2
709	11	35	22	2	9	7	10	6	48		36						2	32	7			3
708	12	36	23	3	小子 1	8	11	7	49		37						3	33	8			4
707	13	37	24	4	2	9	12	8	50		38						4	34	9			5
706	14	38	25	5	3	10	13	9	51		厲公 1						5	35	10			6
705	15	39	26	6	4	11	14	10	52		2						6	36	11			7
704	16	40	27	7	閔公 1	12	15	11	53		3						7	37	12			8
703	17	41	28	8	2	13	16	12	54		4						8	38	出公 1			9
702	18	42	29	9	3	14	17	13	55		5						9	39	2			10
701	19	43	30	10	4	15	18	14	莊公 1		6						10	40	3			11
700	20	厲公 1	31	11	5	16	19	15	2		7						11	41	4			12
699	21	2	32	12	6	17	惠公 1	16	3		莊公 1						12	42	5			13
698	22	3	33	13	7	18	2	17	4		2						13	43	6			14
697	23	4	襄公 1	14	8	19	3	18	5		3					許叔入朝	桓公 1	44	武公 1			15
696	莊王 1	昭公 1	2	15	9	20	4	19	6		4						2	45	2			16
695	2	2	3	16	10	21	黔牟 1	20	7		5						3	46	3			17
694	3	3	4	17	11	22	2	哀公 1	8		6						4	47	4			18

※ 익(翼)을 곡옥(曲沃)의 무공이 멸망시키자 겨울에 왕이 괵중에게 명하여 애후의 동생을 세우다.

※ 진(陳)나라 태자를 채(蔡)나라 사람이 죽이다.

※ 환공 8년에 초(楚)가 스스로 왕이라 칭하다.

※ 등(滕)·기(杞)·설(薛)·거(莒)·주(邾)·소주(小邾)·오(吳)·월(越) : 자세한 내용은 은공 원년에 나온다.

제2편 환공 시대(桓公時代)

1. 환공(桓公) 원년 경오(庚午)

가. 환공(桓公)이 군주의 자리에 오르다

원년(元年)인 경오(庚午) 봄은 왕력(王曆)이다. 환공(桓公)의 원년(元年)은 왕(王)이 없었는데 여기에 왕(王)자를 이른 것은 어째서인가? 처음부터 신중하게 한 것이다. 그 '무왕(無王)'이라고 이른 것은 무슨 뜻인가? 환공(桓公)이 아우로서 형을 시해하고 환공이 신하로서 임금을 시해했는데도 천자(天子)가 능히 안정시키지 못하고 제후가 능히 구제하지 못하고 백성들이 능히 제거하지 못하였으니 무왕(無王)의 도(道)가 되어서 드디어 이와 같은 상황에 이른 것이다. 원년(元年)부터 왕(王 : 天子)이 있었으면 환공(桓公)을 다스렸을 것이다.

정월(正月)은 환공이 즉위한 달이다. 계승한 것이므로 즉위를 말하지 않았는데 이는 예에 합당한 것이다. 계승함으로써 즉위를 말하지 않은 것이 예에 합당하다는 것은 무슨 뜻인가? 말하기를 선군(先君)이 그 도(道)로써 끝마치지 못하였다면 곧바로 자제(子弟)가 차마 즉위하지 못하는 것이다. 계승한 것이므로 즉위를 말한 것이라면 이는 함께 시해를 들은 것이다.

계승한 것이므로 즉위를 말한 것이 함께 시해를 들은 것이라는 말은 무슨 뜻인가? 말하기를 선군(先君)이 그 도(道)로써 끝마치지 못하였는데 자신이 합당한 즉위의 도로써 즉위했다고 여긴다면 이는 선군에게 은혜를 입은 것이 없다고 여기는 것이다.

3월에 환공이 정(鄭)나라 군주인 백작과 수(垂)에서 회합했다. 회합이란 국외에서 이를 주관한 것이다.

元年[1] 春 王[2] ◌桓無王 其曰王 何也 謹始也 其曰無王 何也 桓弟弑兄 臣弑君 天子不能定[3] 諸侯不能救[4] 百姓不能去 以爲無王之道 遂可以至焉爾 元年有王 所以治桓也 正月 公卽位 繼故不言卽位 正也 故不言卽位之爲正 何也 曰 先君不以其道終 則子弟不忍卽位也 繼故而言卽位 則是與聞乎弑也 繼故而言卽位 是爲與聞乎弑 何也 曰 先君不以其道終 已正卽位之道而卽位 是無恩於先君也

三月 公會鄭伯于垂 ◌會者 外爲主焉爾

1) 元年(원년) : 환공(桓公)이 노(魯)나라 임금으로 취임한 그 해를 뜻한다. 주(周) 환왕(桓王) 9년으로 B.C. 711년이다. 환공(桓公)은 희성(姬姓)에 이름은 윤(允)이다. 은공과 아버지가 같고 어머니가 다르다. 은공을 죽이고 스스로 즉위했다. 그의 어머니는 중자(仲子)이며 노혜공(魯惠公)의 부인이다. 좌전에는 이름을 궤(軌)라 했고 사기(史記)에는 윤(允)이라 했다.

2) 王(왕) : 좌전(左傳)이나 공양전(公羊傳)에는 이 밑에 '정월공즉위(正月公卽位)'의 5글자가 더 있다.

3) 定(정) : 정(正)이나 안(安)의 뜻.

4) 救(구) : 도적을 토벌하다. 곧 난신적자의 토벌.

나. 허(許)나라의 전지(田地)를 빌리다

정(鄭)나라 군주인 백작(伯爵)이 구슬로써 허(許)나라의 전지(田地)를 빌렸다. '가(假 : 빌리다)'는 이(以 : 사용하다)라고 말하지 않는데 이(以)라고 말한 것은 빌린 것이 아니다. 빌린 것이 아닌데 빌렸다고 이른 것은 땅과 바꾼 것을 숨겨 준 것이다.

예(禮)에 "천자(天子)가 천자의 지위를 누리고 있으면 제후들은 땅으로써 서로 주지 못한다."라고 했다. 전지(田地)가 없으면 허(許)나라도 없게 된다는 것을 가히 알 수 있는 것이다. 허나라라고 말하지 않았으니 허나라와 함께 하지 않았다. 허(許)나라의 전지(田地)란 노나라에서 천자에게 조회할 때 묵는 고을이다. 병(邴)이란 정(鄭)나라 군주인 백작이 명을 받은 곳이며 정나라에서 태산(泰山)에 제사하는 고을이다. 노나라가 주(周)나라에 조회하는 데에 쓰지 않고 정나라가 태산(泰山)에 제사 지내는 데에 쓰지 않은 것을 나타낸 것이다.

여름인 4월 정미(丁未)일에 환공은 정나라 군주인 백작과 월(越)에서 동맹을 맺었다. 급(及)이란 노나라 국내에서 의향하던 것이다. 월(越)이란 동맹을 맺은 땅 이름이다.

가을에 홍수(洪水)가 났다. 높고 낮은 곳에 수재(水災)가 있는 것을 '큰 물〔大水 : 洪水〕'이라고 한다.

겨울인 10월이다. 아무 일이 없는데 왜 기록했는가? 계절을 빠뜨리지 않기 위해서였다. '춘추'는 편년체(編年體)의 역사이므로 네 계절인 봄·여름·가을·겨울을 갖춘 뒤에 한 해를 이루는 것이다.

鄭伯以璧假許田[1] ◌假不言以 言以 非假也 非假而曰假 諱易地[2]也 禮 天子在上 諸侯不得以地相與也 無田則無許可知矣 不言許 不與許也 許田者 魯朝宿之邑[3]也 邴者 鄭伯之所受命而祭泰山之邑也 用見魯之不朝於周[4] 而鄭之不祭泰山[5]也

夏 四月 丁未 公及鄭伯盟于越[6] ◌及者 內爲志[7]焉爾 越 盟地之名也

秋 大水[8] ◌高下有水災曰大水

冬 十月 ◌無事焉 何以書 不遺時也 春秋編年[9] 四時具而後爲年

1) 以璧假許田(이벽가허전) : 구슬로써 허(許)나라의 전지(田地)를 빌리다.
2) 易地(역지) : 노나라와 정(鄭)나라가 교환한 토지를 가리킨다.
3) 朝宿之邑(조숙지읍) : 천자에게 조회할 때 숙식하는 곳이다.
4) 魯之不朝於周(노지부조어주) : 노(魯)나라가 동주(東周) 이후로는 주나라에 조회하지 않았다.
5) 鄭之不祭泰山(정지부제태산) : 동주(東周) 이후로 주(周)나라에 조회를 마치고 태산에 제사를 지내지 않았으므로 정나라에서도 태산의 제사를 수행하

지 않았다는 것.

6) 越(월) : 수(垂) 부근의 지방 이름이다. 위나라 땅이다.

7) 內爲志(내위지) : 안에서 뜻을 세우다. 곧 노나라가 주동했다는 뜻이다.

8) 大水(대수) : 큰 홍수(洪水)이다.

9) 編年(편년) : 연대를 좇아서 사실(史實)을 열기(列記)하는 역사 편찬의 한 체제. 곧 기전체(紀傳體)의 대(對)이다.

2. 환공 2년 신미(辛未)

가. 송(宋)나라에서 군주를 시해하다

2년 신미(辛未) 봄, 왕력(王曆)으로 정월 무신(戊申)일에 송(宋)나라 독(督)이 그의 임금인 여이(與夷)를 시해했다. 환공(桓公)에게는 천자(天子 : 王)가 없었다. 그런데 왕(王)이라고 이른 것은 무슨 뜻인가? 여이(與夷)의 죽음을 바르게 한 것이다.

그 대부 공보(孔父)를 함께 살해했다. 공보(孔父)가 먼저 죽었는데 그것을 '급(及 : 함께)' 이라고 한 뜻은 무엇인가? 높고 낮은 것을 함께 기록하는 것이 춘추(春秋)의 의(義)이다.

공보(孔父)가 먼저 죽었다는 것은 무슨 뜻인가? 독(督)이 임금을 시해하려 하면서 즉위하지 못할 것을 두려워하여 이에 먼저 공보(孔父)를 살해했다. 공보가 막을 것이 두려워서였다. 무엇으로써 그가 먼저 공보(孔父)를 죽인 것을 알았는가? 말하기를, 자식이 이미 죽으면 아버지는 차마 그 이름을 일컫지 못하고 신하가 이미 죽으면 임금은 차마 그 이름을 일컫지 못한다고 했다. 이로써 임금과 연관되었음을 알게 된 것이다. 공(孔)은 씨(氏)이고 보(父)는 자(字)이며 시호(謚號)이다. 어떤 이가 말하기를 "그 이름을 일컫지 않은 것은 대개 공자가 조상의 이름을 쓰는 것을 꺼린 것이다. 공자(孔子)는 본래 송(宋)나라 사람이다."라고 했다.

등(滕)나라 군주인 자작(子爵)이 찾아왔다.

3월에 환공이 제(齊)나라 군주인 후작(侯爵)과 진(陳)나라 군주인 후작과 정(鄭)나라 군주인 백작과 직(稷)에서 회합하여, 송(宋)나라의 어지러운 상황을 종식시켰다. 이(以)란 국내에서 뜻을 성취시킨 것이다. 환공이 이 송나라의 어지러움을 종식시키려고 한 것을 기록한 것이다. 여기의 성(成)이란 일을 성사시키지 못했다는 말을 취하여 더한 것이다. 국내에서 미워하는 것이라도 군자(君子)는 놓치는 것이 없다.

二年 春 王正月 戊申 宋督[1]弑其君與夷[2] 及其大夫孔父 ◌桓無王 其曰王 何也 正與夷之卒也 及其大夫孔父[3] 孔父先死 其曰及 何也 書尊及卑 春秋之義也 孔父之先死 何也 督欲弑君 而恐不立 於是乎先殺孔父 孔父閑也 何以知其先殺孔父也 曰 子旣死 父不忍稱其名 臣旣死 君不忍稱其名 以是知君之累[4]之也 孔氏父字 謚也 或曰 其不稱名 蓋爲祖諱也 孔子故宋也[5]

滕子[6]來朝

三月 公會齊侯陳侯鄭伯 于稷[7] 以成[8]宋亂 ◌以者 內爲志焉爾 公爲志乎成是亂也 此成矣 取不成事之辭而加之焉 於內之惡 而君子無遺[9]焉爾

1) 督(독) : 송(宋)나라 태재(太宰) 화보독(華父督).
2) 與夷(여이) : 송나라 군주 상공(殤公)의 이름. 대공(戴公)의 아들이다.
3) 孔父(공보) : 송(宋)나라의 사마(司馬)인 공보가(孔父嘉)이며 당시 대부(大夫)였다.
4) 累(누) : 종(從)과 같다.
5) 孔子故宋也(공자고송야) : 공자(孔子)는 본래 송(宋)나라 사람이라는 뜻. 곧 공자의 선조가 공보가이다.
6) 滕子(등자) : 등나라 군주인 자작(子爵). 은공편에서는 등나라 군주를 후작이라 했는데 여기서는 자작으로 했으니 그 동안 작위가 강등되었다는 뜻이다.
7) 稷(직) : 송(宋)나라의 지명이다.
8) 成(성) : 종료시키다. 화평하게 하다의 뜻.
9) 君子無遺(군자무유) : 군자는 하나라도 빠뜨리는 것이 없다는 뜻.

나. 큰 솥을 태묘(太廟)에 바치다

여름인 4월에 고(郜)나라에서 만든 큰 솥을 송나라에서 빼앗아 무신(戊申)일에 태묘(太廟)에 바쳤다. 환공이 안으로는 그 임금을 시해하고 밖으로는 사람의 난(亂)을 종식시키고 뇌물을 받고 물러나 그의 선조를 섬긴 것은 예에 합당한 처사가 아니었다. 그러한 도는 주공(周公)도 받아서 흠향하지 않을 것이다. 고(郜)나라의 솥이란 고나라에서 만든 것이다. 송나라라고 이른 것은 송나라에서 빼앗은 것이다. 이는 토벌한 이유가 솥을 빼앗기 위한 것이 된다.

공자(孔子)께서 말씀하시기를 "이름은 주인을 따르고 물건은 중국(中國)을 따른다."라고 했다. 그러므로 이르기를 고(郜)나라의 대정(大鼎)이라고 했다.

가을인 7월에 기(紀)나라 군주인 후작이 찾아왔다. 찾아온 때에 그 달을 기록한 것은 무슨 뜻인가? 환공이 안으로는 그 임금을 시해하고 밖으로는 사람의 난을 종식시켰는데 제나라 군주인 후작과 진(陳)나라 군주인 후작과 정나라 군주인 백작에게 토벌을 위하여 여러 날을 뇌물로써 했다. 기나라 임금이 이러한 일로 찾아왔으니 미워한 것이다. 그런 까닭으로 경계하도록 을 기록한 것이다.

채(蔡)나라 군주인 후작과 정(鄭)나라 군주인 백작이 등(鄧)에서 회합했다.

9월에 기(杞)나라로 쳐들어갔다. 기(杞)나라로 쳐들어간 것은 우리 노나라가 쳐들어간 것이다.

환공이 융(戎)과 당(唐)에서 동맹을 맺었다.

겨울에 환공이 당(唐)에서 돌아왔다. 환공이 회합갔다는 기록이 없는데도 환공이 돌아왔다고 종묘에 고제하게 한 것은 무슨 뜻인가? 종묘와 너무 소원해졌기 때문이었다.

夏 四月 取郜[1)]大鼎于宋 戊申 納于太廟[2)] ◌桓內弑其君 外成人之亂 受賂而退 以事其祖 非禮也 其道以周公爲弗受也 郜鼎者 郜之

所爲也 曰宋 取之宋也 以是爲討之鼎[3]也 孔子曰 名從主人 物從中國 故曰郜大鼎也

秋 七月 紀侯[4]來朝 ◌朝時 此其月 何也 桓內弑其君 外成人之亂 於是爲齊侯陳侯鄭伯討 數日[5]以賂 己[6]卽是事而朝之 惡之 故謹而月之也

蔡侯鄭伯會于鄧[7]

九月入杞 ◌我入之也[8]

公及戎盟于唐[9]

冬 公至自唐 ◌桓無會 而其致何也 遠之也

1) 郜(고) : 나라 이름이다. 서주(西周) 때 처음 봉했으며 주(周) 문왕(文王)의 아들에게 봉했다고 했다.
2) 太廟(태묘) : 노나라에서는 주공(周公)의 사당을 태묘(太廟)라고 했다.
3) 討之鼎(토지정) : 솥을 위하여 정벌했다는 뜻.
4) 紀侯(기후) : 좌전 경문에는 기후(杞侯)라고 했다.
5) 數日(수일) : 여러 날이라는 뜻.
6) 己(기) : 기(紀)의 뜻이다.
7) 鄧(등) : 채(蔡)나라 땅 이름.
8) 我入之也(아입지야) : 우리 노나라가 쳐들어간 것이다.
9) 唐(당) : 노나라의 땅 이름이다.

3. 환공 3년 임신(壬申)

가. 제(齊)나라와 영(嬴)에서 회합하다

3년 임신(壬申) 봄인 정월에 환공이 제(齊)나라 군주인 후작과 영(嬴)에서 회합했다.

여름에 제나라 군주인 후작과 위(衛)나라 군주인 후작이 포(蒲)에서 서로 언약(言約)했다. 서(胥)라고 말한 것은 '상(相)'과 같은 뜻이다. 서로 명하여 믿고 깨우쳐 삼가 말하고 물러나 이로써 옛날의 오제(五帝)와 가까이한 것이다. 이는 반드시 한 사람이 먼저 한 것인데 그것을 '상(相)'으로써 말한 뜻은 무엇인가? 이는 제(齊)나라 군주인 후작이 위(衛)나라 군주인 후작에게 명한 것이 아니기 때문이다.

6월에 환공이 기(杞)나라 군주인 후작과 성(郕)에서 회합했다.

가을인 7월 임진(壬辰) 초하룻날에 일식(日蝕)이 있었는데 개기식(皆旣食)이었다. 날짜를 말하고 또 초하루라고 말한 것은 일식이 바로 초하룻날 있었기 때문이다. 개기일식은 태양을 다 가려서 암흑의 현상이 있었다는 것이며 계속 이어졌다는 말이다.

공자(公子) 휘(翬)가 제(齊)나라에 가서 여자를 맞이하였다. 역녀(逆女)란 몸소 맞이했다는 뜻이다. 대부(大夫)를 시켜서 맞이한 것은 예에 합당한 일이 아니었다.

9월에 제나라 군주인 후작이 강씨(姜氏)를 환(讙)으로 보냈다. 예(禮)에 "여자를 시집보내는데 아버지는 당(堂)을 내려가지 않고 어머니는 제문(祭門 : 廟門)을 나가지 않고 제모(諸母 : 伯叔母 등)나 형제들은 궐문(闕門)을 나가지 않는다. 아버지는 훈계하여 말하기를 근신(謹愼)하여 너의 시아버님 말씀을 따르라고 하고, 어머니는 훈계하여 말하기를 근신하여 너의 시어머님 말씀을 따르라고 하고, 제모(諸母)들은 서로 돌아가면서 말하기를 근신하여 너의 부모님이 하신 말씀을 따르라고 한다."고 했다. 딸을 보내는데 국경을 넘는 것은 예에 합당한 것이 아니다.

三年 春 正月 公會齊侯于嬴[1]

夏 齊侯 衛侯 胥命[2]于蒲 ◌胥之爲言猶相也 相命而信諭[3] 謹言而退 以是爲近古[4]也 是必一人先 其以相言之 何也 不以齊侯命衛侯也

六月 公會杞侯于郕[5]

秋 七月 壬辰 朔 日有食之 旣[6] ◌言日言朔 食正朔也 旣者 盡也 有繼之辭也

公子翬如齊逆女 ◌逆女 親者也 使大夫 非正也

九月 齊侯送姜氏[7]于讙[8] ◌禮送女[9] 父不下堂 母不出祭門[10] 諸

母[11] 兄弟不出闕門 父戒之曰 謹愼從爾舅之言 母戒之曰 謹愼從爾姑之言 諸母般申[12] 之曰 謹愼從爾父母之言 送女踰竟[13] 非禮也

1) 嬴(영) : 제(齊)나라 땅 이름.
2) 胥命(서명) : 서로 언약만 하고 피〔血〕를 바르는 의식을 행하지 않은 것이다.
3) 信論(신유) : 믿고 깨닫게 하다.
4) 近古(근고) : 아주 멀지 않은 옛날.
5) 郕(성) : 노나라 지명(地名)이다.
6) 旣(기) : 개기일식(皆旣日蝕)이라는 뜻.
7) 姜氏(강씨) : 제(齊)나라 희공(僖公)의 딸이다.
8) 讙(훤) : 노(魯)나라 지명(地名).
9) 送女(송녀) : 딸을 시집보내는 일.
10) 祭門(제문) : 사당의 문.
11) 諸母(제모) : 숙모(叔母)나 기타 부모의 4촌의 부인들.
12) 般申(반신) : 함께 돌아가면서 이야기하다.
13) 竟(경) : 경(境)과 같다.

나. 제나라 군주와 훤(讙)에서 회합하다

환공이 제나라 군주인 후작과 훤(讙)에서 회합했다. 책망하는 것이 아닌가? 대답하기를 예에 합당한 것이다. 제나라 군주인 후작이 왔다. 환공이 맞이하여 회합한 것은 옳은 일이다.

부인(夫人) 강씨(姜氏)가 제나라에서 이르렀다. 그 휘(翬)가 왔다고 말하지 않은 이유는 무엇인가? 환공이 몸소 제나라 군주인 후작에게서 받은 것이다. 자공(子貢)이 말하기를 "면류관을 쓰고 몸소 맞이하였으니 매우 소중한 것이 아닌가."라고 했고, 공자(孔子)가 말하기를 "두 성〔二姓〕의 좋아하는 것이 합해져서 만세(萬世)의 후계를 잇는데 어찌 매우 소중하다고만 이르랴."라고 했다.

겨울에 제나라 군주인 후작이 그 아우 연(年)에게 예물을 가지고 노나라를 예방하게 했다.

풍년이 들었다. 오곡(五穀)이 모두 잘 익어서 풍년이 든 것이다.

公會齊侯于讙 ◌無譏乎[1] 曰 爲禮也 齊侯來也 公之逆而會之可也
夫人姜氏至自齊 ◌其不言翟之以來何也 公親受之于齊侯也 子貢[2]曰 冕而親迎 不已重乎 孔子[3]曰 合二姓[4]之好 以繼萬世之後 何謂已重乎
冬 齊侯使其弟年[5]來聘
有年[6] ◌五穀[7] 皆熟 爲有年也

1) 無譏乎(무기호) : 나무라는 것이 없었는가. 곧 딸을 시집보낼 때에는 국경을 넘지 않는 것인데 국경을 넘어서 먼 곳까지 이른 비례(非禮)한 사람과 회합하는 일을 당연히 혐오했어야 함을 이야기한 것이다.
2) 子貢(자공) : 공자(孔子)의 제자인 단목사(端木賜). 자공은 자(字)이다. 춘추시대 위(衛)나라 사람이며 공자 문하의 10철(十哲) 가운데 한 사람이다.
3) 孔子(공자) : 이름은 구(丘)이고 춘추(春秋)의 저자이다. 춘추시대 말기의 노(魯)나라 사상가로 3천여 제자가 있었다. 자(字)는 중니(仲尼)이고 노나라 추읍(陬邑) 사람. 지금의 산동성(山東省) 곡부(曲阜). 자세한 기록은 논어 참조.
4) 二姓(이성) : 노나라 희성(姬姓)과 제나라 강씨(姜氏)가 혼인하는 것을 뜻함.
5) 年(연) : 제나라 희공(僖公)의 아우인 이중(夷仲)을 말한다.
6) 有年(유년) : 풍년(豐年)이 들다. 오곡이 잘 익었다는 뜻.
7) 五穀(오곡) : 벼·보리·콩·조·기장을 뜻한다. 곡식의 총칭이기도 하다.

4. 환공 4년 계유(癸酉)

가. 낭(郎)에서 사냥을 하다

4년 계유(癸酉) 봄인 정월에 환공이 낭(郎) 땅에서 사냥했다. 봄·여름·가을·겨울 네 계절의 사냥은 모두 종묘(宗廟)의 일을 위한 것이다. 봄사냥을 전(田)이라 하고 여름사냥을 묘(苗)라 하고 가을사냥을 수(蒐)라 하고 겨울사냥을 수(狩)라고 한다. 네 계절의 사냥에서 얻은 것은 세 가지를 위해 사용하는데, 오직 그 제일 먼저 얻는 것에서 첫번째가 건두(乾豆)를 위한 것이고, 두

번째가 빈객(賓客)을 위한 것이고, 세번째가 임금의 정주(반찬)를 채우기 위한 것이다.

여름에 천자가 재(宰)인 거백규(渠伯糾)에게 예물을 가지고 노나라를 예방하게 했다.

四年 春 正月 公狩于郎[1] ◯四時之田[2] 皆爲宗廟之事[3]也 春曰田 夏曰苗[4] 秋曰蒐[5] 冬曰狩[6] 四時之田用三焉 唯其所先得 一爲乾豆[7] 二爲賓客 三爲充君之庖[8]

夏 天王使宰渠伯糾[9]來聘

1) 郎(낭) : 노나라의 읍(邑).

2) 田(전) : 천자(天子)나 제후들이 봉지(封地) 안에서 사냥하는 것을 뜻한다. 또 전은 봄사냥이라는 뜻도 있다.

3) 宗廟之事(종묘지사) : 천자나 제후들이 매년 종묘에 제사를 올리는데 이는 사냥에서 얻은 육류(肉類)들을 올리는 것을 뜻함.

4) 苗(묘) : 여름에 봉지 내에서 사냥하는 것. 벼의 묘목의 성장을 해치는 것들을 제거하는 일도 된다.

5) 蒐(수) : 가을 사냥인데 '주례' 나 '이아(爾雅)' 에는 봄 사냥이라 했다.

6) 狩(수) : 겨울 사냥. 천자나 제후들이 봉지 내에서 사냥하는 것이다.

7) 乾豆(건두) : 사냥감을 말려서 두(豆)에 올리는 것. 두(豆)는 제기이다.

8) 充君之庖(충군지포) : 임금의 주방을 채우다. 곧 임금의 식사에 쓰이다.

9) 宰渠伯糾(재거백규) : 재는 주왕조(周王朝)의 벼슬 이름. 거백규는 천자의 하대부(下大夫). 거는 성씨(姓氏)이고 백규는 자(字)라고 했다.

5. 환공 5년 갑술(甲戌)

가. 진(陳)나라의 포(鮑)가 세상을 떠나다

5년 갑술(甲戌) 봄인 정월, 갑술(甲戌)일과 기축(己丑)일에 진(陳)나라 군주인 후작 포(鮑)가 세상을 떠났다. 포(鮑)가 세상을 떠났는데 어찌하여 갑술(甲戌)과 기축(己丑)의 두 날〔日〕에 졸했다고 했는가? 춘추(春秋)의 의는 믿음으로써 믿음을 전하고 의심나는 것으로써 의심나는 것을 전한다. 진(陳)나라 군주인 후작이 갑술(甲戌)일에 나가서 기축(己丑)일에 시체를 얻었으니 죽은 날을 알지 못한 것이다. 그러므로 갑술과 기축의 두 날을 들어 포함한 것이다.

여름에 제나라 군주인 후작과 정(鄭)나라 군주인 백작이 기(紀)나라로 갔다.

천자가 임숙(任叔)의 아들에게 노나라를 예방하게 했다. 임숙(任叔)의 아들이란 아버지가 자식을 부린 일을 기록한 것이다. 그러므로 그 임금과 신하를 미약하게 만들고 그 아버지와 아들을 나타나게 한 것이다. 아버지가 살아 있는데 아들이 대를 이어서 벼슬한 것이 바르지 않음을 말한 것이다.

五年 春 正月 甲戌 己丑[1] 陳侯鮑[2]卒 ◌鮑卒何爲以二日卒之 春秋之義 信以傳信 疑以傳疑 陳侯以甲戌之日出 己丑之日得 不知死之日 故擧二日以包也

夏 齊侯鄭伯如紀[3]

天王使任叔[4]之子來聘 ◌任叔之子者 錄父[5]以使子也 故微其君臣而著其父子 不正父在子代仕[6]之辭也

1) 正月甲戌己丑(정월갑술기축) : 정월에서 갑술일이란 그 전해인 12월 21일이었고 기축일은 정월 6일이다. 그런데 두 날을 적은 것은 그때 진(陳)나라가 혼란스러워서 군주의 죽음을 두 번 알려 왔기 때문이라고 했다.

2) 鮑(포) : 진(陳)나라 환공(桓公)의 이름이다. B.C. 707년까지 재위했다.

3) 紀(기) : 나라 이름이다.

4) 任叔(임숙) : 주(周)나라의 대부(大夫)이다. 좌전이나 공양전에는 잉숙(仍叔)으로 되어 있다.

5) 錄父(녹부) : 아버지를 기록하다. 또는 나타내다.

6) 代仕(대사) : 대를 이어서 직무를 맡다의 뜻.

나. 진(陳)나라 환공(桓公)을 장사 지내다

진(陳)나라 환공(桓公)을 장사 지냈다.

축구(祝丘)에 성을 쌓았다.

가을에 채(蔡)나라 사람과 위(衛)나라 사람과 진(陳)나라 사람이 천자를 따라서 정(鄭)나라를 정벌했다. 왕명을 따라서 정벌한 것을 거용(擧用)한 말이다. 그 따른 것을 거용한 말이란 무슨 뜻인가? 천자를 위하여 정나라를 정벌한 것을 숨겨 준 것이다. 정나라는 동성(同姓)의 나라이며 기주(冀州)에 있었는데 이때 복종하지 않아서 천자의 근심거리가 되었던 것이다.

기우제(祈雨祭)를 크게 지냈다.

메뚜기 떼가 일어났다. 메뚜기 떼가 일어난 것은 벌레들의 재앙이다. 심하면 그 달을 기록하고 심하지 않으면 계절을 기록한다.

겨울에 주(州)나라 군주인 공작이 조(曹)나라로 갔다. 국외(國外)에서 서로 왕래한 것은 기록하지 않는데 여기서 그것을 기록한 것은 무엇 때문인가? 우리 노나라 땅을 지나갔기 때문이다.

葬陳桓公

城祝丘[1]

秋 蔡人衛人陳人 從王伐鄭[2] ◌擧從者之辭也 其擧從者之辭 何也 爲天王諱伐鄭也 鄭 同姓之國也 在乎冀州[3] 於是不服 爲天子病[4]矣

大雩[5]

螽[6] ◌螽 蟲災也 甚則月 不甚則時

冬 州公[7]如曹[8] ◌外相如不書 此其書 何也 過我也

1) 祝丘(축구) : 노(魯)나라의 지명이다.

2) 從王伐鄭(종왕벌정) : 천자(天子)를 따라서 정(鄭)나라를 정벌하다. 좌전(左傳)에 자세히 나와 있다.

3) 冀州(기주) : 중국의 구주(九州) 가운데 하나. 지금의 하북성(河北省)과 산서성(山西省) 대부분과 하남성(河南省) 일부 지방이다.

4) 病(병) : 근심거리.
5) 大雩(대우) : 비가 오지 않아서 크게 지내는 기우제(祈雨祭).
6) 螽(종) : 메뚜기. 곧 곡식을 갉아먹는 해충이다.
7) 州公(주공) : 주(州)나라 군주인 공작(公爵)이다. 성은 강씨(姜氏)이고 수도를 순우(淳于)에 세웠다.
8) 曹(조) : 옛날 나라 이름. 성은 희씨(姬氏). 주무왕(周武王)의 동생인 숙진봉(叔振鋒)을 봉했다.

6. 환공 6년 을해(乙亥)

가. 정월(正月)에 그 사람이 오다

6년 을해(乙亥) 봄인 정월(正月)에 그 사람이 왔다. 식래(寔來)라는 것은 그 사람이 왔다는 것이다. 왜 '그 사람이 왔다' 고 했는가? 주(州)나라 군주인 공작 순우공(淳于公)을 이른 것이다. 그를 일러 '그 사람이 왔다' 라고 한 뜻은 무엇인가? 우리 노나라와 한계를 지은 것으로 간단하게 언급한 것이다. 제후는 지나치게 서로 찾아보지 않는 것이다.

여름인 4월에 환공이 기(紀)나라 군주인 후작과 성(郕)에서 회합했다.

가을인 8월 임오(壬午)일에 무기를 크게 검열했다. 대열(大閱 : 크게 검열하다)이란 무슨 뜻인가? 병기(兵器)와 수레를 일일이 점고하는 것이다. 가르침을 닦게 하고 밝게 깨우치게 하는 것은 국가의 도(道)이다. 평화로울 때 군사(軍事)의 일을 살피는 것은 예에 합당한 처사가 아니었다. 그 날에 무(武)를 높이는 일을 한 것이다. 그러므로 경계하도록 날짜를 쓴 것이다. 대개는 부인(婦人)들에게 보이기 위한 것이었다.

六年 春 正月 寔來[1] ◌寔來者 是來也 何謂是來 謂州公[2]也 其謂

之是來 何也 以其畫我[3] 故簡言之也 諸侯不以過相朝也

夏 四月 公會紀侯于郕[4]

秋 八月 壬午 大閱[5] ◯大閱者何 閱兵車也 脩教明諭[6] 國道也 平而脩戎事[7] 非正也 其日以爲崇武 故謹而日之 蓋以觀婦人也

1) 寔來(식래) : 이 사람이 왔다. 식(寔)은 순우공(淳于公)을 가리키는 말이다.

2) 州公(주공) : 주(州)나라의 공작인 순우공(淳于公)이다.

3) 畫我(획아) : 우리나라에서 꾀하다. 공양전에는 '화아(化我)'로 되어 있다.

4) 郕(성) : 노나라 지명이다. 좌전이나 공양전에는 성(成)으로 되어 있다.

5) 大閱(대열) : 무기를 크게 검열하다. 곧 대사열의 뜻.

6) 脩教明諭(수교명유) : 선왕들의 가르침을 닦아서 백성들이 깨우치도록 나라를 다스리는 것.

7) 戎事(융사) : 병사(兵事). 또는 군사(軍事)의 뜻.

나. 진(陳)나라 타(佗)를 죽이다

채(蔡)나라 사람이 진(陳)나라의 타(佗)를 죽였다. 진타(陳佗)란 진(陳)나라의 임금이다. 그를 '진타(陳佗)'라고 이른 것은 무슨 뜻인가? 필부(匹夫)의 행동을 했으므로 필부(匹夫)로 일컬은 것이다. 그 필부의 행동이란 어떠한 것을 말하는가?

진(陳)나라 군주인 후작이 사냥을 좋아하여 방자하게 채(蔡)나라에서 사냥했는데 채나라 사람과 새〔禽〕를 서로 잡으려고 다투다가 채나라 사람이 이 사람이 진(陳)나라 임금인지를 알지 못하고 죽였다. 그런데 어찌하여 그가 이 진(陳)나라 임금인지를 알았는가? 두 나라의 신하들이 서로 죽인 일은 기록하지 않기 때문이다. 그 지명을 기록하지 않은 것은 채나라 땅에서 일어났기 때문이다.

9월 정묘(丁卯)일에 아들 동(同)이 태어났다. 아들 동(同)이 태어났다는 것을 의심하는 여론이 있었으므로 기록한 것이다. 당시에 사람들이 이르기를 다른 사람과 똑같다고 했다.

겨울에 기(紀)나라 군주인 후작이 찾아왔다.

蔡人殺陳佗[1] ◯陳佗者 陳君也 其曰陳佗 何也 匹夫行 故匹夫稱之也 其匹夫行奈何 陳侯熹[2]獵 淫[3]獵于蔡 擧蔡人爭禽[4] 蔡人不知其是陳君也 而殺之 何以知其是陳君也 兩下相殺不道[5] 其不地於蔡也

九月 丁卯 子同[6]生 ◯疑[7]故志之 時曰同乎人[8]也

冬 紀侯來朝

1) 陳佗(진타) : 진(陳)나라 군주. 이름이 타이다.

2) 熹(희) : 희(喜)와 뜻이 같다.

3) 淫(음) : 방탕하다. 방종하다.

4) 爭禽(쟁금) : 새를 서로 잡으려고 다투다의 뜻.

5) 兩下相殺不道(양하상살부도) : 양국(兩國)의 신하들이 서로 죽이고 한 것을 쓰지 않는다는 뜻.

6) 同(동) : 환공(桓公)의 아들 이름이다. 뒤에 장공(莊公)이 되다. 곧 환공의 부인 문강(文姜)이 낳은 아들이며 환공의 적자(嫡子)이다.

7) 疑(의) : 의심하다. 곧 환공의 부인 문강(文姜)이 제(齊)나라 양공(襄公)과 음란한 행동을 함으로써 나라 사람들은 혹 장공이 양공의 사생아가 아닌가 하고 의심했다는 설을 말한다.

8) 同乎人(동호인) : 다른 사람과 똑같다는 뜻. 곧 제(齊)나라 양공(襄公)과 닮았다는 뜻이다.

7. 환공 7년 병자(丙子)

가. 함구(咸丘)를 불사르다

7년 병자(丙子) 봄인 2월 기해(己亥)일에 함구(咸丘)를 불살랐다. 그 주(邾)나라의 함구(咸丘)라고 말하지 않은 이유는 무엇인가? 그 함구성을 화공(火攻)으로써 한 것을 미워한 것이다.

여름에 곡(穀)나라 군주인 백작 수(綏)가 찾아왔고, 등(鄧)나라 군주인 후작 오리(吾離)가 찾아왔다. 곡(穀)나라 군주와 등(鄧)나라 군주가 찾아왔는데 그의 이름을 거론한 것은 무엇 때문인가? 그들이 나라를 잃었기 때문이다. 나라를 잃었는데 그들을 조(朝 : 찾아왔다)로써 말한 것은 무엇 때문인가? 일찍이 제후들과 함께 왕래했었기 때문이다. 비록 나라를 잃었으나 우리 노나라는 처지가 다른 날이라고 해서 낮게 접대하지 않는다는 뜻이다.

七年 春 二月 己亥 焚咸丘[1] ◯其不言邾咸丘 何也 疾其以火攻[2]也

夏 穀伯綏[3]來朝 鄧侯吾離[4]來朝 ◯其名 何也 失國也 失國則其以朝言之 何也 嘗以諸侯與之接矣 雖失國 弗損吾異日也

1) 焚咸丘(분함구) : 함구(咸丘)를 불사르다. 화공(火攻)을 써서 공격한 것. 함구는 본래 주나라 땅이다.

2) 火攻(화공) : 불을 지르고 공격하다의 뜻.

3) 穀伯綏(곡백수) : 곡나라 군주인 백작 수(綏). 수는 이름. 영씨(嬴氏)이다.

4) 吾離(오리) : 등(鄧)나라 군주의 이름이다.

8. 환공 8년 정축(丁丑)

가. 기묘(己卯)일에 증제(烝祭)를 지내다

8년 정축(丁丑) 봄인 정월 기묘(己卯)일에 증제(烝祭)를 지냈다. 증(烝)이란 겨울에 지내는 제사이다. 봄에 증제를 지냈다는 것은 제 때가 아님을 기록한 것이다.

천자(天子)가 가보(家父)에게 노나라를 예방하게 했다.

여름인 5월 정축(丁丑)일에 증제(烝祭)를 지냈다. 증(烝)이란 겨울에 지내는 제사이다. 봄과 여름에 증제를 지냈다는 것은 제사를 더럽힌 것이다. 불경(不敬)스러운 것을 기록한 것이다.

가을에 주(邾)나라를 정벌했다.

겨울인 10월에 눈이 내렸다.

제공(祭公)이 와서 마침내 왕후(王后)를 기(紀)나라에서 맞이했다. 그를 사신(使臣)이라고 말하지 않은 까닭은 무엇인가?

그가 주(周)나라 종묘(宗廟)의 대사(大事)를 우리 노나라와 꾀하여 나아가는 것이 예에 합당하지 않으므로 사신이라고 말하지 않은 것이다. 수(遂)는 이미 이루어진 일이란 말이다. 그것을 '수역왕후(遂逆王后)' 라고 이르므로 간략하게 한 것이다.

어떤 사람은 말하기를 "천자(天子)는 밖이라는 말이 없으므로 왕(王)이 명령만 내리면 곧바로 성취되는 것이다."라고 했다.

八年 春 正月 己卯 烝[1] ◌烝 冬事[2]也 春興之 志不時也

天王使家父[3]來聘

夏 五月 丁丑 烝 ◌烝 冬事也 春夏興之 黷祀也 志不敬[4]也

秋 伐邾

冬 十月 雨雪[5]

祭公[6]來 遂逆王后[7]于紀 ◌其不言使焉何也 不正其以宗廟之大事[8] 卽謀於我 故弗與使也 遂 繼事之辭也 其曰遂逆王后 故略之也 或曰天子無外[9] 王命之則成矣

1) 烝(증) : 증제(烝祭). 종묘(宗廟)에 드리는 제사. 이 제사는 12월에 드리는 제사인데 정월과 5월에 지냈으니 잘못된 것을 기록한 것 같다.

2) 冬事(동사) : 겨울의 일. 곧 겨울에 지내는 제사라는 뜻.

3) 家父(가보) : 주(周)나라 왕실의 대부(大夫)이다.

4) 不敬(불경) : 공경하지 않다의 뜻.

5) 雨雪(우설) : 눈이 내리다. 10월에는 눈이 오지 않는 계절인데 눈이 내려서 기록했다고 했다.

6) 祭公(제공) : 주왕실의 삼공(三公) 가운데 한 사람이다. 제(祭)는 그의 성(姓)이다.

7) 逆王后(역왕후) : 왕후를 맞아들이다. 곧 주(周)나라 환왕(桓王)의 부인(夫人)이다.

8) 宗廟之大事(종묘지대사) : 주(周)나라를 통치하는 큰 일이라는 뜻. 종묘는 사직(社稷)이다.

9) 天子無外(천자무외) : 천자는 안과 밖이 없다. 곧 모두가 천자의 나라라는 뜻.

9. 환공 9년 무인(戊寅)

가. 계강(季姜)이 경사(京師)로 시집가다

9년 무인(戊寅) 봄에 기(紀)나라의 계강(季姜)이 경사(京師)로 시집을 갔다. 혼사를 노나라에서 관여하여 시집보낸 것이다.

여름인 4월이다.

가을인 7월이다.

겨울에 조(曹)나라 군주인 백작(伯爵)이 그의 세자(世子) 역고(射姑)에게 노나라를 찾아오게 했다. '조(朝)' 에는 사신이라고 말하지 않는 것이다. 사(使)를 언급한 것은 예에 합당한 것이 아니라는 뜻이다. 세자를 보내서 제후의 예에 짝하려고 찾아오게 한 것은 조(曹)나라 군주인 백작이 예의 정도를 잃은 것이다.

제후들이 서로 보는 것을 조(朝)라고 한다. 사람의 아버지의 도로써 대우하고 사람의 자식으로 대우해야 하는데 안에서부터 예에 합당한 것을 잃은 것이다. 안에서 예에 합당한 것을 잃었다는 것은 조(曹)나라 군주인 백작이 예에 합당한 것을 잃었기 때문에 세자가 가히 중지했어야 했다는 뜻이다. 곧 이는 군주의 명을 방기(放棄)한 것이다.

시자(尸子)는 말하기를 "대저 중지했다면 합당한 도리가 많았다."라고 했다.

九年 春 紀季姜[1]歸于京師[2] ◌爲之中者[3]歸之[4]也

夏 四月

秋 七月

冬 曹伯[5]使其世子射姑[6]來朝 ◌朝不言使 言使非正也 使世子伉諸侯之禮[7]而來朝 曹伯失正矣 諸侯相見曰朝 以待人父之道 待人之子 以內爲失正矣 內失正 曹伯失正 世子可以已矣 則是故命[8]也 尸

子曰 夫已多乎道

1) 季姜(계강) : 기(紀)나라의 공녀(公女)로 주(周)나라 환왕(桓王)의 왕후(王后)가 되었다.
2) 京師(경사) : 서울. 곧 천자(天子)의 수도(首都).
3) 中者(중자) : 혼사(婚事)에 관여했다는 것을 이른다.
4) 歸之(귀지) : 노나라에서 관여하여 시집을 보냈다는 뜻이다.
5) 曹伯(조백) : 조(曹)나라 군주인 백작(伯爵)이다. 이름은 종생(終生)이며 환공(桓公)으로 B.C. 756~B.C. 702년까지 재위했다.
6) 世子射姑(세자역고) : 조(曹)나라 태자(太子)이고 역고는 이름이다. 뒤에 조(曹)나라 장공(莊公)이 되었다. B.C. 701년~B.C. 671년까지 재위했다.
7) 伉諸侯之禮(항제후지례) : 제후와 상대하는 예. 곧 세자로 제후를 상대하게 하는 예는 실례이다.
8) 故命(고명) : 방명(放命)의 잘못이라 했다. 명을 위배한 것이다.

10. 환공 10년 기묘(己卯)

가. 조(曹)나라 군주가 세상을 떠나다

10년 기묘(己卯) 봄, 왕력(王曆)으로 정월 경신(庚申)일에 조(曹)나라 군주인 백작 종생(終生)이 세상을 떠났다. 환공(桓公)은 왕력(王曆)이 없다. 그런데 여기에 '왕(王)' 이라고 말한 것은 무슨 뜻인가? 조(曹)나라 군주인 종생(終生)의 죽음을 바르게 하기 위한 것이었다.

여름인 5월에 조(曹)나라 환공(桓公)을 장사 지냈다.

가을에 환공이 위(衛)나라 군주인 후작과 도구(桃丘)에서 회합하기로 하고 만나지 않았다. 불우(弗遇)란 서로 얻지 못한 것을 기록한 것이다. 불(弗)이란 노나라 국내에서 쓰는 말이다.

겨울인 12월 병오(丙午)일에 제(齊)나라 군주인 후작과 위(衛)나라 군주인 후작과 정(鄭)나라 군주인 백작이 침입하여 낭

(郞)에서 싸웠다. 내전(來戰 : 침입해서 싸우다)이란 앞에서 정해진 싸움이다. 국내에서는 전(戰)이라 말하지 않는 것인데 전(戰)이라고 말한 것은 패배했기 때문이다. 그 사람을 거론하지 않은 것은 우리 노나라가 패배한 것이다. 급(及)이라고 말하지 않은 것은 노나라 국내에서 숨긴 것이다.

十年 春 王正月 庚申 曹伯終生[1]卒 ◌桓無王 其曰王 何也 正終生之卒也

夏 五月 葬曹桓公

秋 公會衛侯于桃丘[2] 弗遇[3] ◌弗遇者 志不相得也 弗 內辭也

冬 十有二月 丙午 齊侯衛侯鄭伯 來戰于郞[4] ◌來戰者 前定[5]之戰也 內不言戰 言戰則敗也 不言其人 以吾敗也 不言及者 爲內諱[6]也

1) 終生(종생) : 조(曹)나라 군주의 이름이며 환공(桓公)을 뜻한다.

2) 桃丘(도구) : 위(衛)나라의 땅 이름이다.

3) 弗遇(불우) : 만나지 못했다. 곧 노나라 환공이 도구(桃丘)에 이르렀는데 위나라 군주가 오지 않았으므로 부끄러움을 던 것이다. 그러므로 만나지 않았다고 쓴 것이다.

4) 郞(낭) : 노나라 땅 이름이다.

5) 前定(전정) : 앞에서 정해지다의 뜻. 곧 이미 정해진 것이란 뜻.

6) 內諱(내휘) : 안에서 기피하다의 뜻.

11. 환공 11년 경진(庚辰)

가. 악조(惡曹)에서 동맹을 맺다

11년 경진(庚辰) 봄인 정월에 제(齊)나라 사람과 위(衛)나라 사람과 정(鄭)나라 사람이 악조(惡曹)에서 동맹을 맺었다.

여름인 5월 계미(癸未)일에 정나라 군주인 백작 오생(寤生)이 세상을 떠났다.

가을인 7월에 정나라 장공(莊公)을 장사 지냈다.

9월에 송(宋)나라 사람이 정나라의 제중(祭仲)을 잡았다. 송나라 사람이란 송나라의 장공(莊公)이다. 장공을 그 사람이라고 일컬은 뜻은 무엇인가? 폄하(貶下)한 것이다.

돌(突)이 정나라로 돌아갔다. 돌(突)이라고 일컬은 것은 천(賤)하게 여긴 것이다. 귀(歸)라고 이른 것은 간략하게 한 말이다. 제중(祭仲)이 그러한 일을 간략하게 처리하여 권세가 제중(祭仲)에게 있게 되었다. 군주가 어려움에 처했을 때 죽는 것은 신하의 도리이다. 지금 사나운 사람을 세우고 바른 사람을 내쫓았으므로 제중(祭仲)을 미워한 것이다.〔좌전 참조〕

정나라 홀(忽)이 위(衛)나라로 달아났다. 정나라의 홀(忽)이란 정나라 세자 홀(忽)이다. 그의 이름을 기록한 것은 나라를 잃었기 때문이다.

유(柔)가 송나라 군주인 공작과 진(陳)나라 군주인 후작과 채숙(蔡叔)과 절(折)에서 만나 동맹을 맺었다. 유(柔)란 누구인가? 우리 노나라의 대부(大夫)인데 정식으로 군주의 명(命)을 받지 못한 사람이다.

환공이 송나라 군주인 공작과 부종(夫鍾)에서 회합했다.

겨울인 12월에 환공이 송나라 군주인 공작과 감(闞)에서 회합했다.

十有一年 春 正月 齊人衛人鄭人 盟于惡曹[1]

夏 五月 癸未 鄭伯寤生[2]卒

秋 七月 葬鄭莊公[3]

九月 宋人執鄭祭仲 ◌宋人者 宋公也 其曰人 何也 貶之也

突[4]歸于鄭 ◌曰突 賤之也 曰歸 易辭[5]也 祭仲易其事 權在祭仲也 死君難 臣道也 今立惡而黜正 惡祭仲也

鄭忽[6]出奔衛 ◌鄭忽者 世子忽也 其名 失國也[7]

柔[8]會宋公陳侯蔡叔盟于折[9] ◌柔者何 吾大夫之未命者也

公會宋公于夫鍾[10]

冬 十有二月 公會宋公于闞[11]

1) 惡曹(악조) : 지명(地名)이다. 오조(烏曹)라고도 한다.
2) 寤生(오생) : 정(鄭)나라 군주인 백작의 이름.
3) 莊公(장공) : 오생의 시호.
4) 突(돌) : 장공(莊公)의 부인(夫人) 옹길(雍吉)이 낳은 아들. 여공(厲公).
5) 易辭(이사) : 간략하게 알리다의 뜻.
6) 忽(홀) : 장공(莊公)의 부인 등만(鄧曼)이 낳은 아들이다. 뒤에 소공(昭公)이 된다.
7) 失國也(실국야) : 세자의 자리를 버리고 외국으로 달아난 것을 뜻한다.
8) 柔(유) : 노(魯)나라 대부이다.
9) 蔡叔盟于折(채숙맹우절) : 채숙은 채나라 대부로 이름이 숙(叔)이다. 절은 노나라 땅 이름.
10) 夫鍾(부종) : 성(郕)나라의 지명(地名)이다.
11) 闞(감) : 노나라 지명이다.

12. 환공 12년 신사(辛巳)

가. 곡지(曲池)에서 동맹을 맺다

12년 신사(辛巳) 봄인 정월이다.

여름인 6월 임인(壬寅)일에 환공이 기(紀)나라 군주인 후작과 거(莒)나라 군주인 자작을 만나 곡지(曲池)에서 동맹을 맺었다.

가을인 7월 정해(丁亥)일에 환공이 송나라 군주인 공작과 연(燕)나라 사람을 만나 곡구(穀丘)에서 동맹을 맺었다.

8월 임진(壬辰)일에 진(陳)나라 군주인 후작 약(躍)이 세상을 떠났다.

환공이 송나라 군주인 공작을 허(虛)에서 만났다.

겨울인 11월에 환공이 송나라 군주인 공작을 귀(龜)에서 만났다.

병술(丙戌)일에 환공이 정나라 군주인 백작을 만나 무보(武

父)에서 동맹을 맺었다.

병술(丙戌)일에 위(衛)나라 군주인 후작 진(晉)이 세상을 떠났다. 위(衛)나라 후작 진이 세상을 떠났는데 다시 날짜를 일컬은 것은 날짜의 의의(意義)를 판결한 것이다.

12월에 정(鄭)나라 군사와 함께 송(宋)나라를 정벌하는데, 정미(丁未)일에 송나라에서 싸웠다. 함께 하여 정벌도 하고 싸움도 한 것을 함께 꾸짖은 것이다. 정나라와 함께 하여 싸웠다고 말하지 않은 것은 불화(不和)를 부끄럽게 여긴 것이다. 정벌하고 함께 싸워서 패배한 것이다. 대내적으로는 패배를 숨기고 가히 알릴 것만 드러낸 것이다.

十有二年[1] 春 正月

夏 六月 壬寅 公會紀侯莒子 盟于曲池[2]

秋 七月 丁亥 公會宋公燕人 盟于穀丘[3]

八月 壬辰 陳侯躍[4]卒

公會宋公于虛[5]

冬 十有一月 公會宋公于龜[6]

丙戌 公會鄭伯盟于武父[7]

丙戌 衛侯晉[8]卒 ◌再稱日[9] 決日義[10]也

十有二月 及鄭師伐宋[11] 丁未 戰于宋 ◌非[12]與所與伐戰也 不言與鄭戰 恥不和也 於伐與戰 敗也 內諱敗 擧其可道者也

1) 十有二年(십유이년) : 주(周)나라 환왕(桓王) 20년 B.C. 700년

2) 曲池(곡지) : 노나라 지명(地名). 지금의 산동성 영양(寧陽)의 동북쪽.

3) 穀丘(곡구) : 송(宋)나라의 지명. 현재 하남성(河南省) 상구(商丘).

4) 陳侯躍(진후약) : 진(陳)나라 여공(厲公)이고 약은 이름이다. B.C. 706년 즉위. 재위 7년이다.

5) 虛(허) : 송나라 지명이다.

6) 龜(귀) : 송(宋)나라의 지명.

7) 武父(무보) : 정(鄭)나라의 지명.

8) 衛侯晉(위후진) : 위(衛)나라 선공(宣公)이며 진(晉)은 그의 이름이다.

9) 再稱日(재칭일) : 다시 병술(丙戌)을 거론한 것을 뜻한다.
10) 決日義(결일의) : 날짜의 의의를 판별한 것이다. 곧 별도로 강조한 것이다.
11) 及鄭師伐宋(급정사벌송) : 정나라 군사와 함께 송나라를 정벌하다.
12) 非(비) : 책(責)의 뜻이라 했다.

13. 환공 13년 임오(壬午)

가. 환공이 기(紀)나라와 정나라 군주를 만나다

13년 임오(壬午) 봄인 2월에 환공이 기(紀)나라 군주인 후작과 정나라 군주인 백작을 만났다. 기사(己巳)일에 제(齊)나라 군주인 후작과 송나라 군주인 공작과 위(衛)나라 군주인 후작과 연(燕)나라 사람이 싸웠는데 제나라 군사와 송나라 군사와 위나라 군사와 연나라 군사가 패배했다.

그 급(及)이라고 말한 것은 국내에서부터 말미암은 것을 말한 것이다. 그 전(戰)이라고 이른 것은 밖으로부터 말미암은 것을 말한 것이다. 싸우는데 '인(人)'이라 일컬은 것과 패배했는데 '사(師 : 군사)'라 일컬은 것은 사람의 무리를 중요하게 여긴 것이다. 그 지명(地名)을 기록하지 않은 것은 기(紀)나라 땅이었기 때문이다.

3월에 위(衛)나라 선공(宣公)을 장사 지냈다.

여름에 큰 홍수(洪水)가 났다.

가을인 7월이다.

겨울인 10월이다.

十有三年[1] 春 二月 公會紀侯鄭伯 己巳 及齊侯宋公衛侯燕人 戰 齊師宋師衛師燕師敗績[2] ◯其言及者 由內及之也 其曰戰者 由外言之也 戰稱人 敗稱師 重衆也 其不地於紀也

三月 葬衛宣公

夏 大水
秋 七月
冬 十月

1) 十有三年(십유삼년) : 주(周) 환왕(桓王) 21년. B.C. 699년이다.
2) 敗績(패적) : 대패(大敗).

14. 환공 14년 계미(癸未)

가. 정(鄭)나라 군주를 조(曹)나라에서 만나다

14년 계미(癸未) 봄인 정월에 환공이 정(鄭)나라 군주인 백작을 조(曹)나라에서 만났다.

얼음이 얼지 않았다. 얼음이 얼지 않았다는 것은 시절(時節)의 기후가 따뜻했다는 뜻이다.

여름인 5월이다. 정(鄭)나라 군주인 백작이 그의 아우 어(禦)를 시켜 노나라에 와서 맹서(盟誓)하게 했다. 제후(諸侯)들의 존귀함은 아우나 형이라도 친족으로써 통하지 못하는 것이다. 그의 아우라고 이른 것은 그가 우리에게 왔기 때문에 그의 귀함을 올려 준 것이다. 내맹(來盟)은 앞에서 정해진 것이다. 날짜를 쓰지 않은 것은 앞에서 정해진 맹세이기 때문에 날짜를 기록하지 않은 것이다.

공자(孔子)께서 말하기를 "먼 곳의 소리를 듣는 자는 그 신속한 것을 듣고 그 느린 것은 듣지 못한다. 먼 곳을 바라보는 자는 그 모습만 살피고 그 형태를 살피지 못한다."라고 했다.

정공(定公)과 애공(哀公)의 세상에 서서 은공(隱公)과 환공(桓公)을 가리켰으니 은공과 환공의 세상은 먼 것이었다. '하오(夏五)'는 전(傳)에 의문이 있다.

十有四年 春 正月 公會鄭伯于曹
無氷[1] ◌無氷 時燠[2]也

夏 五[3] 鄭伯使其弟禦[4]來盟 ◌諸侯之尊 弟兄不得以屬通 其弟云者 以其來我擧其貴者也 來盟 前定也 不日 前定之盟不日 孔子曰 聽遠音者 聞其疾 而不聞其舒 望遠者 察其貌 而不察其形 立乎定哀[5] 以指隱桓 隱桓之日遠矣 夏五傳疑[6]也

1) 無氷(무빙) : 얼음이 없다. 곧 얼음이 얼지 않았다는 뜻.

2) 燠(오) : 날씨가 따뜻했다는 뜻.

3) 夏五(하오) : 하오월(夏五月)의 월(月)자가 빠진 것이라 했다.

4) 弟禦(제어) : 정(鄭)나라 여공(厲公)의 아우. 좌전에는 어(禦)가 어(語)로 되어 있다.

5) 立乎定哀(입호정애) : 노(魯)나라 춘추 말기의 임금인 정공(定公)과 애공(哀公)을 말한다. 정공은 B.C. 509년~495년까지 재위하고 애공은 B.C. 494년~467년까지 재위했다.

6) 傳疑(전의) : 전해진 것이 의심스럽다.

나. 곡식 저장 창고에 불이 나다

가을인 8월 임신(壬申)일에 조상에게 제사 지낼 곡식을 저장한 창고에 불이 났다. 을해(乙亥)일에 상제(嘗祭)를 지냈다. 조상에게 제사 지낼 곡식을 저장한 창고에 재앙(불)이 일어난 것은 본래 기록하지 않는 것인데 이것을 기록한 것은 어째서인가? 화재에 타고 남은 것들을 바꾸지 않고 상제(嘗祭)를 지낸 처사가 옳은 것인가? 공경하지 않은 것을 기록한 것이다.

천자(天子)는 몸소 밭을 갈아서 자성(粢盛)을 장만하고 왕후(王后)는 몸소 양잠을 하여 제복(祭服)을 장만하는 것이다. 나라에 일 잘하는 농사꾼이나 길쌈 잘하는 여인이 없는 것은 아니지만 남들이 정성을 다한 것으로 선조의 사당을 섬기는 일은 자신이 스스로 몸소하는 것만 같지 않은 것이다.

어떻게 화재에 타고 남은 것들을 바꾸지 않고 상제(嘗祭)에 사용했다는 것을 알 수 있었는가? 대답하기를 '전속(甸粟)'은 삼궁(三宮)으로 들이고 '삼궁미(三宮米)'는 어름(御廩)에 저장

한다고 했다. 대저 상제(嘗祭)라는 것은 반드시 전(甸)의 일을 겸하는 것이다. '임신(壬申)일에 어름(御廩 : 조상에 제사 지낼 곡식을 저장한 창고)에 화재가 발생했고 을해(乙亥)일에 상제(嘗祭)를 지냈다.' 고 했는데 이는 화재에 타고 남은 것들을 바꾸지 않고 상제를 지냈다는 뜻이다.

겨울인 12월 정사(丁巳)일에 제(齊)나라 군주인 후작 녹보(祿父)가 세상을 떠났다.

송(宋)나라 사람이 제나라 사람과 채나라 사람과 위(衛)나라 사람과 진(陳)나라 사람을 이끌고 정나라를 정벌했다. 이(以)란 명령을 받아서 사용한 것은 아니다. 백성이란 군주의 근본이다. 사람을 시켜서 죽이는 일에 사용하는 것은 바른 것이 아니다.

秋 八月 壬申 御廩災[1] 乙亥嘗[2] ◌御廩之災不志 此其志 何也 以爲唯未易災之餘[3] 而嘗可也 志不敬也 天子親耕 以共粢盛[4] 王后親蠶[5] 以共祭服 國非無良農工女[6]也 以爲人之所盡 事其祖禰[7] 不若以己所自親者也 何用見其未易災之餘而嘗也 曰甸粟[8] 而內之三宮[9] 三宮米 而藏之御廩 夫嘗必有兼甸之事焉 壬申 御廩災 乙亥嘗以爲未易災之餘而嘗也

冬 十有二月 丁巳 齊侯祿父[10]卒

宋人以齊人蔡人衛人陳人伐鄭 ◌以者 不以者[11]也 民者 君之本也 使人以其死 非正也

1) 御廩災(어름재) : 어름은 임금이 조상에게 제사 지낼 곡식을 저장하는 창고. 재는 화재(火災).

2) 乙亥嘗(을해상) : 을해일에 상제(嘗祭)를 지내다. 상제는 가을제사이다.

3) 未易災之餘(미역재지여) : 화재에 타고 남은 것을 바꾸지 않았다. 곧 정성이 깃들어 있지 않았다는 뜻.

4) 粢盛(자성) : 제사에 쓰이는 차기장과 메기장.

5) 親蠶(친잠) : 왕후가 친히 누에를 치는 의식.

6) 良農工女(양농공녀) : 농사를 잘 짓는 농부와 길쌈을 잘하는 공녀(工女).

7) 祖禰(조녜) : 선조의 사당을 뜻한다.

8) 甸粟(전속) : 전은 전사(甸師)의 관원을 뜻한다. 전사는 전(田)을 관장하는 관리이다. 속은 곡식이다.
9) 三宮(삼궁) : 제후의 부인이 거처하는 곳이다. 천자는 6궁(六宮)이고 제후는 삼궁(三宮)이므로 제후의 부인을 뜻한다.
10) 齊侯祿父(제후녹보) : 제(齊)나라 희공(僖公)이고 녹보는 그의 이름이다.
11) 不以者(불이자) : 제령(制令)을 얻은 것이 아닌데 사용한 것이라는 뜻.

15. 환공 15년 갑신(甲申)

가. 가보(家父)를 시켜 수레를 요구하게 하다

15년 갑신(甲申) 봄인 2월에 천왕(天王)이 가보(家父)에게 노(魯)나라에 와서 수레를 요구하게 했다. 옛날에는 제후들이 때때로 천자(天子)에게 그 나라의 토산품들을 헌상(獻上)했으므로 사양(辭讓)하는 바가 있었고 거두어들이거나 요구하는 일이 없었다. 가보가 수레를 요구한 것은 예(禮)에 합당한 일이 아니었다. 금(金)까지 요구한 것은 매우 심한 처사였다.

3월 을미(乙未)일에 천왕(天王 : 桓王)이 붕어(崩御)했다.

여름인 4월 기사(己巳)일에 제나라 희공(僖公)을 장사 지냈다.

5월에 정나라 군주인 백작 돌(突)이 채(蔡)나라로 달아났다. 적장자(嫡長子)의 자리를 빼앗은 것을 책망한 것이다.

정(鄭)나라의 세자(世子) 홀(忽)이 정나라로 다시 돌아갔다. 정나라 세자 홀(忽)이 정나라로 복귀했다는 것은 올바른 위치로 돌아왔다는 뜻이다.

허숙(許叔)이 허(許)나라로 들어갔다. 허숙(許叔)은 허(許)나라의 귀한 사람인데 허숙에게 마땅한 곳이 없었다. 그가 '들어갔다.' 고 이른 뜻은 무엇인가? 그가 돌아가는 도(道 : 길)는, 돌아갈 곳이 아니라는 뜻이다.〔들어가면 안 된다는 뜻.〕

十有五年 春 二月 天王使家父[1]來求車[2] ◌古者諸侯時獻于天子 以其國之所有 故有辭讓 而無徵求 求車 非禮也 求金[3]甚矣

三月 乙未 天王崩[4]

夏 四月 己巳 葬齊僖公

五月 鄭伯突出奔蔡 ◌譏奪正[5]也

鄭世子忽 復歸于鄭 ◌反正[6]也

許叔[7]入于許[8] ◌許叔 許之貴者也 莫宜乎許叔 其曰入 何也 其歸之道 非所以歸也

1) 家父(가보) : 주(周)나라 환왕(桓王)의 대부이다.

2) 求車(구거) : 수레를 요구하다.

3) 求金(구금) : 금(金)도 요구하다. 곧 재물도 요구하다의 뜻.

4) 天王崩(천왕붕) : 주(周)나라 환왕(桓王)이 죽었다는 뜻. 천자가 죽은 것을 붕(崩)이라 하고 제후가 죽은 것을 훙(薨)이라 하고 대부가 죽은 것을 졸(卒)이라 하고 사(士)가 죽은 것을 불록(不祿)이라 한다.

5) 奪正(탈정) : 적자(適子)의 지위를 찬탈하여 임금이 된 것을 뜻한다. 곧 정나라의 장공(莊公)이 죽은 후 공자 홀(忽)이 장자인데도 계승하지 못하고 제중(祭仲)에 의해 돌(突)이 계승한 것을 뜻한다.

6) 反正(반정) : 정(正)으로 돌아가다. 곧 옳게 복귀하다의 뜻.

7) 許叔(허숙) : 허나라 장공(莊公)의 아우.

8) 入于許(입우허) : 허나라로 들어가다. 예(禮)에 대부(大夫)가 출분(出奔)했다가 돌아갈 때 상태가 호전되어 돌아가는 것을 '귀(歸)'라고 하고 악화되어서 들어가는 것을 '입(入)'이라고 한다.

나. 제나라 군주를 호(蒿)에서 만나다

환공이 제나라 군주인 후작을 호(蒿)에서 만났다.

주(邾)나라 사람과 모(牟)나라 사람과 갈(葛)나라 사람이 찾아왔다.

가을인 9월에 정나라 군주인 백작 돌(突)이 역(櫟)으로 들어갔다.

겨울인 11월에 환공이 송나라 군주인 공작과 위(衛)나라 군주인 후작과 진(陳)나라 군주인 후작 등과 이(袲)에서 회합하고, 정나라를 정벌했다. 이(袲) 땅에서 회합한 뒤에 정벌했다는 것은 의심스러운 말이다. 실제로는 의심스러운 것은 아니었다.

公會齊侯于蒿[1)]
邾人牟人葛人[2)]來朝
秋 九月 鄭伯突入于櫟[3)]
冬 十有一月 公會宋公衛侯陳侯于袲[4)] 伐鄭 ◌地而後伐 疑辭也 非其疑也

1) 蒿(호) : 좌전에는 애(艾)로 되어 있고 노나라 산 이름이다. 공양씨(公羊氏)는 호(鄗)라고 했다.
2) 邾人牟人葛人(주인모인갈인) : 주(邾)나라, 모(牟)나라, 갈(葛)나라로 세 나라가 노나라에 부속된 나라이다. 인은 대개 세자를 칭한 것이다. 그 군주는 이름을 일컫고 그 아들은 낮추어 인(人)이라고 한다.
3) 櫟(역) : 정나라의 별도 도시 이름이다.
4) 袲(이) : 송(宋)나라의 지명(地名).

16. 환공 16년 을유(乙酉)

가. 정나라를 정벌하기 위한 모의를 하다

16년 을유(乙酉) 봄인 정월에 환공이 송(宋)나라 군주인 공작과 채(蔡)나라 군주인 후작과 위(衛)나라 군주인 후작과 조(曹)나라에서 회합했다.

여름인 4월에 환공이 송나라 군주인 공작과 위(衛)나라 군주인 후작과 진(陳)나라 군주인 후작과 채(蔡)나라 군주인 후작과 회합하고 정나라를 정벌했다.

가을인 7월에 환공이 정나라를 정벌하는 일에서 돌아왔다. 환공이 회합한 일이 없었는데 정나라를 정벌하는 일에서 돌아왔다고 한 까닭은 무엇인가? 환공이 다시 출정한 것은 위태했기 때문이었다.

겨울에 상(向)에 성을 쌓았다.

11월에 위나라 군주인 후작 삭(朔)이 제(齊)나라로 달아났다. 삭(朔)이라고 이름을 기록한 것은 그 형을 죽이고 자리를 찬탈한 것을 미워한 것이다. 주(周)나라 천자께서 불렀는데 가지 않았다.

十有六年[1] 春 正月 公會宋公蔡侯衛侯于曹

夏 四月 公會宋公衛侯陳侯蔡侯 伐鄭

秋 七月 公至[2]自伐鄭 ◌桓無會 其致何也 危之[3]也

冬 城向[4]

十有一月 衛侯[5]朔出奔齊 ◌朔之名 惡也 天子召而不往也

1) 十有六年(십유육년) : 주(周)나라 장왕(莊王) 원년. B.C. 696년.

2) 至(지) : 이르다.

3) 危之(위지) : 환공(桓公)이 다시 찬탈한 나라를 바로잡기 위하여 정벌을 나간 것은 위태했다는 뜻.

4) 向(상) : 노(魯)나라의 지명(地名).

5) 衛侯(위후) : 위(衛)나라 혜공(惠公)을 말한다. B.C. 699년 즉위했다. 삭이 그의 형을 죽이고 임금이 되었다.

17. 환공 17년 병술(丙戌)

가. 제나라 황(黃) 땅에서 동맹을 맺다

17년 병술(丙戌) 봄인 정월 병진(丙辰)일에 환공이 제나라 군주인 후작과 기(紀)나라 군주인 후작과 회합하여 황(黃) 땅에서 동맹을 맺었다.

2월 병오(丙午)일에 환공이 주(邾)나라 의보(儀父)와 함께 유(趡) 땅에서 동맹을 맺었다.

여름인 5월 병오(丙午)일에 제나라 군사와 낭(郎)에서 싸웠다.

국내에서는 패배를 숨기고 가히 말할 것만 거론한 것이다. 그 사람을 말하지 않은 것은 우리 노나라가 패배한 것이다. '급지자(及之者)' 라고 말하지 않은 것은 대내적으로 숨기기 위한 것이었다.

十有七年 春 正月 丙辰 公會齊侯紀侯 盟于黃[1)]

二月 丙午 公及[2)] 邾儀父盟于趡[3)]

夏 五月 丙午 及齊師戰于郎[4)] ◌內諱敗 擧其可道者也 不言其人以吾敗也 不言及之者 爲內諱也

1) 黃(황) : 제(齊)나라의 땅 이름.

2) 及(급) : 좌전에는 회(會)로 되어 있다.

3) 趡(유) : 노나라의 땅 이름.

4) 郎(낭) : 좌전에는 해(奚)로 되어 있다. 노나라 땅 이름. 지금의 산동성 슬현(膝縣) 일대이다.

나. 채(蔡)나라 군주인 봉인(封人)이 죽다

6월 정축(丁丑)일에 채나라 군주인 후작 봉인(封人)이 세상을 떠났다.

가을인 8월에 채계(蔡季)가 진(陳)나라에서 채나라로 돌아갔다. 채계(蔡季)는 채나라의 귀한 사람이다. 자진(自陳)이라고 한 것은 진(陳)나라에서 뒤를 받쳐 주었기 때문이었다.

계사(癸巳)일에 채(蔡)나라 환후(桓侯)를 장사 지냈다.

송(宋)나라 사람과 위(衛)나라 사람이 함께 하여 주(邾)나라를 정벌했다.

겨울인 10월 초하루에 일식(日蝕)이 있었다. 초하루를 말하고 날짜를 말하지 않은 것은 일식이 초하루가 다 간 뒤에 한 것이다. (곧 초하루가 끝난 뒤에 한 것이다.)

六月 丁丑 蔡侯封人[1)]卒

秋 八月 蔡季[2)]自陳歸于蔡 ◌蔡季 蔡之貴者也 自陳 陳有奉焉爾

癸巳 葬蔡桓侯[3]

及宋人衛人 伐邾

冬 十月 朔 日有食之 ◌言朔不言日 食旣[4]朔也

1) 蔡侯封人(채후봉인) : 채나라 환후(桓侯 : 桓公)이며 봉인은 그의 이름이다. B.C. 714년에 즉위하여 20년 간 재위했다.

2) 蔡季(채계) : 채나라 환공(桓公)의 아우이며 이름은 헌무(獻舞)이다.

3) 蔡桓侯(채환후) : 채나라 환공(桓公)인데 사자(使者)가 잘못 전달하여 후(侯)로 기록되었다.

4) 旣(기) : 진(盡)의 뜻. 일식이 초하루를 다해서 했다. 초이틀이라는 뜻.

18. 환공 18년 정해(丁亥)

가. 부인 강씨(姜氏)와 제나라로 가다

18년 정해(丁亥) 봄인 왕력으로 정월에 환공이 제나라 군주인 후작과 낙수(濼水) 가에서 만났다. 환공이 부인(夫人) 강씨(姜氏)와 함께 바로 제나라로 갔다. 낙수(濼水)에서 만났는데 부인(夫人)이 이르렀다고 말하지 않은 뜻은 무엇인가? 부인(夫人)이 교만하여 그 수를 일컫지 않은 것이다.

여름인 4월 병자(丙子)일에 환공이 제나라에서 훙거(薨去)했다. 환공이 죽은 땅은 나라 밖의 외국이다. 환공이 훙거했는데 공(公)이라고 일컬은 것은 다섯 등급인 공후백자남(公侯伯子男)에서 최고로 높은 작위를 거론한 것이다.

정유(丁酉)일에 환공의 상(喪)이 제(齊)나라에서 이르렀다.

가을인 7월이다.

겨울인 12월 기축(己丑)일에 우리 군주인 환공(桓公)을 장사 지냈다. 우리의 임금을 장사 지냈다고 한 것은 위와 아래가 함께 했다는 것이다. 임금이 시해되었는데 그 도적을 토벌하지 않으면 장사 지낸 것을 쓰지 않는 것인데 여기에 장사 지냈다고 말한 것은 무슨 뜻인가? 국경을 넘어가서라도 이를 토벌해야 한다고 책임지울 수는 없기 때문이다.

환공을 장사 지낸 후에 시호(謚號)를 거론했는데 시호는 덕을 성취한 것으로, 장례를 끝마친 뒤에 더해 주는 것이다.

지자(智者)는 생각하고 의(義)로운 자는 행동하고 인(仁)한 자는 지키는데 이와 같은 세 가지를 갖춘 자들이 있은 연후에야 나라의 임금이 나라 밖으로 나가서 회동할 수 있는 것이다.

十有八年 春 王正月 公會齊侯于濼[1] 公與夫人姜氏 遂如齊[2] ◌濼之會 不言及夫人 何也 以夫人之伉 弗稱數也

夏 四月 丙子 公薨于齊 ◌其地 於外[3]也 薨稱公 舉上[4]也

丁酉 公之喪至自齊

秋 七月

冬 十有二月 己丑 葬我君桓公 ◌葬我君 接上下[5]也 君弒賊不討不書葬 此其言葬 何也 不責踰國而討于是也 桓公葬而後舉謚 謚所以成德也 於卒事乎加之矣 知者[6]慮 義者行 仁者守 有此三者備 然後可以會[7]矣

1) 濼(낙) : 낙수(濼水)이며 강 이름이다.

2) 遂如齊(수여제) : 바로 제나라로 가다. 수는 드디어의 뜻인데 여기서는 낙수가에서 만나 곧바로의 뜻이 되며 여(如)는 가다의 뜻이다.

3) 外(외) : 제나라는 외국(外國)이다. 또 나라의 밖이기도 하다.

4) 擧上(거상) : 오등(五等)의 공후백자남(公侯伯子男)에서 최고의 위(位)를 거론한 것이다.

5) 接上下(접상하) : 신하와 백성이 함께 했다는 뜻. 곧 거국적으로 하였다는 뜻.

6) 知者(지자) : 지자(智者)의 뜻이다.

7) 然後可以會(연후가이회) : 그런 연후에야 가히 타국에서 군주를 만날 수가 있다. 그렇지 않아서 환공이 죽음을 당했다는 뜻.

제3편 장공 시대(莊公時代)

(재위 : 1년~32년까지)

시법(諡法)에 '적군을 물리치고 난을 극복한 것'을 '장(莊)'이라 했다.

▨장공 연표(莊公年表)

국명 / 기원전	周	鄭	齊	宋	晉		衛	蔡	曹	滕	陳	杞	薛		郳	許	小邾	楚	秦	吳	越	魯
	莊王	子儀	襄公	莊公	翼 閔公	曲沃 武公	惠公	哀侯	莊公		莊公					穆公		武王	武公			莊公
693	4	1	5	18	12	23	7	2	9		7					5		48	5			1
692	5	2	6	19	13	24	8	3	10		宣公 1					6		49	6			2
691	6	3	7	泯公 1	14	25	9	4	11		2					7		50	7			3
690	7	4	8	2	15	26	10	5	12		3					8		51	8			4
689	8	5	9	3	16	27	11	6	13		4					9		文王 1	9			5
688	9	6	10	4	17	28	惠公 12	7	14		5					10		2	10			6
687	10	7	11	5	18	29	13	8	15		6					11		3	11			7
686	11	8	12	6	19	30	14	9	16		7					12		4	12			8
685	12	9	桓公 1	7	20	31	15	10	17		8					13		5	13			9
684	13	10	2	8	21	32	16	11	18		9					14		6	14			10
683	14	11	3	9	22	33	17	12	19		10					15		7	15			11
682	15	12	4	10	23	34	18	13	20		11					16		8	16			12
681	僖王 1	13	5	桓公 1	24	35	19	14	21		12					17		9	17			13
680	2	厲公 1	6	2	25	36	20	15	22		13					18		10	18			14
679	3	2	7	3	26	37	21	16	23		14					19		11	19			15
678	4	3	8	4	멸망	38	22	17	24		15				儀父卒	20		12	20			16
677	5	4	9	5		39	23	18	25		16				瑣 1	21		13	德公 1			17
676	惠王 1	5	10	6		獻公 1	24	19	26		17				2	22		14	2			18
675	2	6	11	7		2	25	20	27		18				文公 1	23		堵敖 1	宣公 1			19
674	3	7	12	8		3	26	繆公 1	28		19				2	24		2	2			20
673	4	8	13	9		4	27	2	29		20				3	25		3	3			21
672	5	文公 1	14	10		5	28	3	30		21				4	26		4	4			22
671	6	2	15	11		6	29	4	31		22				5	27		成王 1	5			23

국명 / 기원전	周	鄭	齊	宋	晉	衛	蔡	曹	滕	陳	杞	薛	邾	許	小邾	楚	秦	吳	越	魯
	惠王	子儀	襄公	莊公	獻公	惠公	哀侯	僖公		宣公		薛伯	文公	穆公		成王	武公			莊公
670	7	3	16	12	7	30	5	僖公 1		23			6	28		2	6			24
669	8	4	17	13	8	31	6	2		24			7	29		3	7			25
668	9	5	18	14	9	懿公 1	7	3		25			8	30		4	8			26
667	10	6	19	15	10	2	8	4		26			9	31		5	9			27
666	11	7	20	16	11	3	9	5		27			1	32		6	10			28
665	12	8	21	17	12	4	10	6		28			2	33		7	11			29
664	13	9	22	18	13	5	11	7		29			3	34		8	12			30
663	14	10	23	19	14	6	12	8		30			4	35		9	成公 1			31
662	15	11	24	20	15	7	13	9		31			5	36		10	2			32

※등(滕) : 자세한 내용은 은공(隱公) 원년에 나온다.

※기(杞) : 자세한 내용은 은공 원년에 나온다.

※설(薛) : 노나라 장공(莊公) 31년에 설백(薛伯)이 죽었다고 기록했다.

※주(邾) : 노나라 장공 16년에 주자(邾子) 극(克)이 죽었는데 그가 의보(儀父)이다. 뒤를 이어 주자(邾子) 쇄(瑣)가 즉위했다. 장공 18년 주자 쇄가 죽고 뒤를 이어 문공이 즉위했다.

※소주(小邾) : 노나라 장공 5년에 예려(郳黎)가 조회에 들어 왔다는 것이 은공 원년에 자세히 나왔다.

※장공 10년에 초나라가 채나라 애후를 잡아갔다. 장공 19년에 초에서 죽다.

※장공 9년에 제나라 관중(管仲)이 정치를 맡다.

※장공 16년에 익(翼)이 멸망하고, 진(晉)나라가 하나의 나라로 되었다.

※위(衛)나라 혜공 7년은 장공 원년이고 검모(黔牟)의 3년이며, 장공 6년에 제나라에서 혜공을 들이고 검모를 추방하다.

제3편 장공 시대(莊公時代)

1. 장공(莊公) 원년 무자(戊子)

가. 왕력(王曆)으로 정월(正月)이다

원년(元年) 무자(戊子) 봄, 왕력(王曆)으로 정월이었다. 시해된 임금의 뒤를 계승하였으므로 즉위(卽位)를 말하지 않은 것은 예에 합당한 것이었다. 시해된 임금의 뒤를 계승하였으므로 즉위를 말하지 않은 것이 예에 합당한 일이 된다는 것은 무슨 뜻인가? 대답하기를 선군(先君)이 그 도(道)로써 마치지 못하였는데 자식이 즉위하는 것은 차마 하지 못할 일이기 때문이다.

3월에 부인(夫人)이 제나라로 피신했다. 손(孫)이라고 말한 것은 '달아나다' 와 같으며 달아난 것을 숨겨 준 말이다. 소상(小祥)에 접했을 때 어머니의 변화를 기록했는데 처음으로 인(仁)한 것이었다.

씨성(氏姓)을 말하지 않은 것은 폄하한 것이다. 사람은 하늘에서 명을 받을 때는 도로써 받고 사람에게서 명을 받을 때는 말로써 받는 것이다. 도에 따르지 않는 자는 하늘이 절연시키고 말에 따르지 않는 자는 사람이 절연시키는 것이다. 신하나 자식된 자들은 하늘과 사람에게 크게 명을 받은 것이다.

元年[1] 春 王正月 ◌繼弑君不言卽位 正也 繼弑君不言卽位之爲正 何也 曰 先君不以其道終 則子不忍卽位也

三月 夫人孫[2]于齊 ◌孫之爲言猶孫也 諱奔也 接練[3]時 錄母之變

始人[4]之也 不言氏姓 貶之也 人之於天也 以道受命 於人也 以言受命 不若[5]於道者 天絶之也 不若於言者 人絶之也 臣子大受命

1) 元年(원년) : 장공(莊公) 원년. 장공의 이름은 동(同)이고 환공(桓公)의 아들이다. 주(周)나라 장왕(莊王) 4년에 즉위하였는데 그 때는 B.C. 693년이다. 즉위 때는 겨우 12세였다.
2) 孫(손) : 도망하다의 뜻. 손둔(孫遁)하여 떠나다의 뜻.
3) 練(연) : 소상(小祥).
4) 人(인) : 인(仁)과 같다.
5) 若(약) : 순(順)과 같다. 순종하다.

나. 왕녀(王女)가 시집가는 길을 호송하다

여름에 선백(單伯)이 왕녀(王女)가 시집가는 길을 호송했다. 선백(單伯)이란 누구인가? 우리의 대부(大夫)가 천자(天子)에게 임명받은 자이다. 대부로 임명받았으므로 이름을 기록하지 않은 것이다. '여(如)' 라고 말하지 않은 이유는 무엇인가? 그 의(義)를 경사(京師 : 수도)에서 받지 못했기 때문이다. 그 의를 경사(京師)에서 받지 못했다는 것은 무슨 뜻인가? 대답하기를 자신의 임금이 제(齊)나라에서 시해당했는데 사신으로서 혼인(婚姻)을 주도하고 제나라와 더불어 예를 차린 것은, 그 의(義)로 본다면 진실로 받지 못할 것이었기 때문이다.

가을에 왕녀(王女)가 머무를 집을 도성(都城) 밖에 지었다. 축(築 : 집을 짓다)은 예에 합당한 절차이다. 도성 밖에 한 것은 예에 합당한 절차가 아니었다. 집을 지은 것이 예에 맞는다고 한 뜻은 무엇인가? 왕녀(王女)의 혼사를 주도하는 것은 반드시 공작(公爵)의 문(門)에서 나오는 것이기 때문이다.

사당은 너무 높고 제후의 침실은 너무 낮으므로 새로 지은 것이며 절도에 맞는 것이다. 도성 밖에 지었다는 것은 변화시켜 예에 합당하게 한 것이다. 밖에 지어서 변화시켜 예에 합당하게 했다는 것은 무슨 뜻인가? 구수(仇讎 : 원수)의 사람과는 혼인에서 서로 접대하지 않는 것이며, 최마(衰麻 : 상복)를 입은 사람은 관이나 면류관으로써 접대하지 않는 것이다. 제나라 군주인 후작이 와서 맞이했다고 말하지 않은 이유는 무엇인가? 제나라 군주인 후작으로 하여금 우리와 함께 함을 얻게 하는 것은 예가 되지 않기 때문이다.

겨울인 10월 을해(乙亥)일에 진(陳)나라 군주인 후작 임(林)이 세상을 떠났다. 제후가 죽은 날을 쓴 것은 바른 것이다.

천자(天子)가 영숙(榮叔)을 보내 와서 환공(桓公)에 대한 명을 내려주게 했다. 예(禮)에, 명(命)을 받는데 있어 와서 명(命)을 내리는 것은 없다. 석명(錫命)이란 예에 합당한 것이 아니다. 제후가 살아서는 제복(制服)을 받고 죽어서는 그에 따르는 장례를 거행하는 것이 예이다. 살아서 제복을 받지 못하고 죽어서 추존하여 주는 것은 예에 합당하지 않은 처사가 매우 심한 것이다

왕녀(王女)가 제나라로 시집갔다. 왕녀가 시집가는 것을 노나라가 주관하여 예에 합당한 상황에서 시집간 것이다.

제나라 군사가 기(紀)나라의 병(郱)과 자(鄑)와 오(郚) 지방의 백성을 옮겼다. 기(紀)는 나라이다. 병과 자와 오도 나라이다. 어떤 이는 "기나라를 병과 자와 오로 옮긴 것이다."라고도 했다.

夏 單伯[1]逆王姬[2] ◌單伯者何 吾大夫之命乎天子者也 命大夫 故不名也 其不言如 何也 其義不可受於京師也 其義不可受於京師 何也 曰 躬君弒於齊 使之主婚姻 與齊爲禮 其義固不可受也

秋 築王姬之館于外[3] ◌築 禮也 于外 非禮也[4] 築之爲禮 何也 主王姬者 必自公門出 於廟[5]則已尊 於寢[6]則已卑 爲之築 節矣 築之外變之正也 築之外 變之爲正 何也 仇讎[7]之人 非所以接婚姻也 衰麻[8]非所以接弁冕[9]也 其不言齊侯之來逆 何也 不使齊侯得與吾爲禮也

冬 十月 乙亥 陳侯林[10]卒 ◌諸侯日卒 正也

王使榮叔[11]來錫[12]桓公命[13] ◌禮有受命 無來錫命 錫命 非正也 生服之 死行之[14] 禮也 生不服 死追錫之 不正甚矣

王姬[15]歸于齊 ◌爲之中者[16]歸之也

齊師遷紀郱鄑郚[17] ◌紀 國也 郱鄑郚 國也 或曰 遷紀于郱鄑郚

1) 單伯(선백) : 선은 성씨이다. 선으로 발음한다. 좌전에는 선(單)나라 군주인 백작이며 천자(天子)의 경(卿)이라 했다.
2) 逆王姬(역왕희) : 왕희는 왕녀(王女). 천자의 딸이다. 역은 좌전 경문에는 송(送)으로 되어 있다.
3) 外(외) : 도성(都城) 밖. 왕녀가 제나라로 시집갈 때 노나라에 머무르게 되는데 노나라에서는 환공을 죽인 제나라 사람이 노나라 도성 안으로 들어오는 것이 싫어서 성 밖에다 머무를 집을 지었다.
4) 于外非禮也(우외비례야) : 밖에 한 것은 예가 아니다. 좌전과 상반되는 곳이다.
5) 廟(묘) : 조당(朝堂)을 가리킨다.
6) 寢(침) : 내실(內室)을 가리킨다. 곧 침실.
7) 仇讎(구수) : 제나라와 노나라는 원수간. 환공을 제나라에서 죽였기 때문이다.
8) 衰麻(최마) : 상복. 이때 환공의 상을 노나라에서 입고 있었다.
9) 弁冕(변면) : 관과 면류관.
10) 陳侯林(진후임) : 진(陳)나라 장공(莊公)이며 이름이 임(林)이다. B.C. 699년에 즉위하여 7년 간 재위했다.
11) 榮叔(영숙) : 주장왕(周莊王)의 상대부. 영씨(榮氏). 숙(叔)은 그의 자(字).
12) 錫(석) : 하사하다의 뜻.
13) 命(명) : 천자(天子)가 내리는 의복과 옥(玉)이라는 뜻이다.
14) 生服之死行之(생복지사행지) : 살아서는 옥과 의복을 내리고 죽어서는 의식에 따라 장례를 거행하는 일.
15) 王姬(왕희) : 제(齊)나라 양공(襄公)에게 시집가는 주왕(周王)의 딸이다.
16) 爲之中者(위지중자) : 노나라에서 알맞게 이 혼사를 주재했다는 뜻.
17) 郱鄑郚(병자오) : 병과 자와 오 등은 기(紀)나라의 읍(邑) 이름들이다.

2. 장공 2년 기축(己丑)

가. 진(陳)나라 장공(莊公)을 장사 지내다

2년 기축(己丑) 봄, 왕력(王曆)으로 2월에 진(陳)나라 장공

(莊公)을 장사 지냈다.

여름에 공자(公子) 경보(慶父)가 군사를 거느리고 어여구(於餘丘)를 정벌했다. 국가(國家)를 치는 것을 '벌(伐)' 이라고 한다. 어여구(於餘丘)는 주(邾)나라의 읍(邑)이다. 주나라 읍을 벌(伐)이라고 이른 것은 무슨 뜻인가? 공자(公子)는 신분이 귀하고 군사는 막중한 것인데 작은 읍을 대적하는데 공자(公子)가 괴로워한 것이다. 공자(公子)가 괴로워한 것이란 곧 장공(莊公)을 책망한 것이다. 한 마디 한다면 어여구(於餘丘)에 주(邾)나라 임금이 있었으므로 그 곳을 중시(重視)한 것이다.

가을인 7월에 제나라로 시집간 왕녀가 세상을 떠났다. 시집간 왕녀가 세상을 떠났다고 기재한 이유는, 노나라에서 혼사를 주재했었기 때문에 졸(卒)이라고 쓴 것이다.

겨울인 12월에 부인(夫人) 강씨(姜氏)가 제나라 군주인 후작을 작(禚)에서 만났다. 부인(婦人 : 여자)이 이미 시집을 갔으면 국경을 넘지 않는 것인데 국경을 넘은 것은 예에 합당한 행동이 아니다. 부인에게는 회(會 : 만나다)라고 말하지 않는 것인데 회(會)라고 말한 것은 예에 합당한 처사가 아니었다. 접대함이 심한 것을 뜻한 것이다.

을유(乙酉)일에 송나라 군주인 공작 빙(馮)이 세상을 떠났다.

二年 春 王二月 葬陳莊公

夏 公子慶父[1]帥師 伐於餘丘[2] ◌國而曰伐 於餘丘 邾之邑也 其曰伐 何也 公子貴矣 師重矣 而敵人之邑 公子病矣 病公子 所以譏乎公也 其一曰君在而重之[3]也

秋 七月 齊王姬卒 ◌爲之主者卒之也

冬 十有二月 夫人姜氏會齊侯于禚[4] ◌婦人既嫁不踰竟[5] 踰竟非正也 婦人不言會 言會非正也 饗[6] 甚矣

乙酉 宋公馮卒

1) 公子慶父(공자경보) : 경보는 이름이고 자는 중보(仲父)이다.

2) 於餘丘(어여구) : 주(邾)나라의 성읍. 공양(公羊)전에는 어(於)자가 없다.

3) 君在而重之(군재이중지) : 주(邾)나라 임금이 이 읍에 있었으므로 주(邾)나라가 계속되지 않아도 국가와 같은 뜻이라는 것.
4) 禚(작) : 제(齊)나라의 지명.
5) 竟(경) : 경(境)과 같다.
6) 饗(향) : 잔치이다. 성대한 연회.

3. 장공 3년 경인(庚寅)

가. 제나라와 위(衛)나라를 정벌하다

3년 경인(庚寅) 봄인 왕력으로 정월에 익(溺)이 제(齊)나라 후작과 회합하여 위(衛)나라를 정벌했다. 익(溺)이란 누구인가? 공자(公子) 익(溺)이다. 공자(公子)라고 일컫지 않은 것은 무슨 뜻인가? 그 원수와 회합하여 동성(同姓)을 정벌한 것을 미워한 것이다. 그래서 폄하하여 이름을 기록한 것이다.

여름인 4월에 송나라 장공을 장사 지냈다. 송나라 장공을 장사 지낸 것은 제 달에 장사 지낸 것이다.

5월에 천자(天子)인 환왕(桓王)을 장사 지냈다. 전문(傳文)에 이르기를 개장(改葬)했다고 했다. 개장(改葬)의 예에는, 시마(緦麻)의 복이며 아래로 거양한 것이 요원한 것이다.

어떤 이는 말하기를 "시신을 장시간 보관해 두고 제후들에게 참여하기를 구했다."고 했다. 천자는 붕어만 기록하고 장례는 기록하지 않는데 그 정해진 시기에 반드시 하기 때문이다. 무엇을 반드시 한다는 것인가? 온 천하가 한 사람의 장례를 위하여 애도하는 그 의의를 의심하지 않은 것이다. 여기에서 장례를 기록한 까닭은 당시 위태하여 장례를 치르지 못하였기 때문이다.

또 대답하기를 주(周)나라가 노나라와 가까운 거리에 있으므로 붕어했다면 그 소식을 잃지 않을 것인데 붕어를 알리지 못하여 붕어를 기록하지 않았다는 것은 천하를 잃었다는 뜻이다. 외로운 음

(陰)은 생겨나지 않고 외로운 양(陽)은 생겨나지 않고 외로운 하늘은 생겨나지 않는 것이다. 세 가지인 음과 양과 하늘이 합해진 연후에 생겨나는 것이다. 그러므로 말하기를 어머니의 아들이 가한 것이고 하늘의 아들이 가한 것이며 높은 사람은 높은 곳에서 취하여 일컫고 낮은 사람은 낮은 곳에서 취하여 일컫는 것이다. 왕자(王者)라고 이르는 것은 백성들이 그에게 돌아가 의지하는 바이다.

가을에 기계(紀季)가 휴(酅) 땅을 가지고 제나라로 들어갔다. 휴(酅)는 기(紀)나라의 읍(邑)이다. '제나라로 들어갔다' 고 한 것은 휴 땅을 가지고 제나라를 섬긴 것이다. '들어갔다' 고 한 것은 국내에서 받아주지 않았다는 뜻이다.

겨울에 장공이 낭(郎)에 머물렀다. '머물렀다' 는 것은 일정한 곳에 머물렀다는 뜻이며 제나라를 두려워하는 마음이 있어서였다. 이는 기(紀)나라를 구해주려고 했으나 능히 성공하지 못한 것이다.

三年 春 王正月 溺[1]會齊侯伐衛 ◌溺者 何也 公子溺也 其不稱公子 何也 惡其會仇讎而伐同姓[2] 故貶而名之也

夏 四月 葬宋莊公 ◌月葬 故也

五月 葬桓王 ◌傳曰改葬[3]也 改葬之禮緦[4] 擧下 緬[5]也 或曰 郤尸[6]以求諸侯 天子志崩不志葬 必其時也 何必焉 擧天下而葬一人 其義不疑也 志葬 故也 危不得葬[7]也 曰 近 不失崩 不志崩 失天下也 獨陰不生 獨陽不生 獨天不生 三合然後生 故曰 母之子也可 天之子也可 尊者取尊稱焉 卑者取卑稱焉 其曰王者[8] 民之所歸往也

秋 紀季[9]以酅[10]入于齊 ◌酅 紀之邑也 入于齊者 以酅事齊也 入者 內弗受也

冬 公次于郎[11] ◌次 止也 有畏[12]也 欲救紀而不能也

1) 溺(익) : 노(魯)나라 대부(大夫)이며 주(周)나라에서 임명한 대부이다.

2) 同姓(동성) : 위나라는 노나라와 동성(同姓)이다.

3) 改葬(개장) : 이장(移葬)하다. 또는 면례(緬禮)하다.

4) 緦(시) : 시마복(緦麻服)으로, 3개월 복이다.

5) 緬(면) : 면례(緬禮). 무덤을 옮겨 다시 장사 지내다. 요원하다는 뜻도 있다.

6) 郤尸(극시) : 시체를 장사하지 못하다. 장사 지내지 못하고 정지 상태라는 뜻.
7) 危不得葬(위부득장) : 위태하여 장사를 지내지 못하다. 하나의 추측하는 말.
8) 王者(왕자) : 천자(天子)이다.
9) 紀季(기계) : 기(紀)나라 군주의 아우이다.
10) 酅(휴) : 기나라 지명(地名).
11) 郎(낭) : 노나라의 성읍(城邑)이다. 좌전(左傳)에는 활(滑)로 되어 있고 정(鄭)나라의 지명이라 했다.
12) 畏(외) : 제나라를 두려워하다. 곧 당시는 원수의 나라였다.

4. 장공 4년 신묘(辛卯)

가. 강씨가 축구(祝丘)에서 잔치를 열다

4년 신묘(辛卯) 봄, 왕력으로 2월에 부인(夫人) 강씨(姜氏)가 제나라 군주인 후작을 위해 축구(祝丘)에서 연회를 베풀었다. 강씨(姜氏)가 연회를 베푼 것은 너무 심한 처사였다. 제나라 군주인 후작에게 잔치를 베푼 일을 기록한 것은 제나라 군주인 후작을 헐뜯은 것이다.

3월에 기(紀)나라 백희(伯姬)가 세상을 떠났다. 외국의 부인(夫人)이 세상을 떠난 일은 기록하지 않는데 여기서 그가 '죽었다' 라고 쓴 것은 무슨 뜻인가? 우리 노나라의 딸이기 때문이다. 제후의 배필이 되면 높은 것이 동일하게 된다. 우리는 이것을 변화된 상황으로 여겨서 세상을 떠난 것을 기재한 것이다.

여름에 제나라 군주인 후작과 진(陳)나라 군주인 후작과 정나라 군주인 백작이 수(垂)에서 만났다.

기(紀)나라 군주인 후작이 그 나라를 떠나 돌아오지 않았다. '대거(大去)' 란 한 사람도 잃지 않았다는 말이다. 백성들이 4년 동안 따라다닌 뒤에 끝냈다는 것을 말한 것이다. 기(紀)나라의 군주인 후작이 현명한데도 제나라 군주인 후작이 멸망시켰다. 멸망시켰다고 말하지 않고 '그 나라를 떠나 돌아오지 않았다'고 한 것은 소인(小人)을 군자(君子)보다 더 높일 수 없기 때문이었다.

四年 春 王二月 夫人姜氏 饗[1]齊侯于祝丘[2] ◌饗甚矣 饗齊侯 所以病[3]齊侯也

三月 紀伯姬卒 ◌外夫人[4]不卒 此其言卒 何也 吾女也 適諸侯則尊同 以吾爲之變[5] 卒之也

夏 齊侯陳侯鄭伯 遇于垂[6]

紀侯大去其國 ◌大去[7]者 不遺一人之辭也 言民之從者四年而後畢[8]也 紀侯賢而齊侯滅之 不言滅 而曰大去其國者 不使小人加乎君子

1) 饗(향) : 잔치를 열다. 좌전에는 향(享)으로 되어 있다.
2) 祝丘(축구) : 노(魯)나라 지명(地名).
3) 病(병) : 헐뜯다.
4) 外夫人(외부인) : 타국(他國) 제후의 부인을 지칭한다.
5) 變(변) : 변경하여 쓰는 예.
6) 垂(수) : 위(衛)나라 지명.
7) 大去(대거) : 나라를 떠나 돌아오지 않는 일.
8) 言民之從者四年而後畢(언민지종자사년이후필) : 백성들이 4년을 따라다닌 후에 끝냈다.

나. 기(紀)나라의 백희(伯姬)를 장사 지내다

6월 을축(乙丑)일에 제나라 군주인 후작이 기(紀)나라의 백희(伯姬)를 장사 지냈다. 외국의 부인(夫人)을 장사 지낸 일은 기록하지 않는 것인데 여기에 외국의 부인을 장사 지낸 일을 기록한 것은 무엇 때문인가? 우리 노나라의 딸이기 때문이다. 나라를 잃은 까닭을 애통하게 여겨서 장사 지낸 일을 기록한 것이다.

가을인 7월이다.

겨울에 장공이 제나라 사람과 고(郜)에서 사냥했다. 제나라 사람이란 제나라 후작인 양공(襄公)이다. 그를 '인(人)'이라고 이른 뜻은 무엇인가? 장공의 원수로 여겨 제나라 양공을 폄하한 것이다. 왜 제나라 양공을 폄하했다고 이르는가? 원수를 갚지 못하고 원망도 풀지 못했는데 장공이 원망을 풀어버린 상태를 지적한 것이다.

六月 乙丑 齊侯葬紀伯姬[1] ◌外夫人不書葬 此其書葬何也 吾女也 失國 故隱而葬之

秋 七月

冬 公及齊人狩于郜[2] ◌齊人者 齊侯也 其曰人 何也 卑公之敵[3] 所以卑公也 何爲卑公也 不復讎而怨不釋 刺釋怨也

1) 齊侯葬紀伯姬(제후장기백희) : 제나라 양공(襄公)이 기(紀)나라를 멸망시킨 이후에 기나라 백작의 부인인 백희(伯姬)의 장례를 치러 준 것을 말한다.
2) 郜(고) : 제나라 지명(地名)이다. 좌전에는 작(禚)으로 되어 있다.
3) 卑公之敵(비공지적) : 비는 폄하하다. 공지적은 제나라 양공은 노나라 장공(莊公)의 원수라는 뜻.

5. 장공 5년 임진(壬辰)

가. 강씨(姜氏)가 제나라 임금의 병영으로 가다

5년 임진(壬辰) 봄인 왕력(王曆)으로 정월이다.

여름에 부인 강씨(姜氏)가 제나라 제후가 있는 병영으로 갔다. 군사들이 있는데 '여(如)'라고 이른 것은 무리가 많다는 것이다. 부인(婦人)은 이미 시집을 갔으면 그 나라의 국경을 넘지 않는 것인데 국경을 넘었다는 것은 예에 합당한 처사가 아니었다.

가을에 예(郳)의 여래(黎來)가 찾아왔다. 예(郳)는 나라이다. 여래(黎來)는 작은 나라의 임금이며 주(周)나라에서 아직 작위(爵位)를 받지 못한 사람이었다.

겨울에 장공이 제나라 사람과 송나라 사람과 진(陳)나라 사람과 채(蔡)나라 사람과 회합하여 위(衛)나라를 정벌했다. 여기의 제인(齊人)과 송인(宋人)은 제나라 양공(襄公)과 송나라 민공(閔公)인데 그들을 '인(人)'이라고 이른 까닭은 무엇인가? 인(人)이란 제후이며 사람의 임금이다. 그들을 '인공(人公 : 사람의 임금)'이라고 이른 것은 무슨 뜻인가? 이들은 주(周)나라 천자의 명령을 거역한 자들이었기 때문이다.

五年 春 王正月

夏 夫人姜氏如齊師 ◌師而曰如 衆也 婦人旣嫁不踰竟 踰竟非禮也

秋 郳[1]黎來[2]來朝 ◌郳 國也 黎來 微國之君 未爵命者也

冬 公會齊人宋人陳人蔡人 伐衛[3] ◌是齊侯宋公也 其曰人 何也 人諸侯[4] 所以人公也 其人公 何也 逆天王之命[5]也

1) 郳(예) : 노나라에 딸린 작은 나라이다. 뒤에 자주 제나라 환공을 따르고 주 왕실의 왕명을 존중하여 자작의 작위를 받고 소주(小邾)라고 이름했다. 공양전(公羊傳)에는 예(倪)로 되어 있다.

2) 黎來(여래) : 예나라 임금의 이름. 좌전의 경문에는 이례(犁來)로 되어 있다.

3) 伐衛(벌위) : 위나라를 정벌하다. 위나라 혜공(惠公)인 삭(朔)을 들여보내기 위해서였다. 위나라 선공(宣公)이 세상을 떠나자 공자(公子) 삭(朔)이 즉위하여 혜공(惠公)이 되었는데 공자 직(職)과 공자 설(泄)이 혜공을 축출하고 공자 검모(黔牟)를 세우자 삭은 제나라로 달아났었다.

4) 人諸侯(인제후) : 인(人)이라고 한 것은 제후이다.

5) 逆天王之命(역천왕지명) : 장공 6년에 주 장왕(莊王)이 위나라를 구제하려는 군사를 두었으며 천자는 삭(朔)을 세우려 하지 않은 것을 뜻함.

6. 장공 6년 계사(癸巳)

가. 자돌(子突)이 위(衛)나라를 구원하다

6년 계사(癸巳) 봄인 왕력으로 3월에 천자(天子)의 사람인 자돌(子突)이 위(衛)나라를 구원했다. '왕인(王人 : 천자의 사람)'이란 신분이 낮은 자이다. 이름을 거론한 것은 귀하게 여긴 것으로 위(衛)나라를 잘 구원했기 때문이다. 구원한 것이 잘한 일이라면 정벌한 것은 올바르지 않았다는 말인 것이다.

여름인 6월에 위(衛)나라 군주인 후작 삭(朔)이 위나라로 들어갔다. '위나라를 정벌하여 삭(朔)을 들여보냈다' 고 말하지 않은 이유는 무엇인가? 천자(天子)의 명령을 거역하지 않게 하기 위한 것이다. '들어갔다' 고 한 것은 안에서 받아주지 않았다는 것이다. 어찌하여 받아주지 않았다고 썼는가? 왕명(王命)을 단절하기 위해서였다. 삭(朔)이라고 이름을 거론한 것은 미워한 것이다. 삭(朔)이 들어가는데 막은 것은 나갈 때는 순종했다는 것이다. 삭이 나갔다 들어갔는데도 이름을 쓴 것은 왕명과 단절시킨 것이다.

가을에 장공이 위(衛)나라를 정벌하는 데서 돌아왔다. 나쁜 일에서는 이르렀다고 고하지 않는 것인데 여기서 그것을 기록한 것은 무슨 뜻인가? 이르러 묘(廟)에 고제했다고 하지 않으면 장공의 악사(惡事)가 이루어졌음을 나타내 쓰지 못했을 것이다.

멸구 떼가 발생했다.〔재해가 되었다.〕

겨울에 제나라 사람이 와서 위(衛)나라의 보배들을 돌려보냈다. 제나라가 우두머리가 되어 사나운 것을 제나라와 함께 나누었다. 제나라의 아래로 들어갔다가 우리가 나온 것을 보임으로써 증오하는 전쟁에 참여한 명분을 경감시킨 것이다.

六年 春 王三月[1] 王人子突[2] 救衛 ◌王人 卑者也 稱名 貴之也 善救衛也 救者善 則伐者不正矣

夏 六月 衛侯朔入于衛[3] ◌其不言伐衛納朔 何也 不逆天王之命也 入者 內弗受[4] 也 何用弗受也 爲以王命絶之也 朔之名 惡也 朔入逆 則出順矣 朔出入名 以王命絶之也

秋 公至自伐衛 ◌惡事不致[5] 此其致 何也 不致 則無用見公之惡事之成也

螟

冬 齊人來歸衛寶[6] ◯以齊首之[7] 分惡於齊也 使之如下齊而來我然[8] 惡戰則殺矣

1) 三月(삼월) : 좌전에는 정월(正月)로 되어 있다.
2) 子突(자돌) : 주왕조의 대부. 관직이 낮았다.
3) 衛侯朔入于衛(위후삭입우위) : 위나라 후작인 삭이 위나라로 들어가다. 삭은 쫓겨난 혜공(惠公)을 말하는데 다시 위나라로 들어갔다.
4) 內弗受(내불수) : 내는 위나라를 뜻한다. 위나라에서 받아주지 않았다는 뜻.
5) 惡事不致(악사불치) : 나쁜 일에 나갔을 때는 이르렀다고 고묘(告廟)하지 않는다는 뜻. 치는 제후가 출국했다가 돌아오는 것.
6) 來歸衛寶(내귀위보) : 보는 좌전에는 부(俘)로 되어 있다. 위나라의 보배가 아니라 위나라의 포로들이라 했다. 공양전(公羊傳)도 보배로 되어 있다.
7) 齊首之(제수지) : 제나라에서 앞장서다. 제나라가 우두머리가 되었다는 뜻.
8) 使之如下齊而來我然(사지여하제이래아연) : 하여금 제나라의 아래로 참여하여 가서 우리 스스로가 온 것이라는 뜻. 곧 자발적으로 왔다는 뜻이다.

7. 장공 7년 갑오(甲午)

가. 강씨가 제나라 임금을 방(防)에서 만나다

7년인 갑오(甲午) 봄에 부인 강씨(姜氏)가 제나라 군주인 후작을 방(防)에서 만났다. 부인(婦人)은 제후와 회동하지 않는 것이다. 회동했다는 것은 예에 합당한 처사가 아니었다.

여름인 4월 신묘(辛卯)일 밤에 항성(恒星)이 나타나지 않았고, 한밤중에 별들이 비오듯 떨어졌다. 항성(恒星)이란 경성(經星)이다. 해가 지고 별이 나타나 있는 상태를 '밤' 이라고 이른다. '불현(不見)' 이란 평소에 흔히 볼 수 있는 것이란 뜻이다. '한밤중에 별이 비오듯 떨어졌다' 는 것은 그 떨어지는 상태가 비오듯이 한 것이 한밤중과 함께 한 것이다.

춘추(春秋)에서는 나타난 것을 나타난 대로 전달하고 의심나는 것은 의심나는 대로 전달한다. 밤의 가운데 은미한 것이 '야중(夜中)'에 나타났다고 이른 것이다. 왜 그 한밤중에 나타났다고 기록했는가? 변화를 잃어 그 시기를 기록한 것이 한밤중이었기 때문이다. 그것을 항성(恒星)이 떨어졌다고 이르지 않은 이유는 무엇인가? 우리는 항성이 나타나지 않은 것만 알고 그것이 떨어진 것을 알지 못했다. 우리는 그 떨어진 것만 보았을 뿐이다. 그것들이 땅에 접했을 때는 이를 비라고 말할 뿐이다.

위에서도 나타나고 아래에서도 보이는 것을 '비'라고 이르고 아래에서는 나타나고 위에서는 보이지 않는 것을 '떨어졌다'고 이른다. 어떻게 비라고 설명할 것이랴!

가을에 홍수가 났다. 높고 낮은 곳에 수재(水災)가 있는 것을 '대수(大水)'라고 이른다.

보리의 싹이 없었다. 보리와 기장이 같은 시기에 홍수의 피해를 입었다는 것이다.

겨울에 부인 강씨가 제나라 군주인 후작과 곡(穀)에서 만났다. 부인(婦人)은 제후와 서로 회동하지 않는 것이다. 회동했다는 것은 예에 합당한 행동이 아니었다.

七年 春 夫人姜氏會齊侯于防[1] ◌婦人不會 會非正也

夏 四月 辛卯 昔 恒星不見[2] 夜中 星隕如雨 ◌恒星者 經星也 日入至於星 出謂之昔 不見者 可以見也 夜中[3] 星隕如雨 其隕也如雨 是夜中與 春秋著以傳著 疑以傳疑 中之幾[4] 也 而曰夜中 著焉爾 何用見其中也 失變而錄其時 則夜中矣 其不曰恒星之隕 何也 我知恒星之不見 而不知其隕也 我見其隕而接於地者 則是雨說也 著於上見於下 謂之雨 著於下 不見於上 謂之隕 豈雨說哉

秋 大水 ◌高下有水災曰大水

無麥苗[5] ◌麥苗同時也

冬 夫人姜氏會齊侯于穀[6] ◌婦人不會 會非正也

1) 防(방) : 노나라의 지명이다.

2) 恒星不見(항성불현) : 항성은 늘 보이는 별인데 이 날에는 밤이 되어도 어두

워지지 않아서 늘 보이던 별들이 나타나지 않았다는 뜻.
3) 夜中(야중) : 한밤중이다.
4) 幾(기) : 미(微)의 뜻.
5) 苗(묘) : 서(黍)와 직(稷)의 싹이라 했다. 좌전에는 보리의 싹이라 했다.
6) 穀(곡) : 제나라 땅 이름이다.

8. 장공 8년 을미(乙未)

가. 갑오(甲午)일에 군병(軍兵)을 다스리다

8년인 을미(乙未) 봄, 왕력으로 정월에 군사가 낭(郞)에 머물러서 진(陳)나라 사람과 채(蔡)나라 사람을 기다렸다. 차(次)는 머물렀다는 뜻이다. 사(俟)는 기다렸다이다.

갑오(甲午)일에 군병(軍兵)을 다스렸다. 군사가 출전하는 것을 일러 '치병(治兵)'이라 하는데 전쟁을 익히는 일이다. 군사가 들어오는 것을 '진려(振旅)'라고 이르는데 이도 전쟁을 연습하는 것이다. 군병(軍兵)을 다스리는데 진(陳)나라와 채(蔡)나라가 이르지 않았다. 병사(兵事)란 끝마치는 것을 엄하게 해야 한다. 그러므로 진지(陣地)를 잘 갖추는 자는 싸우지를 않는다고 한 것은 이러한 것을 이르는 말이다. 국가를 잘 위하는 자는 군사를 일으키지 않고 군사를 잘 쓰는 자는 늘어 세우지 않고 늘어 세우기를 잘하는 자는 싸우지 않고 싸우기를 잘 하는 자는 죽이지 않는 것이며 죽이기를 잘하는 자는 망하지 않는 것이다.

여름에 노나라 군사와 제나라 군사가 성(郕)나라를 포위했는데 성나라는 제나라 군사에게 항복했다. 그 제나라 군사에게 항복했다고 이른 것은 무슨 뜻인가? 제나라 군사가 성(郕)나라에 위협을 가하지 않겠다는 것이었다.

가을에 군사가 돌아왔다. 가을에 군사가 돌아왔다고 한 것은 일을 마치지 못한 것이요 도망온 것이다.

겨울인 11월 계미(癸未)일에 제나라의 무지(無知)가 그의 군주인 제아(諸兒)를 시해했다. 대부가 그의 임금을 시해했는데 국씨(國氏)로써 한 것은 그에게 혐의를 둔 것이다. 시해하고 임금을 대신한 것이다.

八年 春 王正月 師次于郞 以俟[1]陳人蔡人 ◌次 止也 俟 待也

甲午 治兵[2] ◌出曰治兵 習戰也 入曰振旅 習戰也 治兵而陳蔡不至矣 兵事以嚴終 故曰善陳者不戰 此之謂也 善爲國者不師 善師者不陳 善陳者不戰 善戰者不死 善死者不亡

夏 師及齊師[3]圍郕[4] 郕降于齊師 ◌其曰降于齊師何 不使齊師加威於郕也

秋 師還[5] ◌還者 事未畢也 遯也

冬 十有一月 癸未 齊無知[6]弑其君諸兒 ◌大夫弑其君 以國氏者嫌也[7] 弑而代之也

1) 俟(사) : 기다리다. 곧 공벌하기로 한 기일에 진(陳)나라와 채(蔡)나라가 이르지 않아서 기다린 것.

2) 治兵(치병) : 군병(軍兵)을 다스리다. 곧 출동하기 전에 병력을 정돈하는 일.

3) 師(사) : 군사. 곧 노나라의 군사를 뜻한다.

4) 郕(성) : 노나라와 동성(同姓)의 나라이다.

5) 還(환) : 노나라의 군대가 자국으로 돌아오다의 뜻.

6) 無知(무지) : 제나라의 공손무지(公孫無知)이다. 희공(僖公)의 아우이다.

7) 嫌也(혐야) : 임금을 시해했다는 혐의를 두다의 뜻.

9. 장공 9년 병신(丙申)

가. 제나라 사람이 무지(無知)를 죽이다

9년 병신(丙申) 봄에 제나라 사람이 무지(無知)를 죽였다. 무지(無知)가 이끄는 것은 실망과 권력 장악의 협의뿐이었다. '인

(人)' 이라고 일컬어서 대부(大夫)인 무지를 죽였다고 한 것은 '죄가 있는 이를 죽였다' 는 뜻이다.

장공이 제나라 대부와 기(曁)에서 동맹을 맺었다. 군주는 대부와 함께 맹세하지 않는 것이다. 대부의 이름을 쓰지 않은 것은 제나라에 군주가 없어서였다. '맹(盟)' 이란 자규(子糾)를 들이기로 한 맹세이다. 날짜를 쓰지 않은 것은 그 맹세가 변질되어서였다. 당시에 제나라에는 임금이 없어서 제재함이 장공에게 있었다. 당시에 마땅히 들여보내야 하는데 들여보내지 않아서 노나라 국내에서 미워한 것이다.

九年 春 齊人[1]殺無知 ◌無知之挈 失嫌也 稱人以殺大夫 殺有罪也

公及齊大夫盟于曁[2] ◌公不及[3]大夫 大夫不名 無君也 盟納子糾[4]也 不日 其盟渝[5]也 當齊無君 制在公矣 當可納而不納 故惡內也

1) 齊人(제인) : 무지(無知)에게 천대받던 대부(大夫) 옹름(雍廩)이다.

2) 曁(기) : 노나라 지명이다. 좌전에는 기(蔇)로 되어 있다.

3) 及(급) : 함께 하다.

4) 子糾(자규) : 곧 공자규(公子糾)이며 제나라 희공의 서자(庶子)이다. 그의 어머니는 노국인(魯國人)이다.

5) 盟渝(맹유) : 맹세가 변질되다.

나. 소백(小白)이 제나라로 들어가다

여름에 장공이 제나라를 정벌하여 규(糾)를 들여보냈다. 마땅히 들여보내야 했는데 들여보내지 않았다. 제나라에 변고가 있은 뒤에 정벌한 것이므로 간시(乾時)의 전쟁에서 패배한 것이며 그 패배한 것을 숨기지 않아서 노나라 국내에서 미워한 것이다.

제나라 소백(小白)이 제나라로 들어갔다. 대부(大夫)가 달아났다가 돌아오는데 기뻐하는 것을 '귀(歸)' 라고 한다. 돌아오는 것을 싫어하는 것을 '입(入)' 이라고 한다.

제나라의 공손무지(公孫無知)가 양공(襄公)을 시해했는데 공자(公子) 규(糾)와 공자 소백(小白)은 나라 안에 있지 않았고 나가 도망하였다. 제나라 사람이 무지(無知)를 죽이고 공자 규를 노(魯)나라에서 맞이했다. 이때 공자 소백이 공자 규에게 양보하지 않고 먼저 들어갔다. 이에 노나라에서 죽이고자 하였으므로 이르기를 '제나라의 소백이 제나라로 들어갔다〔入〕' 고 하여 이를 미워한 것이다.

夏 公伐齊 納糾[1] ◌當可納而不納 齊變而後伐[2] 故乾時之戰[3] 不諱敗 惡內也

齊小白[4]入于齊 ◌大夫出奔反 以好曰歸 以惡曰入 齊公孫無知弑襄公 公子糾 公子小白 不能存 出亡 齊人殺無知 而迎公子糾於魯 公子小白不讓公子糾先入 又殺之于魯 故曰 齊小白入于齊 惡之也[5]

1) 糾(규) : 곧 공자 규이다. 좌전에는 자규(子糾)로 되어 있다.
2) 齊變而後伐(제변이후벌) : 당시 제나라에 임금이 없었다. 제나라의 일부 대신은 노나라로 도망친 자규를 받들고 일부의 대신은 거(莒)나라로 망명한 소백(小白)을 받들어서 전쟁이 벌어진 상태였다.
3) 乾時之戰(간시지전) : 간시는 제나라의 땅 이름이다. 노나라와 제나라의 싸움이었다.
4) 齊小白(제소백) : 제나라 환공(桓公)이 된 사람. B.C. 685년에 즉위. 제나라 희공의 서자(庶子). 제나라 양공과는 동부(同父) 이모(異母)의 아우이다.
5) 惡之也(오지야) : 미워한 것이다.

다. 제나라 양공(襄公)을 장사 지내다

가을인 7월 정유(丁酉)일에 제나라 양공(襄公)을 장사 지냈다.

8월 경신(庚申)일에 제나라 군사와 간시(乾時)에서 싸워 우리 군사가 패전(敗戰)했다.

9월에 제나라 사람이 자규(子糾)를 데려다가 살해했다. 국외(國外)에서는 '취(取)' 했다고 말하지 않는 것인데 여기서 '취(取)' 라고 말한 것은 노나라의 국내를 헐뜯은 것이다. 취(取)란 간편하게 했다는 말이다. 곧 그 자규(子糾)를 노나라에서 데려다가 살해했다고 이르는 것과 같은 뜻이다. 열 가구의 고을에서도 가히 어려움을 피할 곳이 있고, 100가구의 고을에서는 죽을 수 있는 이를 숨길 곳이 있는데, 천승(千乘)의 노나라에서 능히 자규(子糾)를 보호해 주지 못했으므로 장공을 헐뜯은 것이다.

겨울에 수수(洙水)의 바닥을 파냈다. 수수(洙水)의 바닥을 파냈다는 것은 수수의 물길을 깊게 판 것이다. 이는 노나라의 국력으로 힘이 부족한 것을 나타내기 위한 것이었다.

秋 七月 丁酉 葬齊襄公

八月 庚申 及齊師戰于乾時 我師敗績[1)]

九月 齊人取子糾殺之 ◯外[2)]不言取 言取 病內也 取 易辭也 猶曰取其子糾而殺之云爾 十室之邑[3)] 可以逃難 百室之邑[4)] 可以隱死 以千乘之魯[5)]而不能存子糾 以公爲病矣

冬 浚洙[6)] ◯浚洙者 深洙也 著力不足也

1) 敗績(패적) : 패전(敗戰).

2) 外(외) : 타국(他國)을 뜻한다.

3) 十室之邑(십실지읍) : 열 가구(十家口)가 있는 작은 동네.

4) 百室之邑(백실지읍) : 100가구가 있는 큰 동네.

5) 千乘之魯(천승지노) : 수레 1천대를 징발할 수 있는 큰 제후국인 노나라.

6) 浚洙(준수) : 수수(洙水)의 바닥을 깊이 파내다. 수는 물 이름이다.

10. 장공 10년 정유(丁酉)

가. 제나라 군사를 장작(長勺)에서 쳐부수다

10년 정유(丁酉) 봄, 왕력으로 정월에 장공이 제(齊)나라 군사를 장작(長勺)에서 쳐부수었다. 날짜를 쓰지 않은 것은 적을 속여 유도하여 싸운 싸움이기 때문이다. 적을 속여 유도하여 싸운 싸움을 패(敗)라고 이르며 국내에서는 승리했다고 하는 것이다.

2월에 장공이 송나라를 침범했다. 침범할 때 그 달을 기록한 것은 무엇 때문인가? 앞에서는 제나라와 원망을 깊게 했고 또 퇴각해서는 송나라를 침범하였는데 그 상대한 적이 많은 것을 미워한 것이다. 그러므로 경계시키기 위하여 2월이라고 달을 기록한 것이다.

3월에 송나라 사람이 숙(宿)의 백성을 옮겼다. 천(遷 : 옮겼다)이란 망했다는 말이다. 숙(宿)은 본래 나라 이름인데 그 땅의 이름을 경에 기재하지 않아서 숙(宿)이 다시는 경(經)에 나타나지 않았다. 천(遷)이란 그 국가는 잃지 않고 간 것과 똑같은 것이다.

여름인 6월에 제나라 군사와 송나라 군사가 낭(郎)에서 머물렀다. 차(次 : 머물렀다)란 중지하고 있었다는 것으로 우리 노나라를 두려워한 것이다.

장공이 송나라 군사를 승구(乘丘)에서 쳐부수었다. 날짜를 쓰지 않은 것은 적을 속여서 유인하여 싸운 싸움이기 때문이다. 적을 속여 유인하여 싸운 것을 패(敗)라고 하며 노나라 국내에서는 승리했다고 하는 것이다.

十年 春 王正月 公敗齊師于長勺[1] ◯不日 疑戰也 疑戰[2]而曰敗 勝內也

二月 公侵宋 ◯侵時 此其月 何也 乃深其怨於齊 又退侵宋以衆其敵 惡之 故謹而月之

三月 宋人遷宿[3] ◯遷 亡辭也 其不地 宿不復見也 遷者 猶未失其國家以往者也

夏 六月 齊師宋師 次于郎 ◯次 止也 畏我也

公敗宋師于乘丘[4] ◯不日 疑戰也 疑戰而曰敗 勝內也

1) 長勺(장작) : 노나라의 지명.

2) 疑戰(의전) : 적을 속여 유도하여서 싸우다.

3) 遷宿(천숙) : 숙(宿) 땅의 백성들을 다른 곳으로 옮겨 살게 하고 그 곳에 군사를 주둔시켰다는 뜻.

4) 乘丘(승구) : 노나라 지명(地名).

나. 형(荊)나라가 채나라 군사를 신(莘)에서 쳐부수다

가을인 9월에 형(荊 : 楚)나라가 채나라 군사를 신(莘)에서 쳐부수고 채나라 군주인 후작 헌무(獻武 : 蔡季)를 잡아 돌아갔다. 형(荊)이란 초(楚)나라이다. 왜 형나라라고 했는가? 적(狄 : 오랑캐)이기 때문이다. 왜 적(狄 : 오랑캐)이라고 하는가? 성인(聖人)이 나타나더라도 반드시 뒤에야 이르고 천자가 약하면 반드시 먼저 배반했으므로 형(荊)이라 이르며 오랑캐로 여긴 것이다.

채나라의 군주인 후작은 무엇 때문에 이름을 썼는가? 군주의 지위와 절연시킨 것이다. 무엇 때문에 군주의 지위와 절연시킨 것인가? 포로가 되었기 때문이다. 중국(中國)은 패(敗)라고 말하지 않는 것인데 여기서 패(敗)라고 말한 것은 무슨 뜻인가? 중국은 패(敗)라고 말하지 않는 것이지만 여기서는 채나라의 군주인 후작이 잡힌 것을 나타내기 위한 것이었다. 그것을 패(敗)라고 말한 것은 무슨 뜻인가? 채나라 군주인 후작을 포로로 잡았다가 석방했기 때문이다. 이귀(以歸)라고 쓴 것은 잡혀 있는 것보다 낫다는 것과 같은 뜻이다.

겨울인 10월에 제나라 군사가 담(譚)나라를 멸망시키자 담나라 군주인 자작이 거(莒)나라로 달아났다.

秋 九月 荊敗蔡師于莘[1] 以蔡侯獻武[2]歸 ◌荊者 楚[3]也 何爲謂之荊 狄之也 何爲狄之 聖人立 必後至 天子弱 必先叛 故曰荊 狄之也 蔡侯何以名也 絶之也 何爲絶之 獲也 中國不言敗 此其言敗 何也 中國不言敗 蔡侯其見獲乎 其言敗 何也 釋蔡侯之獲也 以歸 猶愈乎執也

冬 十月 齊師滅譚[4] 譚子奔莒

1) 莘(신) : 채나라 지명(地名). 지금의 하남성(河南省) 여남(汝南) 일대.

2) 蔡侯獻武(채후헌무) : 곧 채나라 애후(哀侯)인 헌무(獻武)이며 B.C. 694년에 즉위했다. 좌전과 공양전에는 헌무(獻舞)로 되어 있다.

3) 楚(초) : 나라 이름이다. 미(芈)성이고 그의 시조는 웅역(熊繹)이다. 서주

(西周) 때 형산(荊山) 일대를 봉해 받다.

4) 譚(담) : 제남(齊南)의 평릉현(平陵縣) 서남쪽에 있는 나라 이름.

11. 장공 11년 무술(戊戌)

가. 송(宋)나라 군사를 진(鄑)에서 쳐부수다

11년인 무술(戊戌) 봄, 왕력으로는 정월(正月)이다.

여름인 5월 무인(戊寅)일에 장공이 송나라 군사를 진(鄑)에서 쳐부수었다. 국내의 일은 전(戰)이라고 말하지 않는데 그 큰 것을 거양한 것이다. 그 날짜를 기록한 것은 승전했느냐 패전했느냐의 결과이며 송만(宋萬)을 포로로 얻었기 때문이었다.

가을에 송(宋)나라에 홍수가 났다. 국외(國外)의 재앙은 쓰지 않는 것인데 이 곳에 왜 기록했는가? 송나라는 상(商)나라인 왕자(王者)의 후예이기 때문이다. 높고 낮은 곳이 모두 수재(水災)를 당한 것을 '대수(大水)'라고 한다.

겨울에 왕녀(王女)가 제나라로 시집갔다. 시집간 것을 기록한 것은 왕녀가 노나라를 거쳐서 갔기 때문이다.

十有一年 春 王正月

夏 五月 戊寅 公敗宋師于鄑[1] ◌內事不言戰 擧其大者 其日 成敗之也 宋萬之獲[2]也

秋 宋大水 ◌外災[3]不書 此何以書 王者之後也[4] 高下有水災 曰大水

冬 王姬[5]歸于齊 ◌其志過我也

1) 鄑(진) : 노나라 땅 이름이다.

2) 宋萬(송만) : 송나라 남궁장만(南宮長萬)이며 남궁만(南宮萬)이라고도 일컫는데 송나라의 대부이다.

3) 外災(외재) : 외국의 재앙. 곧 송나라는 타국이다.

4) 王者之後也(왕자지후야) : 송나라의 시조는 상(商)나라 주왕(紂王)의 서형

(庶兄)인 미자계라는 뜻이다.

5) 王姬(왕희) : 주왕(周王)의 딸이며, 제환공(齊桓公)에게 시집을 갔다.

12. 장공 12년 기해(己亥)

가. 기(紀)나라 숙희(叔姬)가 휴(酅)로 돌아가다

12년 기해(己亥) 봄, 왕력으로 3월에 기(紀)나라의 숙희(叔姬)가 휴(酅)로 돌아갔다. 나라로써 한 것을 '귀(歸)'라고 이른다. 휴땅은 읍(邑)인데 그것을 '귀(歸)'라고 한 것은 무슨 뜻인가? 우리 노나라의 딸이 나라를 잃었다가 그가 돌아갈 곳을 얻어 기뻐한 까닭에 '귀(歸)'라고 말한 것이다.

여름인 4월이다.

가을인 8월 갑오(甲午)일에 송(宋)나라의 만(萬)이 그의 임금인 첩(捷)을 죽이고 그 대부(大夫)인 구목(仇牧)을 죽였다. 송만(宋萬)은 송나라의 신분이 낮은 자이다. 신분이 낮은 자를 나라의 씨족으로 기록한 것은, 그가 대부인 구목(仇牧)까지 죽여 존귀한 군주에서부터 낮은 대부까지에 이르렀기 때문이었다. 구목(仇牧)은 송나라의 군주를 호위하던 대부였다.

겨울인 10월에 송나라의 만(萬)이 진(陳)나라로 달아났다.

十有二年 春 王三月 紀叔姬[1]歸于酅 ◌國而曰歸 此邑也 其曰歸何也 吾女也 失國喜得其所 故言歸焉爾

夏 四月

秋 八月 甲午 宋萬[2]弑其君捷[3] 及其大夫仇牧[4] ◌宋萬 宋之卑者也 卑者以國氏 以尊及卑也 仇牧閑[5]也

冬 十月 宋萬出奔陳

1) 叔姬(숙희) : 노나라의 공녀(公女)이다. 기(紀)나라로 시집을 갔었는데 기나라가 망하자 노나라로 돌아오게 되어 있었다. 노나라로 오기 전에 일시 제

나라에 귀속되어 있는 휴땅에 몸을 의탁하고 있었다.
2) 萬(만) : 송나라 대부 남궁장만(南宮長萬)이다.
3) 捷(첩) : 송(宋)나라 민공(閔公)이며 B.C. 690년에 즉위했다.
4) 仇牧(구목) : 송나라 대부이다.
5) 閑(한) : 호위하다. 곧 막다의 뜻.

13. 장공 13년 경자(庚子)

가. 여러 나라가 북행(北杏)에서 회합하다

13년 경자(庚子) 봄에 제나라 사람과 송나라 사람과 진(陳)나라 사람과 채나라 사람과 주(邾)나라 사람이 북행(北杏)에서 회합했다. 이는 제나라 군주인 환공(桓公)과 송나라 군주인 환공(桓公)이었다. 그들을 '인(人)' 이라고 이른 것은 무슨 뜻인가? 처음부터 의심한 것이다. 무엇을 의심한 것인가? 제나라 환공(桓公)이 천자(天子)의 명을 받아서 방백(方伯)이 된 것은 아니지만 앞으로 모든 일을 받아서 처리할 자이기 때문이었다. 옳다고 이를 것인가? 옳지 않다고 할 것인가? 인(人)이라고 거론한 것은 모인 사람들이 많았다는 말이다.

여름인 6월에 제(齊)나라 사람이 수(遂)나라를 멸망시켰다. 수(遂)는 나라이다. 그 나라를 멸망시킨 날짜를 쓰지 않은 것은 아주 작은 나라였기 때문이었다.

가을인 7월이다.

겨울에 장공이 제나라 군주인 후작과 가(柯)에서 동맹을 맺었다. 이는 조귀(曹劌)와의 동맹이었는데 제나라 군주인 후작을 신용한 것이었다. 제나라 환공과의 맹세를 비록 제나라 안에서 하였더라도 날짜를 쓰지 않았는데 이는 제나라 환공을 믿은 것이다.

十有三年 春 齊人[1]宋人陳人蔡人邾人 會于北杏[2] ◯是齊侯宋公

也 其曰人 何也 始疑之 何疑焉 桓[3]非受命之伯[4]也 將以事授之者也 曰 可矣乎 未乎 擧人衆之辭也

夏 六月 齊人滅遂[5] ◌遂 國也 其不日[6] 微國也

秋 七月

冬 公會齊侯盟于柯[7] ◌曹劌之盟[8]也 信齊侯也 桓盟雖內與 不日信也

1) 齊人(제인) : 좌전에는 '제후(齊侯)'로 되어 있다.

2) 北杏(북행) : 제나라 지명.

3) 桓(환) : 제나라 환공(桓公)이다.

4) 伯(백) : 우두머리. 곧 제후들의 장(長)이며 패자(霸者)이다. 천자가 임명함. 방백(方伯)이라고도 한다.

5) 遂(수) : 옛 나라 이름이고 성은 규씨(嬀氏)이며 순(舜)임금의 후예이다.

6) 不日(불일) : 날짜를 쓰지 않았다는 뜻.

7) 柯(가) : 제나라 지명(地名).

8) 曹劌之盟(조귀지맹) : 전(傳)에 설명이 없다. 조귀는 사람의 이름인지 확실하지 않다. 공양전에는 자세한 내용이 있다.

14. 장공 14년 신축(辛丑)

가. 송(宋)나라를 정벌하다

14년 신축(辛丑) 봄에 제나라 사람과 진(陳)나라 사람과 조(曹)나라 사람이 송나라를 정벌했다.

여름에 선(單)나라 군주인 백작이 송나라 정벌에 가담했다. 선(單)나라가 정벌에 가담한 것은 회담한 일이 성취된 것이었다.

가을인 7월에 형(荊 : 楚)나라가 채나라로 쳐들어갔다. 형(荊)이란 초(楚)나라이다. 그를 형(荊)이라고 이른 뜻은 무엇인가? 형주(荊州)를 들어 말한 것이다. 주(州)라고 칭하는 것은 국가로 일컫는 것보다 못하고, 국가를 일컫는 것은 이름을 일컫는 것보다 못하고, 이름을 일컫는 것은 자(字)를 일컫는 것보다 못한 것이다.

겨울에 선(單)나라 군주인 백작이 제나라 군주인 후작과 송나라 군주인 공작과 위나라 군주인 후작과 정나라 군주인 백작과 견(鄄)에서 회동(會同)했다. 다시 제후들이 함께 회동한 것이다.

十有四年 春 齊人陳人曹[1]人 伐宋

夏 單伯會伐宋 ◌會 事之成[2]也

秋 七月 荊入蔡 ◌荊者 楚也 其曰荊 何也 州擧之[3]也 州不如國[4] 國不如名 名不如字

冬 單伯會齊侯宋公衛侯鄭伯于鄄[5] ◌復同會[6]也

1) 曹(조) : 나라 이름이다. 희성(姬姓)이고 백작(伯爵)의 나라이며 조숙(曹叔) 진탁(振鐸)에게 봉해진 나라이다.
2) 成(성) : 강화(講和)된 것이다.
3) 州擧之(주거지) : 주(州)를 들다. 곧 옛날의 구주(九州)의 하나인 형주(荊州)를 들어 말한 것이다.
4) 州不如國(주불여국) : 형주(荊州)를 초(楚)나라라고 하는 것만 못하다는 뜻.
5) 鄄(견) : 위(衛)나라 지명이다.
6) 復同會(부동회) : 다시 함께 회동하다. 곧 제후들이 제나라 환공을 백(伯)으로 추대하려고 다시 회동했다는 뜻이다.

15. 장공 15년 임인(壬寅)

가. 제후들이 견(鄄)에서 회동하다

15년 임인(壬寅) 봄에 제나라 군주인 후작과 송나라 군주인 공작과 진(陳)나라 군주인 후작과 위(衛)나라 군주인 후작과 정나라 군주인 백작이 견(鄄)에서 회합했다. 이는 또다시 함께 회동한 것이다.

여름에 부인(夫人) 강씨(姜氏)가 제나라에 갔다. 부인(婦人)

은 이미 시집을 가면 국경을 넘지 않는 것이다. 국경을 넘어간 것은 예(禮)에 합당한 처사가 아니었다.

가을에 송나라 사람과 제나라 사람과 주(邾)나라 사람이 예(郳)나라를 정벌했다.

정(鄭)나라 사람이 송(宋)나라를 침범했다.

겨울인 10월이었다.

十有五年 春 齊侯宋公陳侯衛侯鄭伯 會于鄄 ◌復同會[1]也

夏 夫人姜氏如齊 ◌婦人旣嫁不踰竟 踰竟非禮也

秋 宋人齊人邾人 伐郳[2]

鄭人侵宋

冬 十月

1) 復同會(부동회) : 제나라 환공(桓公)을 다시 방백(方伯)으로 추대하기 위하여 모인 것이다.

2) 郳(예) : 송(宋)나라에 예속된 작은 나라. 장공(莊公) 5년의 예(郳)와 다르다고 좌전에서 말했다.

16. 장공 16년 계묘(癸卯)

가. 형(荊)나라가 정나라를 정벌하다

16년 계묘(癸卯) 봄인, 왕력으로 정월이었다.

여름에 송나라 사람과 제나라 사람과 위(衛)나라 사람이 정나라를 정벌했다.

가을에 형(荊)나라가 정나라를 정벌했다.

겨울인 12월에 제나라 군주인 후작과 송나라 군주인 공작과 진(陳)나라 군주인 후작과 위(衛)나라 군주인 후작과 정나라 군주인 백작과 허(許)나라 군주인 남작과 조(曹)나라 군주인 백작과 활(滑)나라 군주인 백작과 등(滕)나라 군주인 자작이 모여 유

(幽)에서 동맹을 맺었다. 동(同)이란 함께 있었다는 것이며 곧 함께 주(周)나라를 높였다는 뜻이다. 장공을 언급하지 않은 것은 밖과 안의 모든 제후들이 한 번쯤 의심한 것이다.〔제나라 환공을 과연 맹주로 받들어야 하는가를….〕

주(邾)나라 군주인 자작 극(克)이 세상을 떠났다. 그를 '자작(子爵)' 이라고 이른 것은 그를 이끌어 올려 준 것이다.

十有六年 春 王正月

夏 宋人齊人衛人伐鄭

秋 荊伐鄭[1]

冬 十有二月 會[2]齊侯宋公陳侯衛侯鄭伯許男曹伯滑伯[3]滕子 同盟于幽[4] ◌同者 有同也 同尊周也 不言公 外內寮[5]一 疑之也

邾子克卒 ◌其曰子 進之也[6]

1) 荊伐鄭(형벌정) : 형은 초(楚)나라이다. 정나라 여공(厲公)이 무례하여 초나라에서 발병(發兵)하여 정나라를 정벌했다.

2) 會(회) : 공양전(公羊傳)에는 앞에 '공(公)' 자가 있다. 공은 장공을 뜻한다.

3) 滑伯(활백) : 활나라 군주인 백작이며 활은 비활(費滑)이라고도 한다. 좌전에는 활백 위에 '조백(曹伯)' 의 두 글자가 없다.

4) 幽(유) : 송(宋)나라 지명(地名).

5) 外內寮(외내료) : 밖과 안의 제후들. 곧 모든 제후들의 뜻.

6) 進之也(진지야) : 곧 제나라에 붙어서 주실(周室)의 왕명을 존중하여 그의 작위를 올려받은 것을 뜻함.

17. 장공 17년 갑진(甲辰)

가. 정(鄭)나라의 첨(詹)을 잡았다

17년 갑진(甲辰) 봄에 제나라 사람이 정나라의 첨(詹)을 잡았다. '인(人)' 이라고 한 것은 군중의 숫자가 많았다는 뜻이다. 인

집(人執 : 여러 사람이 잡았다)이란 함께 했다는 말이다. 정나라 첨(詹)은 정나라에서 신분이 낮은 자였다. 신분이 낮은 자는 기록하지 않는 것인데 여기에 그를 기록한 이유는 무엇인가? 그가 도망왔기 때문에 기록해 놓은 것이다. 도망온 자를 왜 기록했는가? 장차 그의 종말이 있으면 그의 근본을 기록하지 않을 수 없기 때문이었다. 정나라 첨(詹)은 정나라의 아첨 잘하는 사람이었다.

十有七年 春 齊人執鄭詹[1] ◌人者 衆辭也 以人執 與之辭也 鄭詹 鄭之卑者 卑者不志 此其志 何也 以其逃來志之也 逃來則何志焉 將有其末[2] 不得不錄其本也 鄭詹 鄭之佞人[3]也

1) 詹(첨) : 정나라의 집정관(執政官).

2) 末(말) : 도망했다는 뜻. 곧 망명인.

3) 佞人(영인) : 구변이 좋고 아첨을 잘하는 사람.

나. 수(遂)에서 몰살당하다

여름에 제나라 사람들이 수(遂)에서 몰살당했다. 몰살당했다는 것은 다 죽었다는 뜻이다. 그렇다면 왜 수(遂) 땅 사람들이 제나라 사람들을 다 죽였다고 말하지 않았는가? 수(遂) 땅이 없어졌다는 말이다. 수 땅이 없어졌는데 어찌하여 수 땅을 말하는가? 그 수 땅이 존재했다는 것과 같은 뜻이다. 수 땅이 존재했었다는 것은 무슨 뜻인가? 대답하기를 제나라 사람들이 수 땅을 멸망시키고 사람을 시켜서 지키게 했다. 수 땅에 사는 인씨(因氏)들이 수 땅을 지키는 제나라 병사들의 술에 독약을 넣어 마시게 해서 죽였다. 이에 제나라 사람들이 모두 몰살당했다. 이를 일러 '압적(狎敵 : 적을 가볍게 보다)'이라고 한다.

가을에 정나라의 첨(詹)이 제나라에서 도망하여 왔다. 의(義)로써 도망친 것을 일러 '도(逃)'라고 한다.

겨울에 고라니가 많았다.

夏 齊人殲于遂 ◌殲者 盡也 然則何爲不言遂人盡齊人也 無遂之辭也 無遂則何爲言遂 其猶存遂也 存遂奈何 曰 齊人滅遂 使人戍[1]之 遂之因氏飮戍者酒而殺之 齊人殲焉 此謂狎敵[2]也

秋 鄭詹自齊逃來 ◌逃義曰逃

冬 多麋[3]

1) 戍(수) : 수자리하다. 곧 지키다.

2) 狎敵(압적) : 적을 가벼이 여기다.

3) 麋(미) : 사슴의 일종인 고라니. 곡식에 피해를 끼쳐 재해가 되어 기록하다.

18. 장공 18년 을사(乙巳)

가. 융족(戎族)을 제수(濟水) 서쪽에서 몰아내다

18년 을사(乙巳) 봄인 왕력으로 3월에 일식(日蝕)이 있었다. 날짜를 말하지 않고 초하루를 말하지 않은 것은 밤의 일식이었기 때문이다. 어떻게 그 밤에 일식이 있었는지 알았는가? 대답하기를 왕자(王者)는 아침에 뜨는 태양을 맞이하는 것이다. 그러므로 비록 천자(天子)가 되더라도 반드시 높이는 것이 있고 귀한 제후가 되더라도 반드시 어른이 있는 것이다. 그러므로 천자는 날마다 조회를 하고 제후는 초하루에 조회하는 것이다.

여름에 장공이 융족(戎族)을 제수(濟水) 서쪽에서 몰아냈다. 융족(戎族)이 우리 노나라를 정벌했다고 말하지 않은 것은 무슨 뜻인가? 장공이 추격하여 융족이 우리 노나라에 가까이하지 않은 것이다. 우제서(于濟西)란 크게 한 것이다. 왜 크게 하였는가? 장공이 추격했다는 것을 위한 것이다.

가을에 역충(蜮蟲)이 나타났다. 한 번은 있고 한 번은 없는 것을 '유(有)'라고 이른다. 역충이란 사람을 쏘는 벌레이다.

겨울인 10월이다.

十有八年 春 王三月 日有食之 ◌不言日 不言朔 夜食[1]也 何以知其夜食也 曰 王者朝日 故雖爲天子 必有尊也 貴爲諸侯 必有長也 故天子朝日 諸侯朝朔

夏 公追戎于濟西[2] ◌其不言戎之伐我 何也 以公之追之 不使戎邇[3]於我也 于濟西者 大之也 何大焉 爲公之追之也

秋 有蜮[4] ◌一有一亡[5]曰有 蜮 射人[6]者也

冬 十月

1) 夜食(야식) : 새벽에 일식이 있었다는 뜻.

2) 濟西(제서) : 제수(濟水)의 서쪽이다.

3) 邇(이) : 근(近)과 같다.

4) 蜮(역) : 역충(蜮蟲). 단호(短狐). 물 속에서 모래를 머금었다가 사람을 쏘아 해를 입힌다.

5) 亡(망) : 무(無)와 같다.

6) 射人(사인) : 사람을 쏘다. 곧 모래를 머금었다가 사람을 쏘는 것.

19. 장공 19년 병오(丙午)

가. 진(陳)나라 사람의 아내를 호송하다

19년 병오(丙午) 봄인, 왕력으로 정월이다.

여름인 4월이다.

가을에 공자(公子) 결(結)이 진(陳)나라 사람의 아내를 견(鄄)까지 호송하고, 이어서 제나라 군주인 후작과 송나라 군주인 공작과 동맹을 맺었다. 잉(媵)이란 작은 일이다. 작은 일은 기록하지 않는데 여기에 이를 기록한 것은 무슨 뜻인가? 요맹(要盟 : 맹세를 요구함)을 피한 것이다. 무엇 때문에 그 요맹(要盟)을 피한 것을 나타낸 것인가? 잉(媵 : 호송하는 일)은 예의 가벼운 일이다. 맹세는 나라의 중요한 일이다. 가벼운 일로써 나라의 중요한 일을 이루었으니 설명이 필요 없다. 그것을 일러 '진(陳)나라 사람의 아내를 호송했다.' 라고 간략하게 한 것이다. 그 날짜를 쓰지 않은 것은 자주 변하는 것을 싫어하였기 때문이다.

부인(夫人) 강씨(姜氏)가 거(莒)나라로 갔다. 부인(婦人)이 이미 시집을 갔으면 그 나라의 국경을 넘지 않는 것이다. 국경을 넘어간 것은 예에 합당한 행동이 아니었다.

겨울에 제나라 사람과 송나라 사람과 진(陳)나라 사람이 우리 노나라의 서쪽 변방을 정벌했다. 그 '비(鄙)' 라고 이른 것은 멀리 여긴 것이다. 그 땅을 멀리 여겼다는 것은 무슨 뜻인가? 우리 노나라를 가까이서 어렵게 하지는 못한다는 뜻이다.

十有九年 春 王正月

夏 四月

秋 公子結媵陳人之婦[1]于鄄 遂及齊侯宋公盟 ◌媵 淺事也 不志 此其志何也 辟要盟[2]也 何以見其辟要盟也 媵 禮之輕者也 盟 國之重也 以輕事遂乎國重無說 其曰陳人之婦 略之也 其不日 數渝惡之也

夫人姜氏如莒 ◌婦人既嫁不踰竟 踰竟非正也

冬 齊人宋人陳人 伐我西鄙[3] ◌其曰鄙 遠之也 其遠之何也 不以難邇我國也

1) 媵陳人之婦(잉진인지부) : 진나라 사람의 아내를 바래다주다. 곧 노나라 공녀(公女)가 진나라 대부의 아내로 시집간 것을 호송한 것. 잉은 호송하다의 뜻.
2) 辟要盟(피요맹) : 맹세를 피하다의 뜻.
3) 西鄙(서비) : 서쪽의 변방을 뜻한다.

20. 장공 20년 정미(丁未)

가. 부인 강씨(姜氏)가 거(莒)나라로 갔다

20년 정미(丁未) 봄인 왕력으로 2월에 부인(夫人) 강씨(姜氏)가 거(莒)나라로 갔다. 부인(婦人)이 이미 시집을 갔으면 국경을 넘지 않는 것이다. 국경을 넘은 것은 바른 행동이 아니었다.
여름에 제나라에 크게 재해가 발생했다. 그것을 기록한 것은 재해가 아주 심해서였다.
가을인 7월이다.
겨울에 제나라 사람이 우리 노나라를 정벌했다.

二十年 春 王二月 夫人姜氏如莒 ◌婦人旣嫁不踰竟 踰竟非正也
夏 齊大災[1] ◌其志 以甚也
秋 七月
冬 齊人伐我[2]

1) 大災(대재) : 큰 재해이다. 대단히 큰 재앙이다. 여질(癘疾).
2) 伐我(벌아) : 좌전과 공양전에는 모두 '벌융(伐戎)'으로 되어 있다. 보충된 주석에는 아(我)자는 융(戎)의 오자라고 했다.

21. 장공 21년 무신(戊申)

가. 정나라 군주인 백작 돌(突)이 죽다

21년 무신(戊申) 봄인 왕력으로 정월이다.
여름인 5월 신유(辛酉)일에 정나라 군주인 백작 돌(突)이 세상을 떠났다.
가을인 7월 무술(戊戌)일에 부인(夫人) 강씨(姜氏)가 홍거(薨去)했다. 부인(婦人)이 홍거한 곳은 지목하지 않는 것이다.
겨울인 12월에 정나라 여공(厲公)을 장사 지냈다.

二十有一年 春 王正月
夏 五月 辛酉 鄭伯突[1]卒
秋 七月 戊戌 夫人姜氏薨 ◌婦人弗目[2]也
冬 十有二月 葬鄭厲公

1) 鄭伯突(정백돌) : 곧 정나라 여공(厲公)이며 B.C. 700년에 즉위했다.
2) 弗目(불목) : 불목(不目)과 같고 어느 곳인지 지명이 없다는 뜻이다.

22. 장공 22년 기유(己酉)

가. 정월에 많은 죄인을 사면하다

22년 기유(己酉) 봄인 왕력으로 정월에 많은 죄수들을 사면했다. 사(肆)는 잃어버리다이고 생(眚)은 재앙(災殃)이다. 재앙은 실마리가 있고 잃어버리는 것은 까닭이 있다. 천자(天子)의 장례 절차에 따라 부수적인 협의가 따른 것이다.

계축(癸丑)일에 우리의 소군(小君) 문강(文姜)의 장사를 지냈다. 소군(小君)은 임금이 아니다. 그를 '군(君)'이라고 이른 것은 무슨 뜻인가? 그가 임금의 배필이 됨으로써 가히 소군(小君)이라고 말한 것이다.

진(陳)나라 사람이 그의 공자(公子)인 어구(禦寇)를 죽였다. 공자(公子)라고 말하고 대부(大夫)라고 말하지 않은 이유는 공자(公子)로서 대부의 명(命)을 받지 못했기 때문이다. 그를 공자(公子)라고 이른 것은 무슨 뜻인가? 공자(公子)의 중요함을 대부와 같이 본 것이며 명의(名義)상 공자(公子)의 예에 집착한 것이다.

여름인 5월이다.

가을인 7월 병신(丙申)일에 제나라 고혜(高傒)와 방(防)에서 동맹을 맺었다. 장공(莊公)을 말하지 않은 것은 고혜(高傒)와 짝이 되었기 때문이다.

겨울에 장공이 제나라에 가서 납폐(納幣)했다. '납폐(納幣)'는 대부(大夫)가 하는 일이다. 예(禮)에는 납채(納采)가 있고 문명(問名)이 있고 납징(納徵)이 있고 고기(告期)가 있어서 네 가지 예가 갖추어진 뒤에 장가드는 것이 예이다. 장공이 몸소 납폐한 것은 예에 합당한 것이 아니었다. 그러므로 책망한 것이다.

二十有二年 春 王正月 肆大眚[1] ◌肆 失也 眚 災也 災紀[2]也 失故也[3] 爲嫌天子之葬也[4]

癸丑 葬我小君[5]文姜 ◌小君 非君也 其曰君 何也 以其爲公配[6] 可以言小君也

陳人殺其公子禦寇[7] ◌言公子而不言大夫 公子未命爲大夫也 其曰公子 何也 公子之重視大夫 命以執公子

夏 五月

秋 七月 丙申 及齊高傒[8]盟于防 ◌不言公 高傒伉也

冬 公如齊納幣[9] ◌納幣 大夫之事也 禮有納采[10] 有問名[11] 有納徵[12] 有告期[13] 四者備 而後娶 禮也 公之親納幣 非禮也 故譏之

1) 肆大眚(사대생) : 많은 죄인을 사면하다.

2) 災紀(재기) : 일설에 재는 죄악을 뜻하고 기는 다스리다의 뜻이라고도 했다.

3) 失故也(실고야) : 실은 잃어버리다이고 고는 까닭이다. 문강(文姜)의 죽음으로 인한 것을 뜻함.

4) 爲嫌天子之葬也(위혐천자지장야) : 천자지장(天子之葬)은 주나라에서 규정한 상례의 절차를 뜻한다. 곧 천자가 제정한 예법에 혐의가 된 것이라는 뜻.

5) 小君(소군) : 제후의 아내는 부인(夫人)이라고 칭하는데 신하로 부를 때에는 소군(小君)이라고 한다.

6) 公配(공배) : 임금의 배필. 곧 임금의 짝.

7) 禦寇(어구) : 진(陳)나라의 태자이다. 좌전에는 어구(御寇)라고 되어 있다.

8) 高傒(고혜) : 제나라의 대부.

9) 納幣(납폐) : 혼인할 때 남자 집에서 여자 집으로 보내는 폐백(幣帛). 노나라 장공(莊公)은 제나라에서 부인을 맞이했다. 장공이 직접 납폐한 것은 예가 아니다.

10) 納采(납채) : 주(周)나라 시대의 혼례에서 육례(六禮)의 하나. 기러기를 예물로 보냈는데 지금의 납폐와 같다.

11) 問名(문명) : 혼례에서 육례(六禮)의 하나이며 신부의 이름을 묻는 의식.

12) 納徵(납징) : 혼례에서 육례의 하나이며 납길(納吉) 후 정혼한 표적으로 신랑집에서 신부집에 보내는 예물.

13) 告期(고기) : 신부를 맞이할 날짜를 통고하는 일.

23. 장공 23년 경술(庚戌)

가. 제숙(祭叔)이 예물을 가지고 오다

23년 경술(庚戌) 봄에 장공이 제나라에서 이르렀다.

제숙(祭叔)이 예물을 가지고 왔다. 제숙을 사자(使者)라고 말하지 않은 이유는 무엇인가? 천자의 내신(內臣)인데 그가 외교를 예에 합당하게 하지 못함으로써 사신으로 여기지 않은 것이다.

여름에 장공이 제나라에 가 사제(社祭)지내는 것을 보았다. 일상적인 일을 시(視)라 하고 일상적이지 않은 것을 관(觀 : 관찰)이라 한다. 관(觀)은 할 일이 없었다는 말이다. 이는 시녀(尸女)를 위한 것이다. 군주는 일이 없을 때는 국경 밖으로 나가지 않는 것이다.

장공이 제나라에서 이르렀다. 장공이 갔을 때(시절)와 돌아온 때를 기록한 것은 바른 것이다. 돌아와서 종묘에 고한 것은 까닭이 있었다. 간 달과 돌아온 달이 같은 것은 두려운 것이 있어서였다.

二十有三年 春 公至自齊

祭叔[1]來聘 ◌其不言使 何也 天子之內臣[2]也 不正其外交 故不與使[3]也

夏 公如齊觀社[4] ◌常事曰視 非常曰觀 觀無事之辭也 以是爲尸女[5]也 無事不出竟

公至自齊 ◌公如 往時 正也 致月[6] 故也 如往月 致月 有懼焉爾

1) 祭叔(제숙) : 주왕실의 대부이며 제(祭)나라 군주의 아우이다.

2) 內臣(내신) : 천자의 왕성(王城) 안에서 직분을 맡은 대신(大臣)이다.

3) 不與使(불여사) : 사자(使者)의 칭호를 주지 않은 것.

4) 社(사) : 사제(社祭). 토지신에게 지내는 제사.

5) 尸女(시녀) : 사제의 의식을 주재하는 여자.

6) 致月(치월) : 제후가 출국했다 귀국했을 때 사당에서 거행하는 제사 의식.

나. 형(荊)나라에서 예물을 가지고 오다

형(荊)나라 사람이 예물을 가지고 왔다. 선(善)을 쌓은 뒤에 높여 준 것이다. 그를 '인(人)'이라고 이른 것은 무슨 뜻인가? 도리(道理)를 들어서 두 번 기다리지 않게 한 것이다.

장공이 제나라 군주인 후작과 곡(穀)에서 만났다. 여기서 '급(及)'이란 노나라에서 주관했기 때문에 기록한 것이다. 만났다고 한 것은 서로 얻은 것이 있다는 것을 기록한 것이다.

소숙(蕭叔)이 장공을 뵈었다. 작은 나라의 임금은 작위(爵位)를 명받지 못한 자이기 때문에 왔다고 말하지 않고 밖에서 만나본 것이다. 사당에서 보는 것은 예에 합당한 것이고, 밖에서 만나본 것은 예에 합당하지 않은 것이었다.

가을에 환궁(桓宮)의 기둥을 붉게 칠했다. 예(禮)에는 천자(天子)와 제후(諸侯)는 유악(黝堊 : 검푸른색)으로 바르고 대부는 푸른색〔倉〕이고 사(士)는 누른 빛으로 바른다. 환궁의 기둥을 붉게 칠한 것은 예에 합당한 절차가 아니었다.

겨울인 11월에 조나라 군주인 백작 역고(射姑)가 세상을 떠났다.

12월인 갑인(甲寅)일에 장공이 제나라 군주인 후작과 호(扈)에서 동맹을 맺었다.

荊人來聘 ◌善累[1]而後進之 其曰人 何也 擧道[2]不待再

公及齊侯遇于穀 ◌及者 內爲志焉爾 遇者 志相得也

蕭叔[3]朝公 ◌微國之君 未爵命者 其不言來 於外也[4] 朝於廟 正也 於外 非正也

秋 丹桓宮[5]楹 ◌禮天子諸侯黝堊[6] 大夫倉 士黈[7] 丹楹 非禮也

冬 十有一月 曹伯射姑[8]卒

十有二月 甲寅 公會齊侯盟于扈[9]

1) 善累(선루) : 좋은 것이 누적되다. 곧 쌓이다.

2) 擧道(거도) : 도리를 들다.

3) 蕭叔(소숙) : 소(蕭)나라 군주의 아우. 군주의 이름은 대심(大心). 자씨(子氏).
4) 於外也(어외야) : 곡(穀) 땅에서 본 것을 뜻한다.
5) 桓宮(환궁) : 환공(桓公)을 제사하는 사당. 곧 장공의 아버지 사당이다.
6) 黝堊(유악) : 유는 청흑색(青黑色). 악은 백토(白土)의 가루를 사용하는 것.
7) 大夫倉士黈(대부창사주) : 대부는 푸른색이고 사(士)는 누런색을 뜻한다.
8) 曹伯射姑(조백역고) : 조나라 군주인 백작 역고(射姑). 곧 조나라 장공(莊公).
9) 扈(호) : 정나라 지명(地名).

24. 장공 24년 신해(辛亥)

가. 환궁(桓宮)의 서까래에 조각을 하다

24년 신해(辛亥) 봄인 왕력으로 3월에 환궁의 서까래에 조각을 했다. 예(禮)에 천자(天子)의 서까래는 깎아서 갈아 밀석(密石)으로 감싸고, 제후의 서까래는 깎아서 갈아내고, 대부는 깎아내기만 하고, 사(士)는 밑을 깎기만 한다고 했다. 서까래에 조각한 것은 예에 합당한 것이 아니다. 또 부인(夫人)을 위하여 종묘를 높인 것이다. 예(禮)도 아니고 올바른 것도 아닌 상태에서 장가들어 종묘(宗廟)에 더하여 부인(夫人)을 위하여 장식하게 한 것은 정도가 아니었다. 환궁(桓宮)의 서까래에 조각을 하고 환궁의 기둥에 붉은 칠을 하게 하여 환궁(桓宮)을 손가락질하도록 한 것이란 곧, 장공(莊公)을 미워한 것이다.

조(曹)나라 장공(莊公)을 장사 지냈다.

여름에 장공이 제나라에 가서 공녀(公女)를 맞이했다. 몸소 맞이하는 것은 일상적인 일이라 기록하지 않는다. 그런데 여기에 그것을 기록한 것은 무슨 뜻인가? 그 몸소 맞이하는 것이 제나라에서 한 것은 올바르지 않기 때문이었다.

가을에 장공이 제나라에서 이르렀다. 영(迎)이란 행하여 새로운 사람을 보고 머물면서 새로운 사람을 보는 것인데 먼저 이르렸다고 한 것은 예에 합당한 것이 아니었던 것이다.

二十有四年 春 王三月 刻桓宮桷[1] ◌禮 天子之桷 斲之礱之 加密石[2]焉 諸侯之桷 斲之礱之 大夫斲之 士斲本 刻桷 非正也 夫人 所以祟宗廟也 取[3]非禮與非正 而加之於宗廟 以飾夫人[4] 非正也 刻桓宮桷 丹桓宮楹 斥言[5]桓宮 以惡莊也

葬曹莊公

夏 公如齊逆[6]女 ◌親迎 恒事也 不志 此其志 何也 不正其親迎於齊也

秋 公至自齊 ◌迎者 行見諸[7] 舍見諸 先至非正也

1) 桷(각) : 서까래. 모난 것을 각(桷)이라 하고 둥근 것을 연(椽)이라 한다.

2) 密石(밀석) : 결이 고운 숫돌. 장식용 돌.

3) 取(취) : 장가드는 일을 말한다.

4) 飾夫人(식부인) : 장공의 원수는 제나라인데 제나라에 장가들어 부인을 위하여 사당을 꾸미는 것을 뜻함.

5) 斥言(척언) : 손가락질하다.

6) 逆(역) : 영접(迎接). 곧 장공이 몸소 제나라로 가 부인을 맞이해 장가들다.

7) 諸(제) : 지(之)와 같다.

나. 부인 강씨(姜氏)가 노나라로 들어오다

8월 정축(丁丑)일에 부인 강씨(姜氏 : 哀姜)가 노나라로 들어왔다. '입(入 : 들어왔다)' 이란 국내에서 받아주지 않았다는 것이다. 8월 정축(丁丑)일에 들어왔다고 한 것은 들어오는 것을 싫어한 것이다. 왜 받아들이지 않았다고 썼는가? 종묘에서 받지 않은 것이다. 그 종묘에서 받아들이지 않았다는 것은 무슨 뜻인가? 원수의 자제(子弟)에게 장가들어 종묘 앞에 두어 인사를 올리게 하는 것은 그 의(義)로써 가히 받아 줄 수가 없는 것이었다.

무인(戊寅)일에 대부(大夫)와 종부(宗婦)들이 부인을 뵙고 폐백을 드렸다. 적(覿 : 보다)은 '뵙다' 이다. 예(禮)에 '대부(大夫)는 부인(夫人)을 보지 않는다' 고 했다. 급(及)이라 말하지 않은 것은 그 부도(婦道)가 바르지 않았으므로 나열하여 헤아리게 한 것이다. 남자의 폐백(예물)은 검은 염소와 기러기와 꿩과 육포(肉脯)이고, 부인(婦人)들의 폐백은 대추와 밤과 단수(鍛脩)이다. 폐백을 사용한 것은 예가 아니었다. 용(用)이란 사용한 예물이 적당하지 않았다는 것이다. 대부는 국가의 몸체이다. 부도(婦道)를 행한 것을 미워한 까닭에 경계하도록 날짜까지 기록한 것이었다.

크게 홍수가 났다.

겨울에 융족(戎族)이 조(曹)나라를 침범했다. 조나라의 기(羈)가 진(陳)나라로 달아났다. 적(赤)이 조나라로 돌아갔다.

곽공(郭公)이었다. 적(赤)은 대개 곽공(郭公)이다. 왜 이름을 썼는가? 예(禮)에 '제후는 밖으로부터 귀(歸)하는 의(義)가 없다.' 고 했으므로 밖으로부터 돌아왔다고 한 것은 예에 합당한 처사가 아니었기 때문이다.

八月 丁丑 夫人姜氏入[1] ◌入者 內弗受也 日入 惡入者也 何用不受也 以宗廟弗受[2]也 其以宗廟弗受 何也 娶仇人子弟 以薦舍於前 其義不可受也

戊寅 大夫宗婦[3] 覿用幣[4] ◌覿 見也 禮 大夫不見夫人 不言及不正 其行婦道 故列數之也 男子之贄[5] 羔鴈雉腒[6] 婦人之贄 棗栗鍛脩[7] 用幣 非禮也 用者 不宜用者也 大夫 國體也 而行婦道 惡之 故謹而日之也

大水

冬 戎侵曹 曹羈[8]出奔陳 赤[9]歸于曹

郭[10]公 ◌赤蓋郭公也 何爲名也 禮 諸侯無外歸之義 外歸 非正也

1) 姜氏入(강씨입) : 장공(莊公)의 부인, 애강(哀姜)이 들어온 것을 뜻함.
2) 宗廟弗受(종묘불수) : 곧 환공(桓公)이 제나라에서 살해되었으므로 만약에 지하에서라도 알고 있다면 함께 회동하기를 싫어할 것이라는 뜻.
3) 大夫宗婦(대부종부) : 대부와 대부인 종친(宗親)의 아내.
4) 覿用幣(적용폐) : 부인(夫人)을 뵐 때 드리는 예물.
5) 贄(지) : 처음으로 상면할 때 서로 주고받는 예물이다.
6) 腒(거) : 조류(鳥類)의 고기로 포를 만든 것.

7) 鍛脩(단수) : 계피와 생강을 섞어서 만든 육포(肉脯).
8) 曹羈(조기) : 조나라의 대부이며 기는 세자(世子)의 이름이다.
9) 赤(적) : 좌전에는 조나라 희공(僖公)의 이름이라 했다. 공양전에는 조나라에는 적(赤)이 없다고 했고 대개 곽(郭)나라 공작이라 했다.
10) 郭(곽) : 좌전에는 나라 이름이라 했다.

25. 장공 25년 임자(壬子)

가. 여숙(女叔)이 예물을 가지고 노나라에 오다

25년 임자(壬子) 봄에 진(陳)나라 군주인 후작이 여숙(女叔)에게 예물을 가지고 노나라를 예방하게 했다. 이에 그 여숙의 이름을 기록하지 않은 이유는 무엇인가? 천자(天子)에게 명(命)을 받은 대부였기 때문이었다.

여름인 5월 계축(癸丑)일에 위(衛)나라 군주인 후작 삭(朔)이 세상을 떠났다.

6월 신미(辛未)일인 초하루에 일식이 있었다. 일식에 날짜를 기록하고 초하루를 기록한 것은 초하루에 일식이 있었다는 뜻이다.

북을 치면서 희생을 바쳐 사제(社祭)를 지냈다. 고(鼓 : 북을 치다)는 예(禮)이다. 용생(用牲 : 희생을 사용하다)은 예에 합당한 절차가 아니었다. 천자는 일식이 있으면 해를 구제하는데 '다섯 개의 대장기를 세우고 다섯 가지 병기를 진열하고 다섯 가지 색깔의 북을 친다. 제후는 세 개의 대장기를 세우고 세 가지 색의 북을 치고 세 가지 병기를 진열한다. 대부(大夫)는 문을 두드리고 사(士)는 딱딱이를 두드린다' 고 했다. 이러한 일은 양(陽)을 충족시킨다고 말하는 것이다.

二十有五年 春 陳侯使女叔[1]來聘 ◌其不名 何也 天子之命大夫也
夏 五月 癸丑 衛侯朔[2]卒

六月 辛未朔 日有食之 ◌言日言朔 食正朔也

鼓用牲[3] 于社 ◌鼓 禮也 用牲 非禮[4] 也 天子救日[5] 置五麾[6] 陳五兵五鼓[7] 諸侯置三麾 陳三鼓三兵 大夫擊門 士擊柝[8] 言充其陽也

1) 女叔(여숙) : 진(陳)나라 대부이며 경(卿). 여(女)는 씨이고 숙은 자(字).

2) 衛侯朔(위후삭) : 곧 위나라 혜공(惠公)이다. B.C. 698년에 즉위했다. B.C. 696년에 위나라에 내란이 일어났다. 공자설(公子泄)과 공자직(公子職)이 삭(朔 : 惠公)을 폐하고 검모(黔牟)를 세우자 삭이 제나라로 달아났다가 B.C. 688년에 다시 들어와 복위되었다.

3) 鼓用牲(고용생) : 고는 북을 두드리다. 용생은 희생을 바치다.

4) 非禮(비례) : 예가 아니다. 곧 당시의 예의는 일식이 발생하면 제후는 조당(朝堂)에서 북을 치고 사제(社祭)에는 폐백을 쓴다고 했다.

5) 救日(구일) : 옛날의 의식에는 일식이 있으면 태양이 침해를 받았다고 여겨서 태양을 구제하는 의식을 행했다.

6) 五麾(오휘) : 다섯 가지 색인 청황적백흑(靑皇赤白黑)의 기(旗)를 동서남북중(東西南北中)에 세우는 것.

7) 五兵五鼓(오병오고) : 오병은 모(矛)·극(戟)·월(鉞)·순(楯)·궁시(弓矢) 등의 다섯 가지 병기이고 오고는 다섯 가지 색의 북을 뜻한다.

8) 柝(탁) : 딱딱이를 치다.

나. 공자(公子) 우(友)가 진(陳)나라에 가다

백희(伯姬)가 기(杞)나라로 시집갔다. 그를 역(逆 : 맞이하다)이라고 말하지 않은 것은 무슨 뜻인가? 맞이하여 간 도(道)가 미미하여 족히 말할 가치가 없는 것이었다.

가을에 홍수가 났다. 이에 북을 치고 희생을 바쳐 성문(城門)에서 사제(社祭)를 지냈다. 높고 낮은 곳이 수재를 다 입은 것을 '대수(大水)' 라고 이른다. 이미 북을 쳐서 경계하고 무리들이 놀랐는데 희생까지 사용하여 가히 써 끝마쳤다. 해를 구제하는 데는 북을 두드리며 병기를 진열하고, 수재(水災)를 구제하는 데는 북을 두드려서 무리를 취합하게 하는 것이다.

겨울에 공자(公子) 우(友)가 진(陳)나라에 갔다.

伯姬[1]歸于杞 ◌其不言逆 何也 逆之道微[2] 無足道焉爾

秋 大水 鼓用牲于社于門[3] ◌高下有水災 曰大水 旣戒鼓而駭衆 用牲可以已矣 救日以鼓兵 救水以鼓衆

冬 公子友[4]如陳

1) 伯姬(백희) : 노(魯)나라 장공(莊公)의 딸.

2) 道微(도미) : 맞이해 가는 방법이 미약했다. 곧 형편이 없었다.

3) 于門(우문) : 나라의 문. 곧 성문(城門).

4) 公子友(공자우) : 노나라 환공(桓公)의 아들이며 계우(季友)이다.

26. 장공 26년 계축(癸丑)

가. 융족(戎族)을 정벌하다

26년 계축(癸丑) 봄에 장공이 융족(戎族)을 정벌했다.

여름에 장공이 융족을 정벌하는 데에서 돌아왔다.

조(曹)나라에서 그의 대부(大夫)를 죽였다. 그런데 대부라고 말하고 그의 성명(姓名)을 일컫지 않은 것은 대부로 명을 받지 못한 것이었다. 대부로 임명받지 못한 사람을 일러 대부라고 한 것은 현명했기 때문이다. 이는 조기(曹羈)를 높여 주기 위한 것이었다.

가을에 장공이 송(宋)나라 사람과 제(齊)나라 사람과 회합하여 서(徐)나라를 정벌했다.

겨울인 12월 초하루 계해(癸亥)일에 일식(日蝕)이 있었다.

二十有六年 春 公伐戎

夏 公至自伐戎

曹殺其大夫[1] ◌言大夫而不稱名姓 無命大夫也 無命大夫而曰大夫 賢也 爲曹羈崇也

秋 公會宋人齊人 伐徐[2)]

冬 十有二月 癸亥 朔 日有食之

1) 殺其大夫(살기대부) : 그 나라의 대부를 죽이다. 공양에도 조기(曹羈)라고 하고 했다. 좌전에는 누구인지 밝히지 않았다.

2) 徐(서) : 나라 이름이다.

27. 장공 27년 갑인(甲寅)

가. 기(杞)나라 백희(伯姬)와 조(洮)에서 만나다

27년 갑인(甲寅) 봄에 장공이 기(杞)나라 백희(伯姬)와 조(洮)에서 만났다.

여름인 6월에 장공이 제나라 군주인 후작과 송나라 군주인 공작과 진(陳)나라 군주인 후작과 정나라 군주인 백작과 회동하여 유(幽)에서 동맹을 맺었다. 동(同)이란 함께 있은 것이며 함께 주(周)나라를 높인 것이다. 이런 일이 있은 뒤에 제나라 환공에게 영도(領導)의 자격을 준 것이다. 제나라 환공에게 주었다고 한 것은 무엇인가? 제나라 군주인 후작이 제후의 무리를 얻었다는 것이다. 환공의 회동에는 조묘(祖廟)에 고제하지 않더라도 편안하게 여기게 된 것이다. 환공과 맹세한 날짜를 쓰지 않았는데 이것은 믿음이 있었기 때문이다. 그의 신용을 믿고 그의 인(仁)을 인으로 여긴 것이다.

의상(衣裳 : 평화의 회합)의 회합은 11차례였는데 일찍부터 삽혈(歃血)의 맹세가 있지 않았으나 우의(友誼)와 믿음이 두터웠다. 병거(兵車 : 전쟁의 회합)의 회합이 4차례였는데 일찍이 큰 전쟁이 있지 않았으니, 백성만 사랑한 것이었다.

二十有七年 春 公會杞伯姬于洮[1)]

夏 六月 公會齊侯宋公陳侯鄭伯 同盟于幽 ◯同者 有同也 同尊周也 於是而後授之諸侯也 其授之諸侯何也 齊侯得衆也 桓會不致 安

之也 桓盟不日 信之也 信其信 仁其仁[2] 衣裳之會[3]十有一 未嘗有歃血之盟也 信厚也 兵車之會[4]四 未嘗有大戰也 愛民也

1) 伯姬于洮(백희우조) : 백희는 노나라 장공의 딸인데 기(紀)나라로 시집을 갔다. 조는 노나라의 땅 이름.

2) 信其信仁其仁(신기신인기인) : 제후들이 제환공(齊桓公)의 신의를 믿고 그의 인(仁)을 인(仁)으로 여긴다는 뜻.

3) 衣裳之會(의상지회) : 평화의 회합을 뜻한다.

4) 兵車之會(병거지회) : 전쟁의 회합. 곧 의상지회(衣裳之會)의 대(對).

나. 공자 우(友)가 원중(原仲)을 장사 지내다

가을에 공자(公子) 우(友)가 진(陳)나라에 가서 원중(原仲)을 장사 지냈다. 장사 지낸 것만 거론하고 죽은 것은 말하지 않은 것은 장사를 지내지 않은 것이다. 장사를 지내지 않았는데 장사에 참여했다고 말한 것은 달아난 것을 숨겨 주기 위한 것이었다.

겨울에 기(杞)나라 백희(伯姬)가 왔다.

거(莒)나라 경(慶)이 와서 숙희(叔姬)를 맞이했다. 제후가 자식을 대부에게 시집보낼 때는 주인이 되는 대부가 직접 와서 혼례를 주관하게 하는 것이다. 내(來)란 사전에 노나라와 접촉한 것이다. 그 사전에 접촉이 있었다는 것은 예절에 어긋나는 바르지 않은 것이었으므로, 부부라고 일컫는 것을 찬성하지 않은 것이다.

기(杞)나라 군주인 백작이 찾아왔다.

장공이 제나라 군주인 후작을 성복(城濮)에서 만났다.

秋 公子友如陳 葬原仲[1] ◌言葬不言卒 不葬者也 不葬而曰葬 諱出奔[2]也

冬 杞伯姬來[3]

莒慶[4]來逆叔姬[5] ◌諸侯之嫁子於大夫 主大夫以與之 來者接內[6]也 不正其接內 故不與夫婦之稱也

杞伯[7]來朝

公會齊侯于城濮[8]

1) 原仲(원중) : 진(陳)나라의 대부이며 성은 원(原)이고 중(仲)은 자(字)이다. 공자 우(友)의 옛 벗.
2) 諱出奔(휘출분) : 공자 우(友)가 노나라의 내란(內亂) 때문에 진(陳)나라로 달아난 것을 숨겨 준 것이다.
3) 伯姬來(백희래) : 백희가 친정 부모를 뵈러 온 것이다.
4) 慶(경) : 거(莒)나라의 대부(大夫)이다. 경은 그의 이름이다.
5) 叔姬(숙희) : 장공(莊公)의 딸이다.
6) 接內(접내) : 사전(事前)에 접촉이 있었다.
7) 杞伯(기백) : 기나라는 후작이었는데 백작은 강등된 것이다.
8) 城濮(성복) : 위(衛)나라 지명이다.

28. 장공 28년 을묘(乙卯)

가. 제(齊)나라가 위(衛)나라를 정벌하다

28년 을묘(乙卯) 봄인 왕력으로 3월 갑인(甲寅)일에 제나라 사람이 위(衛)나라를 정벌했다. 또 위나라 사람이 제나라 사람과 싸워서 위나라 사람이 패배했다. 한 번은 정벌이라 하고 한 번은 싸웠다고 했는데 어떤 전쟁이었는가? 위나라와의 싸움이었다. 싸웠다면 이는 군사를 동원했을 텐데 그를 '인(人)'이라고 이른 것은 무슨 뜻인가? 작은 싸움이었기 때문이다. 왜 작은 싸움이라고 했는가?

당시 제나라의 환공을 제후들의 백(伯)으로 부여해 준 뒤에 침범하여 친 일이 있으므로 작은 싸움이라고 한 것이다. 그 사람을 위나라라고 한 것은 어째서인가? 그 제나라를 사람이라고 했으므로 위(衛)나라를 사람이라고 하지 않을 수 없는 것이다. 위나라는 작고 제나라는 큰데 그 위나라와 함께 싸웠다는 것은 무슨 뜻인가? 그 싸움이 작은 싸움이었으므로 가히 함께 했다고 말한 것이다. 그 '인(人)'을 일컬어서 패배했다고 한 것은 무슨 뜻인가? 군사를 이끌고 '인(人)'에게 패배하지 않았다는 뜻이다.

二十有八年 春 王三月 甲寅 齊人伐衛 衛人及齊人戰 衛人敗績 ◌於伐與戰 安戰[1]也 戰衛 戰則是師也 其曰人 何也 微[2]之也 何爲微之也 今授之諸侯 而後有侵伐之事 故微之也 其人衛 何也 以其人齊 不可不人衛也 衛小齊大 其以衛及之 何也 以其微之 可以言及也 其稱人以敗 何也 不以師敗於人也[3]

1) 安戰(안전) : 어떤 전쟁인가?의 뜻.

2) 微(미) : 제환공이 천자의 명을 받아 징치의 차원에서 행한 전쟁이었으므로 작은 전쟁이라는 뜻.

3) 不以師敗於人也(불이사패어인야) : 군사로써 인(人)에 패배하지 않았다는 뜻. 인(人)이란 가볍고 사(師)는 무겁다.

나. 주(邾)나라 군주인 자작 쇄(瑣)가 세상을 떠나다

여름인 4월 정미(丁未)일에 주(邾)나라 군주인 자작 쇄(瑣)가 세상을 떠났다.

가을에 형(荊)나라가 정나라를 정벌했다. 이른바 형(荊)이란 초(楚)나라이다. 그를 형(荊)이라고 이른 것은 형주(荊州)를 들어 말한 것이다.

장공이 제나라 사람과 송나라 사람을 모아서 정나라를 구원했다. 이는 정나라를 잘 구원해 준 것이다.

겨울에 미(微)에 성(城)을 쌓았다. 산림(山林)이나 수택(藪澤)의 이로움은 백성과 함께 공유해야 하는 것이다. 산택(山澤)을 맡기는 방법에 있어서 올바른 것은 아니었다.

보리와 쌀이 크게 부족했다. '대(大)'란 기대해본다는 뜻이 담겨 있다. 곧 쌀도 없고 보리도 없다는 것을 말한 것이다.

夏 四月 丁未 邾子瑣[1]卒

秋 荊伐鄭 ◌荊者 楚也 其曰荊 州擧之也

公會齊人宋人救鄭 ◌善救鄭也

冬 築微[2] ◌山林藪澤之利 所以與民共也 虞[3]之 非正也

大無麥禾[4] ◌大者 有顧[5]之辭也 於無禾及無麥也

1) 邾子瑣(주자쇄) : 주나라 군주인 자작 쇄(瑣)이다. 쇄는 그의 이름이다.

2) 微(미) : 노나라 지명이다. 좌전에는 미(郿)로 되어 있다.

3) 虞(우) : 산택(山澤)을 담당하는 관리.

4) 大無麥禾(대무맥화) : 대는 모두, 크게의 뜻. 무맥화는 보리와 쌀이 없다는 뜻.

5) 顧(고) : 대(待)의 뜻.

다. 사들인 곡식을 제(齊)나라에 통고하다

장손진(臧孫辰)이 사들인 곡식을 제나라에 통고했다. 나라에 3년 동안 축적된 곡식이 없게 되면 나라는 그의 나라가 아니라고 이른다. 1년 동안 곡식이 익지 않으면 곡식 사들이는 일을 제후들에게 고한다. '고(告)' 는 청하다이고 '적(糴)' 은 사들이다의 뜻인데 올바른 행위가 아니므로 장손진(臧孫辰)이 사사로운 행동을 한 것으로 거론한 것이다.

나라에 9년 동안의 축적된 곡식이 없는 것을 '부족(不足)' 이라 이르고 6년 동안의 축적된 곡식이 없는 것을 '급(急)' 이라 이르고 3년 동안의 축적된 곡식이 없는 것을 '나라는 그 나라가 아니다.' 라고 이르는 것이다. 제후가 곡식이 없으면 제후들이 서로 곡식을 보내주는 것이 바른 것이다. '장손진이 사들인 곡식을 제나라에 통고했다.' 고 한 연후에 함께 한 것은 노나라 국내에 외교(外交)가 없었던 것을 말한 것이다.

옛날의 세금은 10분의 1이었다. 풍년에는 흉년을 대비하여 보충하고 밖에서 구하지 않아도 위와 아래가 모두 풍족했다. 비록 여러 해 동안 흉년이 들더라도 백성들은 고통스러워하지 않았다. 1년 동안 곡식을 베지 않았는데 백성이 굶주린 것을 군자(君子 : 孔子)가 비난한 것이다. 장손진이 제나라로 갔다고 말하지 않은 것은 노나라 안에서의 행위를 숨겨 주기 위한 것이었다.

臧孫辰[1]告糴于齊[2] ◌國無三年之畜 曰國非其國也 一年不升[3] 告糴諸侯 告 請也 糴 糴也 不正 故擧臧孫辰以爲私行[4]也 國無九年之畜曰不足 無六年之畜曰急 無三年之畜曰國非其國也 諸侯無粟 諸侯相歸粟 正也 臧孫辰告糴于齊 告 然後與之 言內之無外交也 古者稅什一 豊年補敗 不外求而上下皆足也 雖累凶年 民弗病也 一年不艾[5] 而百姓饑 君子非之 不言如 爲內諱也

1) 臧孫辰(장손진) : 노나라 대부이며 자는 문중(文仲)이다.

2) 告糴于齊(고적우제) : 제나라에 곡식을 사들인 것을 통고하다의 뜻.

3) 升(승) : 곡식이 익다.

4) 私行(사행) : 사적인 행동.

5) 艾(애) : 곡식을 베다의 뜻.

29. 장공 29년 병진(丙辰)

가. 봄에 새로 연구(延廐)를 짓다

29년 병진(丙辰) 봄에 새로 연구(延廐)를 지었다. 연구(延廐)란 법제(法制)에 따른 마구간이다. 그것을 '신(新 : 새로)' 이라고 말한 것은 까닭이 있었다. 까닭이 있다면 왜 기록하는 것인가? 옛날에 사람의 임금된 자는 반드시 때마다 백성들이 꾸준히 일하는 것을 살폈다. 백성들이 부지런히 힘쓰도록 하려면 공로를 쌓는 일을 드물게 시키고, 백성들이 재물을 부지런히 모을 수 있도록 하려면 세금을 줄여 주고, 백성들이 먹을 것을 부지런히 장만하게 하려면 모든 일을 폐지시키는 것이다. 겨울에 미읍(微邑)의 성을 쌓고 봄에 새로 연구를 지은 것은 앞으로 사용할 백성들의 힘을 이미 다 써버린 것이 되기 때문에 기록한 것이었다.

여름에 정나라 사람이 허(許)나라를 침범했다.

가을에 비충(蜚蟲) 떼가 나타났다. 어느 한 시기에는 나타나고 어느 한 시기에는 없는 것을 '유(有)' 라고 한다.

겨울인 12월에 기(紀)나라 숙희(叔姬)가 세상을 떠났다.

제(諸)와 방(防)에 성(城)을 쌓았다. 이때는 성을 쌓을 시기였다. 큰 일인 농사일을 마치고 작은 일인 성을 쌓은 것이다.

二十有九年 春 新延廏[1] ◌延廏者 法廏[2]也 其言新 有故也 有故則何爲書也 古之君人者 必時視民之所勤 民勤於力 則功築罕 民勤於財 則貢賦少 民勤於食 則百事廢矣[3] 冬 築微 春 新延廏 以其用民力爲已悉矣

夏 鄭人侵許

秋 有蜚[4] ◌一有一亡曰有

冬 十有二月 紀叔姬[5]卒

城諸及防 ◌可城也[6] 以大及小也[7]

1) 延廏(연구) : 마구간의 이름.

2) 法廏(법구) : 법으로 규정된 마구간이란 뜻.

3) 百事廢矣(백사폐의) : 모든 일을 폐한다. 곧 흉년이 들면 예도 감소한다는 뜻.

4) 蜚(비) : 비충(蜚蟲). 비충은 남방의 취악(臭惡)한 기에서 발생하는데 임금과 신하가 음일하여 취악한 행동이 있으므로 발생한다고 했다.

5) 叔姬(숙희) : 노나라 혜공(惠公)의 딸이며 기(紀)나라가 멸망했는데 절개를 지켜 기(紀)에 있었으므로 어질게 여겨 기록한 것이다.

6) 可城也(가성야) : 가히 성을 쌓을 시기라는 것. 겨울에는 농한기이므로 성을 쌓는 시기이다의 뜻.

7) 以大及小也(이대급소야) : 대는 농사짓는 일. 소는 성을 쌓는 일.

30. 장공 30년 정사(丁巳)

가. 군사가 성(成)에 머물다

30년 정사(丁巳) 봄인, 왕력으로 정월이다.

여름에 군사가 성(成)에 머물렀다. '차(次)'는 머무르다인데 두려워함이 있었던 것이다. 장(鄣)나라를 구원하고자 했으나 구원하지 못했다. 장공을 거론하지 않은 것은 능히 장나라를 구제하지 못한 것을 부끄럽게 여기게 하기 위해서였다.

가을인 7월에 제나라 사람이 장(鄣)나라를 항복시켰다. '강(降)' 이란 떨어뜨린 것과 같다. 장(鄣)은 기(紀)나라가 멸망한 뒤에 남아 있는 읍(邑)이었다.

8월 계해(癸亥)일에 기나라 숙희(叔姬)를 장사 지냈다. 죽은 날짜를 쓰지 않고 장사 지낸 날짜만 쓴 것은 기(紀)나라가 망한 것을 민망하게 여겨서이다.

9월 초하루인 경오(庚午)일에 일식이 있었는데 북을 치고 희생을 바쳐 사제(社祭)를 지냈다.

三十年 春 王正月

夏 師次于成[1] ◌次 止也 有畏也 欲救鄣[2]而不能也 不言公 恥不能救鄣也

秋 七月 齊人降鄣 ◌降 猶下也 鄣 紀之遺邑也

八月 癸亥 葬紀叔姬 ◌不日卒而日葬 閔紀之亡也

九月 庚午 朔 日有食之 鼓用牲于社

1) 成(성) : 옛 나라 이름. 좌전에는 노나라 지명이라 했다.

2) 鄣(장) : 기(紀)나라의 유읍(遺邑)이라 했다. 좌전에는 기(紀)나라의 부용국(附庸國)이라 했다.

나. 제나라 후작과 노제(魯濟)에서 만나다

겨울에 장공이 제나라 군주인 후작과 노제(魯濟)에서 만났다. '급(及)' 이란 노나라에서 주관했기 때문에 기록한 것이다. '우(遇)' 란 서로 얻은 것이 있다는 것을 기록한 것이다.

제나라 사람이 산융(山戎)을 정벌했다. '제인(齊人)' 이란 제나라 군주인 후작이다. 그를 인(人)이라고 이른 것은 무엇 때문인가? 제나라 군주인 후작의 직위로 산융(山戎)과 상대한 것을 아껴서이다. 그를 아낀다는 것은 무슨 뜻인가? 제나라 환공이 국내적으로는 산융(山戎)과 관계됨이 없고 밖으로는 제후들이 따르지 않았는데도 천리의 험난한 곳을 넘어서 북쪽으로 산융을 정벌한 것은 위험한 일이었기 때문이다. 그렇다면 잘못한 일인가? 잘한 일이다. 왜 이를 잘했다고 하는가? 연(燕)나라는 주(周)왕실에서 갈라진 자손들인데 공물(貢物)이 이르지 아니하므로 산융을 정벌하게 된 것이다.

冬 公及齊侯遇于魯濟[1] ◌及者 內爲志焉爾 遇者 志相得也

齊人伐山戎[2] ◌齊人者 齊侯也 其曰人 何也 愛齊侯乎 山戎也 其愛之何也 桓內無因國 外無從諸侯 而越千里之險 北伐山戎 危之也 則非之乎 善之也 何善乎爾 燕 周之分子[3]也 貢職[4]不至 山戎爲之伐矣

1) 魯濟(노제) : 제수(濟水). 제수는 노나라와 제나라의 경계에 있었는데 제나라 경계에 있는 것은 제제(齊濟)가 되고 노나라 경계에 있는 것은 노제가 된다.
2) 山戎(산융) : 중국의 북방에 거주하는 융족(戎族). 북적(北狄)이라고도 함.
3) 燕周之分子(연주지분자) : 연나라는 주나라에서 나누어진 자손이라는 뜻. 연나라는 주왕조의 소공(召公)을 봉한 나라이기 때문에 일컬어진 이름이다.
4) 貢職(공직) : 공물(貢物)이다.

31. 장공 31년 무오(戊午)

가. 낭(郎)에 대(臺)를 쌓다

31년 무오(戊午) 봄에 낭(郎)에 대(臺)를 쌓았다.

여름인 4월에 설(薛)나라 군주인 백작이 세상을 떠났다.

설(薛)에 대(臺)를 쌓았다.

6월에 제나라 군주인 후작이 와서 산융(山戎)에게서 얻은 전리품(戰利品)을 바쳤다. '제후래헌첩(齊侯來獻捷)' 이란 제나라 군주인 후작이 제후들을 자신의 편으로 끌어안은 것이다. 사신으로 말하지 않은 것은 더불어 함께 하는 내 편이라 여겨 사신이라고 말하지 않은 것이다. '산융(山戎)에게서 얻은 전리품을 바치다' 라고 했는데 군대에서 얻은 것을 '첩(捷 : 노획물)' 이라고 이른다. 노획물은 산융(山戎)에서 나는 콩이었다.

三十有一年 春 築臺[1]于郎
夏 四月 薛伯[2]卒
築臺于薛[3]
六月 齊侯來獻戎捷[4] ◌齊侯來獻捷者 內齊侯也 不言使 內與同不言使也 獻戎捷 軍得曰捷 戎菽[5]也

1) 臺(대) : 높이 쌓아올려 적(敵)의 상황을 살필 수 있게 만든 자리이다.
2) 薛伯(설백) : 설나라 군주인 백작이다.
3) 薛(설) : 여기의 설은 노나라의 지명(地名)이다.
4) 獻戎捷(헌융첩) : 헌은 아래에서 위를 받들어 올리는 예이다. 융첩은 산융(山戎)에게서 얻은 전리품이다. 곧 전쟁에서 얻은 노획물.
5) 戎菽(융숙) : 산융(山戎)에서 나는 대두(大豆 : 콩)이다.

나. 진(秦)에 대(臺)를 쌓다

가을에 진(秦)에 대(臺)를 쌓았다. 봄과 여름과 가을에 공사를 진행하는 일은 백성을 피로하게 만들고 농사의 시기를 놓치게 하므로 바르지 않은 일이다.

산림과 수택(藪澤 : 湖澤)에 이익을 관리하는 관료를 두어 이익을 챙기고 재물을 소진시키면 백성들이 원망하게 되고, 백성들의 힘을 소진시키면 백성들의 원성이 높아지게 된다. 군자께서 이를 위험하게 여겼으므로 경계하도록 기록해 놓은 것이다.

어떤 사람이 이르기를 "모든 것을 제나라 환공에게 의지하였다. 제나라 환공은 밖으로는 제후들의 변심이 없고 국내적으로는 나라에 근심 걱정이 없었으므로 천리의 험준한 곳을 넘어서 북쪽으로 산융(山戎)을 정벌하고 연(燕)나라를 위하여 땅을 열어주었다. 노(魯)나라는 밖으로는 제후들의 변화가 없고 국내적으로는 특별한 국사(國事)가 없어 1년 동안 백성들을 봄 여름 가을까지 피로하게 하였고, 산림과 수택(藪澤)의 이익까지 관리함으로써 국내에서 미워움을 산 것이다."라고 했다.

겨울에 비가 내리지 않았다.

秋 築臺于秦[1] ◌不正罷民三時[2] 虞山林藪澤之利 且財盡則怨 力盡則懟[3] 君子危之 故謹而志之也 或曰 倚諸桓[4]也 桓外無諸侯之變 內無國事 越千里之險 北伐山戎 爲燕辟地 魯外無諸侯之變 內無國事 一年罷民三時 虞山林藪澤之利 惡內也

冬 不雨

1) 秦(진) : 노나라의 땅 이름이다.

2) 罷民三時(피민삼시) : 봄 여름 가을 동안 백성을 피로하게 하다의 뜻.

3) 懟(대) : 원망하다.

4) 桓(환) : 제나라 환공(桓公)을 가리킨다.

32. 장공 32년 기미(己未)

가. 봄에 소곡(小穀)에 성(城)을 쌓다

32년 기미(己未) 봄에 소곡(小穀)에 성(城)을 쌓았다.

여름에 송나라 군주인 공작과 제나라 군주인 후작이 양구(梁丘)에서 만났다. '만났다' 고 한 것은 서로 얻은 것이 있다는 것을 기록한 것이다. 양구(梁丘)는 조(曹)나라와 주(邾)나라의 사이에 있고, 제나라에서는 8백 리나 떨어져 있는데 능히 제후들이 따르지 않는다면 가지 않았을 것이다. '우(遇)' 라는 말을 쓴 것은 만나지 못할 곳에서 만난 것이니 제나라 환공을 위대하게 여겨서 기록한 것이다.

가을인 7월 계사(癸巳)일에 공자 아(牙)가 세상을 떠났다.

三十有二年 春 城小穀[1]

夏 宋公齊侯 遇于梁丘[2] ◌遇者 志相得也 梁丘在曹邾之間 去齊八百里 非不能從諸侯而往也[3] 辭所遇 遇所不遇 大齊桓也

秋 七月 癸巳 公子牙[4]卒

1) 小穀(소곡) : 제나라 고을.

2) 梁丘(양구) : 좌전에는 송나라와 제나라의 국경 지대에 있는 마을이라 했다.

3) 非不能從諸侯而往也(비불능종제후이왕야) : 능히 제후들이 따르지 않았다면 가지 않는다의 뜻.

4) 公子牙(공자아) : 노나라 환공(桓公)의 아들. 경보(慶父)와 동모제(同母弟)이며 희숙(僖叔)이다. 짐독을 먹고 죽었다.

나. 장공(莊公)이 노침(路寢)에서 죽다

8월 계해(癸亥)일에 장공이 노침(路寢 : 正殿)에서 훙거했다. 노침(路寢)은 정침(正寢 : 의식을 행하는 궁전)이다. 임금이 질병이 있으면 정침에 있는 것이 예에 합당한 것이다. 남자는 부인(婦人)의 손에서 운명하지 않는 것이며 몸을 재계하고 마치는 것이다.

겨울인 10월 을미(乙未)일에 자반(子般)이 세상을 떠났다. 자반이 죽은 날을 쓴 것은 올바른 것이다. 죽은 날을 기록하지 않는 것은 이유가 있을 때이다. 나타낼 것들이 있으면 날짜를 쓰는 것이다.

공자(公子) 경보(慶父)가 제나라에 갔다. 이는 달아난 것이다. 그것을 '여(如)'라고 이른 것은 어째서인가? 심각한 일이 없는 것같이 하여 숨겨 준 것이다. 심각하게 여긴다면 가엾게 여기는 것이다. 진실로 나타난 것들이 있더라도 심각한 것 같지 않게 하는 것이다.〔곧 은폐하는 것이다.〕

적인(狄人)이 형(邢)나라를 정벌했다.

八月 癸亥 公薨于路寢[1] ◌路寢 正寢也 寢疾[2]居正寢 正也 男子不絶于婦人之手 以齊終[3]也

冬 十月 乙未[4] 子般[5]卒 ◌子卒日 正也 不日 故也 有所見則日

公子慶父[6]如齊 ◌此奔也 其曰如何也 諱莫如深[7] 深則隱 苟有所見 莫如深也

狄伐邢[8]

1) 路寢(노침) : 제후가 일상적인 업무를 처리하는 곳.
2) 寢疾(침질) : 제후가 병이 있게 되면 곧 죽음에 임박한 것.
3) 齊終(재종) : 재계하고 생을 마친다는 뜻.
4) 乙未(을미) : 좌전 경문에는 기미(己未)로 되어 있다.
5) 子般(자반) : 노나라 장공(莊公)의 태자 반(般)을 뜻한다.
6) 公子慶父(공자경보) : 노나라 환공(桓公)의 아들. 공중(共仲) 또는 중경보(仲慶父)이며 맹씨(孟氏)로 노나라의 귀족이다. 장공의 서형(庶兄). 공양(公羊)은 동모제(同母弟)라고 했다. 장공이 재위 때는 경보(慶父)와 공자아(公子牙)가 함께 장공의 부인인 애강(哀姜)과 간통하고, 장공이 죽은 뒤에는 사람을 시켜 세자인 자반(子般)을 살해하고 민공(閔公)을 세웠다. 2년 후에 다시 사람을 시켜 민공까지 죽이고 자신은 거(莒)나라로 달아났다. 뒤에 노나라에서 거나라에 뇌물을 주어 경보를 소환하자 거나라에서 경보를 보냈는데 경보가 오는 도중에 목을 매 자살했다. 당시 노나라 사람들은 경보가 있으면 노나라는 내란이 그치지 않을 것이라는 '경보불사(慶父不死) 노난불이(魯亂不已)' 라는 말이 떠돌기도 했다.
7) 諱莫如深(휘막여심) : 막여는 불여(不如). 곧 심각한 것을 심각한 것 같지 않게 숨기는 것이라는 뜻.
8) 狄伐邢(적벌형) : 적은 옛 북방 유목민. 형은 나라 이름이며 희성(姬姓)으로, 주공의 아들을 봉한 나라라고 함.

제4편 민공 시대(閔公時代)

(재위 : 1년~2년까지)

시법(諡法)에 '국가 안에서 어려움을 만난 것'을 '민(閔)'이라 했다.

▨민공 연표(閔公年表)

국명 / 기원전	周	鄭	齊	宋	晉	衛	蔡	曹	滕	陳	杞	薛	莒	邾	許	小邾	楚	秦	吳	越	魯
	惠王	文公	桓公	桓公	獻公	懿公	穆公	昭公		宣公				文公	穆公		成王				閔公
661	16	12	25	21	16	8	14	1		32				5	37		11				1
660	17	13	26	22	17	戴公 1	15	2		33				6	38		12				2

※적(狄)이 위(衛)나라를 멸하다. 송(宋)나라에서 대공(戴公)을 세웠는데 그 해에 죽다.

※진(晉)나라에서 이군(二軍)을 일으키다.

※초(楚) 영윤(令尹) 자문(子文)이 정사를 맡다.

※등(滕) : 자세한 기록은 은공(隱公) 원년에 나와 있다.

※기(杞) : 은공 원년과 희공(僖公) 원년에 자세히 나와 있다.

※설(薛) : 장공(莊公) 31년에 설백(薛伯)이 졸하다.

※거(莒) : 은공 31년에 자세히 나와 있다.

※소주(小邾) : 장공 원년에 자세히 나와 있다.

※오(吳) : 은공 원년에 자세히 나와 있다.

※월(越) : 은공 원년에 자세히 나와 있다.

제4편 민공 시대(閔公時代)

1. 민공(閔公) 원년 경신(庚申)

가. 제나라에서 형(邢)나라를 구원하다

원년(元年) 경신(庚申) 봄, 왕력으로 정월이다. 민공이 시해된 임금을 계승하였으므로 즉위를 말하지 않은 것은 관례에 합당한 것이었다. 친족의 관계에서는 아버지가 아니고 높이는 데에서도 군주는 아니었다. 단 계승하여서 군주나 아버지와 같은 존재일 뿐이며 나라를 받았을 뿐이었다.

제나라 사람이 형(邢)나라를 구원했다. 형나라를 구원한 것은 잘한 일이었다.

여름인 6월 신유(辛酉)일에 우리 군주인 장공을 장사 지냈다. 장공을 장사 지낸 후에 시호를 제정했다. 시호란 덕을 성취시키는 것이며 상사(喪事)를 끝마치고 나면 봉하여 더해 주는 것이다.

가을인 8월에 민공이 제나라 군주인 후작과 낙고(洛姑)에서 동맹을 맺었다. 그와의 동맹은 계자(季子)를 받아들이는 일이었다.

계자(季子)가 돌아왔다. 그를 '계자' 라고 이른 것은 귀하게 여겨서였다. 그를 '돌아왔다' 고 한 것은 기뻐한 것이다.

겨울에 제나라의 중손(仲孫)이 왔다. 그를 '제중손(齊仲孫)' 이라고 이른 것은 멀리한 것이다. 그를 공자 경보(公子慶父)라 지목하지 않고 '중손(仲孫)' 이라고 이른 것은 소원하게 한 것이다. 그를 '제(齊)' 라고 말한 것은 제나라 환공과 연관시킨 것이다.

元年[1] 春 王正月 ◌繼弑君[2]不言卽位 正也 親之非父也 尊之非君也 繼之如君父也者 受國[3]焉爾

齊人救邢 ◌善救邢也

夏 六月 辛酉 葬我君莊公 ◌莊公葬而後擧諡[4] 諡所以成德也 於卒事乎加之矣

秋 八月 公及齊侯盟于洛姑[5] ◌盟納季子[6]也

季子來歸 ◌其曰季子 貴之也 其曰來歸 喜之也

冬 齊仲孫[7]來 ◌其曰齊仲孫 外之也[8] 其不目而曰仲孫 踈之也 其言齊 以累桓[9]也

1) 元年(원년) : 민공(閔公) 원년으로 주(周)의 혜왕(惠王) 16년, 곧 B.C. 661년이다. 민공의 이름은 개(開)이고 자는 계(啓)이며 태자인 자반(子般)의 서제(庶弟)이다.

2) 繼弑君(계시군) : 태자 자반(子般)이 살해되자 민공이 뒤를 이은 것을 뜻함.

3) 受國(수국) : 자반(子般)이 죽음으로써 그의 자리를 받았다는 뜻.

4) 擧諡(거시) : 제후가 죽어 장사를 마친 후에 시호를 받는 것을 뜻함.

5) 洛姑(낙고) : 제나라 지명(地名). 좌전 경문에는 낙고(落姑)로 되어 있다. 노고(路姑)로 되어 있는 곳도 있다고 했다.

6) 季子(계자) : 진(陳)나라에 가 있던 공자 우(公子友)의 자(字). 성계(成季).

7) 齊仲孫(제중손) : 공자 경보(公子慶父)라고 했다. 좌전에는 제나라 대부이고 이름은 초(湫)라 했다.

8) 外之也(외지야) : 멀리하다의 뜻.

9) 累桓(누환) : 제나라 환공과 연계시키다.

2. 민공 2년 신유(辛酉)

가. 제나라 사람이 양(陽)나라로 옮기다

2년 신유(辛酉) 봄인 왕력으로 정월에 제나라 사람이 양(陽)나라로 옮겼다.

여름인 5월 을유(乙酉)일에 장공(莊公)을 길체(吉禘)했다. 길체(吉禘)란 길하지 않은 것이다. 상사(喪事)를 다 마치지 않았는데 길제(吉祭)를 거행한 일을 비난한 것이었다.

가을인 8월 신축(辛丑)일에 민공이 훙거(薨去)했다. 장소를 기록하지 않았는데 까닭이 있었다. 그 장례도 기록하지 않은 것은 어머니를 토벌하는 상황에서 자식을 장사 지내지 못했기 때문이었다.

9월에 부인 강씨(姜氏)가 주(邾)나라로 달아났다. '손(孫)'은 '달아나다'와 같은 말이다. 달아난 것을 숨기기 위한 것이었다.

공자 경보(公子慶父)가 거(莒)나라로 달아났다. 공자 경보를 '출(出)'이라고 이른 것은 그의 직위와 단절시킨 것이다. 이후로 경보(慶父)의 이름이 경문(經文)에 다시는 나타나지 않았다.

二年 春 王正月 齊人遷陽[1)]

夏 五月 乙酉 吉禘[2)]于莊公 ◌吉禘者 不吉者也 喪事未畢[3)]而擧吉祭 故非之也

秋 八月 辛丑 公薨 ◌不地 故也 其不書葬 不以討母葬子也[4)]

九月 夫人姜氏[5)]孫于邾 ◌孫[6)]之爲言猶孫也 諱奔也

公子慶父出奔莒 ◌其曰出 絶之也[7)] 慶父不復見矣

1) 陽(양) : 나라 이름이며 희성(姬姓)이라 했다. 일설에는 언성(偃姓)이라고도 하고 어성(御姓)이라고도 했다.

2) 吉禘(길체) : 3년상을 마치고 제사를 올리는 예로써 신주(神主)를 조상을 모시는 사당으로 옮기는 절차를 말한다.

3) 喪事未畢(상사미필) : 장공이 사망한 지 22개월로 아직 3년이 채 되지 않았다는 뜻.

4) 不以討母葬子也(불이토모장자야) : 모는 애강(哀姜). 자는 민공(閔公). 애강이 경보와 모의하여 민공을 죽였으니 애강을 토벌하느라 자식을 장사 지낼 시간이 없었다는 뜻. 민공은 애강의 동생인 숙강(叔姜)의 아들이라 했다.

5) 姜氏(강씨) : 애강(哀姜)이다.

6) 孫(손) : 달아나다의 뜻.

7) 絶之也(절지야) : 공자의 지위를 절연하다의 뜻.

나. 제나라 고자(高子)가 와서 동맹을 맺다

겨울에 제나라의 고자(高子)가 와서 동맹을 맺었다. 그를 '내(來)' 라고 한 것은 기뻐한 것이다. 그를 '고자(高子)' 라고 이른 것은 귀하게 여겼기 때문이다. 희공(僖公)을 세우게 한다는 맹세였다. '사신' 이라고 말하지 않은 것은 왜인가? 제나라 군주인 후작이 고자(高子)를 사신으로 파견하지 않았기 때문이었다.

12월에 적인(狄人)이 위(衛)나라로 쳐들어갔다.

정(鄭)나라가 그의 군사들을 버렸다. 그것은 그 군사들의 장(長 : 高克)을 미워해서였다. 겸하여 그 병사들도 돌아오지 않았으므로 이는 그들이 군사들을 버린 것이다.

冬 齊高子[1]來盟 ◌其曰來 喜之也 其曰高子 貴之也 盟立僖公也 不言使何也 不以齊侯使高子也

十有二月 狄入衛

鄭棄其師 ◌惡其長也[2] 兼不反[3]其衆 則是棄其師也

1) 高子(고자) : 제나라 대부. 어떤 이는 고혜(高傒)라고 했다.

2) 其長也(기장야) : 장군인 고극(高克)을 뜻한다. 고극이 이익만을 탐내 그의 임금을 돌아보지 않아서였다.

3) 反(반) : 반(返)과 같다.

제5편 희공 시대(僖公時代)

(재위 : 1년~33년까지)

시법(諡法)에 '소심하여 두려워하고 꺼려하다' 를 '희(僖)' 라 했다.

▨희공 연표(僖公年表)

국명 / 기원전	周	鄭	齊	宋	晉	衛	蔡	曹	滕	陳	杞	薛	莒	邾	許	小邾	楚	秦	吳	越	魯
	惠王	文公	桓公	桓公	獻公	文公	穆侯	昭公		宣公	武公			文公	穆公		成王	穆公			僖公
659	18	14	27	23	18	1	16	3		34	11			7	39		13	1			1
658	19	15	28	24	19	2	17	4		35	12			8	40		14	2			2
657	20	16	29	25	20	3	18	5		36	13			9	41		15	3			3
656	21	17	30	26	21	4	19	6		37	14			10	42		16	4			4
655	22	18	31	27	22	5	20	7		38	15			11	43		17	5			5
654	23	19	32	28	23	6	21	8		39	16			12	僖公 1	子爵 郳黎	18	6			6
653	24	20	33	29	24	7	22	9		40	17			13	2		19	7			7
652	25	21	34	30	25	8	23	共公 1		41	18			14	3		20	8			8
651	襄王 1	22	35	31	26	9	24	2		42	19			15	4		21	9			9
650	2	23	36	襄公 1	惠公 1	10	25	3		43	20			16	5		22	10			10
649	3	24	37	2	2	11	26	4		44	21			17	6		23	11			11
648	4	25	38	3	3	12	27	5		45	22			18	7		24	12			12
647	5	26	39	4	4	13	28	6		穆公 1	23			19	8		25	13			13
646	6	27	40	5	5	14	29	7		2	24			20	9		26	14			14
645	7	28	41	6	6	15	30	8		3	25			21	10		27	15			15
644	8	29	42	7	7	16	莊公 1	9		4	26			22	11		28	16			16
643	9	30	43	8	8	17	2	10		5	27			23	12		29	17			17
642	10	31	孝公 1	9	9	18	3	11		6	28			24	13		30	18			18
641	11	32	2	10	10	19	4	12		7	29			25	14		31	19			19
640	12	33	3	11	11	20	5	13		8	30			26	15		32	20			20
639	13	34	4	12	12	21	6	14		9	31			27	16		33	21			21
638	14	35	5	13	13	22	7	15		10	32			28	17		34	22			22
637	15	36	6	14	14	23	8	16		11	成公 1			29	18		35	23			23

국명 / 기원전	周	鄭	齊	宋	晉	衛	蔡	曹	滕	陳	杞	薛	莒	邾	許	小邾	楚	秦	吳	越	魯
	襄王	文公	孝公	成公	懷公	文公	莊公	昭公		宣公				文公	僖公		成王	穆公			僖公
636	16	37	7	1	1	24	9	17		12				30	19		36	24			24
635	17	38	8	2	文公 1	25	10	18		13				31	20		37	25			25
634	18	39	9	3	2	成公 1	11	19		14			玆丕公	32	21		38	26			26
633	19	40	10	4	3	2	12	20		15				33	22		39	27			27
632	20	41	昭公 1	5	4	3	13	21		16				34	23		40	28			28
631	21	42	2	6	5	4	14	22		共公 1				35	24		41	29			29
630	22	43	3	7	6	5	15	23		2				36	25		42	30			30
629	23	44	4	8	7	6	16	24		3				37	26		43	31			31
628	24	45	5	9	8	7	17	25		4				38	27		44	32			32
627	25	穆公 1	6	10	襄公 1	8	18	26		5				39	28		46	33			33

※송(宋) : 양공(襄公)이 패자(覇者)가 되다.

※진(晉) : 희공 9년에 헌공이 죽고 아들 해제(奚齊)가 위에 오르고, 겨울에 해제를 죽이고 탁자(卓子)가 위에 오르고, 희공 10년에 탁자를 죽이다. 혜공이 위에 오르고 희공 23년에 혜공이 죽고 회공(懷公)이 위에 오르고, 희공 24년에 회공을 죽이고 문공(文公)이 위에 올라 제후의 패자가 되다.

※등(滕) : 은공 원년에 자세한 기록이 있다. 희공 19년에 송(宋)나라에서 등선공을 체포하다.

※설(薛) : 장공 31년에 설백이 졸하다.

※거(莒) : 은공 원년과 희공 16년 전(傳)에 거나라 자비공(玆丕公)의 기록이 보인다.

※소주(小邾) : 장공 5년에 소주의 예려(郳黎)가 왔다고 기록하고, 희공 7년에 비로소 소주의 자작(子爵)을 처음 기록하기 시작했다.

※오(吳) : 은공 원년에 자세한 기록이 있다.

※월(越) : 은공 원년에 자세한 기록이 있다.

제5편 희공 시대(僖公時代)

1. 희공(僖公) 원년 임술(壬戌)

가. 제후들이 형(邢)나라를 구원하다

원년 임술(壬戌) 봄인 왕력으로 정월이다. 시해된 임금의 뒤를 계승하였으므로 즉위를 말하지 않았는데 이는 바른 것이었다.

제나라 군사와 송나라 군사와 조(曹)나라 군사가 섭북(聶北)에 주둔하고 형(邢)나라를 구원했다. 구원했으면 '주둔했다' 고 말하지 않는데 '주둔했다' 고 한 것은 구원한 것이 아니다. 구원하지 않았는데 '구원했다' 고 이른 것은 무슨 뜻인가? 제나라 군주인 후작의 뜻이 이루어진 것이다. 이는 제나라 군주인 후작이 함께 한 것인가? 제나라 군주인 후작이 함께 한 것이다.

왜 제나라 군주인 후작이 드러나도록 썼는가? 조(曹)나라에는 군사가 없었기 때문이었다. '조사(曹師)' 란 조(曹)나라 군주인 백작이다. 그를 조나라 군주인 백작이라고 말하지 않은 것은 무슨 까닭인가? 제나라 군주인 후작을 말하지 않았으므로 가히 조나라 군주인 백작이라고 말하지 못한 것이다. 그렇다면 그 제나라 군주인 후작이라고 말하지 못한 이유는 무엇인가? 그를 족히 드러낼 수 없어서 제나라 군주인 후작이라고 말하지 않은 것이다.

元年[1] 春 王正月 ◌繼弑君[2]不言卽位 正也

齊師宋師曹師 次于聶北[3] 救邢 ◌救不言次 言次非救也 非救而

曰救 何也 遂齊侯之意也 是齊侯與 齊侯也 何用見其是齊侯也 曹無師 曹師者 曹伯也 其不言曹伯 何也 以其不言齊侯 不可言曹伯也 其不言齊侯 何也 以其不足乎揚 不言齊侯也

1) 元年(원년) : 희공(僖公) 원년이다. 희공의 이름은 신(申)이다. 장공의 아들이고 민공(閔公)의 형이다. 주(周)나라 혜왕(惠王) 18년에 즉위했다.
2) 繼弑君(계시군) : 희공은 민공(閔公)의 서형(庶兄)으로 민공이 시해당하고 즉위했기에 이른 말이다.
3) 聶北(섭북) : 형(邢)나라의 지명(地名).

나. 형(邢)나라가 이의(夷儀)로 옮기다

여름인 6월에 형(邢)나라가 이의(夷儀)로 옮겨갔다. 천(遷 : 옮겨갔다)이란 그 국가(國家)를 얻어서 옮겨간 것과 같은 뜻이다. 경문(經文)에 이의(夷儀) 땅이 기재되면서 형(邢)나라가 다시 나타나고 있다.

제나라 군사와 송나라 군사와 조나라 군사가 형(邢)나라 땅에 성을 쌓았다. 이는 봄에 형나라를 구원한 군사들이었다. 이들을 시켜서 일을 바로잡아 제나라 군주인 후작의 공로를 아름답게 한 것이었다.

가을인 7월 무진(戊辰)일에 부인 강씨(姜氏)가 이(夷)에서 훙거했다. 부인은 훙거한 장소를 기록하지 않는데 장소를 기록한 것은 까닭이 있어서였다.

제나라 사람이 시체를 가지고 돌아왔다. '상귀(喪歸 : 시체를 가지고 돌아오다)' 로써 말하지 않은 것은 시체를 가지고 돌아온 것이 아니었기 때문이다. 상(喪)을 덧칠하여 부인(夫人)이 돌아온 것을 숨겨 준 것이다. 그 '이귀(以歸 : 돌아오다)' 라고 한 것은 훙거했다는 것이다.

초나라 사람이 정나라를 정벌했다.

8월에 희공이 제나라 군주인 후작과 송나라 군주인 공작과 정나라 군주인 백작과 조나라 군주인 백작과 주(邾)나라 사람을 정

(檉)에서 만났다.

9월에 희공이 주(邾)나라 군사를 언(偃)에서 쳐부수었다. 9월이라고 하고 날짜를 쓰지 않은 것은 의전(疑戰 : 적을 속여 유도하여 치다)이었기 때문이다. 의전(疑戰)에서 패(敗)라고 이른 것은 노나라에서 승리했다는 뜻이다.

夏 六月 邢遷于夷儀[1] ◌遷者 猶得其國家以往者也 其地邢復見[2]也

齊師宋師曹師 城邢 ◌是向[3]之師也 使之如改事[4]然 美齊侯之功也

秋 七月 戊辰 夫人姜氏[5]薨于夷[6] ◌夫人薨不地 地故也

齊人以歸[7] ◌不言以喪歸 非以喪歸也 加喪焉 諱以夫人歸也 其以歸 薨之也

楚人伐鄭

八月 公會齊侯宋公鄭伯曹伯邾人于檉[8]

九月 公敗邾師于偃[9] ◌不日 疑戰也 疑戰而曰敗 勝內也

1) 夷儀(이의) : 형(邢)나라 지명. 공양(公羊)전에는 진의(陳儀)라고 했다.

2) 見(현) : 나타나다의 뜻.

3) 向(향) : 앞서의. 아까의.

4) 改事(개사) : 일을 바로잡다. 곧 새로운 일을 만들다의 뜻.

5) 夫人姜氏(부인강씨) : 애강(哀姜)을 뜻한다.

6) 夷(이) : 제나라 땅 이름.

7) 齊人以歸(제인이귀) : 제나라 사람이 애강(哀姜)의 시체를 가지고 오다의 뜻.

8) 檉(정) : 송(宋)나라의 지명이다.

9) 偃(언) : 주(邾)나라의 지명이다.

다. 거(莒)나라의 나(挐)를 포로로 잡다

겨울인 10월 임오(壬午)일에 공자 우(友)가 군사를 거느리고 거(莒)나라 군사를 여(麗)에서 쳐부수었고 거나라의 나(挐)를 포로로 잡았다. 거(莒)나라에는 대부(大夫)가 없는데 거나라 나(挐)라고 이른 것은 무슨 뜻인가? 우리가 사로잡은 포로로 지목하였기 때문이었다. 국내에서는 '획(獲 : 포로)' 이라고 말하지 않는 것인데 이것을 '획(獲)' 이라고 말한 것은 무엇 때문인가? 공자(公子)가 속인 것을 싫어한 것이다. 속였다는 것은 무슨 뜻인가? 공자 우(友)가 '거(莒)나라 나(挐)' 에게 이르기를 "우리 두 사람이 서로 기뻐하지 않을 뿐이니 사졸(士卒)들이 무슨 죄인가? 좌우를 물리치고 서로 싸워 보자."라고 했다. 이에 공자 우(友)가 아래에 처해 있었다. 좌우에서 이르기를 '맹로(孟勞)' 라고 외쳐댔다. 맹로(孟勞)라는 것은 노나라의 보도(寶刀)이다. 공자 우(友)가 보도를 사용하여 나(挐)를 살해하려 한 것이다. 그렇다면 왜 공자 우가 속임수를 쓴 것을 미워하는가? 대답하기를 '군사(軍師)의 도(道)' 를 저버렸기 때문이다.

12월 정사(丁巳)일에 부인(夫人) 씨(氏)의 상(喪)이 제(齊)나라로부터 이르렀다. 강씨(姜氏)를 말하지 않고 그냥 씨(氏)라고만 했다. 이는 그의 두 아들을 살해했으므로 폄하한 것이다. 어떤 이는 말하기를 "제나라 환공(桓公)을 위하여 동성(同姓)을 살해한 것을 숨겨 준 것이다."라고 했다.

冬 十月 壬午 公子友帥師 敗莒師于麗[1] 獲莒挐[2] ◌莒無大夫 其曰莒挐 何也 以吾獲之目[3]之也 內不言獲 此其言獲 何也 惡公子之紿[4] 紿者奈何 公子友謂莒挐曰 吾二人不相說[5] 士卒何罪 屛左右而相搏 公子友處下 左右曰孟勞 孟勞者 魯之寶刀也 公子友以殺之 然則何以惡乎紿也 曰棄師之道也

十有二月 丁巳 夫人氏[6]之喪 至自齊 ◌其不言姜 以其殺二子[7] 貶之也 或曰 爲齊桓諱殺同姓[8]也

1) 麗(여) : 노나라 땅 이름. 좌전 경문에는 여(酈)로 되어 있다. 공양전에는 여(犁)로 되어 있다.

2) 莒挐(거나) : 거나라 군주의 동생인 나(挐)이다.

3) 目(목) : 지목하다.

4) 紿(태) : 속이다.

5) 說(열) : 기뻐하다.

6) 氏(씨) : 위에 강(姜)자가 빠졌다고 좌전의 주석에 씌어 있다.
7) 殺二子(살이자) : 두 아들을 죽이다. 곧 자반(子般)과 민공(閔公)을 뜻한다.
8) 殺同姓(살동성) : 애강(哀姜)이 제나라 공녀(公女) 출신이므로 제나라 환공과 동성이라는 뜻.

2. 희공 2년 계해(癸亥)

가. 초구(楚丘)에 성을 쌓다

2년 계해(癸亥) 봄, 왕력으로 정월에 초구(楚丘)에 성을 쌓았다. 초구란 어떤 곳인가? 위(衛)나라 읍(邑)이다. 나라의 도읍을 성(城)이라고 이르는데 이 읍(邑)을 성(城)이라고 한 것은 무슨 뜻인가? 위(衛)나라로 봉해준 것이다. 그런데 곧바로 위(衛)나라의 성(城)이라고 말하지 않은 이유는 무엇인가? 위나라가 아직 천도하지 않아서였다. 그렇다면 위나라가 옮기는 것을 말하지 않은 뜻은 무엇인가? 제나라 군주인 후작 환공(桓公)이 제멋대로 봉하는 일에 찬성해 주지 않은 것이다.

그것을 '성(城)' 이라고 말한 것은 제멋대로 했다는 말이다. 그러므로 천자가 아니면 제후를 제멋대로 봉하지 못하고 제후는 제후들을 제멋대로 봉하지 못하나니, 비록 그 인(仁)은 통할지라도 그 의(義)는 함께 하지 못하는 것이다. 그러므로 이르기를 "인(仁)은 도(道)를 이기지 못한다."라고 하는 것이다.

여름인 5월 신사(辛巳)일에 우리 노나라의 소군(小君)인 애강(哀姜)을 장사 지냈다.

二年 春 王正月 城楚丘[1] ◌楚丘者何 衛邑也 國而曰城 此邑也 其曰城 何也 封衛也 則其不言城衛 何也 衛未遷也 其不言衛之遷焉 何也 不與齊侯專封也[2] 其言城之者 專辭也 故非天子不得專封諸侯 諸侯不得專封諸侯 雖通其仁 以義而不與也 故曰 仁不勝道

夏 五月 辛巳 葬我小君哀姜

1) 城楚丘(성초구) : 초구에 성을 쌓았다. 위나라 땅이다.

2) 不與齊侯專封也(불여제후전봉야) : 제나라 군주인 후작 환공이 제멋대로 봉하는데 함께 하지 않다. 곧 찬성하지 않았다는 뜻.

나. 하양(夏陽)을 멸망시키다

우(虞)나라 군사와 진(晉)나라 군사가 하양(夏陽)을 멸망시켰다. 국가가 아닌데 '멸(滅)' 이라고 이른 것은 하양(夏陽)을 중요하게 여긴 것이다. 우(虞)나라는 군사가 없었는데 그 우나라를 '사(師)' 라고 이른 것은 무슨 뜻인가? 그 진(晉)나라의 앞에 함으로써 '사(師)' 라고 말하지 않을 수 없었던 것이다. 그 진(晉)나라의 앞에 했다는 것은 무슨 뜻인가? 하양(夏陽)을 멸망시키는데 주동했다는 뜻이다.

하양(夏陽)이란 우(虞)나라와 괵(虢)나라의 새읍(塞邑 : 요새)이다. 하양이 멸망하면 우나라와 괵나라도 위험했다. 그런데 우나라가 하양을 멸망시키는데 주동이 되었다는 것은 무슨 뜻인가?

진(晉)나라 헌공(獻公)이 괵(虢)나라를 정벌하고자 했다. 이때 진(晉)나라의 순식(荀息)이 말하기를

"임금께서는 어찌하여 굴(屈) 땅에서 나는 말 네 마리와 수극(垂棘)에서 나는 벽(璧 : 구슬)을 사용하여 길을 우(虞)나라에서 빌리지 않으십니까?"

라고 하니 헌공이 말했다.

"이것들은 진(晉)나라의 보물이다. 우리의 폐백(예물)만 받고 우리에게 길을 빌려 주지 않는다면 어떻게 하겠는가?"

순식(荀息)이 대답했다.

"이러한 일은 작은 나라가 대국(大國)을 섬기는 것이라고 합니다. 저들이 우리에게 길을 빌려 주지 않는다면 반드시 우리의 폐백을 받지 않을 것입니다. 만약 우리의 폐백을 받고 우리에게 길을 빌려준다면 이것은 우리가 중앙의 창고에서 벽옥을 취하여

밖의 창고에 보관하는 것이고, 굴(屈)에서 나는 네 마리 말은 중앙의 마구간에서 취하여 밖의 마구간에 두는 것과 다를 바가 없는 것입니다."

헌공이 말했다.

"우나라에는 궁지기(宮之奇)라는 사람이 있어서 반드시 받지 않을 것이다."

순식이 말했다.

"궁지기(宮之奇)는 사람됨이 마음은 활달하지만 나약하고 또 젊어서부터 군주의 곁에서 자랐습니다. 마음이 활달하면 그 말이 간략하고 나약하면 능히 강력하게 간하지는 못할 것이며 젊어서부터 군주의 곁에서 자랐으므로 임금이 가볍게 여길 것입니다. 대저 진귀한 노리개는 귀와 눈 앞에 있고 근심이란 한 나라가 망한 뒤에 있는 것입니다. 이는 중간 정도 이상의 지혜가 있는 사람들이라야 능히 생각할 수 있는 것입니다. 신(臣 : 순식)이 우나라 임금을 생각해보건대 중간 이하입니다."

헌공이 드디어 순식으로 하여금 진나라의 보물을 가지고 길을 빌리고 괵(虢)나라를 정벌하라고 했다.

괵나라의 궁지기(宮之奇)가 간하여 말했다.

"진(晉)나라의 사신이라는 자를 보면 그의 말이 저자세이고 폐백(예물)은 무거우니 반드시 우나라에 편안치 않을 것입니다."

우나라 임금이 듣지 않았다. 드디어 그 예물을 받고 길을 빌려주었다. 궁지기(宮之奇)가 다시 간하여 말했다.

"옛말에 이르기를 '순망치한(脣亡齒寒 : 입술이 없어지면 이가 시리다)' 이라고 했는데 그 말은 이러한 것을 이른 것입니다."

이에 그의 아내와 아들을 이끌고 조(曹)나라로 달아났다.

헌공이 괵나라를 멸망시켰다. 5년 후에는 우(虞)나라도 빼앗았다. 이때 순식이 네 마리 말을 이끌고 벽옥(璧玉)을 가지고 헌공 앞에서 말했다.

"벽옥은 예전과 똑같은데 네 마리 말은 더욱 자랐습니다."

虞[1]師晉[2]師滅夏陽[3] ◯非國而曰滅 重夏陽也 虞無師 其曰師 何也 以其先晉 不可以不言師也 其先晉 何也 爲主乎滅夏陽也 夏陽者 虞虢[4]之塞邑[5]也 滅夏陽而虞虢擧矣 虞之爲主乎滅夏陽 何也 晉獻公[6]欲伐虢 荀息[7]曰 君何不以屈產之乘[8] 垂棘之璧[9] 而借道乎虞也 公曰 此晉國之寶也 如受吾幣而不借吾道 則如之何 荀息曰 此小國之所以事大國也 彼不借吾道 必不敢受吾幣 如受吾幣而借吾道 則是我取之中府[10] 而藏之外府[11] 取之中廐[12] 而置之外廐[13]也 公曰 宮之奇[14]存焉 必不使受之也 荀息曰 宮之奇之爲人也 達心而懦[15] 又少長於君 達心則其言略 懦則不能彊諫 少長於君 則君輕之 且夫玩好在耳目之前 而患在一國之後 此中知[16]以上 乃能慮之 臣料虞君 中知以下也 公遂借道而伐虢 宮之奇諫曰 晉國之使者 其辭卑 而幣重 必不便於虞 虞公弗聽 遂受其幣而借之道 宮之奇諫曰 語曰 脣亡則齒寒[17] 其斯之謂與 挈其妻子以奔曹 獻公亡虢 五年而後擧虞[18] 荀息牽馬操璧而前曰 璧則猶是也[19] 而馬齒加長矣

1) 虞(우) : 나라 이름. 서주(西周) 초기 우중(虞中)을 봉한 나라. 희성(姬姓).
2) 晉(진) : 나라 이름. 희성(姬姓). 서주 초기에 성왕(成王)의 아우 당숙우(唐叔虞)를 봉한 나라.
3) 夏陽(하양) : 괵나라 고을 이름이며 괵나라의 요새지 성이다. 좌전에는 하양(下陽)으로 되어 있다.
4) 虢(괵) : 나라 이름. 희성(姬姓)이며 서주 초에 건국됨.
5) 塞邑(새읍) : 군사의 요충지. 요새로 된 고을.
6) 晉獻公(진헌공) : 이름은 궤제(詭諸). B.C 676년에서 651년까지 26년 간 재위.
7) 荀息(순식) : 자(字)는 숙(叔). 진(晉)나라의 대부이다. 식읍이 순(荀)이며 이로써 씨가 되었다.
8) 屈產之乘(굴산지승) : 굴(屈) 땅에서 나는 네 마리 말. 굴은 진나라의 고을 이름이며 양마(良馬)의 산지(產地)이다. 승(乘)은 네 마리 말을 뜻한다.
9) 垂棘之璧(수극지벽) : 수극은 진나라 땅 이름. 좋은 구슬이 나는 곳이다.
10) 中府(중부) : 중앙의 창고.
11) 外府(외부) : 밖의 창고.
12) 中廐(중구) : 중앙에 있는 마구간.

13) 外廐(외구) : 밖에 있는 마구간.
14) 宮之奇(궁지기) : 우(虞)나라의 대부. 궁기(宮奇)라고도 한다.
15) 達心而懦(달심이나) : 마음은 통달되었으나 나약하다의 뜻.
16) 中知(중지) : 중지(中智)와 같다.
17) 脣亡則齒寒(순망즉치한) : 입술이 없어지면 이가 시리다. 곧 우환이 눈앞에 닥쳐온다는 뜻.
18) 擧虞(거우) : 우나라를 빼앗다. 곧 망했다는 뜻.
19) 猶是也(유시야) : 여고(如故)와 같다. 옛날과 같다.

다. 관(貫) 땅에서 동맹을 맺다

가을인 9월에 제나라 군주인 후작과 송나라 군주인 공작과 강(江)나라 사람과 황(黃)나라 사람이 관(貫)에서 동맹을 맺었다. 관(貫) 땅에서의 동맹에 기약하지도 않았는데 이른 자들은 강(江)나라 사람과 황(黃)나라 사람들이었다. 강나라 사람과 황나라 사람이란 먼 나라였다는 말이다. 중국(中國)은 제(齊)나라와 송(宋)나라만 일컫고, 먼 나라는 강(江)나라와 황(黃)나라만 일컬어서 제후들이 모두 와서 다다른 것으로 삼은 것이다.

겨울인 10월에 비가 내리지 않았다. 비가 내리지 않았다는 것은 비가 내리지 않는 것을 걱정한 것이었다.

초나라 사람이 정(鄭)나라를 침범했다.

秋 九月 齊侯宋公江人黃人[1] 盟于貫[2] ◌貫之盟 不期而至者 江人黃人也 江人黃人者 遠國[3]之辭也 中國稱齊宋 遠國稱江黃 以爲諸侯皆來至也

冬 十月 不雨 ◌不雨者 勤雨[4]也

楚人侵鄭

1) 江人黃人(강인황인) : 강(江)나라 사람과 황(黃)나라 사람. 강나라는 영씨(嬴氏)의 소국(小國)이다. 지금의 하남성(河南省) 정양(正陽) 일대이며 B.C. 623년에 초나라에 멸망당했다. 황나라도 영씨(嬴氏)의 소국(小國)이

다. 지금의 하남성 황천(潢川) 서부이며 B.C. 648년에 초나라에 멸망당했다.
2) 貫(관) : 송(宋)나라의 땅 이름.
3) 遠國(원국) : 먼 나라라는 뜻.
4) 勤雨(근우) : 비를 걱정하다. 비가 내리지 않는 것을 근심하다의 뜻.

3. 희공 3년 갑자(甲子)

가. 4월에도 비가 내리지 않다

3년 갑자(甲子) 봄인, 왕력으로 정월에 비가 내리지 않았다. 비가 내리지 않았다는 것은 비가 내리지 않는 것을 걱정한 것이다.

여름인 4월에 비가 내리지 않았다. 한철인 여름에도 비가 내리지 않았다고 말한 것은 비를 애처롭게 기다린 것이다. '비를 애처롭게 기다리다.' 라고 한 것은 몸소 민정(民情)을 살피라는 데 뜻을 둔 것이다.

서(徐)나라 사람이 서(舒)나라를 빼앗았다.

6월에 비가 내렸다. '우(雨)' 라고 기록한 것은 비가 내린 것을 기뻐한 것이다. '희우(喜雨)' 란 몸소 민정을 살피라는 데 뜻을 둔 것이다.

가을에 제나라 군주인 후작과 송나라 군주인 공작과 강(江)나라 사람과 황(黃)나라 사람이 양곡(陽穀)에서 회합(會合)했다. 양곡(陽穀)의 회합에서는 제나라 환공(桓公)이 위모(委貌)를 하고 현단(玄端)을 입고 홀(笏)을 끼고 제후들을 만나 보았다. 이때 제후들이 모두 제나라 환공이 뜻하는 바를 깨달았다.

겨울에 공자 계우(季友)가 제나라에 가서 동맹을 맺는 일에 참석했다. '이(莅)' 란 자리했다는 말이다. 그 날짜를 쓰지 않은 것은 앞서 정해진 일이었기 때문이다. '급(及)' 이라고 말하지 않은 것은 나라로써 함께 했기 때문이었다. 그 인(人)이라고 말하지 않은 것은 또한 나라로써 함께 했기 때문이었다.

초(楚)나라 사람이 정(鄭)나라를 정벌했다.

三年 春 王正月 不雨 ◌不雨者 勤雨也

夏 四月 不雨 ◌一時言不雨者 閔[1]雨也 閔雨者 有志乎民者也

徐[2]人取舒[3]

六月 雨 ◌雨云者 喜雨也 喜雨者 有志乎民者也

秋 齊侯宋公江人黃人 會于陽穀 ◌陽穀之會 桓公委端搢笏[4]而朝諸侯 諸侯皆諭乎桓公之志

冬 公子季友如齊莅盟[5] ◌莅者位也 其不日 前定也 不言及者 以國與之也 不言其人 亦以國與之也

楚人伐鄭

1) 閔(민) : 애처롭게 기다리다.

2) 徐(서) : 나라 이름이다.

3) 舒(서) : 옛날의 부족(部族) 이름이다.

4) 桓公委端搢笏(환공위단진홀) : 환공은 제나라 환공. 위(委)는 위모(委貌). 단은 현단(玄端). 진홀(搢笏)은 홀을 꽂다. 곧 조회할 때 꽂는 홀이다.

5) 莅盟(이맹) : 앞에서 정해진 날짜에 가서 맹세에 임하는 일.

4. 희공 4년 을축(乙丑)

가. 제후들이 채(蔡)나라를 침공하다

4년 을축(乙丑) 봄, 왕력으로 정월에 희공이 제나라 군주인 후작과 송나라 군주인 공작과 진(陳)나라 군주인 후작과 위(衛)나라 군주인 후작과 정(鄭)나라 군주인 백작과 허(許)나라 군주인 남작과 조(曹)나라 군주인 백작 등과 회동하여 채(蔡)나라를 침공했다. 채나라가 무너졌다. '궤(潰)' 라고 말한 것은 채나라의 군주와 신하가 마음이 불화하여 서로 뜻을 얻지 못했기 때문이었다. 침(侵)이란 작은 일이다. 채나라를 침략하여 채나라가 무너졌다는 것은 제나라 환공이 침략하는 의도를 알리기 위한 것이었다. 그 땅을 영토로 여기지 않고 그 백성들을 분산시키지 않아서 예에 합당한 것을 밝힌 것이다.

이어서 초나라를 정벌하고 형(陘) 땅에 머물렀다. '수(遂)' 는 계속 이어진 일이라는 뜻이고 '차(次)' 는 머무르다이다.

여름에 허(許)나라 군주인 남작 신신(新臣)이 세상을 떠났다. 제후가 나라 안에서 죽으면 죽은 곳을 기록하지 않고 나라 밖에서 죽게 되면 그 지명(地名)을 기록한다. 그런데 군중(軍中)에서 죽었는데 왜 지명을 기록하지 않은 것인가? 제나라 환공(桓公)의 군대 안에 있었기 때문이다.〔이는 국내에 있는 것과 마찬가지이기 때문이다.〕

四年 春 王正月 公會齊侯宋公陳侯衛侯鄭伯許男曹伯 侵蔡 蔡潰 ◌潰之爲言上下不相得也 侵 淺事也 侵蔡而蔡潰 以桓公爲知所侵也 不土其地 不分其民 明正也

遂伐楚 次于陘[1] ◌遂 繼事也 次 止也

夏 許男新臣[2]卒 ◌諸侯死於國 不地 死於外 地 死於師 何爲不地 內桓師[3]也

1) 陘(형) : 초(楚)나라 지명(地名)이다.

2) 許男新臣(허남신신) : 허나라 군주인 남작이며 이름은 신신(新臣)이라는 뜻.

3) 內桓師(내환사) : 제나라 환공이 이끄는 군대 안에 있었다. 곧 제나라 환공이 이끄는 군대는 초나라를 정벌하는, 천자를 대신한 정의(正義)의 군대이므로 그 안에 있는 것은 자신의 국가 안에 있는 것과 마찬가지라는 뜻이다.

나. 소릉(召陵)에서 동맹을 맺다

초(楚)나라 굴완(屈完)이 와서 군사 동맹을 하자고 하여 소릉(召陵)에서 동맹을 맺었다. 초(楚)나라는 천자(天子)에게 명을 받은 대부(大夫)가 없다. 그런데 '굴완(屈完)' 이라고 이른 것은 무슨 뜻인가? 그가 와서 제나라 환공(桓公)과 회동하고 화평을 성사시켜서 대부(大夫)로 여기게 된 것이다. 그를 사신이라고 말하지 않은 것은 권세가 굴완(屈完)에게 있기 때문이다. 곧 이러한 것이 정당한 것인가? 대답하기를 정당하지 않은 것이다. 그 굴완이 와서 제후들과 만난 것을 존중해 준 것이다. '내(來)'란 무슨 뜻인가? 제나라 환공의 군사에 들어왔다는 것이다. '우사(于師)'란 앞서 정해진 것이고 '우소릉(于召陵)'이란 굴완이 환공에게 뜻한 바를 얻은 것이다. '뜻을 얻었다'라고 한 것은 환공은 뜻한 바를 얻지 못한 것이다. 환공이 뜻을 얻었다고 한다면 이는 겨우 한 것이기 때문이다.

굴완(屈完)이 말했다.

"대국(大國)의 군사가 초나라로 향하는 이유는 무엇입니까?"

환공(桓公)이 대답했다.

"주(周)의 소왕(昭王)이 남쪽으로 정벌하러 갔다가 돌아오지 못했고, 청모(菁茅)의 조공(朝貢)이 이르지 않아 주왕실(周王室)에서 제사를 지내지 못하기 때문이다."

굴완이 대답했다.

"청모의 조공이 이르지 않은 것은 인정합니다. 그러나 주나라 소왕(昭王)이 남쪽의 정벌에서 돌아오지 않은 사연은 우리가 장차 모든 강하(江河)에 물어보아야 할 사안입니다."

楚屈完[1]來盟于師 盟于召陵[2] ◌楚無大夫 其曰屈完 何也 以其來會桓 成之爲大夫也[3] 其不言使 權在屈完也 則是正乎 曰 非正[4]也 以其來會諸侯 重之也 來者何 內桓師也 于師 前定也 于召陵 得志乎桓公也 得志者 不得志也 以桓公得志爲僅矣 屈完曰 大國之以兵向楚 何也 桓公曰 昭王[5]南征不反 菁茅[6]之貢不至 故周室不祭 屈完曰 菁茅之貢不至 則諾 昭王南征不反 我將問諸江[7]

1) 屈完(굴완) : 초나라 대부이다.

2) 召陵(소릉) : 초나라의 땅 이름이다.

3) 成之爲大夫也(성지위대부야) : 화평이 이루어져서 대부로 여기다. 곧 이름을 기록할 때에는 대부가 아니면 기록하지 않는다는 뜻.

4) 非正(비정) : 신하는 제멋대로 하는 도가 없다. 곧 정당하지 않다는 뜻.
5) 昭王(소왕) : 주(周)나라 소왕을 말한다. 이름은 가(暇)이고 강왕(康王)의 아들이다. B.C. 1004년에서 B.C. 986년까지 재위. 소왕이 남쪽으로 정벌하러 가서 한수(漢水)를 건널 때 선인(船人)들이 미워하여 아교로 붙인 배에 왕을 태웠다. 강으로 나아가자 아교가 녹으면서 배가 해체되어 왕과 제공(祭公)이 함께 물 속에서 죽었다.
6) 菁茅(청모) : 가시가 달린 띠풀. 향내 나는 풀. 초나라에서 난다. 이 풀로 술을 걸러서 제사에 사용한다.
7) 問諸江(문제강) : 모든 강(江)에 물어보다. 곧 승복하지 못한다는 뜻.

다. 진(陳)나라의 원도도(袁濤塗)를 잡다

제나라 사람이 진(陳)나라의 원도도(袁濤塗)를 잡았다. 제나라 사람이란 제나라 군주인 후작 환공(桓公)이다. 그를 '인(人)'이라고 한 것은 무슨 뜻인가? 이는 많은 군중들이 제나라 군주인 후작을 멀리한 것이며 그 나라의 국경을 넘어서 붙잡은 것은 바르지 않기 때문이었다.

가을에 강(江)나라 사람과 황(黃)나라 사람과 함께 진(陳)나라를 정벌했다. 그 사람은 말하지 않고 급(及)이라 한 것은 무슨 뜻인가? 노나라의 군사였기 때문이었다.

8월에 희공이 초(楚)나라를 정벌하는 일에서 돌아왔다. 두 가지 일이 상대하여 있으면 뒤의 일을 먼저 고하는데 뒤의 일이 조그마하면 앞의 일로써 종묘에 고제한다. 그 초나라를 정벌하는 것으로 종묘에 고제하였으니 초나라를 정벌한 일이 큰 것이었다.

허(許)나라의 목공(穆公)을 장사 지냈다.

겨울인 12월에 공손(公孫) 자(玆)가 군사를 거느리고 제나라 사람과 송나라 사람과 위(衛)나라 사람과 정나라 사람과 허나라 사람과 조(曹)나라 사람들과 만나서 진(陳)나라를 침공했다.

齊人執陳袁濤塗[1] ◌齊人者 齊侯也 其人之何也 於是哆然外齊侯

也[2] 不正其踰國而執也

秋 及江人黃人伐陳 ◌不言其人及之者何 內師也

八月 公至自伐楚 ◌有二事偶 則以後事致 後事小 則以先事致 其以伐楚致 大伐楚也

葬許穆公

冬 十有二月 公孫玆[3]帥師 會齊人宋人衛人鄭人許人曹人 侵陳

1) 陳袁濤塗(진원도도) : 진(陳)나라 대부이다. 원(袁)은 좌전에는 원(轅)으로 되어 있다.

2) 哆然外齊侯也(치연외제후야) : 많은 무리들이 제나라 제후를 멀리하다의 뜻.

3) 公孫玆(공손자) : 좌전에는 숙아(叔牙)의 아들 숙손대백(叔孫戴伯)이라 했다. 공양전에는 자(玆)는 자(慈)라고 했다.

5. 희공 5년 병인(丙寅)

가. 진(晉)나라에서 신생(申生)을 죽이다

5년 병인(丙寅) 봄에 진(晉)나라 군주인 후작이 그의 세자(世子) 신생(申生)을 죽였다. 이는 진나라 군주인 후작을 직접 지목한 것이며 그의 세자를 척살(斥殺)한 진나라 군주인 후작을 증오한 것이다.

기(杞)나라의 백희(伯姬)가 와서 그의 아들을 군주에게 뵙게 했다. 부인(婦人)이 이미 시집을 갔으면 국경을 넘지 않는 것인데 국경을 넘은 것은 바른 행동이 아니었다. 또 제후가 서로 보는 것을 '조(朝)'라고 한다. 백희가 뜻한 바가 있어서 그의 아들을 군주에게 뵙게 했다. 백희가 뜻한 바가 있어서 그의 아들을 군주에게 뵙게 했다면 이는 기(杞)나라의 군주인 백작이 지아비의 도(道)를 잃어버린 것이다. 제후끼리 서로 보는 것을 '조(朝)'라고 이르는데 사람의 아버지를 대우하는 도(道)로써 사람의 아들을 대접하는 것이니, 바른 것이 아니었다. 그러므로 이르기를 '기나라의 백희(伯姬)가 와서 그의 아들을 군주에게 뵙게 했다.'라고 한 말은 백희와 기(杞)나라 군주인 백작과 노나라 희공(僖公), 세 사람을 책망한 것이다.

여름에 공손(公孫) 자(茲)가 모(牟)나라에 갔다.

희공과 제나라 군주인 후작과 송나라 군주인 공작과 진(陳)나라 군주인 후작과 위(衛)나라 군주인 후작과 정나라 군주인 백작과 허(許)나라 군주인 남작과 조(曹)나라 군주인 백작 등이 천자(天子)의 세자(世子)와 수대(首戴)에서 회합했다. '급(及 : 참여함)'에서 '회(會 : 회합)'라고 한 것은 격을 높인 것이다. 무엇을 높인 것인가? 왕세자(王世子)를 이른 것이며 오직 왕의 다음이기 때문에 중요하게 여겨서 높인 것을 이른 것이다. 왜 중요하게 여긴 것인가? 천자(天子)의 세자(世子)는 천하(天下)의 대를 이을 사람이기 때문이었다.

五年 春 晉侯殺其世子申生[1] ◌目晉侯 斥殺 惡晉侯也

杞伯姬[2]來朝其子 ◌婦人旣嫁不踰竟 踰竟非正也 諸侯相見曰朝 伯姬爲志乎朝其子也 伯姬爲志乎朝其子 則是杞伯失夫之道矣 諸侯相見曰朝 以待人父之道 待人之子 非正也 故曰 杞伯姬來朝其子 參譏[3]也

夏 公孫茲如牟[4]

公及齊侯宋公陳侯衛侯鄭伯許男曹伯 會王世子[5]于首戴[6] ◌及以會 尊之也 何尊焉 王世子云者 唯王之貳[7]也 云可以重之存焉 尊之也 何重焉 天子世子世[8]天下也

1) 晉侯殺其世子申生(진후살기세자신생) : 진나라 후작이 그의 세자인 신생(申生)을 죽였다. 이 일이 일어난 것은 희공(僖公) 4년 12월이었다. 진나라에서 이때 비로소 알렸기 때문에 이에 기록했다고 했다. 진후(晉侯)는 진(晉)나라 헌공(獻公)이고 태자 신생은 진나라 헌공의 부인 제강(齊姜)의 소생이다. 제강이 죽은 후 헌공이 여희(驪姬)를 부인(夫人)으로 세웠는데 여희가 해제(奚齊)를 낳았다. 여희가 자신의 아들을 태자로 세우려고 음모를 꾸몄다. 여희가 태자에게 말하기를 "군주께서 꿈에 제강을 보았다고 하니 태자는 속히 어머

니의 제사를 지내도록 하시오."라고 하니 태자는 곡옥(曲沃)에서 제사를 지냈다. 제사 음식을 헌공에게 바쳤는데 그때 헌공은 사냥하러 나가 있었다. 여희는 그 제사 음식을 엿새 동안 궁중(宮中)에 두었다가 헌공이 돌아왔을 때 그 음식에 독을 넣어서 바쳤다. 헌공이 먹기 전에 술을 땅에 부어 고수레를 하니 땅이 부풀고 개에게 먹이니 개가 쓰러져 죽었으며, 시중드는 신하에게 먹이자 그도 죽었다. 여희가 울면서 말하기를 "도적이 태자의 측근에 있는 것입니다."라고 했다. 이에 태자는 신성(新城)으로 몸을 피했고 헌공은 태자의 스승인 두원관을 죽였다. 그때 어떤 사람이 말하기를 "태자께서는 사실을 말하십시오. 군주께서는 반드시 분별하실 것입니다."라고 하자 태자가 말하기를 "군주께서는 여희가 아니면 거처함이 편안하지 않고 음식을 들어도 배부르지 않으십니다. 내가 말씀드리면 여희는 반드시 죄가 있게 됩니다. 군주께서는 이미 늙으셨고 나는 그렇게 하고 싶지가 않소."라고 했다. 어떤 사람이 말하기를 "그렇다면 외국으로 가시겠습니까?"라고 하니 태자가 말하기를 "군주께서 그 죄가 누구에게 있는지 살피지 않는데 이 죄명을 쓰고 외국으로 나가면 누가 나를 받아주겠소."라고 하고 12월 무신일에 신성에서 자결했다.

2) 杞伯姬(기백희) : 기(杞)나라로 시집간 노나라 공녀(公女).
3) 參譏(삼기) : 백희(伯姬)와 기백(杞伯)과 희공(僖公)을 풍자한 것이라는 뜻.
4) 牟(모) : 춘추시대의 작은 나라 이름. 노나라의 부용국(附庸國).
5) 王世子(왕세자) : 천자(天子)의 세자(世子)를 가리키는 말이다.
6) 首戴(수대) : 위(衛)나라의 지명이다. 좌전에는 수지(首止)로 되어 있다.
7) 貳(이) : 두 번째. 곧 다음의 뜻.
8) 世(세) : 대를 잇다의 뜻.

나. 제후들이 수대(首戴)에서 동맹하다

가을인 8월에 제후들이 수대(首戴)에서 동맹을 맺었다. 적당은 일이 없는데 다시 제후들이 거동한 것은 무엇 때문인가? 천자(天子)의 세자를 존중했다면 감히 함께 하여 맹세하지는 못하는 것이다. 천자의 세자를 존중했다면 감히 더불어 맹세하지는 못하는 것이란 무엇 때문인가? 맹세란 서로 믿지 않는 것이 있으므로 신중하게 하여 믿게 하는 것이다. 감히 믿지 않는 것으로써 존중하는데 더할 수는 없는 것이다.

제나라 환공(桓公)은 제후인데 능히 천자를 뵙지 않는 것은 신하가 되지 않는 것이다. 왕세자는 천자의 아들인데 괴연(塊然 : 혼자서)히 제후들이 자신을 높이는 것을 받아서 그 지위에 서게 된다면 이는 자식이 아닌 것이다. 환공이 신하가 되지 않고 왕세자가 자식이 되지 않으면 그들이 좋게 여기는 바는 무엇인가? 이로써 수대에서의 맹세는 임시변통적으로 정당한 것이었을 뿐이었다.

천자가 미약하여 제후들이 조공을 바치지 않고 조회를 하지 않게 되었다. 환공이 대국(大國)을 당기고 소국(小國)을 붙잡아 제후를 통제하여 천자에게 조회를 들지 않거나 또한 천자에게 조공이 이르지 않게 된 것 때문에 왕세자를 수대(首戴)에서 높이게 된 것이며 이는 천왕(天王)의 명령도 드높인 것이다.

왕세자가 천자의 명을 가지고 제나라 환공에게 명하여 회합한 것은 또한 천왕의 명을 존중한 것이었다. 세자가 이를 받은 것이 과연 옳은 것이었는가? 이 또한 임시변통적인 정당한 것이었다.

천자가 미약하고 제후들이 조공을 바치지 않고 조회를 들지 않는데도 왕세자가 제후들에게 자신을 높여 주는 것을 받아들인 것은 천왕을 높이는 것이었으므로 세자가 높임을 받는 것이 옳은 것이었다.

정나라 군주인 백작이 도망하여 돌아가 맹세에 참석하지 않았다. 이는 제후들을 따라야 하므로 맹세에 참여하지 않으려고 도망한 것이다.

秋 八月 諸侯盟于首戴 ◌無中事[1] 而復擧諸侯 何也 尊王世子 而不敢與盟也 尊則其不敢與盟 何也 盟者 不相信也 故謹信也 不敢以所不信而加之尊者 桓 諸侯也 不能朝天子 是不臣也 王世子 子也 塊然[2] 受諸侯之尊己 而立乎其位 是不子也 桓不臣 王世子不子 則其所善焉何也 是則變之正也 天子微 諸侯不享覲[3] 桓控大國 扶小國 統諸侯不能以朝天子 亦不敢致天王 尊王世子于首戴 乃所以

尊天王之命也 世子含王命會齊桓 亦所以尊天王之命也 世子受之可乎 是亦變之正也 天子微 諸侯不享覲 世子受諸侯之尊己 而天王尊矣 世子受之可也

鄭伯逃歸不盟 ◌以其法諸侯 故逃之也

1) 中事(중사) : 알맞은 일. 곧 적당한 일.

2) 塊然(괴연) : 혼자 있는 모양.

3) 享覲(향근) : 음식을 드리고 조회에 들다. 공물을 바치고 조회에 들다의 뜻.

다. 초(楚)나라에서 현(弦)나라를 멸망시키다

초(楚)나라 사람이 현(弦)나라를 멸망시키자 현나라 군주인 자작이 황(黃)나라로 달아났다. 현(弦)은 나라이다. 그 멸망한 날짜를 기록하지 않은 것은 작은 나라였기 때문이다.

9월 초하루인 무신(戊申)일에 일식(日蝕)이 있었다.

겨울에 진(晉)나라 사람이 우(虞)나라 군주를 잡았다. 잡았는데 장소를 말하지 않은 것은 우나라가 진(晉)나라에 통합되었기 때문이다. 그를 '공(公 : 임금)'이라고 이른 것은 무슨 뜻인가? 그를 그의 신하들이 '잡았다'는 말과 똑같은 것이다. 그를 그의 신하들이 잡았다는 말과 똑같다고 한 것은 무슨 뜻인가? 진(晉)나라에서 우나라 백성들에게 명령을 내려서 잡은 것이기 때문이다. 우나라와 괵(虢)나라는 서로 구제했어야 했고, 서로 길을 빌려 주는 일을 하지 않았어야 했다. 이 때문에 오늘은 괵나라가 망하고 다음 날에 우나라가 망한 것이었다.

楚人滅弦[1] 弦子奔黃 ◌弦 國也 其不日 微國也

九月 戊申 朔 日有食之

冬 晉人執虞公[2] ◌執不言所於地 縕[3]於晉也 其曰公 何也 猶曰其下[4]執之之辭也 其猶下執之之辭 何也 晉命行乎虞民矣 虞虢之相救 非相爲賜也 今日亡虢 而明日亡虞矣

1) 弦(현) : 나라이며 성씨는 자세하지 않다. 일설에는 외(隗)성이라 했다.

2) 虞公(우공) : 우나라 임금을 말한다.

3) 縕(온) : 온(蘊)과 같다. 곧 진나라와 합쳐지다의 뜻.

4) 其下(기하) : 그의 신하. 또는 그 밑에 있는 사람들. 여기서는 우나라의 대신.

6. 희공 6년 정묘(丁卯)

가. 정(鄭)나라의 신성(新城)을 포위하다

6년 정묘(丁卯) 봄인, 왕력으로 정월이다.

여름에 희공이 제나라 군주인 후작과 송나라 군주인 공작과 진(陳)나라 군주인 후작과 위(衛)나라 군주인 후작과 조나라 군주인 백작 등과 회합하고, 정나라를 정벌하여 신성(新城)을 포위했다. 나라를 정벌할 때는 읍(邑)을 포위했다고 말하지 않는데 여기에서 그 읍을 포위했다고 말한 것은 무슨 뜻인가? 정나라를 꾸짖고 정나라 군주인 백작의 죄를 나타낸 것이다.

가을에 초나라 사람이 허(許)나라를 포위했다. 제후들이 드디어 허나라를 구원했다. 허나라를 구원해 준 것은 잘한 일이었다.

겨울에 희공이 정나라를 정벌하는 일에서 돌아왔다. 이때 허나라를 구원하는데 이르지 못한 것은 무엇 때문인가? 정나라를 정벌하는 것이 더 컸기 때문이었다.

六年 春 王正月

夏 公會齊侯宋公陳侯衛侯曹伯 伐鄭 圍新城[1] ◌伐國不言圍邑 此其言圍 何也 病鄭也 著鄭伯之罪[2]也

秋 楚人圍許 諸侯遂救許 ◌善救許也

冬 公至自伐鄭 ◌其不以救許致 何也 大伐鄭也

1) 新城(신성) : 정나라 지명(地名)이다. 원래는 밀(密)이었다.

2) 鄭伯之罪(정백지죄) : 정나라 문공(文公)이 수대(首戴)의 맹세에서 달아난 일을 말한다.

7. 희공 7년 무진(戊辰)

가. 제나라 사람이 정(鄭)나라를 정벌하다

7년 무진(戊辰) 봄에 제나라 사람이 정나라를 정벌했다.

여름에 소주(小邾)나라 군주인 자작(子爵)이 찾아왔다.

정나라에서 그의 대부 신후(申侯)를 죽였다. 국가를 일컬어 나라에서 대부를 죽였다고 한 것은 죄 없는 대부를 살해했다는 뜻이다.

가을인 7월에 희공이 제나라 군주인 후작과 송나라 군주인 공작과 진(陳)나라 세자 관(款)과 정나라 세자 화(華) 등과 회동하여 영무(寧毋)에서 동맹을 맺었다. 이때의 동맹은 의상(衣裳 : 평화)의 회담이었다.

조(曹)나라 군주인 백작 반(班)이 세상을 떠났다.

공자(公子) 우(友)가 제나라에 갔다.

겨울에 조(曹)나라 소공(昭公)을 장사 지냈다.

七年 春 齊人伐鄭[1]

夏 小邾子[2]來朝

鄭殺其大夫申侯[3] ◌稱國以殺大夫 殺無罪[4]也

秋 七月 公會齊侯 宋公 陳世子款 鄭世子華 盟于寧毋[5] ◌衣裳之會[6]也

曹伯班[7]卒

公子友如齊

冬 葬曹昭公

1) 齊人伐鄭(제인벌정) : 제나라 환공은 노나라 희공 6년에 허(許)나라를 구원하느라 정나라를 정벌하는데 성공하지 못했으므로 다시 토벌에 나선 것이다.

2) 小邾子(소주자) : 소주(小邾)나라의 군주인 자작(子爵)의 뜻. 곧 예국(郳國)이며 노나라의 부용국이다.

3) 申侯(신후) : 정나라 대부이다. 일찍부터 초(楚)나라 문왕(文王)의 총애를 받고 문왕이 옥벽을 주기도 했다. 문왕이 죽자 정나라로 도망했는데 정나라에서는 여공(厲公)의 총애를 받았다.
4) 殺無罪(살무죄) : 죄가 없는 이를 죽였다는 뜻.
5) 寧毋(영무) : 노(魯)나라 지명. 지금의 산동성(山東省) 어대(魚台)현 일대. 좌전에는 영(寧)이 영(甯)으로 되어 있다.
6) 衣裳之會(의상지회) : 제후들간의 우호적인 맹세 모임. 곧 평화적인 모임.
7) 曹伯班(조백반) : 곧 조(曹)나라의 소공(昭公)이고 이름이 반(班)이다. B.C. 661년부터 9년 간 재위했다. 공양전에는 반(般)으로 되어 있다.

8. 희공 8년 기사(己巳)

가. 조(洮) 땅에서 동맹을 맺다

8년 기사(己巳) 봄인 왕력으로 정월에 희공은 주왕조(周王朝)의 사람과 제나라 군주인 후작과 송나라 군주인 공작과 위(衛)나라 군주인 후작과 허(許)나라 군주인 남작과 조나라 군주인 백작과 진(陳)나라 세자 관(款) 등과 회동하고 조(洮)에서 동맹을 맺었다. 주왕조의 사람을 제후보다 먼저 거론한 것은 무슨 뜻인가? 왕명(王命)을 귀하게 여긴 것이다. 조복(朝服)이 비록 남루하더라도 반드시 옷의 위에 올리고 관이나 면류관이 비록 옛것이라도 반드시 머리에 올린다. 주왕실이 비록 쇠약해졌으나 반드시 제후보다 먼저 하는 것은 병거(兵車 : 전쟁)의 회합이었기 때문이다.

정나라 군주인 백작이 동맹을 빌었다. 앞에서는 방금 제후의 모임에서 도망하여 돌아갔는데 여기서는 애걸한 것이다. 걸(乞)이란 중요한 말이며 이 맹세를 중요하게 여긴 것이다. 걸(乞)이란 정나라 문공이 그 곳에 있으면서 함께 하기를 청한 것이다. 대개는 정나라 백작이 피를 담아서 가져온 것이었다.

八年 春 王正月 公會王人[1] 齊侯宋公衛侯許男曹伯陳世子款[2] 盟于洮[3] ◌王人之先諸侯 何也 貴王命也 朝服雖敝 必加於上 弁冕雖舊 必加於首 周室雖衰 必先諸侯 兵車之會也

鄭伯乞盟 ◌以向之逃歸乞之也 乞者 重辭也 重是盟也 乞者 處其所而請與也 蓋汋[4]之也

1) 王人(왕인) : 주나라 왕실 안에서 태자를 옹호하는 대신.

2) 陳世子款(진세자관) : 진나라 세자 관인데 공양전(公羊傳)에는 이 밑에 '정세자화(鄭世子華)'의 4글자가 더 있다.

3) 洮(조) : 조(曹)나라의 지명.

4) 汋(작) : 작(酌)과 같다.

나. 적인(狄人)이 진(晉)나라를 정벌하다

여름에 적인(狄人)이 진(晉)나라를 정벌했다.

가을인 7월에 태묘(大廟)에서 체제(禘祭)를 지내고 부인(夫人)을 조상의 사당에 모셨다. 용(用)이란 사용함이 마땅치 않다는 말이다. 치(致)란 이르게 하는 것이 마땅치 않은 것이다. 부인을 말할 때는 반드시 그의 씨와 성(姓)을 말하는 것인데 부인만 말하고 씨성(氏姓)을 거론하지 않았으니 부인이 아니었으며, 첩을 세운 말로써 예에 합당한 것이 아니었다. 부인(夫人)이라면 우리 노나라에서 부인이라고 아니할 것인가? 부인이 세상을 떠나서 장사를 지냈다면 우리가 부인이 세상을 떠났다고 장례를 지내지 않을 것인가? 하나는 종묘에 임하게 한 뒤에 폄하한 것이며 하나는 밖으로 부인이 아니라고 하여 바른 것을 나타내 보인 것이다.

겨울인 12월 정미(丁未)일에 천자가 붕어했다.

夏 狄伐晉

秋 七月 禘于大廟[1] 用致夫人[2] ◌用者不宜用者也 致者不宜致者也 言夫人必以其氏姓 言夫人而不以氏姓 非夫人也 立妾之辭也 非正也 夫人之 我可以不夫人之乎 夫人卒葬之 我可以不卒葬之乎 一

則以宗廟臨之而後貶焉 一則以外之弗夫人而見正焉

冬 十有二月 丁未 天王崩[3]

1) 禘于大廟(체우태묘) : 체는 3년마다 올리는 큰 제사의 이름. 태묘는 노나라의 시조인 주공(周公)을 모시는 사당.

2) 用致夫人(용치부인) : 부인을 조상의 사당에 모시다. 음식물로써 제사를 받들다의 뜻. 부인은 성풍(成風)이라고 했다. 좌전에는 애강(哀姜)이라 했다.

3) 天王崩(천왕붕) : 천왕은 주혜왕(周惠王). 좌전 7년의 전(傳)에는 윤(閏) 12월에 붕어했다고 했는데 뒤늦게 통고해 왔음을 뜻한 것이다.

9. 희공 9년 경오(庚午)

가. 송나라의 어열(御說)이 죽다

9년 경오(庚午) 봄인 왕력으로 3월 정축(丁丑)일에 송나라 군주인 공작 어열(禦說)이 세상을 떠났다.

여름에 희공이 주왕실의 태재(太宰)인 주공(周公)과 제나라 군주인 후작과 송나라 군주의 아들과 위(衛)나라 군주인 후작과 정나라 군주인 백작과 허(許)나라 군주인 남작과 조(曹)나라 군주인 백작과 규구(葵丘)에서 회합했다. 천자(天子)의 태재(太宰)는 사해(四海 : 천하)에 모두 통한다. 송(宋)나라의 군주를 자(子)라고 일컬은 것은 무엇 때문인가? 송나라 군주가 사망하여 아직 장례를 치르지 않았다는 뜻이다.

예(禮)에 '구(柩 : 관)가 당상(堂上)에 있을 때는 고(孤 : 상주)는 밖의 일을 보지 않는다.' 라고 했는데 지금 송나라 군주가 빈소(殯所)를 등지고 모임에 나간 것은 송나라 군주의 아들로서 슬픔이 없었다는 뜻이다.

九年 春 王三月 丁丑 宋公禦說[1]卒

夏 公會宰周公[2]齊侯宋子[3]衛侯鄭伯許男曹伯 于葵丘[4] ◯天子之

宰 通于四海 宋其稱子 何也 未葬之辭也 禮 柩在堂上 孤無外事 今背殯而出會 以宋子爲無哀矣

1) 宋公禦說(송공어열) : 송나라 공작인 환공(桓公)의 이름이 어열이다. B.C. 681년에 즉위하여 31년 간 재위.
2) 宰周公(재주공) : 재는 태재이며 관직 이름이다. 은(殷)나라에서 처음 설치하여 왕실의 가무(家務)와 가노(家奴)를 관장했다. 주공은 재공(宰孔)을 이르는 말이다. 재공(宰孔)의 자(字)는 기보(忌父)이다. 곧 주(周)나라 왕조의 태재(太宰)이다. 주례에 천관총재(天官冢宰).
3) 宋子(송자) : 송나라 군주의 아들. 송나라는 공작이었는데 환공(桓公)이 죽어 제후의 계승이 이루어지지 않아서 송자(宋子)라고 한 것이다. 곧 장례를 치르지 않아서이다. 여기서는 자작(子爵)으로 해석하지 않아야 한다. 송나라의 죽은 군주의 아들이라는 뜻으로 곧 송나라의 양공(襄公)을 말한다.
4) 葵丘(규구) : 땅 이름이다. 지금의 하남성(河南省)에 있는 지명(地名)이며 노나라 장공(莊公) 8년조에 나오는 규구(葵丘)와는 다른 곳이라 했다.

나. 제후들이 규구(葵丘)에서 동맹하다

가을인 7월 을유(乙酉)일에 백희(伯姬)가 세상을 떠났다. 백희는 우리 노나라의 딸이다. 남에게 시집가지 않았으며 '졸(卒)'이라고 하지 않는다. 그런데 여기서 왜 '졸(卒)'이라고 하였는가? 시집가는 것을 허락받아 비녀를 꽂고 자(字)를 받았을 때 죽게 되면 성인(成人)의 상(喪)으로써 다스리기 때문이다.

9월 무진(戊辰)일에 제후들이 규구(葵丘)에서 동맹을 맺었다. 제나라 환공(桓公)과의 맹세에서는 날짜를 쓰지 않는 것인데 여기에 날짜를 쓴 것은 무슨 뜻인가? 제나라 환공을 미화(美化)하기 위한 것이었다. 여기에서는 천자의 금령(禁令)을 나타내 제후들에게 보인 것이므로 형식이 갖추어져서 날짜를 기록한 것이다.

규구(葵丘)의 회동에서는 희생을 갖추기만 하고 죽이지는 않았다. 맹세의 글을 읽어 희생 위에 더하고 하나같이 천자의 금령을 밝혀서 이르기를 "흐르는 물줄기를 막아서 전용하지 말고, 곡식을 사들이는 것을 막지 말고, 적자(適者)를 바꾸지 말고, 첩으로써 처(妻 : 아내)를 삼지 말고, 부인(婦人)으로 하여금 국사(國事)에 참여하게 하지 말 것이다."라고 하였다.

갑자(甲子)일에 진(晉)나라 군주인 후작 궤제(詭諸)가 세상을 떠났다.

겨울에 진(晉)나라 이극(里克)이 그 군주의 아들인 해제(奚齊)를 살해했다. 그 군주의 아들이라고 이른 것은 나라 사람들이 아들로 여기지 않은 것이다. 나라 사람들이 임금의 아들로 여기지 않은 것은 무엇 때문인가? 그 세자(世子) 신생(申生)을 죽이고 후계로 세운 것이 바르지 않았기 때문이다.

秋 七月 乙酉 伯姬[1]卒 ◌內女也 未適人不卒 此何以卒也 許嫁笄而字之[2] 死則以成人之喪治之

九月 戊辰 諸侯盟于葵丘 ◌桓盟不日[3] 此何以日 美之也 爲見天子之禁 故備之也 葵丘之會 陳牲而不殺[4] 讀書[5]加于牲上 壹[6]明天子之禁 曰 毋雍泉[7] 毋訖糴[8] 毋易樹子[9] 毋以妾爲妻[10] 毋使婦人與國事[11]

甲子 晉侯詭諸[12]卒

冬 晉里克[13]殺其君之子奚齊[14] ◌其君之子云者 國人不子也 國人不子 何也 不正其殺世子申生而立之也

1) 伯姬(백희) : 노나라 희공 딸의 자(字). 그 자 앞에 성씨가 없을 때에는 아직 출가(出嫁)하지 않은 상태이며 자를 받았으면 시집가지는 않았더라도 죽으면 성인(成人)의 예로써 장례를 치른다. 좌전에는 희공의 누이라고 했다.

2) 許嫁笄而字之(허가계이자지) : 허가는 정혼(定婚)의 뜻. 계는 여자가 15세가 되면 비녀를 꽂는 것. 자는 여자가 성년(成年)이 되면 자(字)를 받는다.

3) 桓盟不日(환맹불일) : 제나라 환공이 소집한 맹세에는 날짜를 쓰지 않았다.

4) 陳牲而不殺(진생이불살) : 희생을 진열하고 죽이지는 않았다. 곧 삽혈(揷血)의 맹세가 없었다는 뜻.

5) 讀書(독서) : 맹세의 문안(文案)을 읽다.

6) 壹(일) : 전(專)의 뜻. 오로지.

7) 毋雍泉(무옹천) : 수리(水利)를 전용하기 위해 계곡을 막는 일을 하지 말 것.

8) 毋訖糴(무걸적) : 곡식을 사들이는 일을 중지시키지 말 것.
9) 毋易樹子(무역수자) : 수자는 적자(嫡子)이다. 곧 적자를 바꾸지 말 것.
10) 毋以妾爲妻(무이첩위처) : 첩으로써 부인(夫人)을 삼지 말 것.
11) 毋使婦人與國事(무사부인여국자) : 부인이 국사에 참여하지 못하게 하다.
12) 詭諸(궤제) : 진(晉)나라의 헌공(獻公)이며 궤제는 그의 이름이다. B.C. 676년 즉위하여 26년 간 재위. 좌전 경문에는 궤제(佹諸)로 되어 있다.
13) 里克(이극) : 진(晉)나라의 대부이다.
14) 奚齊(해제) : 진나라 헌공과 여희(驪姬) 사이에서 난 아들. 헌공의 총애를 받아 태자 신생을 죽이고 태자가 되었다.

10. 희공 10년 신미(辛未)

가. 정월에 희공이 제(齊)나라에 가다

10년 신미(辛未) 봄, 왕력으로 정월에 희공이 제나라에 갔다.

적인(狄人)이 온(溫)나라를 멸망시키자 온나라 군주인 자작이 위(衛)나라로 달아났다.

진(晉)나라 이극(里克)이 그 군주인 탁(卓)을 시해하고 그의 대부 순식(荀息)도 죽였다. 이극이 존귀한 자에서부터 낮은 자에게까지 화가 미치게 했다. 순식(荀息)은 임금을 호위하여 막았기 때문에 죽었다.

여름에 제나라 군주인 후작과 허나라 군주인 남작이 북융(北戎 : 山戎)을 정벌했다.

十年 春 王正月 公如齊
狄 滅溫[1] 溫子奔衛
晉里克弑其君卓[2] 及其大夫荀息[3] ◌以尊及卑也 荀息閑[4]也
夏 齊侯許男 伐北戎

1) 溫(온) : 나라 이름이다. 자작(子爵)의 나라이다.

2) 里克弑其君卓(이극시기군탁) : 9년조의 전(傳)에 의하면 이극이 탁(卓)을 죽인 것은 9년 11월로 되어 있는데 여기서는 10년으로 되어 있다. 이것은 하력(夏曆)을 쓰는 진(晉)나라의 경우는 9년 11월이고 주력(周曆)을 쓰는 노(魯)나라에서는 10년 정월에 해당하기 때문이다.
3) 荀息(순식) : 진(晉)나라 보정대부(輔政大夫). 탁(卓)을 세워 군주로 삼은 자.
4) 閑(한) : 방어하여 호위하다의 뜻.

나. 진(晉)나라에서 이극(里克)을 죽이다

진(晉)나라에서 그 대부 이극(里克)을 죽였다. 나라를 일컬어서 죽였다고 한 것은 위에 누를 끼쳐서 벌한 것이기 때문이다. 진(晉)나라의 이극(里克)이 두 임금과 한 사람의 대부를 시해했는데 그 위에 누를 끼쳤다는 말은 무슨 뜻인가? 그를 죽이는데 그의 죄로써 아니하였다는 뜻이다. 그를 죽이는데 죄로써 아니하였다는 것은 어찌된 일인가? 이극이 두 임금과 대부를 시해한 것은 중이(重耳)를 위한 것이었기 때문이다.

이오(夷吾)가 말하기를 "이는 또 장차 나를 죽일 것이다."라고 했다. 그러므로 죽이는 것을 그의 죄로써 아니한 것이다. 그렇다면 '그 중이(重耳)를 위하여 시해했다.' 는 것은 무슨 뜻인가?

진(晉)나라 헌공(獻公)이 괵(虢)나라를 정벌하고 여희(驪姬)를 얻었는데 헌공이 여희를 총애하여 두 아들을 두게 되었다. 큰애는 해제(奚齊)라고 하고 어린애는 탁자(卓子)라고 했다.

여희가 태자 신생(申生)을 죽이고 난을 꾸미고자 했다. 그러므로 임금인 헌공에게 말하기를

"나는 밤에 꿈을 꾸면 부인(夫人)이 달려와서 말하기를 '나는 괴롭고 외롭다.' 라고 합니다. 어찌 대부로 하여금 위사(衛士)를 시켜 무덤을 호위하게 하지 않으십니까?"

라고 하자, 헌공이 말했다.

"누구를 시킬 것인가?"

이에 여희가 말했다.

"세자(世子)보다 높은 자가 없으니 세자가 좋겠습니다."

이에 헌공이 세자에게 말했다.

"여희가 꿈을 꾸었는데 부인(夫人)이 달려와서 하소연하기를 '나는 괴롭고 두렵다.' 라고 했다 한다. 네가 장차 호위하는 사(士)를 거느리고 가서 무덤을 호위하라."

세자가 말하기를 "공경히 그렇게 하겠습니다." 하고 궁(宮)을 쌓아서 궁(宮)이 이루어졌다.

이에 여희가 또 헌공에게 말했다.

"내가 밤에 또 꿈을 꾸었는데 부인(夫人)이 달려와서 말하기를 '나는 괴롭고 배가 고프다.' 라고 했습니다. 세자가 궁(宮)을 이미 만들었는데 어찌 제사를 올리도록 하지 않으십니까?"

이에 헌공이 세자에게 말했다.

"그 제사를 올려라."

세자가 제사를 준비하여 이미 제사를 지내고 임금에게 제사 음식을 바쳤다. 헌공은 이때 사냥을 나가고 궁에 있지 않았다. 여희가 세자가 바친 술에 짐(酖)이란 독약을 넣었다. 세자가 올린 포에는 독약을 발랐다. 헌공이 사냥에서 돌아오니 여희가 말했다.

"세자가 이미 제사를 지내고 제사 음식을 임금께 올렸습니다."

헌공이 제사 음식을 먹으려 하는데 여희가 무릎을 꿇고 말했다.

"음식이 밖에서 왔으니 가히 시험하지 않을 수 없습니다."

이에 술을 땅에 부으니 땅이 부풀어오르고 포(脯)를 개에게 던져주니 개가 먹고 즉사했다. 여희가 당 아래에서 통곡하며 말했다.

"하늘이여! 하늘이여! 나라는 자식의 나라인데 자식이 어찌 임금이 되는 것이 더딘고!"

헌공이 위연(喟然)히 탄식하여 말하기를

"나와 너는 허물이나 아주 급한 것이 있지 아니한데 이 무엇이 나와 더불어 이렇게 깊어진 것인가?"

하고는 사람을 시켜서 세자에게 일렀다.

"네가 그것을 해결하라."

세자의 스승인 이극(里克)이 세자에게 말했다.

"들어가서 스스로 밝히십시오. 들어가서 스스로 밝힌다면 가히 살아날 수 있습니다. 들어가서 스스로 밝히지 않는다면 가히 살아남을 수 없을 것입니다."

세자가 말했다.

"우리의 임금은 이미 늙었고 또 어두워지셨습니다. 내가 만약 이와 같이 들어가서 스스로 밝힌다면 여희는 반드시 죽을 것입니다. 여희가 죽으면 우리의 임금께서는 불안해 하실 것이고 우리의 임금이 불안해 하시면 내가 스스로 죽는 것만 못합니다. 내가 차라리 스스로 죽어서 우리 임금을 편안하게 해드리겠습니다. 중이(重耳)로써 후사를 의탁합니다."

이에 스스로 목을 베어 죽었다. 그러므로 이극이 시해한 것은 중이(重耳)를 위해서였다. 이오(夷吾)가 말하기를 "이는 또 장차 나를 죽일 것이다."라고 했다.

가을인 7월이다.

겨울에 큰 눈이 내렸다.

晉殺其大夫里克 ◯稱國以殺 罪累上也[1] 里克弑二君與一大夫[2] 其以累上之辭言之 何也 其殺之不以其罪也 其殺之不以其罪奈何 里克所爲殺者 爲重耳[3]也 夷吾[4]曰 是又將殺我乎 故殺之 不以其罪也 其爲重耳弑奈何 晉獻公伐虢 得麗姬[5] 獻公私之 有二子 長曰奚齊 稚曰卓子 麗姬欲爲亂 故謂君曰 吾夜者夢夫人[6]趨而來曰 吾苦畏 胡不使大夫將衛士而衛冢乎 公曰 孰可使 曰臣莫尊於世子[7] 則世子可 故君謂世子曰 麗姬夢夫人趨而來曰 吾苦畏 女[8]其將衛士而往衛冢乎 世子曰 敬諾 築宮 宮成 麗姬又曰 吾夜者夢夫人趨而來曰 吾苦飢 世子之宮已成 則何爲不使祠[9]也 故獻公謂世子曰 其祠世子祠 已祠 致福於君 君田[10]而不在 麗姬以酖[11]爲酒 藥脯以毒 獻公田來 麗姬曰 世子已祠 故致福於君 君將食 麗姬跪曰 食自外來者 不可不試也 覆酒於地而地賁[12] 以脯與犬 犬死 麗姬下堂而啼 呼曰 天乎天乎 國 子之國也 子何遲於爲君 君喟然歎曰 吾與女未有過切 是何與我之深也 使人謂世子曰 爾其圖之 世子之傅里克謂世

子曰 入自明 入自明 則可以生 不入自明 則不可以生 世子曰 吾君已老矣 已昏矣 吾若此而入自明 則麗姬必死 麗姬死 則吾君不安 所以使吾君不安者 吾不若自死 吾寧自殺以安吾君 以重耳爲寄矣 刎脰[13]而死 故里克所爲弑者 爲重耳也 夷吾曰 是又將殺我也

秋 七月

冬 大雨雪

1) 罪累上也(죄루상야) : 윗사람에게 누를 끼친 것을 죄주다의 뜻.
2) 二君與一大夫(이군여일대부) : 이군은 해제(奚齊)와 탁자(卓子)이고 일대부는 순식(荀息)이다.
3) 重耳(중이) : 곧 진(晉)나라 문공(文公)이다. 진나라 헌공(獻公)의 아들.
4) 夷吾(이오) : 곧 진(晉)나라 혜공(惠公)이다.
5) 麗姬(여희) : 곧 여희(驪姬)이다. 본래 여융(驪戎)의 딸이다. 진나라 헌공이 여융을 침공하여 탈취한 여자. 세워서 부인으로 삼은 지 오래되지 않았다.
6) 夫人(부인) : 제강(齊姜). 진나라 헌공의 본부인(本夫人)인데 이때 사망함.
7) 世子(세자) : 태자 신생(申生)이다.
8) 女(여) : 여(汝)와 같다.
9) 祠(사) : 봄철에 지내는 제사이다.
10) 田(전) : 전(畋)과 같다. 사냥하다. 봄에 사냥을 나가는 것을 뜻함.
11) 酖(짐) : 짐(酖)이라는 독(毒).
12) 賁(분) : 지면이 부풀어 오르다.
13) 刎脰(문두) : 목을 베다.

11. 희공 11년 임신(壬申)

가. 진(晉)나라에서 비정보(丕鄭父)를 죽이다

11년 임신(壬申) 봄에 진(晉)나라에서 그 대부(大夫)인 비정보(丕鄭父)를 죽였다. 나라를 일컬어서 대부를 죽였다고 한 것은 국가의 군주에게 누를 끼쳐서 죄를 준 것이다.

여름에 희공이 부인(夫人) 강씨(姜氏)와 함께 제나라 군주인 후작을 양곡(陽穀)에서 만났다.

가을인 8월에 크게 기우제를 지냈다. 기우제 지낸 달을 쓴 것은 바른 것이었다. 기우제를 지내 비를 얻는 것을 '우(雩)'라고 이르고 비를 얻지 못한 것을 '한(旱)'이라고 이른다.

겨울에 초(楚)나라 사람이 황(黃)나라를 정벌했다.

十有一年 春 晉殺其大夫丕鄭父[1] ◌稱國以殺 罪累上也

夏 公及夫人姜氏會齊侯于陽穀[2]

秋 八月 大雩[3] ◌雩 月正也 雩得雨曰雩 不得雨曰旱

冬 楚人伐黃

1) 丕鄭父(비정보) : 비정(丕鄭)이다. 보(父)는 신분이 높은 사람의 이름 밑에 붙이는 칭호. 좌전의 10년 조에 보면 비정이 죽은 것은 10년 겨울로 되어 있다. 이는 10년 겨울에 죽었으나 진나라에서 노나라에 알린 것이 늦어서였다는 설(說)이 있고 또 하력(夏曆)을 쓰는 진나라와 주력(周曆)을 쓰는 노나라의 역의 차이에서 그렇게 되었다는 설이 있다고 했다.

2) 陽穀(양곡) : 제나라 지명이다.

3) 大雩(대우) : 크게 기우제를 지내다. 가뭄에 비를 비는 의식을 행하는 것. 본래 기우제는 천자(天子)만 행할 수 있으나 주(周)의 성왕(成王)이 주공단(周公旦)에게 천자의 예를 사용하게 하여 노나라에서도 기우제를 지낸 것이다.

12. 희공 12년 계유(癸酉)

가. 3월 경오(庚午)일에 일식이 있었다

12년 계유(癸酉) 봄, 왕력으로 정월 경오(庚午)일에 일식이 있었다.

여름에 초(楚)나라 사람이 황(黃)나라를 멸망시켰다. 관(貫) 땅에서 맹세할 때 관중(管仲)이 말하기를 "강(江)나라와 황(黃)나라는 제(齊)나라에서는 멀고 초나라에서는 가까워 초나라에게는 이로움이 되는 나라입니다. 만약 정벌하여 능히 구제해 주지 못한다면 제후들이 으뜸으로 섬기지 않을 것입니다."라고 했다. 이에 환공(桓公)이 듣지 않고 드디어 함께 맹세했는데 관중이 죽었다. 이때 초나라에서 강(江)나라를 정벌하고 황(黃)나라를 멸망시켰는데 환공이 능히 구원해 주지 못했다. 그러므로 군자(君子)가 민망하게 여긴 것이다.

가을인 7월이다.

겨울인 12월 정축(丁丑)일에 진(陳)나라 군주인 후작 저구(杵臼)가 세상을 떠났다.

十有二年 春 王正月 庚午 日有食之

夏 楚人滅黃 ◌貫之盟 管仲[1]曰 江黃遠齊而近楚 楚爲利之國也 若伐而不能救 則無以宗諸侯矣 桓公不聽 遂與之盟 管仲死 楚伐江滅黃 桓公不能救 故君子閔之也

秋 七月

冬 十有二月 丁丑 陳侯杵臼[2]卒

1) 管仲(관중) : 춘추시대(春秋時代) 제나라의 정치가이며 관경중(管敬仲)이라 칭하고 이름은 이오(夷吾)이다. 자는 중(仲), 영상인(穎上人). 일찍이 제나라 대부 포숙아(鮑叔牙)의 추천으로 제환공을 만나 제환공을 오패(五覇)의 한 사람으로 만든 사람이다. '관자(管子)'의 저서가 있다.

2) 陳侯杵臼(진후저구) : 곧 진(陳)나라 선공(宣公)이며 저구는 그의 이름이다. 공양전에는 저는 처(處)로 되어 있다.

13. 희공 13년 갑술(甲戌)

가. 적인(狄人)이 위(衛)나라를 침략하다

13년 갑술(甲戌) 봄에 적인(狄人)이 위(衛)나라를 침략했다.

여름인 4월에 진(陳)나라 선공(宣公)을 장사 지냈다.

희공이 제나라 군주인 후작과 송나라 군주인 공작과 진(陳)나라 군주인 후작과 위(衛)나라 군주인 후작과 정나라 군주인 백작과 허(許)나라 군주인 남작과 조(曹)나라 군주인 백작과 함(鹹)에서 회합했다. 이는 병거(兵車 : 전쟁)의 회합이었다.

가을인 9월에 크게 기우제를 지냈다.

겨울에 공자(公子) 우(友)가 제나라에 갔다.

十有三年 春 狄侵衛

夏 四月 葬陳宣公

公會齊侯宋公陳侯衛侯鄭伯許男曹伯于鹹[1] ◯兵車之會也

秋 九月 大雩

冬 公子友如齊

1) 鹹(함) : 위(衛)나라 지명이다.

14. 희공 14년 을해(乙亥)

가. 제후들이 연릉(緣陵)에 성을 쌓다

14년 을해(乙亥) 봄에 제후들이 연릉(緣陵)에서 성을 쌓았다. 그를 제후(諸侯)라고 이른 것은 헤어졌다는 말이다. 모였다가 '헤어졌다' 고 이른 것은 무슨 뜻인가? 제후들이 성을 쌓고 헤어졌다는 말인데 이는 제나라 환공의 덕이 쇠약해졌다는 뜻이다.

여름인 6월에 계희(季姬)가 증(繒)나라 군주인 자작과 방(防)에서 만나, 증나라 군주인 자작으로 하여금 찾아오게 하였다. 만났다는 것은 함께 모의(謀議)한 것이다. 내조(來朝 : 찾아오게 하다)란 와서 자기를 처(妻)로 삼으라는 뜻이었다. 찾아온 것을 사신이라고 말하지 않았는데 사신이라고 말하지 않은 것은 바른 것이 아니었으며 이는 증나라 군주인 자작을 헐뜯은 것이다.

가을인 8월 신묘(辛卯)일에 사록(沙鹿)이 무너졌다. 숲이 산과 이어진 것을 '산발〔鹿〕' 이라고 한다. 사(沙)는 산 이름이다. 무너질 이유가 없는데 무너졌으므로 기록한 것이다. 그 날짜를 쓴 것은 그 이상한 변화를 중요하게 여긴 것이다.

적인(狄人)이 정나라를 침범했다.

겨울에 채나라 군주인 후작 힐(肸)이 세상을 떠났다. 제후가 세상을 떠났는데 그 계절을 기록한 것은 그를 미워한 것이다.

十有四年 春 諸侯城緣陵[1] ◌其曰諸侯 散辭也 聚而曰散 何也 諸侯城 有散辭也 桓德衰矣

夏 六月 季姬[2]及繒[3]子遇于防[4] 使繒子來朝 ◌遇者 同謀也 來朝者 來請己也 朝不言使 言使非正也 以病繒子也

秋 八月 辛卯 沙鹿[5]崩 ◌林屬於山爲鹿 沙 山名也 無崩道而崩 故志之也 其日 重其變也

狄侵鄭

冬 蔡侯肸[6]卒 ◌諸侯時卒 惡之也

1) 緣陵(연릉) : 기(杞)나라의 고을 이름이다.

2) 季姬(계희) : 노나라 희공의 딸. 그가 증(繒)나라 군주의 부인이 되었다.

3) 防(방) : 노나라 지명(地名).

4) 繒(증) : 좌전과 공양전에는 증(鄫)으로 되어 있다. 나라 이름. 사성(姒姓).

5) 沙鹿(사록) : 진(晉)나라의 산 이름. 혹은 녹(麓)과 동일하다. 공양전에는 사록은 하상(河上)의 읍이라 했다. 그러나 자세한 것은 모른다고 했다.

6) 蔡侯肸(채후힐) : 채나라 목후(穆侯)이고 힐은 그의 이름이다. B.C. 674년에 즉위하여 29년 간 재위했다.

15. 희공 15년 병자(丙子)

가. 정월에 희공이 제나라에 가다

15년 병자(丙子) 봄, 왕력으로 정월에 희공이 제나라에 갔다.

초나라 사람이 서(徐)나라를 정벌했다.

3월에 희공이 제나라 군주인 후작과 송나라 군주인 공작과 진(陳)나라 군주인 후작과 위(衛)나라 군주인 후작과 정나라 군주인 백작과 허나라 군주인 남작과 조나라 군주인 백작과 무구(牡丘)에서 동맹을 맺었다. 이 동맹은 병거(兵車 : 전쟁)의 모임이었다.

이어서 광(匡) 땅에 머물렀다. '수(遂)'는 계속된 일이다. '차(次)'는 중지하다이며 이때는 두려움이 있어서였다.

공손오(公孫敖)가 군사를 거느리고 제후들의 대부(大夫)들과 서(徐)나라를 구원했다. 서나라를 구원한 일은 잘한 일이었다.

여름인 5월에 일식이 있었다.

가을인 7월에 제나라 군사와 조(曹)나라 군사가 여(厲)나라를 정벌했다.

8월에 메뚜기 떼가 일어났다. 메뚜기 떼는 벌레의 재앙이다. 심하면 달을 쓰고 심하지 않으면 계절을 쓴다.

9월에 희공이 회합하는 일에서 돌아왔다.

계희(季姬)가 증(繒)나라로 돌아갔다.

十有五年 春 王正月 公如齊

楚人伐徐

三月 公會齊侯宋公陳侯衛侯鄭伯許男曹伯 盟于牡丘[1] ◌兵車之會也

遂次于匡[2] ◌遂 繼事也 次 止也 有畏也

公孫敖[3]帥師 及諸侯之大夫救徐 ◌善救徐也

夏 五月 日有食之

秋 七月 齊師曹師伐厲[4]

八月 螽 ◌螽 蟲災也 甚則月 不甚則時

九月 公至自會

季姬歸于繒

1) 牡丘(무구) : 땅 이름이다.

2) 匡(광) : 위(衛)나라 땅 이름이다.

3) 公孫敖(공손오) : 노나라 공자(公子)인 경보(慶父)의 아들이다. 당시 노나

라 대부였으며 맹목백(孟穆伯)이라고 일컬었다.
4) 厲(여) : 옛 나라 이름. 성씨나 국토는 상세하지 않다.

나. 이백(夷伯)의 사당에 벼락이 떨어지다

기묘(己卯)일인 그믐날에 이백(夷伯)의 사당에 벼락이 떨어졌다. 그믐날은 어둡다. 진(震)은 우레이다. 이백은 노나라 대부이다. 이러한 일로 인하여 천자(天子)로부터 사(士)에 이르기까지 모두가 묘(廟)가 있음을 나타낸 것이다. 천자(天子)는 7묘(七廟)이고, 제후(諸侯)는 5묘(五廟)이고, 대부(大夫)는 3묘(三廟)이고, 사(士)는 이묘(二廟)이다. 그러므로 덕이 두터운 자는 흐르는 것이 광채가 나고 덕(德)이 박한 자는 흐르는 것이 낮다. 이는 처음으로 귀해진 자를 덕의 근본으로 삼고, 처음으로 봉해진 자는 반드시 시조(始祖)로 삼는 것이다.

겨울에 송나라 사람이 조(曹)나라를 정벌했다.

초나라 사람이 서(徐)나라를 누림(婁林)에서 쳐부수었다. 이는 '이적(夷狄 : 오랑캐)'이 서로 이기고 진 것을 기록한 것이다.

11월 임술(壬戌)일에 진(晉)나라 군주인 후작과 진(秦)나라 군주인 백작이 한(韓)에서 싸웠는데 진(晉)나라 군주인 후작이 잡혔다. 한(韓)의 싸움에서는 진(晉)나라 군주인 후작이 그의 백성들을 잃어버린 것이다. 그의 백성들은 패배하지 않았는데도 진(晉)나라의 임금은 잡혔기 때문이다.

己卯 晦[1] 震夷伯[2]之廟 ◌晦 冥也 震 雷也 夷伯 魯大夫也 因此以見天子至于士 皆有廟 天子七廟[3] 諸侯五[4] 大夫三[5] 士二[6] 故德厚者流光 德薄者流卑 是以貴始 德之本也 始封必爲祖[7]

冬 宋人伐曹

楚人敗徐于婁林[8] ◌夷狄相敗志也

十有一月 壬戌 晉侯[9]及秦伯[10]戰于韓[11] 獲晉侯 ◌韓之戰 晉侯失民矣 以其民未敗而君獲也

1) 晦(회) : 매월의 그믐날. 공양전에는 늦은 저녁이므로 어둡다이다 라고 했다.
2) 震夷伯(진이백) : 진은 벼락이 떨어졌다는 뜻. 이백은 노나라 대부(大夫)인 전씨(展氏)의 조부 이백(夷伯)이다.
3) 天子七廟(천자칠묘) : 천자는 고(考)·왕고(王考)·황고(皇考)·현고(顯考)·조고(祖考)외 이조(二祧)의 묘(廟)가 있다.
4) 諸侯五(제후오) : 제후는 고(考)·왕고(王考)·황고(皇考)·현고(顯考)·조고(祖考)의 5묘(五廟)이다.
5) 大夫三(대부삼) : 대부는 고(考)·왕고(王考)·황고(皇考)의 삼묘(三廟).
6) 士二(사이) : 사(士)는 고(考)와 왕고(王考)의 이묘(二廟)가 있다.
7) 始封必爲祖(시봉필위조) : 곧 시조를 뜻한다. 설(契)은 은(殷)의 시조이고 기(棄)는 주(周)의 시조와 같은 것이다.
8) 婁林(누림) : 서(徐)나라 지명이다.
9) 晉侯(진후) : 진나라 혜공(惠公)이다.
10) 秦伯(진백) : 진(秦)나라 목공(穆公). 이름은 임호(任好)이고 B.C. 659년에 즉위하여 백리해(百里奚)와 건숙(蹇叔)과 유여(由余) 등을 등용하였다.
11) 韓(한) : 진(晉)나라의 지명이다.

16. 희공 16년 정축(丁丑)

가. 송나라에 운석(隕石)이 5개가 떨어지다

16년 정축(丁丑) 봄, 왕력으로 정월 초하루 무신(戊申)일에 운석(隕石)이 송(宋)나라에 5개가 떨어졌다. 떨어졌다는 것을 먼저하고 돌을 뒤에 한 것은 무슨 뜻인가? 떨어진 뒤에 돌이 되었기 때문이다. '우송(于宋)'이란 사방의 국경 안을 '송(宋)'나라라고 이른다. 제일 뒤에 숫자를 기록한 것은 각 방면에 흩어져 떨어졌다는 말이다. 귀에 들리는 소문을 기록한 것이다.

이 달에 역(鷁) 여섯 마리가 밀려서 뒤로 날아 송나라 도읍을 지나갔다. '시월(是月)'이란 날짜를 자세히 몰라 그냥 이 달로 결정한 것이다. '육예퇴비과송도(六鶂退飛過宋都)'에서 먼저 숫자를 말한 것은 모여 있었다는 말이며 눈으로 보았다는 것을 기록한 것이다.

곡량자(穀梁子)가 말했다.

"석(石 : 돌)이란 무지(無知)의 사물이고 역(鷁)은 미세하나 앎이 있는 사물이다. 돌이란 무지한 것이라 날짜를 기록했고 역은 미약하나 앎이 있는 사물이므로 달만 기록했다. 군자(君子)께서는 사물에 거리끼는 것이 없는 것이다. 돌이나 역(鷁)이라도 오히려 그 말을 다하는데 하물며 사람에 있어서이겠는가? 그러므로 다섯 개의 운석과 여섯 마리의 역에 대한 말을 나열하지 않았다면 왕도(王道)는 뻗치지 못할 것이다."

백성들이 모이는 곳을 '도읍〔都〕'이라고 이른다.

十有六年 春 王正月 戊申 朔 隕石[1]于宋 五 ◌先隕而後石 何也 隕而後石也 于宋 四竟之內曰宋 後數 散辭也 耳治[2]也

是月 六 鷁[3]退飛[4] 過宋都[5] ◌是月也 決不日而月也 六鶂退飛過宋都 先數 聚辭也 目治也 子曰[6] 石無知之物 鶂微有知之物 石無知故日之 鶂微有知之物 故月之 君子之於物 無所苟而已 石鶂且猶盡其辭 而況於人乎 故五石六鷁之辭 不設 則王道不亢矣 民所聚曰都

1) 隕石(운석) : 큰 유성(流星)이 공중에서 다하지 않고 땅에 떨어지는 돌. 곧 타지 않은 별똥.

2) 耳治(이치) : 귀에 들리는 소리를 다스리다. 곧 소문을 기록한 것이다.

3) 鷁(역) : 새 이름. 암컷과 숫컷이 서로 바라보면서 새끼를 가지고 입으로 토해서 새끼를 낳는다고 하는 전설적인 새.

4) 退飛(퇴비) : 바람에 밀려서 뒤로 날다.

5) 宋都(송도) : 송나라의 수도인 상구(商丘).

6) 子曰(자왈) : 곡량자(穀梁子). 이 책의 전(傳)을 쓴 사람. 곡량적(穀梁赤).

나. 공자 계우(季友)가 세상을 뜨다

3월 임신(壬申)일에 공자(公子) 계우(季友)가 세상을 떠났다.

대부가 죽은 날짜를 쓴 것은 바른 것이었다. 공(公 : 임금)의 아우를 '숙(叔)'이나 '중(仲)'이라고 일컫는 것은 현명하기 때문이다. 대부(大夫)는 공자(公子)라고 말하지 않는다. 공손(公孫)이라고 한 것은 관계를 소원하게 여긴 것이다.

여름인 4월 병신(丙申)일에 증(繒)나라 계희(季姬)가 세상을 떠났다.

가을인 7월 갑자(甲子)일에 공손(公孫) 자(玆)가 세상을 떠났다. 대부가 죽은 날짜를 기록한 것은 바른 것이었다.

겨울인 12월에 희공이 제나라 군주인 후작과 송나라 군주인 공작과 진(陳)나라 군주인 후작과 위(衛)나라 군주인 후작과 정나라 군주인 백작과 허나라 군주인 남작과 형(邢)나라 군주인 후작과 조(曹)나라 군주인 백작 등과 회(淮)에서 회합했다. 이 곳의 회합은 병거(兵車 : 전쟁)의 회동이었다.

三月 壬申 公子季友[1]卒 ◌大夫日卒 正也 稱公弟叔仲 賢也 大夫不言公子 公孫 疏之也

夏 四月 丙申 繒季姬卒

秋 七月 甲子 公孫玆[2]卒 ◌大夫日卒 正也

冬 十有二月 公會齊侯宋公陳侯衛侯鄭伯許男邢侯曹伯 于淮 ◌兵車之會也

1) 季友(계우) : 노나라 환공(桓公)의 아들이다.

2) 公孫玆(공손자) : 숙손대백(叔孫戴伯). 숙손씨(叔孫氏)의 시조(始祖)이다.

17. 희공 17년 무인(戊寅)

가. 서(徐)나라에서 영씨(英氏)를 정벌하다

17년 무인(戊寅) 봄에 제나라 사람과 서(徐)나라 사람이 영씨(英氏)를 정벌했다.

여름에 항(項)나라를 멸망시켰다. 항나라를 누가 멸망시켰는가? 제나라 환공(桓公)이었다. 왜 환공이라고 말하지 않았는가? 어진 이를 위하여 숨겨 준 것이다. 항(項)은 국가이다. 멸망시키는 것은 옳지 않았는데 왜 멸망시켰는가? 제나라 환공은 항(項)나라가 멸망한다는 것을 알기는 하였으나 자신이 멸망시키는 것이 불가한 것을 알지 못했을 뿐이다. 이미 남의 나라를 멸망시켰는데 어째서 현명하다고 했는가? 군자(君子)는 나쁜 것을 미워하는 것은 그 처음부터 미워하고, 선(善)한 것을 선하게 여기는 것은 그 끝까지 즐거워하는 것이다. 환공이 일찍부터 보존시키고 멸망시키고 대를 이어주고 대를 끊는 일들에 공로가 있었으므로 군자(君子)께서 이에 숨겨 준 것이다.

가을에 부인(夫人) 강씨(姜氏)가 제나라 군주인 후작을 변(卞)에서 만났다.

9월에 희공이 회합에서 돌아왔다.

겨울인 12월 을해(乙亥)일에 제나라 군주인 후작 소백(小白)이 세상을 떠났다. 소백(小白)이 입국할 때부터 바르지 않았는데 그의 죽음에 날짜를 기록한 것은 무슨 뜻인가? 그것이 바르지 않다는 것은 앞에 나타나 있다. 그 바르지 않다는 것이 앞에 나타났다고 하는 것은 무슨 뜻인가? 환공이 바르지 않은 방법으로 비어 있는 나라에 들어갔으므로 그 혐의를 일컬은 것이다.

十有七年 春 齊人徐人 伐英氏[1)]

夏 滅項[2)] ◌孰滅之 桓公也 何以不言桓公也 爲賢者諱也 項 國也 不可滅而滅之乎 桓公知項之可滅也 而不知己之不可以滅也 旣滅人之國矣 何賢乎 君子惡惡疾其始 善善樂其終 桓公嘗有存亡繼絶之功 故君子爲之諱也

秋 夫人姜氏[3)]會齊侯于卞[4)]

九月 公至自會

冬 十有二月 乙亥 齊侯小白[5)]卒 ◌此不正[6)] 其日之 何也 其不正前見矣 其不正之前見何也 以不正入虛國[7)] 故稱嫌焉爾

1) 英氏(영씨) : 자세한 기록이 없다. 단 영(英)나라이며 고요(皐陶)의 후손의 나라로 당시에는 초나라의 속국(屬國)이었다고 함. 언성(偃姓).
2) 項(항) : 나라 이름이다. 성씨는 미상하다. 혹은 길성(姞姓)이라 했다.
3) 夫人姜氏(부인강씨) : 희공의 부인 성강(聲姜)이며 제나라 환공의 딸이다.
4) 卞(변) : 노나라 땅 이름.
5) 齊侯小白(제후소백) : 제나라 군주인 후작 소백(小白)이며 곧 환공(桓公)을 뜻한다.
6) 不正(부정) : 제나라 환공이 공자 시절에 망명에서 제나라로 들어갈 때 불법적으로 들어간 것을 뜻함.
7) 虛國(허국) : 당시 제나라에 임금의 자리가 비어 있었을 때를 뜻한다.

18. 희공 18년 기묘(己卯)

가. 제후들이 제나라를 정벌하다

18년 기묘(己卯) 봄, 왕력으로 정월에 송나라 군주인 공작과 조(曹)나라 군주인 백작과 위(衛)나라의 사람과 주(邾)나라 사람이 제나라를 정벌했다. 국가에 국상(國喪)이 있을 때는 정벌하지 않는 것이 예이다.

여름에 노(魯)나라 군사가 제나라를 구원했다. 제나라를 구원한 일은 잘한 일이었다.

5월 무인(戊寅)일에 송나라 군사와 제나라 군사가 언(甗)에서 싸워 제나라 군사가 패전(敗戰)했다. 싸움에서는 정벌이라고 말하지 않는다. 또 '객(客)'은 '급(及)'이라고 말하지 않는데 '급(及)'이라고 말한 것은 송(宋)나라를 미워한 것이었다.

적인(狄人)이 제나라를 구원했다. 제나라를 구원한 일은 잘한 일이었다.

가을인 8월 정해(丁亥)일에 제나라 환공(桓公)을 장사 지냈다.

겨울에 형(邢)나라 사람과 적인(狄人)이 위(衛)나라를 정벌했다. 적(狄)을 그 '인(人)'이라고 일컬은 것은 무슨 뜻인가? 좋은 일이 누적된 뒤에 높여 준 것이다. 위(衛)나라를 정벌한 것은 제나라를 구원해 준 것이다. 공로는 가까이하고 덕은 멀리까지 미치는 것이다.

十有八年 春 王正月 宋公[1]曹伯衛人邾人 伐齊 ◌非伐喪也

夏 師救齊[2] ◌善救齊也

五月 戊寅 宋師及齊師戰于甗 齊師敗績 ◌戰不言伐 客[3]不言及 言及 惡宋也

狄救齊 ◌善救齊也

秋 八月 丁亥 葬齊桓公[4]

冬 邢人狄人伐衛 ◌狄其稱人 何也 善累而後進之 伐衛 所以救齊也 功近而德遠矣

1) 宋公(송공) : 이 밑에 '회(會)' 자가 공양전(公羊傳)에는 있다고 했다. 곧 송나라 양공(襄公).

2) 師救齊(사구제) : 곧 노나라 군사가 제나라를 구원하다의 뜻.

3) 客(객) : 송(宋)나라를 뜻한다.

4) 葬齊桓公(장제환공) : 제환공이 지난해에 죽었는데 이때에 이르러 겨우 장사를 지낸 것이다. 제후는 5개월에 장사를 지내는데 이 날짜를 초과한 것이다. 이는 제나라가 어지러워지자 장례를 치르지 못해서였다.

19. 희공 19년 경진(庚辰)

가. 등(滕)나라 군주인 영제(嬰齊)를 잡다

19년 경진(庚辰) 봄, 왕력으로 3월에 송나라 사람이 등(滕)나라 군주인 자작 영제(嬰齊)를 잡았다.

여름인 6월에 송나라 군주인 공작과 조(曹)나라 사람과 주(邾)나라 사람이 조(曹)나라의 남쪽에서 동맹을 맺었다.

증(繒)나라 군주인 자작이 주(邾)나라와 회합하고 동맹을 맺었다. 기유(己酉)일에 주(邾)나라 사람이 증(繒)나라 군주인 자작을 잡아 제사에 제물로 사용했다. 작은 나라의 임금이 주(邾)나라를 따라서 함께 동맹하기를 구했다. 사람이 자신을 따라 함께 맹세하기를 구했는데 자신이 그를 맞이하여 체포한 것을 미워한 것이다. 그러므로 경계를 삼도록 날짜까지 기록한 것이다. 제물로 사용했다는 것은 증나라 임금의 코를 두드려 코피를 빼내 사(社)에 피를 칠한 것을 말한다.

十有九年 春 王三月 宋人執滕子嬰齊[1]

夏 六月 宋公曹人邾人 盟于曹南[2]

繒子會盟于邾 己酉 邾人執繒子用之[3] ◌微國之君 因邾以求與之盟 人因己以求與之盟 己迎而執之 惡之 故謹而日之也 用之者 叩其鼻以衈社也[4]

1) 滕子嬰齊(등자영제) : 등(滕)나라 선공(宣公)이며 영제는 그의 이름이다.

2) 曹南(조남) : 조나라 남쪽이라는 뜻.

3) 用之(용지) : 제사에 제물로 쓰다.

4) 叩其鼻以衈社也(고기비이이사야) : 그의 코를 두드려서 코피를 빼 사제(社祭)에 피칠을 하다의 뜻.

나. 송나라에서 조(曹)나라를 포위하다

가을에 송나라 사람이 조(曹)나라를 포위했다.

위(衛)나라 사람이 형(邢)나라를 정벌했다.

겨울에 진(陳)나라 사람과 채(蔡)나라 사람과 초(楚)나라 사람과 정나라 사람이 회합하여 제나라에서 동맹을 맺었다.

양(梁)나라가 멸망했다. 양나라는 스스로 멸망한 것이다. 술에 빠지고 여색을 탐하고 마음이 어두워지고 귀와 눈이 막히고 위에서는 바른 어른들의 다스림이 없었고 대신(大臣)들은 배반을 일삼고 백성들은 도둑이 되었으니 양(梁)나라의 멸망이란 스스로 멸망한 것이다. 이는 무력으로 정벌하여 멸망시킨 것과 같아 늪에 빠져서 족히 말할 것도 없는 것이다.

양(梁)나라가 멸망한 것이나 정나라에서는 그의 군사를 버렸다는 것들은 우리에게는 손해를 끼친 것이 없으니 이름을 바르게 기록할 뿐이다. '양나라가 멸망한 것'은 바른 정치와 교육을 싫어한 데에서 발생한 것이고 '정나라에서 그의 군사를 버렸다'라고 한 것은 군대를 통솔하는 장수를 미워한 것들이었다.

秋 宋人圍曹
衛人伐邢
冬 會陳人 蔡人 楚人 鄭人 盟于齊
梁[1]亡 ◯自亡也 湎於酒 淫於色 心昏 耳目塞 上無正長之治[2] 大臣背叛 民爲寇盜 梁亡 自亡也 如加力役[3]焉 湎不足道也 梁亡 鄭棄其師[4] 我無加損焉 正名而已矣 梁亡 出惡正也 鄭棄其師 惡其長也

1) 梁(양) : 나라 이름이다. 영씨(嬴氏).
2) 無正長之治(무정장지치) : 올바른 지도자의 다스림이 없다는 뜻.
3) 力役(역역) : 힘으로 하는 일. 곧 정벌하여 멸망시키는 일.
4) 鄭棄其師(정기기사) : 정(鄭)나라가 그의 군사를 버리다. 민공(閔公) 2년에 정나라에서 고극(高克)을 버린 일을 뜻한다.

20. 희공 20년 신사(辛巳)

가. 봄에 남문(南門)을 짓다

20년 신사(辛巳) 봄에 새로 남문(南門)을 지었다. '작(作)'이란 만들다이며 본래 있는 법도에 더함이 있다는 것이다. '신(新 : 새로)'이라 말한 것은 까닭이 있는데 지은 것을 비난한 것이다. 남문이란 법문(法門)이다.

여름에 고(郜)나라 군주인 자작이 찾아왔다.

5월 기사(己巳)일에 서궁(西宮)에 재해(災害)가 발생했다. 이는 신궁(新宮 : 新廟)이라고 이르는데 가까이는 예궁(禰宮 : 父廟)이 된다. 또 시호로써 말한다면 소원한 것처럼 되어 있으니 이로써 서궁(西宮)이 민궁(閔宮)이 된 것이다.〔곧 민궁(閔宮)이라고 말하지 않고 서궁(西宮)이라고 이른 까닭이다.〕

정나라 사람이 활(滑)로 쳐들어갔다.

가을에 제나라 사람과 적인(狄人)이 형(邢)나라에서 동맹을 맺었다. 형나라에서 이를 주관하였다. 형나라는 작은데 그가 주관했다는 뜻은 무엇인가? 제나라를 구원하는 일을 주관하였던 것이다.

겨울에 초(楚)나라 사람이 수(隨)나라를 정벌했다. 수(隨)는 하나의 나라이다.

二十年 春 新作南門[1] ◌作 爲也 有加其度也 言新 有故也 非作也[2] 南門者 法門[3]也

夏 郜子來朝

五月 己巳[4] 西宮災[5] ◌謂之新宮 則近爲禰宮[6] 以謚言之 則如疏之然 以是爲閔宮也

鄭人入滑[7]

秋 齊人狄人盟于邢 ◌邢爲主焉爾 邢小 其爲主何也 其爲主乎救齊

冬 楚人伐隨[8] ◌隨 國也

1) 南門(남문) : 노나라 국도의 남문. 직문(稷門) 또는 고문(高門)이라고도 함.
2) 非作也(비작야) : 지은 것이 잘못되었다는 뜻이다.
3) 法門(법문) : 국도의 정문(正門)이다.
4) 己巳(기사) : 공양전이나 좌전에는 모두 을사(乙巳)로 되어 있다.
5) 西宮災(서궁재) : 서궁에 재해가 발생했다. 서궁은 민공(閔公)의 제사를 모시는 사당이라 했다. 좌전에서는 희공의 별궁이고 재는 벼락이 떨어진 일이라 함.
6) 禰宮(예궁) : 아버지의 신주를 모신 사당.
7) 滑(활) : 나라 이름이다. 희성(姬姓). 좌전에는 땅 이름이라 했다.
8) 隨(수) : 나라 이름이다. 서주 초에 처음 봉해졌다. 희성(姬姓)이고 지금의 호북성(湖北省) 수현(隨縣) 일대이다.

21. 희공 21년 임오(壬午)

가. 적인(狄人)이 위(衛)나라를 침범하다

21년 임오(壬午) 봄에 적인(狄人)이 위(衛)나라를 침범했다.

송(宋)나라 사람과 제(齊)나라 사람과 초나라 사람이 녹상(鹿上)에서 동맹을 맺었다.

여름에 큰 가뭄이 들었다. 가뭄에서 계절을 기록한 것은 바른 것이다.

가을에 송나라 군주인 공작과 초나라 군주인 자작과 진(陳)나라 군주인 후작과 채나라 군주인 후작과 정나라 군주인 백작과 허나라 군주인 남작과 조나라 군주인 백작이 우(雩)에서 회합하고, 송나라 군주인 공작을 체포하고, 송나라를 정벌했다. '이(以)'는 중요한 말이다.〔함께 하여 송나라를 정벌하다의 뜻이 들어 있다.〕

겨울에 희공이 주(邾)나라를 정벌했다.

초나라 사람이 의신(宜申)을 보내 전리품을 바치게 했다. '첩(捷)'은 군대에서 얻은 전리품이다. 그것을 '송나라의 전리품'이라고 이르지 않은 까닭은 무엇인가? 초나라가 바친 전리품을 송(宋)나라에서 허락하지 않았기 때문이었다.

12월 계축(癸丑)일에 희공이 제후들과 회합하여 박(薄)에서 동맹을 맺었다. 회합이란 밖에서 주관했다는 것이다. 송나라 군주인 공작을 풀어주었다. 국외에서 풀어준 것은 기록하지 않는 것인데 여기에서 기록한 것은 무슨 뜻인가? 희공이 참여하고 동맹을 맺은 날이기 때문이다. 초나라를 말하지 않은 것은 초나라가 홀로 풀어주는 것을 찬성하지 않았기 때문이었다.

二十有一年 春 狄侵衛

宋人齊人楚人 盟于鹿上[1)]

夏 大旱 ◌旱時 正也

秋 宋公楚子陳侯蔡侯鄭伯許男曹伯 會于雩[2] 執宋公[3] 以伐宋 ◌以[4] 重辭也

冬 公伐邾

楚人使宜申來獻捷[5] ◌捷 軍得也 其不曰宋捷 何也 不與楚捷於宋也

十有二月 癸丑 公會諸侯盟于薄[6] ◌會者 外爲主焉爾 釋宋公 外釋不志 此其志何也 以公之與之盟日之也 不言楚 不與楚專釋也

1) 鹿上(녹상) : 송나라 지명이다. 원록(原鹿)이라고도 한다.

2) 雩(우) : 송나라 지명이다. 좌전에는 우(盂)이고 공양전(公羊傳)에는 곽(霍)으로 되어 있다.

3) 執宋公(집송공) : 송나라 양공(襄公)이 덕을 갖추지 못했으면서도 패자(霸者)가 되고자 한 것을 제후들이 미워하여 그를 잡은 것이다.

4) 以(이) : 불이(不以)라고 했다. 이(而) 또는 우(又)의 뜻이라 했다. 이(以)의 해석을 '중사(重辭)'라고 했는데 이는 침략당한 국가를 중시한다는 뜻이다.

5) 捷(첩) : 전리품(戰利品). 송나라를 정벌하여 얻은 것.

6) 薄(박) : 지명이며 박(亳)이라고도 한다.

22. 희공 22년 계미(癸未)

가. 주(邾)나라의 수구(須句)를 빼앗다

22년 계미(癸未) 봄에 희공이 주(邾)나라를 정벌하여 수구(須句)를 빼앗았다.

여름에 송나라 군주인 공작과 위(衛)나라 군주인 후작과 허나라 군주인 남작과 등나라 군주인 자작이 정나라를 정벌했다.

가을인 8월 정미(丁未)일에 주(邾)나라 사람과 승형(升陘)에서 싸웠다. 이는 노나라 국내에서 패전한 것을 숨긴 것이며 그 가히 말할 수 있는 것만 기록한 것이다. 그 사람을 말하지 않은 것은 우리 노나라가 패전한 것이었다. 이르렀다고 말하지 않은 것은 국내에서 숨기기 위한 것이었다.

겨울인 11월 초하루 기사(己巳)일에 송나라 군주인 공작이 초나라 사람과 홍강(泓江)에서 싸워 송나라 군사가 패전했다. 경문(經文)에 기재하는 역사의 날짜가 초하루와 겹치면 '삭(朔)' 이라고 했다. 춘추(春秋)에는 34번의 전쟁이 기재되어 있는데 존귀한 사람이 미천한 사람에게 패배했거나 또 군사를 이끌고 개인에게 패배한 일이 있지 않다.

존귀한 사람이 미천한 사람에게 패배하고 군사를 거느리고 개인에게 패배했다면 이는 그 적에게 교만하게 군 것이다. 송나라의 양공(襄公)이 군사를 거느리고 초나라 사람에게 패배한 것은 그가 적에게 교만한 것이 아니고 무엇인가? 송나라 양공을 질책한 것이다.

홍(泓)에서의 전쟁은 앞서 양공(襄公)이 초나라에 잡혔었던 우(雩) 땅의 치욕을 복수하기 위해서였다. 우(雩) 땅의 치욕은 송나라 양공(襄公)이 스스로 취한 것이다. 곧 제나라가 상(喪)을 당했는데 정벌하였고 등(滕)나라의 군주인 자작을 잡았고 조(曹)나라를 포위하여 우(雩) 땅의 회동이 이루어졌다. 자신의 힘이 부족한 것을 되돌아보지 않고 초(楚)나라 성왕(成王)이 이르도록 하여 성왕(成王)의 노여움을 사 잡히게 된 것이다.

그러므로 이르기를, 사람을 예로써 대하는데 대답이 없으면 그 공경함을 돌이켜보고 사람을 사랑하는데 친해지지 않으면 그 인(仁)을 돌이켜보고 사람을 다스리는데 다스려지지 않으면 그 지혜를 돌이켜보는 것이다. 허물을 고치지 않고 또 반복하는 이것을 이른바 지나친 것이라고 하는데 이는 송나라 양공을 이른 것이다.

옛날에는 갑옷을 입고 그 위에 갑옷을 껴입는다고 해서 국가를 일으키는 것은 아니었으며 무도한 것만 정벌한 것이었다. 어찌 그 자신의 수치를 보복했다고 이를 것인가?

송나라의 양공이 초나라 사람과 홍수(泓水) 위에서 싸울 때 사마자반(司馬子反)이 말했다.

"초나라는 병사가 많고 우리는 적습니다. 북소리를 높이 울려서 공격하여 승리하면 이런 다행이 없을 것입니다."

양공(襄公)이 말했다.

"군자는 남을 위태한 곳에 밀어 넣지 않고 남이 재액을 당하면 공격하지 않고 그가 나올 때를 기다리는 것이다."

이미 험한 곳에서 벗어났는데 깃발이 위에서 어지럽게 휘날리고 진지가 아래에서 문란하여 있었다.

자반(子反)이 말했다.

"초나라 군사는 많고 우리는 적습니다. 이때 공격하면 승리할 것이니 이런 다행스러움이 없을 것입니다."

양공이 말했다.

"북을 울리지 않은 것은 군열이 정돈되지 않은 것이니 그 군열이 정돈된 뒤에 공격할 것이다."

이에 공격하여 군사는 패배하고 양공은 몸을 상했다. 그 후 7월에 사망했다.

병사가 갑절이 많으면 공격하고 대적할 만하면 전투를 하고 병사가 적으면 지키는 것이다. 사람을 사람으로 여기는 것은 말 때문이다. 사람이 능히 말을 하지 못한다면 어찌 사람이라 하겠는가? 말을 말이라고 여기는 것은 믿음 때문이다. 말에 믿음이 있지 않게 되면 어떻게 말이라고 하겠는가? 믿음을 믿음으로 여기는 것은 도(道) 때문이다. 믿는 것을 도(道)로써 아니한다면 어찌 도라고 하겠는가? 도(道)가 귀하게 되는 것은 시기이고 그 도가 행해지는 것은 형세인 것이다.

二十二年 春 公伐邾 取須句[1)]

夏 宋公衛侯許男滕子 伐鄭

秋 八月 丁未 及邾人 戰于升陘[2)] ◯內諱敗 擧其可道者也 不言其人 以吾敗也 不言及之者 爲內諱也

冬 十有一月 己巳 朔 宋公及楚人戰于泓[3)] 宋師敗績 ◯日事遇朔曰朔 春秋三十有四戰 未有以尊敗乎卑 以師敗乎人者也 以尊敗乎

卑 以師敗乎人 則驕其敵 襄公以師敗乎人 而不驕其敵 何也 責之也 泓之戰 以爲復雩之恥也[4] 雩之恥 宋襄公有以自取之 伐齊之喪執滕子 圍曹 爲雩之會 不顧其力之不足 而致楚成王[5] 成王怒而執之 故曰 禮人而不荅 則反其敬 愛人而不親 則反其仁 治人而不治則反其知 過而不改 又之 是謂之過 襄公之謂也 古者被甲嬰[6]胄 非以興國也 則以征無道也 豈曰以報其恥哉 宋公與楚人戰于泓水之上 司馬子反[7]曰 楚衆我少 鼓險而擊之 勝 無幸焉 襄公曰 君子不推人危 不攻人厄 須其出 旣出 旌亂於上 陳亂於下 子反曰 楚衆我少擊之 勝無幸焉 襄公曰 不鼓不成列 須其成列而後擊之 則衆敗而身傷焉 七月而死 倍則攻 敵則戰 少則守 人之所以爲人者 言也 人而不能言 何以爲人 言之所以爲言者 信也 言而不信 何以爲言 信之所以爲信者 道也 信而不道 何以爲道 道之貴者時 其行勢也

1) 須句(수구) : 나라 이름이라 했다. 풍성(風姓)이고 태호(太皞)씨의 후예라고 했다. 곧 주(邾)나라의 부용국인 것 같다. 희공(僖公)의 어머니인 성풍(成風)은 수구국(須句國)의 딸이라 했다. 공양전에는 수구(須朐)로 되어 있다. 좌전에는 주(邾)나라의 고을로 보았다.
2) 升陘(승형) : 노나라 지명이다.
3) 泓(홍) : 강 이름이다.
4) 以爲復雩之恥也(이위복우지치야) : 21년 우(雩)에서 송나라 양공이 잡힌 일을 복수하기 위한 것이라는 뜻.
5) 楚成王(초성왕) : 초나라 성왕(成王).
6) 嬰(영) : 더하다. 곧 껴입다의 뜻.
7) 司馬子反(사마자반) : 사마는 관직명이고 자반은 송나라의 자어(子魚)이다.

23. 희공 23년 갑신(甲申)

가. 송나라의 민(閔) 땅을 포위하다

23년 갑신(甲申) 봄에 제(齊)나라 군주인 후작이 송나라를 정벌하여 민(閔) 땅을 포위했다. 나라를 정벌하면 읍을 포위했다고 말하지 않는 것인데 여기서 그 읍을 포위했다고 말한 것은 무슨 뜻인가? 그 악으로써 악을 갚는 것이 합당하지 않기 때문이었다.

여름인 5월 경인(庚寅)일에 송(宋)나라 군주인 공작 자보(玆父)가 세상을 떠났다. 자보(玆父)를 장사 지낸 것을 지록하지 않은 것은 무슨 뜻인가? 백성들을 잃었기 때문이다. 그 백성들을 잃었다는 것은 무슨 뜻인가? 그의 백성들을 가르치지 않고 전쟁에 내보냈으니 이는 그의 군사들을 버린 것이다. 사람의 임금이 되어서 그의 군사를 버렸다면 그의 백성들이 무엇 때문에 그 임금을 위하겠는가?

가을에 초나라 사람이 진(陳)나라를 정벌했다.

겨울인 11월에 기(杞)나라 군주인 자작이 세상을 떠났다.

二十有三年 春 齊侯伐宋 圍閔[1] ◌伐國不言圍邑 此其言圍 何也 不正其以惡報惡[2]也

夏 五月 庚寅 宋公玆父[3]卒 ◌玆父之不葬 何也 失民也 其失民何也 以其不教民戰 則是棄其師也 爲人君而棄其師 其民孰以爲君哉

秋 楚人伐陳[4]

冬 十有一月 杞子卒[5]

1) 閔(민) : 땅 이름이다. 좌전이나 공양전에는 민(緡)으로 되어 있다.

2) 以惡報惡(이악보악) : 악으로써 악을 갚다. 곧 노나라 희공 18년에 제나라 환공이 세상을 떠나자 송나라 양공(襄公)이 제나라를 정벌한 것을 뜻한다.

3) 宋公玆父(송공자보) : 곧 송나라 양공(襄公)이다. B.C. 650년에 즉위하여 14년 간 재위했다. 공양전에는 자(玆)가 자(慈)로 되어 있다.

4) 楚人伐陳(초인벌진) : 송(宋)나라와 초나라가 쟁패(爭覇)하는데 진(陳)나라가 어느 때는 초나라와 친하고 어느 때는 송나라와 친했다. 송나라 양공이 죽자 초나라가 진나라를 쳐서 초(焦)와 이(夷)의 두 읍을 탈취했다.

5) 杞子卒(기자졸) : 곧 기(杞)나라 성공(成公)이다.

24. 희공 24년 을유(乙酉)

가. 적인(狄人)이 정나라를 정벌하다

24년 을유(乙酉) 봄, 왕력으로 정월이다.

여름에 적인(狄人)이 정(鄭)나라를 정벌했다.

가을인 7월이다.

겨울에 천자(天子)가 나와 정나라에서 지내게 되었다. 천자(天子)는 나갔다고 하는 말이 없는 것인데 '출(出)'이라고 한 것은 천하(天下)를 잃었기 때문이다. '거(居 : 지내다)'란 그 곳에 살다이다. 오직 천자가 천하를 잃게 되었다면 감히 가질 것이 없게 되는 것이다.

진(晉)나라 군주인 후작 이오(夷吾)가 세상을 떠났다.

二十有四年 春 王正月

夏 狄伐鄭[1)]

秋 七月

冬 天王出居于鄭[2)] ◌天子無出 出 失天下也 居者居其所也 雖失天下 莫敢有也

晉侯夷吾卒[3)]

1) 伐鄭(벌정) : 주(周)의 양왕(襄王)이, 정나라 문공(文公)이 제멋대로 주나라 사신을 구금하자 천자의 나라에서 정나라를 적인(狄人)으로 하여금 정벌하게 한 것이다.

2) 天王出居于鄭(천왕출거우정) : 주(周)의 천자(天子)인 양왕(襄王)이 아우 대(帶)의 일파에게 몰려 경사(京師)에서 나와 정(鄭)나라에서 거처하게 된 것을 말한다.

3) 晉侯夷吾卒(진후이오졸) : 진(晉)나라 군주인 후작 이오이다. 곧 진나라 혜공(惠公)이다. 23년 9월에 세상을 떠났으나 그동안 그것을 숨겨왔던 것이다.

이후부터 진(晉)의 공자(公子) 중이(重耳)가 진나라의 임금이 되고 이 사람이 곧 진문공(晉文公)이며 패자(霸者)가 되었다.

25. 희공 25년 병술(丙戌)

가. 위(衛)나라가 형(邢)나라를 멸망시키다

25년 병술(丙戌) 봄, 왕력으로 정월 병오(丙午)일에 위(衛)나라 군주인 후작 훼(燬)가 형(邢)나라를 멸망시켰다. 여기에 '훼(燬)' 라고 이름을 쓴 것은 무슨 뜻인가? 위나라의 훼가 형나라를 정벌한 것이 근본적으로 바르지 않은 데다가 또한 동성(同姓)의 나라를 멸망시켰기 때문이다.

여름인 4월 계유(癸酉)일에 위(衛)나라 군주인 후작 훼(燬)가 세상을 떠났다.

송(宋)나라의 탕백희(蕩伯姬)가 와서 며느리를 맞이했다. 부인(婦人)이 이미 시집을 갔으면 국경을 넘지 않는 것인데 송나라의 탕백희(蕩伯姬)가 와서 며느리를 맞이했다고 한 것은 예에 합당한 일이 아니었다. 그 뒤에 부(婦)라고 이른 것은 시어머니와 연결시켜서 말한 언사(言辭)이다.

송나라에서 그 대부를 죽였다. 그 대부의 성명을 일컫지 않은 것은 공자(孔子)의 조부(祖父)의 위치에 있는 대부였기 때문에 높여서 그의 성명을 기록하지 않은 것이다.

가을에 초나라 사람이 진(陳)나라를 포위하여 돈(頓)나라 군주인 자작을 돈나라로 들여보냈다. '납(納 : 들여보내다)' 이란 국내에서 받아주지 않은 것이다. 포위한 것도 하나의 일이고 들여보낸 것도 하나의 일이다. 포위함으로써 들여보내는 일이 이루어졌다는 말이다. 대개 돈나라 군주인 자작을 들여보낸 것은 진(陳)나라였다.

위(衛)나라 문공(文公)을 장사 지냈다.

겨울인 12월 계해(癸亥)일에 희공이 위(衛)나라 군주의 아들과 거(莒)나라의 경과 회합하여 조(洮)에서 동맹을 맺었다. 거(莒)나라에는 대부(大夫)가 없었다. 그를 '거(莒)나라 경(慶)'이라고 이른 것은 무슨 뜻인가? 희공과의 회동을 높이기 위하여 주목시킨 것이다.

二十五年 春 王正月 丙午 衛侯燬[1]滅邢 ◯燬之名 何也 不正其伐本而滅同姓[2]也

夏 四月 癸酉 衛侯燬卒

宋蕩伯姬[3]來逆婦 ◯婦人旣嫁不踰竟 宋蕩伯姬來逆婦 非正也 其曰婦 何也 緣姑[4]言之之辭也

宋殺其大夫 ◯其不稱名姓 以其在祖之位 尊之也[5]

秋 楚人圍陳 納頓[6]子于頓 ◯納者 內弗受也 圍 一事也 納 一事也 而遂言之 蓋納頓子者陳也

葬衛文公

冬 十有二月 癸亥 公會衛子莒慶 盟于洮[7] ◯莒無大夫 其曰莒慶 何也 以公之會目之也

1) 衛侯燬(위후훼) : 위나라 문공(文公)이다. 훼는 그의 이름. 문공은 B.C. 659년에 즉위하여 14년 간 재위했다.
2) 滅同姓(멸동성) : 형(邢)나라는 주공단(周公旦)의 아들에게 봉해졌고, 위(衛)나라는 주무왕(周武王)의 아우 강숙(康叔)에게 봉해진 나라이므로 서로가 동성이다.
3) 宋蕩伯姬(송탕백희) : 송나라 탕(蕩)씨의 어머니인 백희이다. 송나라 환공(桓公)이 공자탕(公子蕩)을 낳았으며 그의 후대에 탕(蕩)으로 성씨를 삼았다. 백희는 노나라 공실(公室)의 딸이다.
4) 姑(고) : 시어머니. 곧 탕백희를 뜻한다.
5) 以其在祖之位尊之也(이기재조지위존지야) : 그의 할아버지의 지위에 존재하여 높인 것이다. 곧 공자(孔子)의 조부(祖父)로서 높여 그의 이름을 쓰지 않았다고 했다.
6) 頓(돈) : 나라 이름이다.
7) 洮(조) : 노나라 땅 이름이다.

26. 희공 26년 정해(丁亥)

가. 상(向)에서 동맹을 맺다

26년 정해(丁亥) 봄, 왕력으로 정월 기미(己未)일에 희공이 거(莒)나라 군주인 자작과 위(衛)나라 영속(甯速)과 회합하여 상(向)에서 동맹을 맺었다. 임금은 대부(大夫)와 회동하지 않는 것인데 그 '영속(甯速)'을 말한 것은 무엇 때문인가? 그가 거(莒)나라 군주인 자작을 따라왔기 때문에 회동이라고 말한 것이다.

제나라 사람이 우리 노나라의 서쪽 변방을 침범했는데 희공이 제나라 군사를 추격해 휴(巂)까지 갔으나 미치지 못했다. 인(人)이란 미천한 사람이다. 침(侵 : 침범)은 하찮은 일이었다. 이를 희공이 추격한 일은 올바른 일이 아니었다. 지휴(至巂)란 급한 말이다. 불급(弗及)이란 함께 하지 못한 것이다. 가히 미칠 수 있었는데 감히 미치지 못한 것이다.

그들이 침입한 것은 '인(人)'이라고 이르고 그들을 추격한 것을 '사(師)'라고 이른 것은 희공이 미치지 못한 것을 크게 여긴 것이다. '불급(弗及)'이란 국내에서 쓰는 말이다.

二十有六年 春 王正月 己未 公會莒子[1] 衛甯速[2] 盟于向[3] ◌公不會大夫 其曰甯速 何也 以其隨莒子可以言會也

齊人侵我西鄙 公追齊師至巂[4] 弗及[5] ◌人 微者也 侵 淺事也 公之追之 非正也 至巂 急辭也 弗及者 弗與也 可以及而不敢及也 其侵也曰人 其追也曰師 以公之弗及大之也 弗及 內辭也

1) 莒子(거자) : 거나라 군주인 자작. 곧 거(莒)의 자비공(玆丕公).

2) 衛甯速(위영속) : 위나라 대부 영속. 좌전에는 영장자(甯莊子)라 했다.

3) 向(상) : 거나라 땅 이름.

4) 巂(휴) : 제나라 땅 이름. 좌전에는 휴(酅)로 되어 있다.

5) 弗及(불급) : 좌전에는 '불급(不及)' 으로 되어 있다.

나. 제나라에서 노나라 북쪽 변방을 정벌하다

여름에 제나라 사람이 우리 노나라의 북쪽 변방을 정벌했다.

위(衛)나라 사람이 제나라를 정벌했다.

노나라의 공자(公子) 수(遂)가 초(楚)나라에 가서 군사의 동원을 요청했다. '걸(乞 : 청하다)' 은 중요한 말이다. 왜 중요한가? 사람의 죽음을 중요하게 여긴다면 군사를 요청할 수는 없는 것이다. 군사를 출정시키면 반드시 돌아온다는 보장이 없고 싸우면 반드시 이긴다는 보장이 없으므로 중대하게 여기는 것이다.

가을에 초나라 사람이 기(夔)나라를 멸망시키고, 기나라 군주인 자작을 데리고 돌아갔다. 기(夔)는 국가이다. 날짜를 기록하지 않은 것은 작은 나라이기 때문이다. '이귀(以歸)' 는 오히려 잡혀갔다는 것보다 나은 것이다.

겨울에 초나라 사람이 송(宋)나라를 정벌하여 민(閔)을 포위했다. 나라를 정벌하면 읍(邑)을 포위했다고 말하지 않는 것인데 여기서 그 읍(邑)을 포위했다고 말한 것은 무슨 뜻인가? 우리 노나라가 초나라 군대를 빌려왔는데 그 군사를 초나라에서 송나라 정벌에 사용한 것을 지목한 것으로 경우가 아니게 군사를 사용한 것을 책망한 것이다.

희공이 초나라 군사로써 제나라를 정벌하여 곡(穀)을 빼앗았다. '이(以)' 란 쓰지 않았다이다. 백성이란 군주의 근본이다. 백성으로 하여금 죽음으로써 하게 하면 그것은 바른 도리가 아니다.

희공이 제나라를 정벌하는 일에서 돌아왔다. 나쁜 일에는 이르렀다고 고묘(告廟)하지 않는 것인데 여기서 이르렀다고 한 것은 무슨 뜻인가? 위험한 것을 대동하였기 때문이다.

夏 齊人伐我北鄙

衛人伐齊

公子遂[1]如楚乞師 ◌乞 重辭也 何重焉 重人之死也 非所乞也 師出不必反 戰不必勝 故重之也

秋 楚人滅夔[2] 以夔子歸 ◌夔 國也 不日 微國也 以歸 猶愈乎執也

冬 楚人伐宋 圍閔 ◌伐國不言圍邑 此其言圍 何也 以吾用其師目其事也 非道用師也 公以楚師伐齊 取穀[3] 以者 不以者也 民者 君之本也 使民以其死 非其正也

公至自伐齊 ◌惡事不致 此其致之何也 危之也

1) 公子遂(공자수) : 노나라 대부. 좌전에서는 동문양중(東門襄仲)이라 했다. 동문은 사는 곳의 땅이고 양은 죽은 뒤의 시호이고 중은 그의 자(字)라 했다.

2) 夔(기) : 나라 이름이다. 초나라와 동성(同姓)의 나라이다.

3) 穀(곡) : 제나라의 고을 이름.

27. 희공 27년 무자(戊子)

가. 제나라 군주 소(昭)가 세상을 떠나다

27년 무자(戊子) 봄에 기(杞)나라 군주인 자작이 찾아왔다.

여름인 6월 경인(庚寅)일에 제나라 군주인 후작(侯爵) 소(昭)가 세상을 떠났다.

가을인 8월 을미(乙未)일에 제나라 효공(孝公)을 장사 지냈다. 을사(乙巳)일에 공자(公子) 수(遂)가 군사를 거느리고 기(杞)나라로 쳐들어갔다.

겨울에 초나라 사람과 진(陳)나라 군주인 후작과 채나라 군주인 후작과 정나라 군주인 백작과 허(許)나라 군주인 남작이 송(宋)나라를 포위했다. '초인(楚人 : 초나라 사람)' 이란 초나라 군주인 자작이다. 그를 '인(人)' 이라고 이른 것은 무슨 뜻인가? 인(人)은 초나라 자작(子爵)이니 인(人)으로써 제후라고 한 것이다. 그 인(人)을 제후라고 한 것은 무슨 뜻인가? 이들이 이적(夷狄)인 초나라를 신용하여 중국을 정벌한 것이 바르지 않았다는 뜻이다.

12월 갑술(甲戌)일에 희공이 제후들과 회합하여 송나라에서 동맹을 맺었다.

二十有七年 春 杞子[1]來朝

夏 六月 庚寅 齊侯昭[2]卒

秋 八月 乙未 葬齊孝公 乙巳 公子遂帥師入杞

冬 楚人[3]陳侯蔡侯鄭伯許男 圍宋 ◯楚人者 楚子也 其曰人 何也 人楚子 所以人諸侯也 其人諸侯 何也 不正其信夷狄而伐中國也

十有二月 甲戌 公會諸侯 盟于宋

1) 杞子(기자) : 기나라 군주인 자작의 뜻이다. 기나라 환공(桓公)으로 기나라 성공(成公)의 아들.

2) 齊侯昭(제후소) : 곧 제나라 효공(孝公)이며 B.C. 642년에 즉위하여 15년 동안 재위했다.

3) 楚人(초인) : 다른 나라들은 다 군주가 나섰는데 초나라에서는 영윤(令尹)이 군사를 거느리고 송나라를 공격했으므로 초자(楚子)라고 쓰지 않았다고 좌전에서는 말하고 있다.

28. 희공 28년 기축(己丑)

가. 진(晉)나라에서 위(衛)나라를 정벌하다

28년 기축(己丑) 봄에 진(晉)나라 군주인 후작이 조(曹)나라를 침범했고, 또 진나라 군주인 후작이 위(衛)나라를 정벌했다. 두 번이나 '진나라의 군주인 후작' 이라 일컬은 것은 미워한 것이다.

공자(公子) 매(買)가 위(衛)나라를 수비했다. 그런데 수비를 마치기 전에 그를 찔러 죽였다. 먼저 이름을 거론하고 뒤에 죽였다고 한 것은 죄가 있어서 죽인 것이다. 공자 계(公子啓)가 말하기를 " '수비를 마치기 전에' 라는 것은 가히 끝마친 것이다. 가히 끝마쳤는데 끝마치지 않았다고 한 것은 공자(公子)가 있었다는 것을 책망한 것이니 죽인 것이 옳은 것이다."라고 했다.

초나라 사람이 위나라를 구원했다.

3월 병오(丙午)일에 진(晉)나라 군주인 후작이 조(曹)나라로 쳐들어가 조나라 군주인 백작을 잡아서 송(宋)나라 사람에게 넘겨주었다. '입(入)' 이란 국내에서 받아들이지 않는 것이다. 들어간 날짜를 기록한 것은 들어오는 것을 싫어한 것이다. 진(晉)나라의 후작이 조나라의 백작을 물리치고 잡았다고 한 것은 진나라 후작을 증오한 것이다. '비(畀)' 는 주다이다. 그를 '인(人)' 이라고 이른 것은 무슨 뜻인가? 이는 진(晉)나라의 후작이 송(宋)나라의 공작에게 준 것이 아니기 때문이다.

二十有八年 春 晉侯侵曹[1] 晉侯伐衛[2] ◌再稱晉侯 忌也

公子買[3] 戍衛 不卒戍[4] 刺之 ◌先名後刺 殺有罪也 公子啓[5]曰 不卒戍者 可以卒也 可以卒而不卒 譏在公子也 刺之可也

楚人救衛

三月 丙午 晉侯入曹 執曹伯畀宋人 ◌入者 內弗受也 日入 惡入者也 以晉侯而斥執曹伯 惡晉侯也 畀 與也 其曰人 何也 不以晉侯畀宋公也

1) 侵曹(침조) : 조나라를 침공하다. 곧 진(晉)나라 중이(重耳)가 도망다닐 때 서운했던 일로 침략한 것이다.

2) 伐衛(벌위) : 위(衛)나라를 정벌하다. 조나라를 침략하기 위하여 위나라에 길을 빌려 달라고 했는데 빌려 주지 않아서였다. 또 망명할 때의 서운한 감정도 있었다.

3) 公子買(공자매) : 노나라의 대부이며 자총(子叢)이다.

4) 不卒戍(불졸수) : 수비의 임무를 마치기 전.

5) 公子啓(공자계) : 노나라의 자여(子閭)이다.

나. 초나라에서 대부 득신(得臣)을 죽이다

여름인 4월 기사(己巳)일에 진(晉)나라 군주인 후작과 제나라 군사와 송나라 군사와 진(秦)나라 군사들이 초(楚)나라 사람과 성복(城濮)에서 싸웠는데 초나라 군사가 패배했다.

초(楚)나라에서 그의 대부 득신(得臣)을 죽였다.

위(衛)나라 군주인 후작이 초나라로 달아났다.

5월 계축(癸丑)일에 희공이 진나라 군주인 후작과 제나라 군주인 후작과 송나라 군주인 공작과 채나라 군주인 후작과 정나라 군주인 백작과 위나라 군주인 자작과 거(莒)나라 군주인 자작과 천토(踐土)에서 동맹을 맺었다. 천자(天子)와 회합한 것을 숨겨준 것이다.

진(陳)나라 군주인 후작이 회(會)에 갔다. '여회(如會 : 모임에 가다)'는 나라 밖에서 희생의 피를 마시는 모임이었다. 모임에서 명령을 받은 것이다.

희공이 왕소(王所)에서 천자(天子)를 뵈었다. 조회에서는 장소를 말하지 않은 것인데 이 곳에서 '소(所)'라고 말한 것은 그 조회하는 곳이 아니었기 때문이다.

6월에 위(衛)나라 군주인 후작이 정(鄭)나라에서 초(楚)나라를 거쳐서 다시 위(衛)나라로 돌아갔다. '초나라로부터'라고 한 것은 초나라에서 받들어 보낸 것이다. '부(復)'란 중국(中國)으로 돌아왔다는 것이다. '귀(歸)'라는 것은 그 곳으로 돌아갔다는 뜻이다. 정(鄭)나라라고 거명한 것은 나라를 잃었기 때문이다.

夏 四月 己巳 晉侯齊師宋師秦師 及楚人戰于城濮[1] 楚師敗績

楚殺其大夫得臣[2]

衛侯出奔楚

五月 癸丑 公會晉侯齊侯宋公蔡侯鄭伯衛子[3]莒子 盟于踐土[4] ◌諱會天王也

陳侯如會[5] ◌如會 外乎會[6]也 於會受命也

公朝于王所[7] ◌朝不言所 言所者 非其所也

六月 衛侯鄭自楚復歸于衛 ◌自楚 楚有奉焉爾 復者 復中國也 歸者 歸其所也 鄭之名 失國[8]也

1) 城濮(성복) : 위(衛)나라 지명(地名)이다.
2) 得臣(득신) : 초(楚)나라 공자(公子) 옥(玉). 곧 자옥(子玉).
3) 衛子(위자) : 위(衛)나라 군주인 후작은 초나라로 달아나 있었고 그의 아우 숙무(叔武 : 虎)가 회합에 참가했으므로 위후(衛侯)라고 쓰지 않았다.
4) 踐土(천토) : 정(鄭)나라의 지명.
5) 陳侯如會(진후여회) : 진(陳)나라 군주인 후작, 곧 진목공(陳穆公)이 모임에 갔다는 뜻.
6) 外乎會(외호회) : 피를 마시는 맹세의 의식을 뜻한다.
7) 王所(왕소) : 천자가 있는 곳. 곧 천자가 경사(京師 : 수도)에 있지 않았기 때문에 왕소라 했다.
8) 失國(실국) : 위(衛)나라 성공(成公)이 초나라에 있을 때는 어려움을 피하여 있었다.

다. 원훤(元咺)이 진(晉)나라로 달아나다

위(衛)나라 원훤(元咺)이 진(晉)나라로 달아났다.

진(陳)나라 군주인 후작 관(款)이 세상을 떠났다.

가을에 기(杞)나라의 백희(伯姬)가 왔다.

공자 수(遂)가 제나라로 갔다.

겨울에 희공이 진(晉)나라 군주인 후작과 송나라 군주인 공작과 채나라 군주인 후작과 정나라 군주인 백작과 진(陳)나라 군주의 아들과 거(莒)나라 군주인 자작과 주(邾)나라 군주인 자작과 진(秦)나라 사람과 온(溫)에서 회합했다. 이 회합은 천자(天子)가 참여한 것을 숨겨 준 것이다.

천자가 하양(河陽)에서 사냥했다. 천자의 출행(出行)을 온전하게 해준 것이다. 장차 사냥을 나가는데 제후들의 조회를 만난 것과 같은 것이며 천자를 위하여 숨겨 준 것이다. 물의 북쪽을 양(陽)이라고 하고 산의 남쪽을 양(陽)이라고도 한다. 온(溫) 땅은 하양(河陽)이다.

임신(壬申)일에 희공이 왕소(王所)에 가서 천자를 뵈었다. 종묘에서 천자를 뵙는 것은 예(禮)이고 밖에서 뵙는 것은 예가 아니다. 홀로 희공만 조회에 참여한 것인가? 제후들이 모두 뵌 것이다. 그의 날짜를 기록한 것은 그 두 번째로 천자를 뵈었기 때문이다. 그러므로 경계하라고 날짜를 기록한 것이다. 선을 주관하는 것은 안으로 희공에게 하고 나쁜 것을 지목한 것은 밖의 제후들에게 한 것이다.

'희공이 천자를 뵙다' 라고 말한 것은 상식을 벗어난 말이지만 천자를 존중한 것이다. 온에서 회합했다고 한 것은 제후들을 작게 말한 것이다. 온(溫)은 하북(河北)의 땅인데 하양(河陽)이라고 말한 것은 천자를 크게 하기 위한 것이다. 날짜는 월(月 : 달) 안에 매여 있고 월(月 : 달)은 계절 안에 매여 있는 것이다.

임신(壬申)일에 희공이 왕소(王所)에서 천자를 뵈었는데 그 달을 기록하지 않은 것은 그 매여 있는 것을 잃은 것이었다. 진(晉)나라 문공(文公)을 위한 행사였는데 이것이 상하로 전도(顚倒)된 것이었다.

衛元咺[1]出奔晉

陳侯款[2]卒

秋 杞伯姬[3]來

公子遂如齊

冬 公會晉侯[4]宋公蔡侯鄭伯陳子[5]莒子邾子秦人 于溫[6] ◌諱會天王也

天王守[7]于河陽[8] ◌全天王之行也 爲若將守而遇諸侯之朝也 爲天王諱也 水北爲陽 山南爲陽 溫 河陽也 壬申 公朝於王所 朝於廟 禮也 於外 非禮也 獨公朝 與諸侯盡朝也 其日 以其再致天子 故謹而日之 主善以內 目惡以外 言曰公朝 逆辭也[9] 而尊天子 會于溫 言小諸侯 溫 河北地 以河陽言之 大天子也 日繫於月 月繫於時 壬申 公朝于王所 其不月 失其所繫也 以爲晉文公之行事爲已傎[10]矣

1) 元咺(원훤) : 위(衛)나라의 대부.

2) 陳侯款(진후관) : 곧 진(陳)나라 목공(穆公)이며 이름은 관(款)이다. B.C.

647년에 즉위하여 16년간 재위했다.

3) 杞伯姬(기백희) : 노나라 장공(莊公)의 딸이며 귀녕(歸寧)했다.

4) 晉侯(진후) : 좌전에는 진후 밑에 '제후(齊侯)'가 들어 있다.

5) 陳子(진자) : 진(陳)나라 군주인 후작이 세상을 떠났으므로 그 뒤를 이은 공공(共公)이 회합에 참가했으나 아직 해를 넘기지 않아서 진후(陳侯)라 쓰지 않고 진자(陳子)라고 쓴 것이다.

6) 溫(온) : 옛 나라 이름. 원래는 소(蘇)이다. 춘추시대에 주왕실(周王室)의 읍이 되었다.

7) 守(수) : 수(狩)와 같다.

8) 河陽(하양) : 진(晉)나라의 지명.

9) 逆辭也(역사야) : 일상적인 것을 거역한 말이라는 뜻.

10) 傎(전) : 전(顚)과 같다.

라. 위(衛)나라 후작을 잡아 경사(京師)로 보내다

진(晉)나라 사람이 위(衛)나라 군주인 후작을 잡아서 경사(京師)로 보냈다. 이는 위나라로 들어가서 잡은 것인데 그것을 '들어갔다' 고 말하지 않은 것은 무슨 뜻인가? 위나라가 천자의 명령 밖에 있는 것이 아니기 때문이다. '경사로 보냈다.' 라고 한 것은 관대하게 한 말이며 판단이 경사(京師)에 있다는 뜻이다.

위(衛)나라의 원훤(元咺)이 진(晉)나라에서 다시 위(衛)나라로 돌아갔다. '진(晉)나라로부터' 는 진(晉)나라에서 받들어 줌이 있은 것이다. '부(復 : 다시)' 란 중국으로 돌아왔다는 것이며 '귀(歸)' 란 그의 처소로 돌아갔다는 뜻이다.

제후들이 드디어 허(許)나라를 포위했다. 수(遂)는 계속 이어진 일이다.

조(曹)나라 군주인 백작 양(襄)이 다시 조(曹)나라로 돌아갔다. 부(復 : 다시)란 중국으로 돌아왔다는 뜻이다. 천자가 무마해 주고 그로 인하여 함께 모였는데 그것을 '부(復)' 라고 이른 것은 천자(天子)의 명이 통한 것이다.

드디어 제후들이 모여 허나라를 포위했다. 수(遂)는 계속 이어진 일이다.

晉人執衛侯[1] 歸之于京師 ◌此入而執 其不言入 何也 不外王命於衛也 歸之于京師 緩辭也 斷在京師也

衛元咺自晉復歸于衛 ◌自晉 晉有奉焉爾 復者 復中國也 歸者 歸其所也

諸侯遂圍許 ◌遂 繼事也

曹伯襄[2]復歸于曹 ◌復者 復中國也 天子免之 因與之會 其曰復通王命也

遂會諸侯[3]圍許 ◌遂 繼事也

1) 執衛侯(집위후) : 위(衛)나라 성공(成公)을 뜻한다.

2) 曹伯襄(조백양) : 조나라 군주인 백작 양(襄)이며 성복(城濮)의 전쟁에서 진문공(晉文公)에게 잡혔던 임금이다.

3) 諸侯(제후) : 온(溫)에서 회합한 제후들.

29. 희공 29년 경인(庚寅)

가. 개(介)나라 갈로(葛盧)가 오다

29년 경인(庚寅) 봄, 개(介 : 東夷國)나라 갈로(葛盧)가 왔다. 개(介)는 국가이다. 갈로(葛盧)는 작은 나라의 임금인데 작위(爵位)를 받지 않은 자이다. 그를 '내(來)'라고 이른 것은 지위가 낮기 때문이었다.

희공이 허(許)나라를 포위하는 일에서 돌아왔다.

여름인 6월에 희공이 천자(天子)가 보낸 사람과 진(晉)나라 사람과 송(宋)나라 사람과 제(齊)나라 사람과 진(陳)나라 사람과 채(蔡)나라 사람과 진(秦)나라 사람이 적천(翟泉)에서 동맹을 맺었다.

가을에 큰 우박이 내렸다.

겨울에 개(介)나라의 갈로(葛盧)가 왔다.

二十有九年 春 介[1]葛盧[2]來 ◌介 國也 葛盧 微國之君 未爵者也 其曰來 卑也

公至自圍許

夏 六月 公會王人晉人宋人齊人陳人蔡人秦人 盟于翟泉[3]

秋 大雨雹

冬 介葛盧來

1) 介(개) : 동방의 이민족(異民族)인 동이족(東夷族)의 나라 이름. 성씨는 미상(未詳)이라 했다.

2) 葛盧(갈로) : 개(介)나라의 군주 호칭이다.

3) 翟泉(적천) : 낙양(洛陽)성 밖에 있는 땅 이름.

30. 희공 30년 신묘(辛卯)

가. 적인(狄人)이 제나라를 침범하다

30년 신묘(辛卯) 봄인 왕력으로 정월이다.

여름에 적인(狄人)이 제나라를 침범했다.

가을에 위(衛)나라에서 대부 원훤(元咺)과 공자 하(公子瑕)를 죽였다. 국가를 일컬어 죽였다고 한 것은 군주에게 누를 끼친 일이 있어서 죄를 준 것이며 이로써 송사하여 군주가 된 것이다. 위(衛)나라 군주인 후작이 밖에 있었는데 그 군주에게 누를 끼쳤다는 언사(言辭)로 말한 것은 무슨 뜻인가? 그가 죽는 것을 기다린 후에 들어갔기 때문이다. 공자 하(公子瑕)도 연루되었다. 존귀한 사람에서부터 비천한 사람에게까지 이른 것이다.

위(衛)나라 군주인 후작 정(鄭)이 위나라로 돌아갔다.

진(晉)나라 사람과 진(秦)나라 사람이 정나라를 포위했다.

개(介)나라 사람이 소(蕭)나라를 침범했다.

겨울에 천자가 태재(太宰)인 주공(周公)에게 예물을 가지고 노나라를 예방하게 했다. 천자의 태재는 온 천하에 모두 통하는 것이다.

공자 수(遂)가 경사(京師)에 갔으며 이어서 진(晉)나라에도 갔다. 높은 곳에서 낮은 곳까지 이르렀으니 이는 감히 경사(京師)를 배반하지 않겠다는 것을 말한 것이다.

三十年 春 王正月

夏 狄侵齊

秋 衛殺其大夫元咺 及公子瑕 ◌稱國以殺 罪累上也 以是爲訟君[1]也 衛侯在外[2] 其以累上之辭言之 何也 待其殺而後入也 公子瑕累也 以尊及卑也

衛侯鄭歸于衛

晉人秦人圍鄭[3]

介人侵蕭

冬 天王使宰周公[4]來聘 ◌天子之宰 通於四海

公子遂[5]如京師 遂如晉 ◌以尊遂乎卑 此言不敢叛京師也

1) 訟君(송군) : 송사하여 임금이 되다.

2) 衛侯在外(위후재외) : 위나라 후작이 밖에 있다. 곧 위(衛)나라 성공(成公)이 숙무(叔武)를 죽인 일로 원훤(元咺)과 대질하여 패소하고 진문공(晉文公)에게 잡히게 되어 주왕실(周王室)로 호송되어 판결을 기다린 것.

3) 晉人秦人圍鄭(진인진인위정) : 진(晉)나라 사람과 진(秦)나라 사람이 정나라를 포위하다. 이는 진나라 문공(文公)이 망명했을 때 정나라에서 문공을 푸대접한 것을 눈여겨보고 또 뒤에 회맹에 참여하지 않고 초(楚)나라와 친밀하게 지내므로 진(晉)과 진(秦)이 함께 공격한 것이다.

4) 宰周公(재주공) : 재는 재상(宰相)이다. 곧 주왕조의 모든 관리의 사무를 관장했다. 주공(周公)의 이름은 열(閱)이다.

5) 公子遂(공자수) : 곧 노나라의 동문양중(東門襄仲)이다.

31. 희공 31년 임진(壬辰)

가. 제수(濟水)의 서쪽 땅을 차지하다

31년 임진(壬辰) 봄에 제수(濟水) 서쪽의 땅을 차지했다.

공자 수(遂)가 진(晉)나라에 갔다.

여름인 4월에 교제(郊祭)를 지내려고 4번이나 점을 쳤는데 불길하여 따르지 않았고, 이에 희생(犧牲)으로 쓰려던 가축들을 놓아주었다. 삼망(三望)의 제사는 그대로 지냈다. 여름인 4월은 교제(郊祭)를 지내는 때가 아니었다. 4번이나 점을 친 것은 예가 아니었다. 희생으로 쓰려던 가축을 놓아주었다고 한 것은 치의(緇衣)와 훈상(纁裳)을 만들어 유사(有司)가 현단(玄端)을 하고 봉송(奉送)하여 남교(南郊)에 이르러 하는 것이며 희생의 소를 놓아주는 것도 또한 그렇게 하는 것이다. '내(乃)' 라는 것은 제례를 아는 사람이 없었다는 말이다. '유(猶)' 는 가히 중지시켰다는 말이다.

가을인 7월이다.

겨울에 기(杞)나라 백희(伯姬)가 와서 며느릿감을 구했다. 부인(婦人)이 이미 시집을 갔으면 국경을 넘지 않는 것이다. 기(杞)나라의 백희가 와서 며느리를 구한 것은 바른 일이 아니었다.

적인(狄人)이 위(衛)나라를 포위했다.

12월에 위(衛)나라가 도읍을 제구(帝丘)로 옮겼다.

三十有一年 春 取濟西田[1)]

公子遂如晉

夏 四月 四卜郊[2)] 不從[3)] 乃免牲[4)] 猶三望[5)] ◌夏 四月 不時也 四卜非禮也 免牲者 爲之緇衣纁裳[6)] 有司玄端奉送[7)] 至于南郊 免牛亦然 乃者 亡乎人[8)]之辭也 猶者 可以已之辭也

秋 七月
冬 杞伯姬來求婦 ◌婦人旣嫁不踰竟 杞伯姬來求婦 非正也
狄 圍衛
十有二月 衛遷於帝丘[9]

1) 取濟西田(취제서전) : 제수 서쪽의 땅을 차지하다. 진(晉)나라에서 조(曹)나라 땅이던 제수 서쪽의 땅을 빼앗아 노나라에게 주었다.
2) 四卜郊(사복교) : 교제(郊祭)를 지내려고 4번이나 거북점을 쳤다. 교제는 농사의 풍작(豊作)을 하늘에 비는 제사이다.
3) 不從(부종) : 불길(不吉)하여 따르지 않다의 뜻.
4) 免牲(면생) : 제사에 희생으로 쓰려던 가축을 놓아주다. 곧 제사를 지내지 않았다는 뜻.
5) 三望(삼망) : 세 번의 망제(望祭). 곧 별에게 지내는 망제. 신에게 지내는 망제. 강에게 지내는 망제.
6) 緇衣熏裳(치의훈상) : 치의는 검은색의 상의, 훈상은 붉은색의 하의.
7) 有司玄端奉送(유사현단봉송) : 유사는 담당 관리, 현단은 제후가 입은 검은색의 예복이다. 봉송은 받들어 보내다.
8) 亡乎人(망호인) : 예를 아는 사람이 없다의 뜻.
9) 帝丘(제구) : 위(衛)나라 땅 이름. 상구(商丘)라고도 한다.

32. 희공 32년 계사(癸巳)

가. 정나라 군주인 백작 첩(捷)이 죽다

32년 계사(癸巳) 봄, 왕력으로 정월이다.

여름인 4월 기축(己丑)일에 정(鄭)나라 군주인 백작 첩(捷)이 세상을 떠났다.

위(衛)나라 사람이 적인(狄人)의 땅을 침범했다.

가을에 위(衛)나라 사람이 적인(狄人)과 동맹을 맺었다.

겨울인 12월 기묘(己卯)일에 진(晉)나라 군주인 후작 중이(重

耳)가 세상을 떠났다.

三十有二年 春 王正月
夏 四月 己丑 鄭伯捷[1]卒
衛人侵狄
秋 衛人及狄盟
冬 十有二月 己卯 晉侯重耳[2]卒

1) 鄭伯捷(정백첩) : 곧 정나라 문공이며 첩은 이름이다. B.C. 672년에 즉위하여 45년 간 재위했다. 첩은 공양전에는 접(接)으로 되어 있다.
2) 晉侯重耳(진후중이) : 진(晉)나라 문공(文公)이며 중이는 그의 이름이다. B.C. 636년에 즉위하여 9년 간 재위했다. 근왕(勤王)이란 호칭으로 불렸으며 중원의 제후들을 연합하여 초나라의 세력을 제지하고 제환공의 뒤를 이어 패주(霸主)가 되었다. 문공이 죽은 후에 진나라는 점점 쇠약해져서 끝내는 세 나라로 갈라졌다.

33. 희공 33년 갑오(甲午)

가. 진(秦)나라 사람이 활(滑)로 쳐들어갔다

33년 갑오(甲午) 봄인 왕력으로 2월에 진(秦)나라 사람이 활(滑)로 쳐들어갔다. 활(滑)은 나라 이름이다.

제나라 군주인 후작이 국귀보(國歸父)에게 노나라를 예방하게 했다.

여름인 4월 신사(辛巳)일에 진(晉)나라 사람과 강융(姜戎)이 진(秦)나라 군사를 효(殽)에서 쳐부수었다. 싸웠다고 말하지 않고 쳐부수었다고 말한 것은 무슨 뜻인가? 오랑캐 같은 야만적인 진(秦)나라였기 때문이다. 그 오랑캐같이 야만적이라는 말은 무슨 뜻인가?

진(秦)나라가 천리나 되는 험난한 곳을 넘어서 비어 있는 활

(滑)나라에 쳐들어갔다. 진격할 때는 능히 지켜주지 못하고 패하여 퇴각할 때는 그 군사의 무리들이 도망치면서 자녀들의 교육을 어지럽히고 남자와 여자의 구별을 없애버렸다. 진(秦)나라가 오랑캐와 같이 된 것은 효(殽)의 전쟁에서부터 비롯된 것이다.

진(秦)나라 군주인 백작이 장차 정(鄭)나라를 습격하려 하자 백리자(百里子 : 百里奚)와 건숙자(蹇叔子)가 간하여 말했다.

"천리(千里)를 넘어서 남을 습격하고도 멸망하지 않은 자는 있지 아니합니다."

진나라 군주인 백작이 말했다.

"그대들은 무덤의 총목(冢木)이나 껴안고 있어야 할 나이이거늘 어찌 알 수 있을 것인가?"

군사가 출발할 때 백리자와 건숙자가 그의 자식들을 보내면서 주의시켜 말하기를 "네가 죽게 된다면 반드시 효(殽)의 바위가 험한 곳 아래에서 하라. 내가 장차 그 곳에서 너의 시체를 찾을 것이다."라고 했다.

군사가 출정하자 백리자와 건숙자가 그 자식들을 따라가며 곡을 했다.

진(秦)나라 군주인 백작이 노하여 말했다.

"무슨 이유로 우리 군사 속에서 곡소리가 들리는가?"

백리자와 건숙자가 말하기를 "감히 군사를 곡하는 것이 아니라 우리 자식들을 곡하는 것입니다. 나는 늙었는데 저들이 죽지 않는다면 우리가 죽게 될 것입니다."라고 했다.

진(晉)나라 사람과 강융(姜戎)이 약속하여 효(殽)에서 공격하자 말 한 마리도 수레바퀴에 의지하여 되돌아오는 것이 없었다. '진인(晉人)' 이라고 한 것은 진(晉)나라의 자작(子爵)이다. 그를 '인(人)' 이라고 이른 것은 무슨 뜻인가? 천하게 여긴 것이다. 왜 천하게 여겼는가? 그가 자신의 빈소(殯所 : 문공의 죽음)을 놓아두고 전쟁을 주도했기 때문이다.

三十有三年 春 王二月 秦人入滑[1] ◌滑 國也

齊侯使國歸父[2]來聘

夏 四月 辛巳 晉人及姜戎[3] 敗秦師于殽[4] ◯不言戰而言敗 何也 狄秦也 其狄之何也 秦越千里之險入虛國 進不能守 退敗其師徒 亂人子女之教 無男女之別 秦之爲狄 自殽之戰始也 秦伯[5]將襲鄭 百里子 與蹇叔子[6] 諫曰 千里而襲人 未有不亡者也 秦伯曰 子之冢木已拱矣 何知 師行 百里子與蹇叔子 送其子而戒之曰 女[7]死必於殽之巖唫[8]之下 我將尸女於是 師行 百里子與蹇叔子 隨其子而哭之 秦伯怒曰 何爲哭吾師也 二子曰 非敢哭師也 哭吾子也 我老矣 彼不死 則我死矣 晉人與姜戎要[9]而擊之殽 匹馬倚輪無反[10]者 晉人者 晉子[11]也 其曰人 何也 微之也 何爲微之 不正其釋殯而主乎戰也

1) 滑(활) : 정(鄭)나라 지명이다. 이때는 진(晉)나라에서 빼앗았다.

2) 國歸父(국귀보) : 제(齊)나라의 집정대부(執政大夫)이고 좌전에는 국장자(國莊子)라고 했다.

3) 姜戎(강융) : 강씨(姜氏) 성(姓)을 자처하는 융족(戎族).

4) 殽(효) : 산 이름이다. 지금의 효산(殽山)이다.

5) 秦伯(진백) : 진(秦)나라 목공(穆公). 이름은 임호(任好). B.C. 659년에 즉위.

6) 百里子與蹇叔子(백리자여건숙자) : 백리자는 백리해(百里奚)이다. 백리해와 건숙자는 진(秦)나라의 모신(謀臣)이다. 백리해는 본래 우(虞)나라 대부였는데 진(晉)나라에서 우(虞)나라를 멸망시킬 때 포로가 되었다가 뒤에 초(楚)나라로 달아났다. 초나라 사람이 잡아서 진(秦)나라 목공에게 양피(羊皮) 5장과 바꾸었던 인물이다. 그뒤 진(秦)나라에 대부로 등용되어서 목공이 패자가 되는데 기여한 인물이다. 건숙자는 건숙(蹇叔)이라고 칭하고 같은 해에 진목공이 정나라를 습격할 때 건숙이 힘을 다해 간했는데 듣지 않고 출정했다가 실수를 하게 됐다.

7) 女(여) : 여(汝)와 같다.

8) 巖唫(암금) : 바윗돌이 험한 곳이라는 뜻.

9) 要(요) : 요(邀)와 같다. 맞이하다의 뜻.

10) 倚輪無反(의륜무반) : 수레바퀴에 의지하여 돌아오는 자가 없었다는 뜻. 반은 반(返).

11) 晉子(진자) : 진(晉)나라의 양공(襄公). 본래 진(晉)나라는 후작인데 이때

는 문공(文公)의 상을 입고 있는데 출정하여, 낮추어 부른 것을 뜻한다.

나. 진(晉)나라 문공(文公)을 장사 지내다

계사(癸巳)일에 진(晉)나라 문공(文公)을 장사 지냈다. 장사 지낸 날짜를 기록한 것은 위태하여 장사를 치르는 기일을 넘겼다가 뒤늦게 장사를 지냈기 때문이었다.

적인(狄人)이 제(齊)나라를 침범했다.

희공이 주(邾)나라를 정벌하여 자루(訾樓)를 점령했다.

가을에 공자 수(遂)가 군사를 거느리고 주(邾)나라를 정벌했다.

진(晉)나라 사람이 적인(狄人)을 기(箕)에서 쳐부수었다.

겨울인 10월에 희공이 제나라에 갔다.

12월에 희공이 제나라에서 돌아왔다.

을사(乙巳)일에 희공이 소침(小寢)에서 훙거(薨去)했다. 소침(小寢)에서 훙거한 것은 예절에 맞는 합당한 곳이 아니었다.

서리가 내려도 풀이 시들지 않았다. 가히 시들지 않아야 할 것들이 시들었다는 말은 중요한 것을 거론한 것이다. 가히 시들어야 할 것들인데 시들지 않았다는 말은 가벼운 것을 거론한 것이다.

오얏과 매실이 열매를 맺었다. '실(實)'이라고 한 말은 열매와 같은 종류들이다.

진(晉)나라 사람과 진(陳)나라 사람과 정나라 사람이 허(許)나라를 정벌했다.

癸巳 葬晉文公 ◌日葬 危不得葬也

狄侵齊

公伐邾 取訾樓[1]

秋 公子遂帥師[2]伐邾

晉人敗狄于箕[3]

冬 十月 公如齊 十有二月 公至自齊

乙巳 公薨于小寢[4] ◌小寢 非正也

隕霜[5]不殺草 ◌未可殺而殺 擧重[6]也 可殺而不殺 擧輕[7]也
李梅實[8] ◌實之爲言猶實也
晉人陳人鄭人 伐許

1) 訾樓(자루) : 주(邾)나라의 도읍이다. 좌전이나 공양전에는 자루(訾婁)로 되어 있다.
2) 師(사) : 공양전(公羊傳)에는 솔(率)로 되어 있다.
3) 箕(기) : 진(晉)나라의 땅 이름이다.
4) 小寢(소침) : 정전(正殿)의 양편에 있는 편전(便殿).
5) 隕霜(운상) : 서리가 내리다.
6) 重(중) : 숙(菽)을 뜻한다고 했다.
7) 輕(경) : 초(草)를 뜻한다.
8) 實(실) : 열매이다.

제6편 문공 시대(文公時代)

(재위 : 1년~18년까지)

시법(謚法)에 '백성을 사랑하고 예로써 대우하다'를 '문(文)'이라 했다.

▨문공 연표(文公年表)

국명 / 기원전	周	鄭	齊	宋	晉	衛	蔡	曹	滕	陳	杞	薛	莒	邾	許	小邾	楚	秦	吳	越	魯
	襄王	穆公	昭公	成公	襄公	成公	莊公	共公		共公	成公			文公	僖公		成王	穆公			文公
626	26	2	7	11	2	9	19	27		6				41	29		47	34			1
625	27	3	8	12	3	10	20	28		7				42	30		穆王 1	35			2
624	28	4	9	13	4	11	21	29		8				43	31		2	36			3
623	29	5	10	14	5	12	22	30		9				44	32		3	37			4
622	30	6	11	15	6	13	23	31		10				45	33		4	38			5
621	31	7	12	16	7	14	24	32		11				46	昭公 1		5	39			6
620	32	8	13	17	靈公 1	15	25	33		12				47	2		6	康公 1			7
619	33	9	14	昭公 1	2	16	26	34		13				48	3		7	2			8
618	頃王 1	10	15	2	3	17	27	35		14				49	4		8	3			9
617	2	11	16	3	4	18	28	文公 1		15				50	5		9	4			10
616	3	12	17	4	5	19	29	2		16				51	6		10	5			11
615	4	13	18	5	6	20	30	3	昭公	17				52	7		11	6			12
614	5	14	19	6	7	21	31	4		18				53	8		12	7			13
613	6	15	20	7	8	22	32	5		靈公 1				定公 1	9		莊王 1	8			14
612	匡王 1	16	懿公 1	8	9	23	33	6		2				2	10		2	9			15
611	2	17	2	9	10	24	文侯 1	7		3				3	11		3	10			16
610	3	18	3	文公 1	11	25	2	8		4				4	12		4	11			17
609	4	19	4	2	12	26	3	9		5			季佗立	5	13		5	12			18

※등(滕) : 은공 원년과 문공 31년에 등나라 소공(昭公)이 조회를 들어 왔다고 기록하고 있다.

※거(莒) : 문공 18년에 거태자(莒太子) 복(僕)이 거나라 기공(紀公)을 시해하고, 그의 아들 계타(季佗)가 즉위했다고 기록하고 있다.

제6편 문공 시대(文公時代)

1. 문공(文公) 원년 을미(乙未)

가. 정월에 문공(文公)이 즉위하다

원년 을미(乙未) 봄인 왕력으로 정월에 문공(文公)이 즉위했다. 정통적으로 계승하여 즉위한 일은 예에 합당한 일이었다.

2월 계해(癸亥)일에 일식이 있었다.

천자가 숙복(叔服)을 보내 장례(葬禮)에 참석하게 했다. 장례에 참석한 것을 회(會)라고 했다. 이를 기록한 것은 천자(天子)의 예를 중요하게 여긴 것이다.

여름인 4월 정사(丁巳)일에 우리의 군주 희공(僖公)을 장사 지냈다. 홍거(薨去)했는데 공(公)이라고 일컬은 것은 최상을 거론한 것이다. '장아군(葬我君)' 이란 군신(君臣)인, 상하(上下)가 가까이한 것이다. 희공을 장사 지낸 뒤에 시호를 거론했는데 시호란 덕을 성취한 바로써 장례를 끝마친 뒤 올려 주는 것이다.

천자가 모(毛)나라 군주인 백작을 보내 문공에게 제후의 명규(命圭)를 주게 했다. 예(禮)에는 명규받는 일이 있게 되면 와서 명규를 주지 않는다고 했다. 명규받은 일은 예에 합당한 법도가 아니었다.

진(晉)나라 군주인 후작이 위(衛)나라를 정벌했다.

숙손득신(叔孫得臣)이 경사(京師)에 갔다.

위(衛)나라 사람이 진(晉)나라를 정벌했다.

가을에 공손오(公孫敖)가 진(晉)나라 군주인 후작을 척(戚)

에서 만났다.

겨울인 10월 정미(丁未)일에 초나라 세자 상신(商臣)이 그 군주인 곤(髡)을 시해했다. 임금인 곤(髡)이 죽은 날짜를 쓴 것은 상신이 임금을 시해한 것을 경계하도록 한 것이다. 이적(夷狄 : 오랑캐)이기 때문에 바르고 바르지 않은 것을 말하지 않았을 뿐이다.

공손오(公孫敖)가 제나라에 갔다.

元年[1] 春 王正月 公卽位 ◌繼正[2]卽位 正也

二月 癸亥 日有食之

天王使叔服[3]來會葬 ◌葬曰會 其志重天子之禮也

夏 四月 丁巳 葬我君僖公 ◌薨稱公 擧上也 葬我君 接上下也 僖公葬而後擧諡[4] 諡所以成德也 於卒事[5]乎加之矣

天王使毛伯[6]來錫公命[7] ◌禮 有受命 無來錫 命錫 命非正也

晉侯伐衛

叔孫得臣[8]如京師

衛人伐晉

秋 公孫敖[9]會晉侯于戚[10]

冬 十月 丁未 楚世子商臣[11] 弑其君髡[12] ◌日髡之卒 所以謹商臣之弑也 夷狄不言正不正

公孫敖如齊

1) 元年(원년) : 문공(文公) 원년. 노세가(魯世家)에 "문공의 이름은 흥(興)이고 희공(僖公)의 아들이다. 주양왕(周襄王) 26년에 즉위하고 시법(諡法)에 따라서 자혜(慈惠)하고 애민(愛民)함을 '문(文)'이라 한다."라고 했다.

2) 繼正(계정) : 졸(卒)한 뒤에 계승한 것을 뜻한다.

3) 叔服(숙복) : 주나라 왕조의 내사(內史)이다.

4) 擧諡(거시) : 시호를 내리다의 뜻. 곧 옛부터 사회의 지위가 있는 사람이면 죽은 후에 일생의 공덕을 참작하여 봉호(封號)하는 것을 뜻한다.

5) 卒事(졸사) : 일이 끝나다의 뜻. 일을 마치다.

6) 毛伯(모백) : 모나라 군주인 백작이다. 이름은 위(衛)이다. 모나라는 주나라 기내(畿內)의 봉국이다.

7) 命(명) : 명규(命圭)이다. 천자가 새로 즉위한 제후에게 주는, 작위(爵位)를 나타내는 패(牌).
8) 叔孫得臣(숙손득신) : 노나라 환공(桓公)의 공자(公子)인 아(牙)의 손자 장숙(莊叔)이다.
9) 公孫敖(공손오) : 목백(穆伯)이라고 일컫고 노나라의 귀족이며 시임대부(時任大夫)였다. 장공의 아우인 공자 경보(公子慶父)의 아들이라 했다.
10) 戚(척) : 위(衛)나라 땅 이름.
11) 商臣(상신) : 초나라 성왕(成王)의 아들. 즉위하여 목왕(穆王)이 되었다.
12) 髡(곤) : 곧 초나라 성왕(成王)이다. 좌전에는 군(頵)으로 되어 있다.

2. 문공 2년 병신(丙申)

가. 팽아(彭衙)에서 진(秦)나라 군사가 패전하다

2년 병신(丙申) 봄, 왕력으로 2월 갑자(甲子)일에 진(晉)나라 군주인 후작과 진(秦)나라 군사가 팽아(彭衙)에서 싸워 진(秦)나라 군사가 패전했다.

정축(丁丑)일에 희공(僖公)의 신주(神主)를 만들었다. '작(作)' 은 만들다이며 희공의 신주를 만들었다는 뜻이다. 신주를 세우는 것은, 상(喪)에서는 우제(虞祭)에 신주가 있고 길제(吉祭)인 소상(小祥)에서도 신주가 있는데 경문에 희공의 신주를 만들었다고 한 것은 그 뒤에 한 것을 책망한 것이다. 신주를 만들고 사당을 무너뜨리는 데에는 일정한 시기가 있다. 소상(小祥 : 練)을 지내고 사당을 허는 것이다. 사당을 허는 방법은 서북쪽의 처마를 바꿀 때에 하는 것이 좋고 새로 단장할 때 하는 것도 좋은 것이다.

3월 을사(乙巳)일에 진(晉)나라 처보(處父)와 맹세했다. 문공을 말하지 않은 것은 처보(處父)와 상대했기 때문에 문공을 숨긴 것이다. 무엇으로 그가 문공과 맹세했다는 것을 아는가? 그 날짜로써 안 것이다. 왜 문공이 진(晉)나라에 갔다고 말하지 않았는가? 부끄러운 일이기 때문이다. 나간 것을 기록하지 않은 것은 반대로 이르지도 않았다는 뜻이다.

여름인 6월에 공손오(公孫敖)가 송(宋)나라 군주인 공작과 진(陳)나라 군주인 후작과 정나라 군주인 백작과 진(晉)나라의 사곡(士穀) 등과 회합하여 수렴(垂斂)에서 동맹을 맺었다. 이는 노(魯)나라의 대부가 외국의 제후들과 회동한 것이었다.

지난해 12월부터 비가 내리지 않아 가을인 7월까지 계속되었다. '겨울 봄 여름이 지났는데도 비가 내리지 않았다' 고 말한 것은 노나라의 문공(文公)이 가뭄에 비가 오지 않아도 걱정하는 마음을 가지지 않았기 때문이었다. 비가 오지 않는 상황을 걱정하지 않는 군주는 백성을 구휼하려는 마음이 없음을 말한 것이다.

二年 春 王二月 甲子 晉侯及秦師戰于彭衙[1] 秦師敗績

丁丑 作僖公主[2] ◌作 爲也 爲僖公主也 立主 喪主於虞[3] 吉主於練[4] 作僖公主 譏其後也 作主壞廟[5] 有時日於練焉 壞廟 壞廟之道 易檐可也 改塗可也

三月 乙巳 及晉處父[6]盟 ◌不言公 處父伉[7]也 爲公諱也 何以知其與公盟 以其日也 何以不言公之如晉 所恥也 出不書 反不致也

夏 六月 公孫敖會宋公陳侯鄭伯晉士穀[8] 盟于垂斂[9] ◌內大夫可以會外諸侯

自十有二月不雨 至于秋七月 ◌歷時[10]而言不雨 文不憂雨也 不憂雨者 無志乎民也

1) 彭衙(팽아) : 진(秦)나라 땅 이름이다.

2) 主(주) : 신주(神主).

3) 虞(우) : 우제(虞祭).

4) 練(연) : 소상(小祥).

5) 壞廟(괴묘) : 사당을 헐다. 예(禮)에 '친함이 고조를 넘게 되면 그 사당을 헐고 다음의 신신(新神)을 받아서 사당의 서북쪽 처마를 새로 바꾼다' 고 했다.

6) 晉處父(진처보) : 진(晉)나라의 처보. 진나라 대부인 양처보(陽處父)이다.

7) 伉(항) : 상대하다. 곧 짝을 이루어 대면하는 일.

8) 士穀(사곡) : 진(晉)나라 사공(司空). 토지와 수리(水利) 공정을 담당함.
9) 垂斂(수렴) : 정(鄭)나라의 땅 이름. 좌전에는 수롱(水隴)으로 되어 있다.
10) 歷時(역시) : 때가 지나도. 곧 사계절이 지나도의 뜻.

나. 희공(僖公)을 민공(閔公)보다 높이다

8월 정묘(丁卯)일에 태묘(太廟)에서 큰 제사를 지내 희공을, 먼저 군주인 민공보다 높여서 합사(合祀)했다. '대사(大事)'란 무엇인가? 이 일을 크게 하여 가을제사인 상제(嘗祭)를 협제(祫祭)하여 나타낸 것이다. 협제(祫祭)란 사당의 신주를 헐어서 태조묘(太祖廟)에 진열하고 사당의 신주를 헐지 않은 것들은 모두 올려서 태조묘에서 합제(合祭)하는 것이다. 제(躋)는 올리다이다. 친한 이(어버이)를 먼저하고 할아버지를 뒤에 하는 것을 역사(逆祀)라고 한다. 역사(逆祀)에는 소(昭)와 목(穆)이 없다. 소(昭)와 목(穆)이 없다면 이는 선조가 없다는 말이다. 선조가 없게 되면 하늘도 없게 되는 것이다. 그러므로 '문공(文公)이 하늘을 없애다.' 라고 한 것이다. 하늘이 없다는 것은 천도(天道)가 없이 행동한다는 것이다. 군자는 '친한 이를 친히 하는 것으로 높은 이를 높이는 것을 해치지 않는다' 라고 했으며 이것 또한 춘추의 의(義)이다.

겨울에 진(晉)나라 사람과 송나라 사람과 진(陳)나라 사람과 정나라 사람이 진(秦)나라를 정벌했다.

공자 수(遂)가 제나라에 가서 납폐(納幣)했다.

八月 丁卯 大事[1]于太廟[2] 躋僖公[3] ◌大事者何 大是事也 著祫嘗[4] 祫祭者 毁廟之主 陳于大祖 未毁廟之主 皆升合祭于大祖 躋 升也 先親而後祖也 逆祀[5]也 逆祀 則是無昭穆[6]也 無昭穆 則是無祖也 無祖 則無天也 故曰文無天[7] 無天者 是無天而行也 君子不以親親害尊尊 此春秋之義也

冬 晉人宋人陳人鄭人伐秦

公子遂如齊納幣[8]

1) 大事(대사) : 큰제사. 3년상을 마치고 태조묘(太祖廟)에 합사(合祀)하는 제사.
2) 太廟(태묘) : 노나라의 태조인 주공단(周公旦)을 모신 사당.
3) 躋僖公(제희공) : 희공(僖公)을 앞의 민공(閔公)보다 높여서 합사했다는 뜻.
4) 祫嘗(협상) : 상제(嘗祭)인 가을 제사에 합하여 지내는 것.
5) 逆祀(역사) : 거꾸로 한 제사. 곧 순서가 반대로 된 제사라는 뜻.
6) 昭穆(소목) : 종묘에서 신주를 모시는 차례. 천자는 태조(太祖)를 중앙에 모시고 이세(二世)·사세(四世)·육세(六世)는 소(昭)라 하여 왼편에 모시고 삼세(三世)·오세(五世)·칠세(七世)는 목(穆)이라 하여 오른편에 모셔, 삼소(三昭)에 삼목(三穆)으로 칠묘(七廟)이다. 제후는 이소(二昭)·이목(二穆)으로 오묘(五廟)이다.
7) 文無天(문무천) : 노나라 문공은 하늘이 없다. 곧 순서를 뒤바꾸었다는 뜻.
8) 納幣(납폐) : 결혼할 때 신랑측에서 신부측에 보내는 예물.

3. 문공 3년 정유(丁酉)

가. 침(沈)나라를 무너뜨리다

3년 정유(丁酉) 봄, 왕력으로 정월에 숙손득신(叔孫得臣)이 진(晉)나라 사람과 송나라 사람과 진(陳)나라 사람과 위(衛)나라 사람과 정(鄭)나라 사람들과 회합하여 침(沈)나라를 정벌했는데 침나라가 무너졌다.

여름인 5월에 왕자(王子) 호(虎)가 세상을 떠났다. 왕자 호는 숙복(叔服)이다. 그가 세상을 떠난 것은 기록할 것이 아닌데 왜 죽었다고 기록했는가? 그가 와서 희공(僖公)의 장례에 참여하여 우리와 관련이 있으므로 우리 노나라에서 졸했다고 한 것이다. 어떤 이는 말하기를 "그가 일찍이 중임(重任)을 가지고 지켰기 때문이다."라고 했다.

진(秦)나라 사람이 진(晉)나라를 정벌했다.

가을에 초(楚)나라 사람이 강(江)나라를 포위했다.

송(宋)나라에 메뚜기가 비 오듯이 떨어졌다. 외국의 재앙은 기록하지 않는 것인데 여기에 왜 기록했는가? 이는 재앙이 심하였기 때문이다. 그 심한 정도가 어떠했는가? 곡식은 물론이고 띠풀까지도 다 없을 정도였다. 위에서 나타나고 아래에서 보이는 것을 '비'라고 이른다.

겨울에 문공이 진(晉)나라에 갔다.

12월 기사(己巳)일에 문공과 진(晉)나라 군주인 후작이 동맹을 맺었다.

진(晉)나라 양처보(陽處父)가 군사를 거느리고 초(楚)나라를 정벌하여 강(江)나라를 구원했다. 여기서 초나라를 정벌하고 그 강나라를 구원했다는 것은 무슨 뜻인가? 강나라는 멀고 초나라는 가까워, 초나라를 정벌함으로써 강나라를 구원해 준 것이다.

三年 春 王正月 叔孫得臣會晉人宋人陳人衛人鄭人 伐沈[1] 沈潰

夏 五月 王子虎[2]卒 ◌叔服也 此不卒者也 何以卒之 以其來會葬我卒之也 或曰 以其嘗執重以守也[3]

秦人伐晉

秋 楚人圍江[4]

雨螽于宋 ◌外災不志 此何以志也 曰災甚也 其甚奈何 茅茨[5]盡矣 著於上 見於下 謂之雨

冬 公如晉

十有二月 己巳 公及晉侯盟

晉陽處父帥師伐楚 救江[6] ◌此伐楚 其言救江 何也 江遠楚近 伐楚所以救江也

1) 沈(침) : 나라 이름이다. 희성(姬姓)이다. 어떤 이는 사성(姒姓)이라고 했다.

2) 王子虎(왕자호) : 주왕실(周王室)의 장왕(莊王)의 아들이요, 희왕(僖王)의 아우이다. 숙복(叔服)이라고 했다.

3) 嘗執重以守也(상집중이수야) : 일찍이 중임을 가지고 지켰다. 노나라 희공 24년에 천자가 정나라로 출거했을 때 숙복(叔服)이 경사(京師)를 호위한 것.

4) 江(강) : 나라 이름이다.

5) 茅茨(모자) : 띠풀.
6) 救江(구강) : 초나라에서 강(江)나라를 포위하자 진(晉)나라에서 초나라를 공격하여 초나라가 강나라의 포위를 풀었다는 뜻.

4. 문공 4년 무술(戊戌)

가. 문공이 진(晉)나라에서 돌아오다

4년 무술(戊戌) 봄에 문공이 진(晉)나라에서 돌아왔다.

여름에 부강(婦姜)을 제나라에서 맞이했다. 그를 '부강(婦姜)'이라고 말한 이유는 예(禮)가 제나라에서 이루어졌기 때문이다. 그를 맞이한 자는 누구인가? 친히 맞이하여 부(婦)라고 일컬었으며 어떤 이는 문공이 함께 했다고 했다. 왜 그를 신속하게 부(婦)라고 하였는가? 대답하기를 문공 때문이었다. 그런데 문공을 말하지 않은 이유는 무엇인가? 예가 제나라에서 이루어진 것을 꾸짖은 것이다. '부(婦)'라고 이른 것은 시어머니가 있다는 말이다. 그 씨(氏)를 말하지 않은 까닭은 무엇인가? 폄하한 것이다. 어찌하여 폄하한 것인가? 부인(夫人)과 문공이 함께 한 것을 폄하한 것이다.

적인(狄人)이 제나라를 침범했다.

가을에 초(楚)나라 사람이 강(江)나라를 멸망시켰다.

진(晉)나라 군주인 후작이 진(秦)나라를 정벌했다.

위(衛)나라 군주인 후작이 영유(甯俞)에게 예물을 가지고 노나라를 예방하게 했다.

겨울인 11월 임인(壬寅)일에 부인(夫人) 풍씨(風氏)가 홍거(薨去)했다.

四年 春 公至自晉

夏 逆婦姜[1]于齊 ◌其曰婦姜 爲其禮成乎齊[2]也 其逆者誰也 親逆而稱婦 或者公與 何其速婦之也 曰 公也 其不言公 何也 非[3]成禮於

齊也 曰婦 有姑之辭也 其不言氏何也 貶之也 何爲貶之也 夫人與有貶也

狄侵齊

秋 楚人滅江

晉侯伐秦

衛侯使甯兪[4]來聘

冬 十有一月 壬寅 夫人風氏[5]薨

1) 婦姜(부강) : 문공(文公)의 부인(夫人)이다.

2) 禮成乎齊(예성호제) : 예가 제나라에서 이루어졌다는 뜻.

3) 非(비) : 책(責)의 뜻이다.

4) 甯兪(영유) : 위(衛)나라 대부인 영무자(甯武子). 어질고 덕이 있었다.

5) 夫人風氏(부인풍씨) : 장공(莊公)의 첩이고 희공(僖公)의 어머니인 성풍(成風)이다. 희공이 임금이 되었으므로, 어머니는 자식의 귀함을 따르는 것으로 높여서 부인(夫人)이라고 한 것이다.

5. 문공 5년 기해(己亥)

가. 영숙(榮叔)이 함(含)과 봉(賵)을 가지고 오다

5년 기해(己亥) 봄, 왕력으로 정월에 천자가 영숙(榮叔)에게 함(含)과 봉(賵)을 가지고 노나라에 오게 했다. 함(含)도 하나의 일이고 봉(賵)도 하나의 일이다. 두 가지 일을 겸하여 오게 한 일은 예의에 합당한 것이 아니었다. 그것을 '차(且)'라고 이른 것은 겸했다는 것을 기록한 것이다. 그것을 '내(來)'라고 말하지 않은 까닭은 주왕실에서 보낸 물건들이 용도에 적당하지 않았기 때문이다. 봉(賵)은 너무 일찍 오고, 함(含)은 너무 늦게 왔던 것이다.

3월 신해(辛亥)일에 우리의 소군(小君)인 성풍(成風)을 장사지냈다. 천자가 모(毛)나라 군주인 백작을 노나라에 보내 장례에 참석하게 했다. 이때 장례에 참석하는 예는 교야(郊野)에서 했다.

여름에 공손오(公孫敖)가 진(晉)나라에 갔다.
진(秦)나라 사람이 약(鄀)나라로 쳐들어갔다.
가을에 초(楚)나라 사람이 육(六)나라를 멸망시켰다.
겨울인 10월 갑신(甲申)일에 허(許)나라 군주인 남작 업(業)이 세상을 떠났다.

五年 春 王正月 王使榮叔[1]歸含[2]且賵[3] ◌含一事也 賵一事也 兼歸之 非正也 其曰且 志兼也 其不言來 不周事之用也 賵以早 而含已晚
三月 辛亥 葬我小君成風 王使毛伯[4]來會葬 ◌會葬之禮於鄙上[5]
夏 公孫敖如晉
秦人入鄀[6]
秋 楚人滅六[7]
冬 十月 甲申 許男業[8]卒

1) 榮叔(영숙) : 주왕조(周王朝)의 대부이다.
2) 含(함) : 죽은 사람의 입에 넣어 주는 쌀과 옥(玉).
3) 賵(봉) : 죽은 사람을 위하여 상가에 보내는 수레나 말 따위.
4) 毛伯(모백) : 주왕조(周王朝)의 대부이다. 좌전과 공양전에는 모두 '소백(召伯)'으로 되어 있다.
5) 鄙上(비상) : 교야(郊野)이다.
6) 鄀(약) : 나라 이름. 윤성(允姓)의 나라.
7) 六(육) : 나라 이름. 언성(偃姓)의 나라. 고요(皐陶)의 후손의 나라라 했다.
8) 許男業(허남업) : 허나라 군주인 남작이며 업(業)은 그의 이름이다. B.C. 655년에 즉위하여 32년 간 재위했다.

6. 문공 6년 경자(庚子)

가. 계손행보(季孫行父)가 진(陳)나라에 가다

6년 경자(庚子) 봄에 허(許)나라 희공(僖公)을 장사 지냈다.

여름에 계손행보(季孫行父)가 진(陳)나라에 갔다.

가을에 계손행보가 진(晉)나라에 갔다.

8월 을해(乙亥)일에 진(晉)나라 군주인 후작 환(驩)이 세상을 떠났다.

겨울인 10월에 공자 수(遂)가 진(晉)나라에 갔다.

진(晉)나라 양공(襄公)의 장례에 참여했다.

六年 春 葬許僖公

夏 季孫行父[1]如陳

秋 季孫行父如晉

八月 乙亥 晉侯驩[2]卒

冬 十月 公子遂如晉[3]

葬晉襄公

1) 季孫行父(계손행보) : 계문자(季文子)이다. 노나라 환공의 아들인 공자 계우(公子季友)의 손자이다. 선공(宣公) 때에 노나라 집정대부(執政大夫)가 되었다. 이후부터 계손(季孫)씨의 가족들이 수대를 연속적으로 노나라 국정을 장악했다.

2) 晉侯驩(진후환) : 곧 진나라 양공(襄公)이며 이름이 환이다. 공양전에는 훤(讙)으로 되어 있다. B.C. 627년에 즉위하여 7년 간 재위했다.

3) 公子遂如晉(공자수여진) : 공자 수가 진나라에 갔다. 진나라 양공의 장례에 참석하러 간 것이다.

나. 진(晉)나라에서 양처보(陽處父)를 죽이다

진(晉)나라에서 그 대부(大夫) 양처보(陽處父)를 죽였다. 나라를 일컬어 죽였다고 한 것은 군주와 연루되어 죄를 준 것이다. 진(晉)나라 양공(襄公)을 이미 장사 지냈는데 임금과 연루되었다는 언사(言辭)로 말한 이유는 무엇인가? 양공이 말을 누설했기 때문이다. 위에서 누설하면 아래가 어두워지고 아래가 어두워지게 되면 위는 귀머거리가 된다. 또 어둡게 되고 또 귀머거리가 되면 서로 통하는 것이 없게 된다.

호야고(狐射姑)는 살인자이다. 호야고가 살인한 것은 무엇 때문인가? 진(晉)나라 양공이 장차 적(狄)과 싸우려 할 때 호야고로 장군을 삼고 조돈(趙盾)으로 보좌하게 하였다. 이때 양처보(陽處父)가 "불가합니다. 옛날에 임금이 신하를 부릴 때에는 인자(仁者)에게 현자(賢者)를 보좌하게 했지 현자에게 인자(仁者)를 보좌하게 하지 않았습니다. 지금 조돈은 어질고 야고(夜姑)는 인(仁)하니 그것은 불가합니다."라고 말했다. 양공이 말하기를 "그렇게 하겠다." 하고는 야고(夜姑)에게 말했다. "내가 처음에는 조돈에게 너를 돕도록 했는데 지금은 그대가 조돈을 보좌하도록 하라." 야고가 말했다. "정중히 그렇게 하겠습니다."

양공이 죽자 양처보가 국경의 모든 일을 주관하는데 야고가 사람을 시켜서 양처보를 살해했다. 이것은 임금이 말을 누설했기 때문이다. 그러므로 사(士)는 임금 앞에 이르러서 말을 할 때는 사실적인 것을 표현하지 않고 이르기를 '나를 쓰면 가하고 나를 쓰지 않으면 그 덕에 어지러움이 없다.' 라고 하는 것이다.

진(晉)나라 호야고(狐夜姑)가 적인(狄人)의 나라로 달아났다.

윤월(閏月)을 조정에 고하지 않고 오히려 종묘에는 참배했다. 불고월(不告月)이란 무슨 뜻인가? 초하루를 고하지 않은 것이다. 초하루를 고하지 않으면 왜 삭(朔)이라고 말하지 않는가? 윤달〔閏月〕이란 붙어있는 달의 남은 날들이며 나누어 쌓여진 것〔積分〕이 달을 이룬 것이다. 천자(天子)가 초하루를 고하지 않게 되면 상사(喪事)를 헤아릴 수가 없다. '유(猶)' 라고 말한 것은 행사를 중지해야 한다는 뜻이다.

晉殺其大夫陽處父 ◌稱國以殺 罪累上也 襄公已葬 其以累上之辭言之 何也 君漏言[1]也 上泄則下闇 下闇則上聾 且闇且聾 無以相通 射姑[2]殺者也 射姑之殺奈何 曰 晉將與狄戰 使狐夜姑爲將軍 趙盾[3]佐之 陽處父曰 不可 古者君之使臣也 使仁者佐賢者 不使賢者佐仁者 今趙盾賢 夜姑仁 其不可乎 襄公曰 諾 謂夜姑曰 吾始使盾

佐女 今女佐盾矣 夜姑曰 敬諾 襄公死 處父主竟上事 射姑使人殺之 君漏言也 故士造辟[4]而言 詭辭[5]而出 曰 用我則可 不用我則無亂其德

晉狐夜姑出奔狄

閏月[6]不告月[7] 猶朝于廟 ◯不告月者 何也 不告朔也 不告朔 則何爲不言朔也 閏月者 附月之餘日也 積分[8]而成於月者也 天子不以告朔 而喪事[9]不數也 猶之爲言可以已也

1) 漏言(누언) : 비밀의 말을 누설하다의 뜻.

2) 射姑(야고) : 호야고(狐夜姑)이다. 진(晉)나라 상군(上軍)의 좌(佐)이며 호언(狐偃)의 아들이다. 좌전에는 호야고(狐射姑)로 되어 있다.

3) 趙盾(조돈) : 진(晉)나라 상군(上軍)의 장수이며 조사(趙衰)의 아들이다. 조선자(趙宣子)라고 한다.

4) 造辟(조벽) : 임금을 만나다의 뜻.

5) 詭辭(궤사) : 속임수의 말. 사실을 돌려서 하는 말.

6) 閏月(윤월) : 윤달.

7) 告月(고월) : 매월 초하루에 군주가 종묘에 참배하고 담당관에게 그 달의 역(曆)을 읽어 일반인에게 알리게 하는 일. 문공(文公)은 윤달이라 하여 고월(告月)하지는 않고, 하지 않아도 될 종묘 참배만 했다.

8) 積分(적분) : 나누어 쌓여진 것. 나머지의 뜻.

9) 喪事(상사) : 상가(喪家)의 복(服)을 뜻한다.

7. 문공 7년 신축(辛丑)

가. 문공이 주(邾)나라를 정벌하다

7년 신축(辛丑) 봄에 문공이 주(邾)나라를 정벌했다.

3월 갑술(甲戌)일에 수구(須句)를 점령했다. 읍을 점령하면 날짜를 쓰지 않는데 여기에 그 날짜를 쓴 것은 무슨 뜻인가? 다시 점령하여 정당하지 않았으므로 경계하도록 날짜를 쓴 것이다.

이어서 오(郚)에 성을 쌓았다. 수(遂)는 계속된 일이다.

여름인 4월에 송나라 군주인 공작 임신(壬臣)이 세상을 떠났다.

송나라 사람이 그의 대부(大夫)를 죽였다. 사람이 죽였다고 일컬은 것은 죄가 있는 자를 죽인 것을 말한다.

무자(戊子)일에 진(晉)나라 사람과 진(秦)나라 사람이 영호(令狐)에서 싸웠다. 진(晉)나라 선멸(先蔑)이 진(秦)나라로 달아났다. '출(出)' 이라고 말하지 않은 이유는 밖에 있었기 때문이다. 선멸이 전투를 중지하고 진(秦)나라로 달아났는데 이는 군대에서 도망친 것이다.

적인(狄人)이 우리 노나라의 서쪽 변방을 침범했다.

가을인 8월에 문공이 제후들과 진(晉)나라 대부(大夫)와 회합하여 호(扈)에서 동맹을 맺었다. '제후(諸侯)' 들이라고 이른 것은 생략한 것이다.

겨울에 서(徐)나라가 거(莒)나라를 정벌했다.

공손오(公孫敖)가 거(莒)나라에 가서 맹세하는 모임에 자리를 함께 했다. '이(莅)' 는 자리했다〔位〕는 것이다. 그 '위(位)' 라고 이른 것은 무슨 뜻인가? 앞에서 정해진 것이다. 그 날짜를 쓰지 않은 것은 미리 정해진 맹세에서는 날짜를 쓰지 않는 것이다.

七年 春 公伐邾

三月 甲戌 取須句[1] ◌取邑不日 此其日 何也 不正其再取 故謹而日之也

遂城郚[2] ◌遂 繼事也

夏 四月 宋公壬臣[3]卒

宋人殺其大夫[4] ◌稱人以殺 誅有罪也

戊子 晉人及秦人戰于令狐[5] 晉先蔑奔秦[6] ◌不言出 在外也 輟戰而奔秦 以是爲逃軍[7]也

狄侵我西鄙

秋 八月 公會諸侯晉大夫 盟于扈[8] ◌其曰諸侯 略之也

冬 徐伐莒

公孫敖如莒莅盟 ◌莅 位也 其日位 何也 前定也 其不日 前定之盟 不日也

1) 須句(수구) : 노나라의 속국(屬國).
2) 郚(오) : 노나라의 고을 이름.
3) 壬臣(임신) : 송나라 성공(成公)의 이름이다. B.C. 636년에 즉위하여 17년 동안 재위했다. 좌전이나 공양전에는 '왕신(王臣)' 으로 되어 있다.
4) 宋人殺其大夫(송인살기대부) : 송나라 사람이 그 대부를 죽이다. 곧 송나라 소공(昭公)이 즉위하자 송나라가 어지러워졌는데 목공(穆公)과 양공(襄公)의 후예들이 소공을 공격하였다. 이때 대부인 공손고(公孫固)와 공손정(公孫鄭)을 죽인 일이다.
5) 令狐(영호) : 진(晉)나라의 지명.
6) 先蔑奔秦(선멸분진) : 선멸이 진(秦)나라로 달아났다. 선멸은 진(晉)나라 대부이다. 공양전에는 선멸(先眜)로 되어 있다.
7) 逃軍(도군) : 군대에서 도망치다의 뜻.
8) 扈(호) : 정나라의 지명.

8. 문공 8년 임인(壬寅)

가. 무신(戊申)일에 천자가 붕어하다

8년 임인(壬寅) 봄인 왕력으로 정월이다.

여름인 4월이다.

가을인 8월 무신(戊申)일에 천자(天子)가 붕어(崩御)했다.

겨울인 10월 임오(壬午)일에 공자 수(遂)가 진(晉)나라 조돈(趙盾)과 회합하여 형옹(衡雍)에서 동맹을 맺었다.

을유(乙酉)일에 공자 수(遂)가 낙수(雒水)의 융족(戎族)과 회합하여 포(暴)에서 동맹을 맺었다.

공손오(公孫敖)가 경사(京師)에 갔는데 경사에는 이르지 않고 다시 와서 병술(丙戌)일에 거(莒)나라로 달아났다. 이른 곳을 말하지 않은 것은 가지 않은 것이다. 가지 않았다는 것은 돌아오지도 않은 것이다. 가지 않았는데 갔다고 이른 것은 임금의 명령을 폐하지 않게 한 것이다. 돌아오지 않았는데 돌아왔다고 한 것은 임금의 명령을 멋대로 하지 않게 한 것이다. 그가 갔다는 것은 가지 않은 것이요, 그가 돌아왔다는 것은 돌아오지 않은 것이다. 오직 거(莒)나라로 달아난 것만 믿을 만한 일로 삼은 것이며 경계하도록 날짜를 쓴 것이다.

메뚜기 떼가 발생했다.

송나라 사람이 그 대부(大夫)인 사마(司馬)를 죽였다. 사마(司馬)는 관직 이름이다. 그의 관직으로 일컬은 것은 군주의 자리가 비어 있었다는 말이다.

송나라 사성(司城)이 도망해 왔다. 사성(司城)은 관직의 명칭이다. 그의 관직으로 일컬은 것은 군주의 자리가 비어 있었다는 말이다. 도망해 온 자를 '출(出)'이라고 말하지 않은 것은 그가 우리와 왕래한 일이 있었던 것을 거론한 것이다.

八年 春 王正月

夏 四月

秋 八月 戊申 天王[1]崩

冬 十月 壬午 公子遂會晉趙盾 盟于衡雍[2]

乙酉 公子遂會雒戎[3] 盟于暴[4]

公孫敖如京師[5] 不至而復 丙戌 奔莒 ◌不言所至 未如也 未如則未復也 未如而曰如 不廢君命也 未復而曰復 不專君命也 其如非如也 其復非復也 唯奔莒之爲信 故謹而日之也

螽[6]

宋人殺其大夫司馬[7] ◌司馬 官也 其以官稱 無君之辭[8]也

宋司城[9]來奔 ◌司城 官也 其以官稱 無君之辭也 來奔者不言出 擧其接我[10]也

1) 天王(천왕) : 주(周)의 천자(天子)이며 양왕(襄王)이다. B.C. 651년에 즉위하여 33년 간 재위했다.

2) 衡雍(형옹) : 정나라의 지명이다.
3) 雒戎(낙융) : 낙수(雒水)가의 융족(戎族). 낙수의 일대에서 생활하는 종족.
4) 暴(포) : 정나라 지명이다.
5) 如京師(여경사) : 주(周)나라 양왕(襄王)이 세상을 떠나자 제후국들이 모두 사자(使者)를 보내 조문을 했는데 이때 공손오가 문공(文公)의 명을 받들어 경사로 가서 조문함.
6) 螽(종) : 공양전(公羊傳)에는 종(蝝)으로 되어 있다.
7) 司馬(사마) : 송나라의 관직 이름이다. 국가의 군사를 관장하는 최고의 직책. 당시의 대사마(大司馬)는 공자 앙(公子卬)이었다.
8) 無君之辭(무군지사) : 임금이 없었다는 말이다.
9) 司城(사성) : 송나라의 관직 명칭. 사공(司空)에 해당하며 일국의 건축 사무의 최고 책임자.
10) 接我(접아) : 우리와 접촉이 있었다. 곧 사전에 내통이 있었다는 뜻.

9. 문공 9년 계묘(癸卯)

가. 모백(毛伯)이 금(金)을 요구하다

9년 계묘(癸卯) 봄에 모(毛)나라 군주인 백작이 와서 금(金)을 요구했다. 수레를 요구하는 것은 오히려 가하다 하겠지만 금(金)을 요구한 일은 심한 것이었다.

부인(夫人) 강씨(姜氏)가 제(齊)나라에 갔다.

2월에 숙손득신(叔孫得臣)이 경사(京師)에 갔다. 경(京)이란 큰 도시라는 뜻이요, 사(師)는 사람들이 많다는 뜻이다. 주(周)나라를 말할 때는 반드시 사람이 많고 큰 도시라고 말하는 것이다.

신축(辛丑)일에 양왕(襄王)의 장례에 참례했다. 천자(天子)는 붕어한 것만 기록하고 장례는 기록하지 않는다. 온 천하에서 한 사람만 장사 지내는데 그 도(道)를 의심하지 않기 때문이다. 장사 지낸 것을 기록한 것은 위태하여 장사 지내는 시기를 얻지 못했기 때문이다. 날짜를 기록한 것은 극히 혼란한 상태에서 천자의 장례가 불가능했다는 말이다.

九年[1] 春 毛伯來求金[2] ◌求車[3]猶可 求金甚矣
夫人姜氏如齊
二月 叔孫得臣如京師 ◌京 大也 師衆也 言周必以衆與大言之也
辛丑 葬襄王 ◌天子志崩不志葬[4] 擧天下而葬一人 其道不疑也 志葬 危不得葬也 日之 甚矣 其不葬之辭也

1) 九年(구년) : 주(周)나라 경왕(頃王) 원년(元年)이며 B.C. 618년이다. 경왕의 이름은 임신(壬申)이고 6년 간을 재위했다.
2) 毛伯來求金(모백래구금) : 모나라 군주인 백작이 와서 금(金)을 요구하다. 모백(毛伯)의 이름은 위(衛)이고 주나라 왕조의 경대부(卿大夫)이다. 왕조의 기내(畿內)에 봉해져서 모백이라 했다. 금(金)은 곧 금(金)·옥(玉)·구(龜)·패(貝) 등이다. 당시에 공손오가 양왕의 상에 조문가다가 가지고 가던 예물을 가지고 거나라로 달아나 주왕조에서 장례에 쓸 금(金)을 요구한 것이다.
3) 求車(구거) : 수레를 구하다. 노나라 환공(桓公) 15년에 주환왕(周桓王)이 경(卿)인 가보(家父)를 보내서 노나라에 수레를 요구했던 일이 있다.
4) 天子志崩不志葬(천자지붕부지장) : 천자는 붕어한 것만 기록하고 장례일을 기록하지 않는다고 했다. 곡량(穀梁)씨가 잘못 안 것 같다. 춘추(春秋)에 12왕(十二王)의 거세를 기록했고, 장례일을 기록한 것도 9왕(九王)이 있다.

나. 진(晉)나라 사람이 그 대부 선도(先都)를 죽이다

진(晉)나라 사람이 그 대부(大夫)인 선도(先都)를 죽였다.

3월에 부인(夫人) 강씨(姜氏)가 제나라에서 돌아왔다. 낮은 신분에서 높은 신분으로 이른 것이다. 문공(文公)이 지나치게 총애하는 것을 책망한 것이다.

진(晉)나라 사람이 그 대부인 사곡(士穀)과 기정보(箕鄭父)를 죽였다. 사람을 일컬어서 죽였다고 한 것은 죄가 있어서 죽인 것이다. 기정보도 죄에 연루된 것이었다.

초(楚)나라 사람이 정(鄭)나라를 정벌했다.

공자 수(遂)가 진(晉)나라 사람과 송나라 사람과 위(衛)나라 사람과 허나라 사람들과 회합하여 정나라를 구원했다.

여름에 적인(狄人)이 제(齊)나라를 침범했다.

가을인 8월에 조(曹)나라 군주인 백작 양(襄)이 세상을 떠났다.

9월 계유(癸酉)일에 지진(地震)이 일어났다. 진(震)이란 움직이는 것이다. 땅이란 움직이지 않는 것인데 움직였으므로 경계를 삼도록 날짜를 기록한 것이다.

겨울에 초(楚)나라 군주인 자작이 추(萩)에게 예물을 가지고 노나라를 내방하게 했다. 초(楚)나라에는 대부(大夫)가 없다. 그를 추(萩)라고 이른 것은 무슨 뜻인가? 그가 우리 노나라에 왔으므로 칭찬해서 거론한 것이다.

진(秦)나라 사람이 와서 희공(僖公)과 성풍(成風)의 수의(襚衣)를 바쳤다. 진나라 사람으로서는 부인(夫人)으로 여기지 않은 것이다. 곧 외국에서도 부인(夫人)으로 여기지 아니하였으니 성풍(成風)이라고 기록한 것은 예에 합당한 것이었다.

조(曹)나라의 공공(共公)을 장사 지냈다.

晉人殺其大夫先都[1]

三月 夫人姜氏至自齊 ◌卑以尊致 病文公也

晉人殺其大夫士穀 及箕鄭父 ◌稱人以殺 誅有罪也 鄭父累也

楚人伐鄭

公子遂 會晉人宋人衛人許人 救鄭

夏 狄侵齊

秋 八月 曹伯襄[2]卒

九月 癸酉 地震 ◌震 動也 地不震者也 震故謹而日之也

冬 楚子使萩[3]來聘 ◌楚無大夫 其曰萩 何也 以其來我襃之也

秦人來歸僖公成風之襚[4] ◌秦人弗夫人[5]也 卽外之弗夫人而見正焉

葬曹共公

1) 先都(선도) : 진(晉)나라의 대부이다.

2) 曹伯襄(조백양) : 곧 조(曹)나라 백작 공공(共公)이며 양(襄)은 그의 이름이다. B.C. 652년에 즉위하여 35년 간 재위했다.
3) 萩(추) : 초(楚)나라 대부이다. 어떤 곳에는 숙(菽)으로 되어 있고 좌전과 공양전에는 초(椒)로 되어 있다. 자월초(子越椒)이고 자월은 자(字)이고 초(椒)는 이름이다.
4) 襚(수) : 수의(襚衣). 죽은 사람에게 염할 때 입히는 옷.
5) 秦人弗夫人(진인불부인) : 진(秦)나라 사람은 부인(夫人)으로 여기지 않았다. 성풍이 첩(妾)이었다가 부인으로 되었기 때문이다.

10. 문공 10년 갑진(甲辰)

가. 장손진(臧孫辰)이 세상을 떠나다

10년 갑진(甲辰) 봄, 왕력으로 3월 신묘(辛卯)일에 장손진(臧孫辰)이 세상을 떠났다.

여름에 진(秦)나라가 진(晉)나라를 정벌했다.

초(楚)나라에서 그 대부(大夫)인 의신(宜申)을 죽였다.

정월(正月)부터 비가 내리지 않았는데 가을인 7월에 이르렀다. 봄·여름·가을을 지나도 비가 내리지 않았다고 말한 것은 문공(文公)이 비가 내리도록 하려고 고민하지 않았음을 말한 것이다. 비가 내리도록 하려고 고민하지 않았다는 것은 백성들의 고통에 마음을 두지 않았다는 뜻이다.

주왕조의 소자(蘇子)와 여율(女栗)에서 동맹을 맺었다.

겨울에 적인(狄人)이 송나라를 침범했다.

초(楚)나라 군주인 자작과 채(蔡)나라 군주인 후작이 궐맥(厥貉)에 군사를 주둔시켰다.

十年 春 王三月 辛卯 臧孫辰[1]卒
夏 秦伐晉

楚殺其大夫宜申[2]

自正月不雨 至于秋七月 ◌歷時而言不雨 文不閔雨也 不閔雨者無志乎民也

及蘇子[3]盟于女栗[4]

冬 狄侵宋

楚子蔡侯 次于厥貉[5]

1) 臧孫辰(장손진) : 노(魯)나라 집정대부(執政大夫)인 장문중(臧文仲)이다. 장손(臧孫)은 성씨이고 진(辰)은 이름이다.

2) 宜申(의신) : 초나라 대부이다. 성은 투(鬥)이고 자는 자서(子西)이다.

3) 蘇子(소자) : 여기서의 자(子)는 자작(子爵)이 아니다. 주왕조(周王朝)의 경사(卿士)이다. 주(周)의 경왕(頃王)이 새로 등극하여 노나라와 화친을 위해 동맹을 맺었다.

4) 女栗(여율) : 지명(地名)이며 관(關)의 이름이다.

5) 厥貉(궐맥) : 관(關)의 이름. 공양전(公羊傳)에는 궐이 굴(屈)로 되어 있다.

11. 문공 11년 을사(乙巳)

가. 초(楚)나라에서 군(麇)나라를 정벌했다

11년 을사(乙巳) 봄에 초(楚)나라 군주인 자작이 군(麇)나라를 정벌했다.

여름에 숙팽생(叔彭生)이 진(晉)나라의 극결(郤缺)과 승광(承匡)에서 만났다.

가을에 조(曹)나라 군주인 백작이 찾아왔다.

공자 수(遂)가 송(宋)나라에 갔다.

적인(狄人)이 제(齊)나라를 침범했다.

겨울인 10월 갑오(甲午)일에 숙손득신(叔孫得臣)이 적인(狄人)을 함(鹹)에서 쳐부수었다. 숙손득신이 '솔사(帥師)' 라고 말하지 않고 '패(敗)' 라고 말한 것은 무슨 뜻인가? 곧바로 한 사람을 쳐부수었다는 말이다. 한 사람을 쳐부순 것을 '패(敗)' 라고 이른 것은 무슨 뜻인가? 많은 무리로써 한 말이다.

전(傳)에 이르기를 '장적(長狄)인은 아우와 형이 세 사람인데 중국을 혼란스럽게 하여 와석(瓦石)으로는 능히 해치지 못했다. 숙손득신은 활을 가장 잘 쏘는 사람이었다. 그의 눈을 쏘았는데 쓰러진 그의 시체가 54척(五十四尺)이나 되어 구묘(九畝)를 덮었다. 그 머리를 잘라서 수레에 실었는데 눈썹이 식(軾)에서 나타났다. 그렇다면 왜 장적을 '잡았다' 고 말하지 않았는가? 대답하기를, 옛날에는 상처난 것을 거듭 상처내지 않고 반백(斑白)의 늙은이를 사로잡지 않는 것으로 '잡았다' 고 말하지 않은 것은 국내에서 숨기기 위한 것이었다. 그 제나라로 간 자는 왕자성보(王子成父)가 죽였는데 그 진(晉)나라로 간 자는 어떻게 되었는지 알지 못했다.

十有一年 春 楚子伐麇[1]

夏 叔彭生[2]會晉郤缺[3]于承匡[4]

秋 曹伯[5]來朝

公子遂如宋

狄侵齊

冬 十月 甲午 叔孫得臣 敗狄于鹹[6] ◌不言帥師而言敗 何也 直敗一人之辭也 一人而曰敗 何也 以衆焉言之也 傳曰 長狄[7]也 弟兄三人[8] 佚宕[9]中國 瓦石不能害 叔孫得臣 最善射者也 射其目 身横九畝 斷其首而載之 眉見於軾[10] 然則何爲不言獲也 曰 古者不重創[11] 不禽二毛[12] 故不言獲 爲內諱也 其之齊者 王子成父[13]殺之 則未知其之晉者也

1) 麇(군) : 옛 나라 이름이다. 성씨는 자세하지 않다. 어떤 이는 기성(祁姓)이라고도 했다. 공양전에는 권(圈)으로 되어 있다.

2) 叔彭生(숙팽생) : 노나라 대부이고 이름은 혜백(惠伯)이다. 좌전에는 숙중팽생(叔仲彭生)으로 되어 있다. 숙중혜백(叔仲惠伯)이라 한다.

3) 郤缺(극결) : 진(晉)나라 대부. 극성자(郤成子)라고 한다. 그의 아버지는 극예(郤芮)이고 일찍부터 기(冀) 땅에 봉해져서 기결(冀缺)이라고도 한다.

4) 承匡(승광) : 송(宋)나라 지명이다. 좌전에는 승광(承筐)으로 되어 있다.
5) 曹伯(조백) : 조(曹)나라 백작 문공(文公)이다. 이름은 수(壽).
6) 鹹(함) : 노나라의 땅 이름.
7) 長狄(장적) : 장적(長翟)이며 춘추(春秋)시대의 적인(狄人)의 일족.
8) 弟兄三人(제형삼인) : 아우와 형 세 사람. 곧 괴수(魁首)들이다.
9) 佚宕(일탕) : 성품을 흐리멍덩하게 만드는 것. 곧 어지럽히는 것.
10) 眉見於軾(미현어식) : 눈썹이 식(軾)에 나타나다. 식은 수레 안에서 절할 때 손으로 잡는 앞턱의 횡목(橫木).
11) 重創(중창) : 상처난 곳에 다시 상처를 내는 것.
12) 不禽二毛(불금이모) : 머리가 반백인 노인을 사로잡지 않는다는 뜻.
13) 王子成父(왕자성보) : 제나라의 대부.

12. 문공 12년 병오(丙午)

가. 성(郕)나라 백작이 도망해 오다

12년 병오(丙午) 봄, 왕력으로 정월에 성(郕)나라 군주인 백작이 도망해 왔다.

기(杞)나라 군주인 백작이 찾아왔다.

2월 경자(庚子)일에 공녀(公女) 숙희(叔姬)가 세상을 떠났다. 그를 '자숙희(子叔姬)' 라고 이른 것은 귀하게 여긴 것으로 문공과 어머니를 함께 한 자매(姊妹)였기 때문이다. 그 하나의 전(傳)에 이르기를 "혼인을 정해놓고 죽었다."라고 했다. 남자는 20세에 관을 쓰고 관을 쓰면 장부(丈夫)에 반열하고 30세에 장가든다. 여자는 15세에 시집가는 것을 허락받고 20세에 시집간다.

여름에 초(楚)나라 사람이 소(巢)나라를 포위했다.

가을에 등(滕)나라 군주인 자작이 찾아왔다.

진(秦)나라 군주인 백작이 술(術)에게 노나라를 예방하게 했다.

겨울인 12월 무오(戊午)일에 진(晉)나라 사람과 진(秦)나라 사람이 하곡(河曲)에서 싸웠다. '급(及)' 이라고 말하지 않은 것은 진(秦)나라와 진(晉)나라가 전쟁을 이미 자주했기 때문에 생략한 것이다.

계손행보(季孫行父)가 군사를 거느리고 제(諸)와 운(鄆)에 성을 쌓았다. 군사를 거느렸다고 일컬은 것은 어려움이 있었다는 것을 말한 것이다.

十有二年 春 王正月 郕伯[1]來奔

杞伯來朝

二月 庚子 子叔姬[2]卒 ◌其曰子叔姬 貴也 公之母姉妹也 其一傳曰 許嫁以卒之[3]也 男子二十而冠[4] 冠而列丈夫 三十而娶 女子十五而許嫁 二十而嫁

夏 楚人圍巢[5]

秋 滕子來朝

秦伯使術[6]來聘

冬 十有二月 戊午 晉人秦人戰于河曲[7] ◌不言及 秦晉之戰已亟[8]故略之也

季孫行父帥師 城諸及鄆[9] ◌稱帥師 言有難也

1) 郕伯(성백) : 성나라 백작. 공양전에는 '성백(盛伯)' 으로 되어 있다.

2) 子叔姬(자숙희) : 공양전과 곡량전은 문공과 어머니를 함께 한 자매라고 했고 좌전에는 문공의 딸이라고 했다.

3) 許嫁以卒之(허가이졸지) : 시집가는 것을 허락받았는데 죽었다는 뜻. 곧 정혼했는데 사망했다는 뜻이다.

4) 冠(관) : 남자가 20세가 되면 관례(冠禮)를 올리고 관을 쓰는 일.

5) 巢(소) : 옛 나라 이름. 작은 나라이며 언성(偃姓)인데 일설에는 자성(子姓)이라고도 했다. 오(吳)와 초(楚) 사이의 작은 나라.

6) 術(술) : 진(秦)나라의 서걸술(西乞術)이며 대부이다. 공양전에는 수(遂)로 되어 있다.

7) 河曲(하곡) : 진(晉)나라의 땅 이름이다.

8) 亟(극) : 자주의 뜻. 여러 차례.

9) 諸及鄆(제급운) : 제와 운은 노나라 변경의 작은 읍(邑)들이다.

13. 문공 13년 정미(丁未)

가. 진(晉)나라의 삭(朔)이 세상을 떠나다

13년 정미(丁未) 봄, 왕력으로 정월이다.

여름인 5월 임오(壬午)일에 진(陳)나라 군주인 후작 삭(朔)이 세상을 떠났다.

주(邾)나라 군주인 자작 거저(蘧篨)가 세상을 떠났다.

정월부터 가을인 7월에 이르기까지 비가 내리지 않았다.

태실(太室)의 지붕이 무너졌다. 태실의 지붕이 무너졌다고 한 것은 무너지는 도가 있은 것으로 수리하지 않은 것을 책망한 것이다. 태실은 세실(世室)과 같다. 주공(周公)은 태묘(太廟)라고 이르고 백금(伯禽)은 태실(太室)이라 이르고 모든 임금들은 궁(宮)이라고 이른다.

예(禮)에는 "종묘(宗廟)의 일에는 임금이 몸소 희생을 가르고 부인(夫人)이 몸소 방아를 찧어 쌀을 장만하는 것은 공경의 지극함이다."라고 했다. 사직(社稷)의 주인이 되는 선군(先君 : 백금(伯禽))의 사당이 무너졌다고 지극하게 일컬은 것은 문공의 불경(不敬)스런 행동을 기록하여 보인 것이다.

겨울에 문공이 진(晉)나라에 갔다.

위(衛)나라 군주인 후작이 문공과 답(沓)에서 만났다.

적인(狄人)이 위(衛)나라를 침범했다.

12월 기축(己丑)일에 문공과 진(晉)나라 군주인 후작이 동맹을 맺었다. 문공이 진(晉)나라에서 돌아왔다. '환(還)' 이란 일이 끝나지 아니한 것이다. '자진(自晉)' 은 일이 끝난 것이다.

정나라 군주인 백작이 비(棐)에서 문공을 만났다.

十有三年 春 王正月

夏 五月 壬午 陳侯朔[1]卒

邾子籧篨[2]卒

自正月不雨 至于秋七月

大室[3]屋壞 ◯大室屋壞者 有壞道也 譏不脩也 大室猶世室也 周公曰大廟[4] 伯禽曰大室[5] 群公曰宮[6] 禮 宗廟之事君親割 夫人親舂 敬之至也 爲社稷之主 而先君之廟壞 極稱之 志不敬也

冬 公如晉

衛侯會公于沓[7]

狄侵衛

十有二月 己丑 公及晉侯盟 還自晉 ◯還者 事未畢也 自晉事畢也

鄭伯會公于棐[8]

1) 陳侯朔(진후삭) : 곧 진(陳)나라의 공공(共公)이며 삭(朔)은 그의 이름이다. B.C. 631년에 즉위하여 18년 간 재위했다.

2) 邾子籧篨(주자거저) : 주(邾)나라 군주인 자작이며 문공(文公)이고 거저는 그의 이름이다.

3) 大室(태실) : 공양전(公羊傳)에는 세실(世室)이라 했다. 좌전에는 노나라 시조 주공의 사당이라 했다.

4) 周公曰大廟(주공왈태묘) : 주공은 주공단(周公旦)이며 주(周)나라 무왕(武王)의 아우로 숙단(叔旦)이라고도 일컬었다. 그의 채읍(采邑)이 주(周)에 있으므로 주공(周公)이라고 했다. 일찍부터 무왕을 도와 상(商)나라를 멸망시켰고 성왕(成王)이 즉위 후에는 어린 성왕을 도와 섭정까지 했다.

5) 伯禽曰大室(백금왈태실) : 백금은 주공단의 아들이며 노(魯)나라에 처음으로 봉해진 임금이다. 그의 사당을 태실(太室)이라 하고 혹은 세실(世室)이라고 한다.

6) 群公曰宮(군공왈궁) : 그 밖의 임금들을 궁(宮)이라고 한다. 곧 그 밖의 노나라의 역대(歷代) 임금들을 뜻한다.

7) 沓(답) : 위(衛)나라의 땅 이름이다.

8) 棐(비) : 정나라 땅 이름이다. 비림(棐林) 또는 북림(北林)이라고도 일컫는다. 공양전에는 비(斐)라고 되어 있다.

14. 문공 14년 무신(戊申)

가. 숙팽생(叔彭生)이 주(邾)나라를 정벌하다

14년 무신(戊申) 봄, 왕력으로 정월에 문공이 진(晉)나라에서 돌아왔다.

주(邾)나라 사람이 우리 노나라의 남쪽 변방을 정벌했다.

숙팽생(叔彭生)이 군사를 거느리고 주나라를 정벌했다.

여름인 5월 을해(乙亥)일에 제나라 군주인 후작 반(潘)이 세상을 떠났다.

6월에 문공이 송나라 군주인 공작과 진(陳)나라 군주인 후작과 위(衛)나라 군주인 후작과 정나라 군주인 백작과 허나라 군주인 백작과 조(曹)나라 군주인 백작과 진(晉)나라의 조돈(趙盾) 등과 회합하고, 계유(癸酉)일에 신성(新城)에서 동맹을 맺었다. '동(同)' 이란 함께 함이 있다는 뜻이며 초(楚)나라를 중원의 밖으로 내치는 것을 함께 하기로 한 것이다.

가을인 7월에 살별(혜성)이 반짝이면서 북두성(北斗星) 안으로 들어갔다. '패(孛 : 살별)' 라고 말한 것은 별이 아닌 것과 같다. 그것을 북두성 안으로 들어갔다고 했는데 북두칠성에서 고리처럼 생긴 제1성(第一星)에서 제4성(第四星)까지가 되〔斗〕의 형상을 이루기 때문이다.

十有四年 春 王正月 公至自晉

邾人伐我南鄙

叔彭生帥師伐邾

夏 五月 乙亥 齊侯潘[1]卒

六月 公會宋公陳侯衛侯鄭伯許伯曹伯晉趙盾 癸酉 同盟于新城[2]

◌同者 有同也 同外楚也

秋 七月 有星孛[3] 入于北斗 ◯孛之爲言猶茀[4]也 其曰入北斗 斗有環域[5]也

1) 齊侯潘(제후반) : 제나라 소공(昭公). B.C. 632년에 즉위하여 20년 간 재위.

2) 新城(신성) : 송나라 지명(地名). 지금의 하남성(河南省) 상구(商丘) 남쪽.

3) 孛(패) : 살별. 곧 반짝이는 별이다.

4) 茀(불) : 불(彿)과 같고 혜성을 가리킨다.

5) 斗有環域(두유환역) : 북두칠성 가운데 제일성(第一星)에서 제4성까지가 되〔斗〕와 같은 모양의 환성(環城)을 이룬 것을 말한다.

나. 공손오(公孫敖)가 제나라에서 세상을 떠나다

문공(文公)이 회합에서 돌아왔다.

진(晉)나라 사람이 첩치(捷菑)를 주(邾)나라로 들여보냈으나 들어가지 못했다. 진나라 사람이란 극극(郤克)이다. 그를 '인(人)' 이라고 이른 까닭은 무엇인가? 지위가 낮은 자이기 때문이다. 무엇 때문에 지위가 낮은 자라고 했는가? 긴 바퀴가 달린 500승(乘)의 전차를 천리나 뻗게 하여 송나라와 정나라와 등나라와 설나라를 지나 멀리 천승(千乘)의 나라까지 들어가 사람의 주인을 변화시키고자 한 것이었다. 성(城) 아래에 이른 연후에야 안 것이다. 어찌하여 아는 것이 늦었는가? 들어가지도 못했기 때문이었다. 정벌하지 않았는데 '이기지 못했다' 고 한 이유는 무엇인가? 그의 의(義)를 이기지 못한 것이다. 첩치는 진(晉)나라 여자의 소생이고 확저(貜且)는 제나라 여자의 소생이다. 확저는 적자(嫡子)로서 합당하고 첩치는 서자(庶子)이므로 합당하지 않은 것이었다.

9월 갑신(甲申)일에 공손오(公孫敖)가 제나라에서 세상을 떠났다. 달아난 대부(大夫)는 세상을 떠났다고 말하지 않는데 '세상을 떠났다' 고 말한 이유는 무엇인가? 그의 상(喪)을 받기 위하여 가히 세상을 떠났다고 하지 않을 수 없었으며 그가 죽은 땅이 외국이었기 때문이기도 했다.

公至自會

晉人納捷菑[1]于邾 弗克納 ◌是郤克[2]也 其曰人 何也 微之也 何爲微之也 長轂[3]五百乘 緜地千里 過宋鄭滕薛 敻入千乘之國[4] 欲變人之主 至城下 然後知 何知之晚也 弗克納 未伐而曰弗克 何也 弗克其義也 捷菑 晉出也 貜且[5] 齊出也 貜且 正也 捷菑不正也

九月 甲申 公孫敖卒于齊 ◌奔大夫不言卒而言卒 何也 爲受其喪不可不卒也 其地 於外也

1) 捷菑(첩치) : 주(邾)나라 문공(文公)의 서자(庶子)이다. 진(晉)나라 여자의 소생이다.
2) 郤克(극극) : 진(晉)나라 대부. 뒤에 진(晉)나라 집정대부(執政大夫)가 됨.
3) 長轂(장곡) : 긴 수레바퀴. 곧 수레라는 뜻.
4) 敻入千乘之國(경입천승지국) : 멀리 천승(千乘)의 나라에 들어가다.
5) 貜且(확저) : 주(邾)나라 문공(文公)의 적자(嫡子). 제나라 여자의 소생.

다. 공자 상인(商人)이 군주를 시해하다

제나라 공자(公子) 상인(商人)이 그의 군주인 사(舍)를 시해했다. 사(舍)는 제나라 소공(昭公)의 자리를 이어받아 1년이 넘지 않았는데 그를 '임금'이라고 이른 까닭은 무엇인가? 사(舍)가 임금이 된 것은 성취시켜 주고 상인(商人)이 시해한 것을 중하게 여기기 위해서였다. 상인(商人)을 국씨(國氏)로 쓰지 않은 이유는 무엇인가? 사(舍)가 군주가 되지 못할 혐의가 있다고 하더라도 일단 군주가 된 이상 그 군주를 살해하고 스스로 군주가 되었으므로 죽인 혐의를 벗어날 수는 없는 것이다. 사(舍)를 죽인 날짜를 쓰지 않은 것은 무슨 뜻인가? 임금이 된 것이 정식으로 이루어지지 못했기 때문이다.

송(宋)나라 자애(子哀)가 도망해 왔다. 그를 '자애(子哀)'라고 이른 이유는 자애가 성씨(姓氏)를 잃어버렸기 때문이다.〔곧 박탈당한 것이다.〕

겨울에 선백(單伯)이 제나라에 갔다. 제나라 사람이 선백(單

伯)을 잡았다. 선백을 잡은 까닭은 개인의 사사로운 원한 때문이었다. 선백이 제나라에서 음탕한 짓을 저질러 제나라 사람이 잡은 것이다.

제나라 사람이 공녀(公女)인 숙희(叔姬)를 잡았다. 숙희는 선백(單伯)과 똑같은 죄목이었다.〔곧 사사로운 원한으로 잡힌 것이다.〕

齊公子商人[1] 弑其君舍[2] ◯舍未踰年[3] 其曰君 何也 成舍之爲君 所以重商人之弑也 商人其不以國氏 何也 不以嫌代嫌[4]也 舍之不日 何也 未成爲君也

宋子哀[5]來奔 ◯其曰子哀 失之也[6]

冬 單伯[7]如齊 齊人執單伯 ◯私罪也 單伯淫于齊 齊人執之

齊人執子叔姬 ◯叔姬同罪也

1) 公子商人(공자상인) : 제나라 환공의 아들이고 그의 어머니는 밀희(密姬)이다. 사(舍)를 죽이고 자립(自立)하여 제(齊)의 의공(懿公)이 되었다.
2) 舍(사) : 제나라 소공(昭公)의 아들이다. 소공의 뒤를 이어 임금이 되었으나 1년을 넘기지 못하고 상인(商人)에게 살해되었다.
3) 舍未踰年(사미유년) : 사(舍)가 1년을 넘기지 못하고 죽었다는 뜻.
4) 不以嫌代嫌(불이혐대혐) : 임금을 시해한 혐의가 자신이 임금이 되었다고 해서 대신하지는 못한다는 뜻.
5) 宋子哀(송자애) : 송나라의 고애(高哀)라고 일컫다. 소읍(蕭邑) 사람이다.
6) 失之也(실지야) : 모든 것을 잃다. 곧 송나라의 소읍에 봉해진 지위를 잃다.
7) 單伯(선백) : 노나라 대부. 좌전에는 주왕조(周王朝)의 경사(卿士)라 함.

15. 문공 15년 기유(己酉)

가. 계손행보(季孫行父)가 진(晉)나라에 가다

15년 기유(己酉) 봄에 계손행보(季孫行父)가 진(晉)나라에 갔다.

3월에 송나라 사마(司馬) 화손(華孫)이 와서 동맹을 맺었다. 사마는 관직의 명칭이다. 그를 관직으로써 일컬은 것은 송나라에 임금이 없었다는 말이다. '와서 동맹을 맺었다' 라고 한 것은 무슨 뜻인가? 미리 정해진 일이라는 말이다. '급(及)' 이라고 말하지 않은 것은 국가와 함께 했기 때문이다.

여름에 조(曹)나라 군주인 백작이 찾아왔다.

제나라 사람이 공손오(公孫敖)의 시체를 돌려보냈다.

6월 초하루인 신축(辛丑)일에 일식이 있었는데 그때 북을 치고 희생을 바쳐 사제(社祭)를 지냈다.

선백(單伯)이 제나라에서 돌아왔다. 대부(大夫)가 잡혔다가 이른 것이다. 잡혔다 이르렀으면 이름을 기록하는 것인데 여기에 그의 이름을 쓰지 않은 이유는 무엇인가? 천자(天子)에게 명을 받은 대부이기 때문이었다.

진(晉)나라 극결이 군사를 거느리고 채(蔡)나라를 정벌하여 무신(戊申)일에 채나라로 쳐들어갔다.

가을에 제나라 사람이 우리 노나라의 서쪽 변방을 침범했다. 그 침범한 곳을 '비(鄙)' 라고 이른 것은 멀리 있음을 뜻한 것이다. 그 멀리 있다는 것은 무슨 뜻인가? 우리의 국도(國都)를 가까이에서 어지럽히지 못한다는 말이다.

계손행보(季孫行父)가 진(晉)나라에 갔다.

겨울인 11월에 제후들이 호(扈)에서 동맹을 맺었다.

12월에 제나라 사람이 와서 공녀(公女) 숙희(叔姬)를 돌려보냈다. 그를 '자숙희(子叔姬)' 라고 이른 이유는 귀한 신분이기 때문이다. 그를 '내귀(來歸 : 돌아옴)' 했다고 말한 것은 무슨 뜻인가? 부모는 자식에게 비록 죄가 있더라도 오히려 그것을 면죄해 주고자 하는 것과 같은 것이다.

제나라 군주인 후작이 우리 노나라의 서쪽 변방을 침범하고 이어서 조(曹)나라를 정벌하여 그 외곽으로 쳐들어갔다.

十有五年 春 季孫行父如晉[1]

三月 宋司馬華孫[2]來盟 ◌司馬 官也 其以官稱 無君之辭也 來盟者何 前定也 不言及者 以國與之也

夏 曹伯來朝

齊人歸公孫敖之喪[3]

六月 辛丑 朔 日有食之 鼓[4]用牲于社

單伯至自齊 ◌大夫執則致 致則名 此其不名 何也 天子之命大夫也

晉郤缺帥師伐蔡 戊申 入蔡

秋 齊人侵我西鄙 ◌其曰鄙 遠之也 其遠之何也 不以難介我國也[5]

季孫行父如晉[6]

冬 十有一月 諸侯盟于扈

十有二月 齊人來歸子叔姬 ◌其曰子叔姬 貴之也 其言來歸 何也 父母之於子 雖有罪 猶欲其免也

齊侯侵我西鄙 遂伐曹 入其郛[7]

1) 季孫行父如晉(계손행보여진) : 좌전에서는 선백(單伯)과 숙희(叔姬)의 석방을 위하여 진(晉)나라에 중재를 구하러 갔다고 했다.

2) 華孫(화손) : 좌전에는 화우(華耦)라고 했다.

3) 喪(상) : 여기서는 시체이며 영구(靈柩)이다.

4) 鼓(고) : 북을 치다.

5) 不以難介我國也(불이난개아국야) : 가까이서 우리나라를 어지럽게는 하지 않다의 뜻. 개(介)는 근(近)과 같다.

6) 季孫行父如晉(계손행보여진) : 계손행보가 다시 진나라에 간 것은 제나라가 노나라 국경을 침범하므로 급한 상황을 고하러 간 것이라고 했다.

7) 郛(부) : 곽(郭)과 같다. 외성곽(外城郭). 좌전에는 곽(郭)으로 되어 있다.

16. 문공 16년 경술(庚戌)

가. 제나라 군주와 동맹을 맺지 않았다

16년 경술(庚戌) 봄에 계손행보(季孫行父)가 제나라 군주인 후작을 양곡(陽穀)에서 만났으나 제나라 군주인 후작은 그와 동맹을 맺지 않았다. '불급(弗及)' 이란 노나라 국내에서 숨겨 준 말이다. 계손행보가 문공의 명령을 잃은 것이며 제나라 때문에 노나라 국내에서 숨기게 된 것이다.

여름인 5월에 문공이 네번째 고삭례(告朔禮)를 행하지 않았다. 천자가 제후에게 삭(朔 : 초하루)을 고하면 제후는 천자의 명을 받아서 예묘(禰廟)에 삭(朔)을 고하는 것이 예이다. 문공이 네번째나 고삭례(告朔禮)를 보지 않은 것은 문공이 천자의 신하로서 책임을 다하지 않은 것이며, 정치에 싫증난 문공의 상태가 매우 심했다는 표현이었다.

6월 무진(戊辰)일에 공자 수(遂)가 제나라 군주인 후작과 사구(師丘)에서 동맹을 맺었다. 이는 계손행보가 행하지 못한 것을 다시 행하여 동맹을 맺은 것이었다.

가을인 8월 신미(辛未)일에 부인(夫人) 강씨가 훙거했다.

천대(泉臺)를 헐었다. 상사(喪事)에는 닥치는 다음 일은 하지 않는 것이다. 닥치는 다음 일을 하게 되면 상례가 느슨해지기 때문이다. 곧 문공이 실도(失道)를 많이 했음을 말한 것이다. 옛날부터 만들어 놓았던 것을 지금 헌 것은 다시 거처하지 말라는 것과 같은 것이다.

초나라 사람과 진(秦)나라 사람과 파(巴)나라 사람이 용(庸)나라를 멸망시켰다.

겨울인 11월에 송나라 사람이 그 군주 저구(杵臼)를 시해했다.

十有六年 春 季孫行父 會齊侯于陽穀[1] 齊侯弗及盟 ◌弗及者 內辭[2]也 行父失命矣 齊得內辭也

夏 五月 公四不視朔[3] ◌天子告朔于諸侯 諸侯受乎禰廟[4] 禮也 公四不視朔 公不臣也 以公爲厭政以甚矣

六月 戊辰 公子遂及齊侯盟于師丘[5] ◌復行父之盟[6]也

秋 八月 辛未 夫人姜氏[7]薨

毁泉臺[8] 喪不貳事 ◌貳事 緩喪也 以文爲多失道矣 自古爲之 今

毁之 不如勿處而已矣

楚人秦人巴人[9] 滅庸[10]

冬 十有一月 宋人弑其君杵臼[11]

1) 陽穀(양곡) : 제나라 땅 이름. 지금의 산동성(山東省) 양곡현(陽谷縣) 북쪽.
2) 內辭(내사) : 노나라에서 숨기는 말이라는 뜻.
3) 公四不視朔(공사불시삭) : 문공이 정치에 싫증을 내서 삭을 고하지 않았다. 문공(文公)이 2·3·4·5월 넉 달 동안을 초하루에 행하는 고삭례(告朔禮)를 행하지 않았다. 좌전에서는 질병이 있어서 보지 못했다고 했다.
4) 禰廟(예묘) : 아버지 사당.
5) 師丘(사구) : 제나라 땅 이름. 좌전에는 처구(郪丘)이고 공양전에는 서구(犀丘)로 되어 있다.
6) 復行父之盟(부행보지맹) : 봄에 계손행보가 이루지 못했던 제나라와의 맹세를 다시 한 것이라는 뜻.
7) 夫人姜氏(부인강씨) : 희공(僖公)의 부인 성강(聲姜). 곧 문공의 어머니.
8) 毁泉臺(훼천대) : 천궁(泉宮)을 헐다의 뜻.
9) 巴人(파인) : 파나라 사람.
10) 庸(용) : 나라 이름.
11) 杵臼(저구) : 송(宋)나라 소공(昭公)의 이름이다. B.C. 619년에 즉위했다. 공양전에는 처구(處臼)로 되어 있다.

17. 문공 17년 신해(辛亥)

가. 소군(小君) 성강(聲姜)을 장사 지내다

17년 신해(辛亥) 봄에 진(晉)나라 사람과 위(衛)나라 사람과 진(陳)나라 사람과 정(鄭)나라 사람이 송(宋)나라를 정벌했다.

여름인 4월 계해(癸亥)일에 우리 소군(小君)인 성강(聲姜)을 장사 지냈다.

제나라 군주인 후작이 우리 노나라의 서쪽 변방을 정벌했다.

6월 계미(癸未)일에 문공과 제나라 군주인 후작이 곡(穀)에서 동맹을 맺었다.

제후들이 호(扈)에서 회합했다.

가을에 문공이 곡(穀)에서 돌아왔다.

겨울에 공자 수(遂)가 제나라에 갔다.

十有七年 春 晉人衛人陳人鄭人 伐宋[1)]

夏 四月 癸亥 葬我小君聲姜[2)]

齊侯伐我西鄙[3)]

六月 癸未 公及齊侯盟于穀[4)]

諸侯會于扈[5)]

秋 公至自穀

冬 公子遂如齊

1) 伐宋(벌송) : 송나라 임금을 시해한 일이 발생하자 진(晉)나라 순임보(荀林父)와 위나라 공달(孔達)과 진(陳)나라 공손영(公孫寧)과 정나라 석초(石楚)가 각 나라의 임금의 명을 받아서 송나라를 공격하여 문공(文公)을 세우고 회군한 일.

2) 聲姜(성강) : 노나라 희공(僖公)의 부인(夫人). 공양전에는 성강(聖姜)으로 되어 있다.

3) 西鄙(서비) : 좌전에는 북비(北鄙)로 되어 있다.

4) 穀(곡) : 제나라의 땅 이름.

5) 扈(호) : 정(鄭)나라의 땅 이름.

18. 문공 18년 임자(壬子)

가. 문공이 대하(臺下)에서 훙거하다

18년 임자(壬子) 봄, 왕력으로 2월 정축(丁丑)일에 문공이 대하(臺下)에서 훙거(薨去)했다. 대하에서 훙거했다는 것은 정상적인 죽음이 아니었다.

진(秦)나라 군주인 백작 앵(罃)이 세상을 떠났다.

여름인 5월 무술(戊戌)일에 제나라 사람이 그의 군주인 상인(商人)을 시해했다.

6월 계유(癸酉)일에 우리의 군주인 문공을 장사 지냈다.

가을에 공자 수(遂)와 숙손득신(叔孫得臣)이 제나라에 갔다. 사신을 상객(上客)만 거론하고 개(介 : 貳)를 일컫지 않은 것은 순서를 함께하여 서로서로 개(介)가 된 것이니 이는 예에 합당하지 않은 것이다. 그러므로 두 사람을 나열하여 헤아리도록 기재한 것이다.

겨울인 10월에 복상(服喪) 중인 군주가 세상을 떠났다. 복상(服喪) 중인 군주가 죽었는데 날짜를 기록하지 않은 것은 까닭이 있어서였다.

부인(夫人) 강씨(姜氏)가 제나라로 돌아갔다. 이것은 선공(宣公)을 미워해서였다. 춘추(春秋)에서는 폄하하여 단절함을 기다리지 않아도 죄악이 나타나는 자가 있는가 하면 폄하하여 단절함을 기다려서야 죄가 따르는 자가 있다. 질제(姪娣)라는 뜻은 잉첩(媵妾)이 아이를 낳아도 자식을 독차지하지 않고 서로서로 돌보아 준다는 뜻이다. 한 사람이 아들이 있으면 세 사람이 경계심을 풀고 함께 자기 자식처럼 잘 기른다. 이러한 것을 하나같이 일러서 '어진 이에게 나아간다' 라고 하는 것이다.

계손행보(季孫行父)가 제나라에 갔다.

거(莒)나라에서 그의 군주인 서기(庶其)를 시해했다.

十有八年[1] 春 王二月 丁丑 公薨于臺下[2] ◌臺下 非正也

秦伯罃[3]卒

夏 五月 戊戌 齊人弑其君商人[4]

六月 癸酉 葬我君文公

秋 公子遂 叔孫得臣 如齊 ◌使擧上客 而不稱介[5] 不正其同倫而相介 故列而數之也

冬 十月 子卒[6] ◌子卒不日 故也[7]

夫人姜氏歸于齊[8] ◌惡宣公也 有不待貶絶 而罪惡見者 有待貶絶 而惡從之者 姪娣者[9] 不孤子[10]之意也 一人有子 三人緩帶[11] 一曰就賢也

季孫行父如齊

莒弑其君庶其[12]

1) 十有八年(십유팔년) : 18년. 곧 주(周)나라 광왕(匡王) 4년. B.C. 609년.

2) 臺下(대하) : 정침(正寢)이 아닌 다른 궁(宮)을 뜻한다.

3) 秦伯罃(진백앵) : 진(秦)나라 군주인 백작이고 그의 이름은 앵(罃)이다. 곧 진(秦)나라 강공(康公)이다. B.C. 620년에 즉위하여 12년 간 재위했다.

4) 商人(상인) : 제나라 의공(懿公)이다. 자립(自立)하여 임금이 되었다.

5) 介(개) : 부(副)이다. 곧 조수(助手)이다.

6) 子卒(자졸) : 문공(文公)의 태자로서 문공의 대를 이은 아들인 악(惡)이 죽은 것을 뜻한다. 자(子)는 복상(服喪) 중에 있는 군자를 뜻이다. 문공의 부인(夫人) 애강(哀姜)의 소생이다.

7) 故也(고야) : 이유가 있다. 살해했기 때문이라는 것.

8) 夫人姜氏歸于齊(부인강씨귀우제) : 부인 강씨가 제나라로 돌아가다. 곧 문공의 부인 애강(哀姜)을 뜻한다.

9) 姪娣者(질제자) : 제후의 부인이 시집갈 때 잉(媵)으로 따라가는 여인들의 무리.

10) 不孤子(불고자) : 외로운 자식이 없다. 곧 서로 서로 돌봐주어서 외롭지 않다는 뜻.

11) 緩帶(완대) : 허리띠를 느슨하게 하다. 곧 경계심을 풀다의 뜻.

12) 庶其(서기) : 좌전에는 거(莒)나라의 기공(紀公)이라 했으며 서기는 그의 이름이다.

제7편 선공 시대(宣公時代)

(재위 : 1년~18년까지)

시법(諡法)에 '잘 묻고 두루 통달함'을 '선(宣)'이라 했다.

▨선공 연표(宣公年表)

국명 / 기원전	周	鄭	齊	宋	晉	衛	蔡	曹		陳	杞	薛	莒	邾	許	小邾	楚	秦	吳	越	魯
	匡王	穆公	惠公	文公	靈公	成公	文侯	文公		靈公	桓公		季佗	定公	昭公		莊王	共公			宣公
608	5	20	1	3	13	27	4	10		6	29		1	6	14		6	1			1
607	6	21	2	4	14	28	5	11		7	30		2	7	15		7	2			2
606	定王 1	22	3	5	成公 1	29	6	12		8	31		3	8	16		8	3			3
605	2	靈公 1	4	6	2	30	7	13		9	32		4	9	17		9	4			4
604	3	襄公 1	5	7	3	31	8	14		10	33		5	10	18		10	桓公 1			5
603	4	2	6	8	4	32	9	15		11	34		6	11	19		11	2			6
602	5	3	7	9	5	33	10	16		12	35		7	12	20		12	3			7
601	6	4	8	10	6	34	11	17		13	36		8	13	21		13	4			8
600	7	5	9	11	7	35	12	18		14	37		9	14	22		14	5			9
599	8	6	10	12	景公 1	穆公 1	13	19		15	38		10	15	23		15	6			10
598	9	7	頃公 1	13	2	2	14	20		成公 1	39		11	16	24		16	7			11
597	10	8	2	14	3	3	15	21		2	40		12	17	25		17	8			12
596	11	9	3	15	4	4	16	22		3	41		13	18	26		18	9			13
595	12	10	4	16	5	5	17	23		4	42		14	19	27		19	10			14
594	13	11	5	17	6	6	18	宣公 1		5	43		15	20	28		20	11			15
593	14	12	6	18	7	7	19	2		6	44		16	21	29		21	12			16
592	15	13	7	19	8	8	20	3		7	45		17	22	30		22	13			17
591	16	14	8	20	9	9	景公 1	4		8	46		18	23	31		23	14			18

※설(薛) : 약간의 기록은 은공 원년과 희공 원년에 나와 있다.

※오(吳) : 약간의 기록은 은공 원년에 나와 있다.

※월(越) : 약간의 기록은 은공 원년에 나와 있다.

제7편 선공 시대(宣公時代)

1. 선공(宣公) 원년 계축(癸丑)

가. 정월에 선공(宣公)이 즉위하다

원년 계축(癸丑) 봄, 왕력으로 정월에 선공(宣公)이 즉위했다. 살해된 뒤를 계승했는데 즉위(卽位)라고 말한 것은 뒤에 시해된 이유를 설명 들었기 때문이었다.〔선공은 음모에 참여하지 않았다.〕

공자 수(遂)가 제나라에 가서 공녀(公女)를 맞이했다.

3월에 공자 수(遂)가 부인(夫人) 부강(婦姜)을 모시고 제나라에서 돌아왔다. 그 '씨(氏)'를 말하지 않은 것은 상(喪)을 마치지 않았기 때문에 생략한 것이다. 그를 '부(婦)'라고 이른 것은 시어머니와 인연하여 말한 언사(言辭)이다. 공자 수(遂)가 대동하여 온 것은 선공(宣公)으로 말미암아서 이르게 된 것이다.

여름에 계손행보(季孫行父)가 제나라에 갔다.

진(晉)나라에서 그 대부(大夫) 서갑보(胥甲父)를 위(衛)나라로 추방했다. '방(放)'이란 몰아내다와 같다. 국가를 일컬어서 추방한 것은 죄가 없는데 추방한 것이다.

선공이 제나라 군주인 후작을 평주(平州)에서 만났다.

공자 수(遂)가 제나라에 갔다.

6월에 제(齊)나라 사람이 제수(濟水) 서쪽의 땅을 차지했다. 국내에서는 '취(取)'라고 말하지 않는데 '취(取)'라고 말한 까닭은 주었기 때문이다. 이 땅을 제(齊)나라에 뇌물로 준 것이다.

가을에 주(邾)나라 군주인 자작이 찾아왔다.

초나라 군주인 자작과 정나라 사람이 진(陳)나라를 침공하고 드디어 송(宋)나라도 침공했다. '수(遂)'는 계속된 일이다.

진(晉)나라 조돈(趙盾)이 군사를 거느리고 진(陳)나라를 구원했다. 진(陳)나라를 구원해 준 것은 잘한 일이었다.

元年[1] 春 王正月 公卽位 ◌繼故而言卽位 與聞乎故也

公子遂如齊逆女 三月 遂以夫人婦姜至自齊 ◌其不言氏 喪未畢[2] 故略之也 其曰婦 緣姑言之之辭也 遂之挈 由上致之也

夏 季孫行父如齊

晉放其大夫胥甲父[3]于衛 ◌放 猶屛[4]也 稱國以放 放無罪也

公會齊侯于平州[5]

公子遂如齊

六月 齊人取濟西田[6] ◌內不言取 言取 授之也 以是爲賂齊[7]也

秋 邾子來朝

楚子鄭人 侵陳 遂侵宋 ◌遂繼事也

晉趙盾帥師救陳 ◌善救陳也

1) 元年(원년) : 선공(宣公) 원년. 노나라 세가(世家)에 선공의 이름은 왜(倭)이고 문공의 아들 자적(子赤)의 서형(庶兄)이라 했다. 주왕조 광왕(匡王) 5년에 즉위. 시법(諡法)에 '잘 묻고 두루 통달함'을 선(宣)이라 한다고 했다.
2) 喪未畢(상미필) : 문공(文公)의 상기를 마치지 못했다의 뜻.
3) 胥甲父(서갑보) : 진(晉)나라 대부. 잘못이 없는데 추방했다.
4) 屛(병) : 몰아내다의 뜻.
5) 平州(평주) : 제나라의 땅 이름.
6) 濟西田(제서전) : 제수(濟水)의 서쪽 지방. 원래 노나라 소속의 토지였다.
7) 賂齊(뇌제) : 제나라에 뇌물로 주다. 곧 태자를 죽인 죄 때문에 제나라에 뇌물로 주었다는 뜻이 들어 있다.

나. 조천(趙穿)이 숭(崇)나라를 침공하다

송(宋)나라 군주인 공작과 진(陳)나라 군주인 후작과 위(衛)

나라 군주인 후작과 조(曹)나라 군주인 백작이 비림(棐林)에서 진(晉)나라 군사와 합류하여 정나라를 정벌했다. 여러 제후들을 나열하여 진(晉)나라의 조돈(趙盾)과 합류함으로써 조돈(趙盾)의 일을 거창하게 한 것이다. 그것을 '사(師 : 군사)'라고 이른 이유는 무엇인가? 이 사건을 중대하게 본 것이다. 비림(棐林)의 땅에서 합류한 뒤에 정나라를 정벌한 것은 의심을 살 수 있는 말이다. 그 비림을 기록한 까닭은 무엇인가? 이는 조돈이 정나라를 정벌하고 진(陳)나라를 구원한 아름다움을 나타낸 것이다.

겨울에 진(晉)나라의 조천(趙穿)이 군사를 거느리고 숭(崇)나라를 침공했다.

진(晉)나라 사람과 송나라 사람이 정나라를 정벌했다. 정나라를 정벌한 것은 송(宋)나라를 구원하기 위한 것이었다.

宋公陳侯衛侯曹伯 會晉師于棐林[1] 伐鄭 ◌列數諸侯而會晉趙盾 大趙盾之事也 其曰師 何也 以其大之也 于棐林 地而後伐鄭 疑辭也 此其地何 則著其美也

冬 晉趙穿[2]帥師侵崇[3]

晉人宋人伐鄭 ◌伐鄭 所以救宋也

1) 棐林(비림) : 정나라의 땅 이름이다. 북림(北林)이라고도 한다.

2) 趙穿(조천) : 진(晉)나라 대부(大夫)이며 조숙(趙夙)의 서손(庶孫)이다. 조돈(趙盾)과는 숙백(叔伯)의 형제이다.

3) 崇(숭) : 나라 이름이다. 진(秦)나라 소국이었다.

2. 선공 2년 갑인(甲寅)

가. 송(宋)나라 화원이 사로잡히다

2년 갑인(甲寅) 봄인 왕력으로 2월 임자(壬子)일에 송나라의 화원(華元)이 군사를 거느리고 정나라의 공자 귀생(歸生)이 거느린 군사와 대극(大棘)에서 싸웠다. 송나라 군사가 패배했으며 송나라의 화원이 사로잡혔다. '획(獲 : 사로잡히다)' 이란 정나라에서 포로와 함께 하게 하지 않았다는 말이며 그의 병사들이 힘을 다해 그의 장수를 구원했다는 것을 말한다. 삼군(三軍)으로써 화원(華元)을 대적하였으므로 화원이 비록 포로가 되었으나 괴로워하지 않은 것이다.

진(秦)나라의 군사가 진(晉)나라를 정벌했다.

여름에 진(晉)나라 사람과 송나라 사람과 위나라 사람과 진(陳)나라 사람이 정(鄭)나라를 침공했다.

二年 春 王二月 壬子 宋華元[1]帥師 及鄭公子歸生[2]帥師 戰于大棘[3] ◯宋師敗績 獲宋華元 獲者 不與之辭[4]也 言盡其衆 以救其將也 以三軍敵華元 華元雖獲不病矣

秦師伐晉

夏 晉人宋人衛人陳人 侵鄭

1) 華元(화원) : 송(宋)나라 대부(大夫).

2) 公子歸生(공자귀생) : 정나라 대부이며 정나라 목공(穆公)의 아들이다.

3) 大棘(대극) : 송나라 땅 이름.

4) 不與之辭(불여지사) : 송나라의 화원(華元)이 많은 군중을 얻고 매우 현명한 사람이었으므로 정나라에서 포로와 함께 하게 하지 않았다는 뜻.

나. 조돈(趙盾)이 군주를 시해하다

가을인 9월 을축(乙丑)일에 진(晉)나라의 조돈(趙盾)이 그 군주인 이고(夷皐)를 시해했다. 조천(趙穿)이 시해한 것이다. 조돈이 시해하지 않았는데 조돈이 시해했다고 한 이유는 무엇인가? 조돈을 죄인으로 본 것이다. 조돈을 죄인으로 본 이유는 무엇인가?

이르기를, 진(晉)나라의 영공(靈公)이 모든 대부를 만나보면서 갑자기 돌팔매질을 하여 그 탄환을 피하는 것을 보고 즐겼다. 이에 조돈이 들어가 간했는데도 듣지 않자 도망하여 교외에 이르렸다. 이에 조천(趙穿)이 영공(靈公)을 시해한 뒤에 조돈이 교외에서 돌아왔다. 이에 사관(史官)인 호(狐)가 시해한 역적을 기록하여 이르기를 '조돈(趙盾)이 영공을 시해했다' 고 했다. 조돈이 말하기를 "하늘이여! 하늘이여! 나는 죄가 없습니다. 누가 조돈을 위하여 차마 그 임금을 죽이겠습니까?"라고 했다. 사관인 호(狐)가 말하기를 "그대는 정경(正卿)이 되어 들어가 간하다 듣지 않자 도망갔지만 멀리 가지 않았고 임금이 시해되자 도리어 역적을 토벌하지 않았으니 뜻을 조천과 함께 한 것입니다. 뜻을 함께 하였다면 무겁다고 기록하는 데에 그대가 아니고 누구를 쓰겠습니까."라고 했다. 그러므로 기록하기를 '진(晉)나라의 조돈(趙盾)이 그 임금인 이고(夷皐)를 시해했다' 고 한 것은 과실이 아래에 있는 것이었다.

조돈이라고 이른 것은 충신의 지극함이 어디에 있는 것인가를 나타낸 것이고, 허(許)나라 세자(世子) 지(止)는 효자의 지극함이 어디에 있는 것인가를 나타낸 것들이다.

겨울인 10월 을해(乙亥)일에 천자(天子)가 붕어했다.

秋 九月 乙丑 晉趙盾弑其君夷皐[1] ◯穿弑也 盾不弑 而曰盾弑 何也 以罪盾也 其以罪盾何也 曰 靈公朝諸大夫而暴[2]彈之 觀其辟[3]丸也 趙盾入諫 不聽 出亡 至於郊 趙穿弑公 而後反[4]趙盾 史狐[5]書賊曰 趙盾弑公 盾曰 天乎天乎 予無罪 孰爲盾而忍弑其君者乎 史狐曰 子爲正卿[6]入諫不聽 出亡不遠 君弑 反不討賊 則志同 志同則書重 非子而誰 故書之曰 晉趙盾弑其君夷皐者 過在下也 曰 於盾也見忠臣之至 於許世子止[7] 見孝子之至

冬 十月 乙亥 天王崩[8]

1) 夷皐(이고) : 진(晉)나라 영공(靈公)의 이름이다.

2) 暴(폭) : 돌연(突然). 또는 갑자기.

3) 辟(피) : 피(避)와 같다.

4) 反(반) : 반(返)과 같다.

5) 史狐(사호) : 사는 사관(史官). 호는 이름. 동호(童狐)라는 진(晉)나라 사관.

6) 正卿(정경) : 일국의 최고 행정장관.
7) 許世子止(허세자지) : 허(許)나라 세자(世子) 지(止). 지는 이름이다.
8) 天王崩(천왕붕) : 주(周)나라 천자인 광왕(匡王)이 붕어하다의 뜻. B.C. 612년에 즉위하여 6년 간 재위했다.

3. 선공 3년 을묘(乙卯)

가. 세 번의 망제(望祭)는 그대로 지내다

3년 을묘(乙卯) 봄, 왕력으로 정월에 교제(郊祭)에 희생으로 바칠 소의 입에 상처가 났다. '지구(之口)' 란 느슨한 말이다. 상처가 난 것은 소가 스스로 만든 것이다.

소를 바꾸려고 점쳐서 희생을 정했는데 그 소가 죽었다. 이에 교제를 지내지 않았다. 이는 일이 변경된 것이다. '내(乃)' 란 사람이 잘못한 것은 없다는 말이다.

세 번의 망제는 그대로 지냈다.

천자(天子)인 광왕(匡王)을 장사 지냈다.

초나라 군주인 자작이 육혼(陸渾)의 융족(戎族)을 정벌했다.

여름에 초나라 사람이 정나라를 침범했다.

가을에 적적(赤狄)이 제나라를 침범했다.

송나라 군사가 조(曹)나라를 포위했다.

겨울인 10월 병술(丙戌)일에 정나라 군주인 백작 난(蘭)이 세상을 떠났다.

정나라의 목공(穆公)을 장사 지냈다.

三年[1] 春 王正月 郊牛[2]之口傷 ◌之口 緩辭[3]也 傷自牛作也
改卜牛[4] 牛死 乃不郊 ◌事之變也 乃者 亡乎人之辭也[5]
猶三望
葬匡王

楚子伐陸渾戎[6]
夏 楚人侵鄭
秋 赤狄[7]侵齊
宋師圍曹
冬 十月 丙戌 鄭伯蘭[8]卒
葬鄭穆公[9]

1) 三年(삼년) : 주(周) 정왕(定王) 원년. B.C. 606년이다. 정왕(定王)의 이름은 유(瑜)이다.
2) 郊牛(교우) : 교제(郊祭)에 사용할 희생소. 교제는 농사의 풍작을 하늘에 비는 제사이다.
3) 緩辭(완사) : 느슨해진 것을 뜻한다.
4) 改卜牛(개복우) : 희생의 소를 바꾸기 위하여 점을 치다의 뜻.
5) 亡乎人之辭也(망호인지사야) : 사람이 할 일은 없다는 말. 곧 사람이 할 일은 다하였으므로 하늘의 변화만 남았다는 뜻. 곧 선공을 비난한 말이다.
6) 陸渾戎(육혼융) : 융족(戎族)의 한 갈래. 좌전에는 '육혼지융(陸渾之戎)'이라고 하고 공양전에는 '육(陸)' 이 '분(賁)' 으로 되어 있다.
7) 赤狄(적적) : 적인(狄人)의 한 갈래.
8) 鄭伯蘭(정백란) : 정나라 목공(穆公)이며 난은 그의 이름이다. B.C. 627년에 즉위하여 22년 간 재위했다.
9) 穆公(목공) : 공양전에는 목(繆)으로 되어 있다.

4. 선공 4년 병진(丙辰)

가. 선공이 거나라의 상(向)을 점령하다

4년 병진(丙辰) 봄, 왕력으로 정월에 선공과 제나라 군주인 후작이 거(莒)나라와 담(郯)나라를 화평시키려 했으나 거나라 사람이 응하지 않았다. '급(及)' 이란 노나라에서 주관했기 때문에 기록한 것이다. '평(平)' 이란 '화해시키다' 이다. '불긍(不肯)'

이란 가히 긍정했다는 뜻이 있다.

선공이 거나라를 정벌하여 상(向) 땅을 점령했다. 정벌한 것은 옳은 일이었으나 상(向) 땅을 점령한 것은 매우 심한 행동이었다. 거(莒)나라 사람들의 말은 다스림을 받지 않겠다는 것이었다. '거나라를 정벌한 것' 은 의병(義兵)이었으나 상 땅을 취한 것은 잘못된 일이다. 이는 의(義)를 틈타 이익만 노린 것이다.

진(秦)나라 백작 도(稻)가 세상을 떠났다.

여름인 6월 을유(乙酉)일에 정(鄭)나라의 공자 귀생(歸生)이 그의 군주인 이(夷)를 시해했다.

적적(赤狄)이 제나라를 침공했다.

가을에 선공이 제나라에 갔고 선공이 제나라에서 돌아왔다.

겨울에 초나라의 군주인 자작이 정나라를 정벌했다.

四年 春 王正月 公及齊侯平莒及郯[1] 莒人不肯[2] ◌及者 內爲志焉爾 平者 成也 不肯者 可以肯也

公伐莒 取向[3] ◌伐猶可 取向甚矣 莒人辭不受治也 伐莒 義兵也 取向 非也 乘義而爲利也

秦伯稻[4]卒

夏 六月 乙酉 鄭公子歸生 弑其君夷[5]

赤狄侵齊

秋 公如齊 公至自齊

冬 楚子伐鄭

1) 平莒及郯(평거급담) : 거나라와 담나라를 화평시키려 하다. 평은 화해시키다의 뜻.

2) 肯(긍) : 즐기다. 곧 받아들이다의 뜻.

3) 向(상) : 앞에서는 노나라 땅이라 했다.

4) 秦伯稻(진백도) : 진(秦)나라의 백작인 도(稻)는 곧 공공(共公)이다. B.C. 608년에 즉위하여 3년 간 재위했다.

5) 其君夷(기군이) : 그의 임금 이(夷). 이는 정나라 영공(靈公)의 이름이다.

5. 선공 5년 정사(丁巳)

가. 제나라의 고고(高固)가 숙희(叔姬)를 맞다

5년 정사(丁巳) 봄에 선공이 제나라에 갔다.

여름에 선공이 제나라에서 돌아왔다.

가을인 9월에 제나라의 고고(高固)가 와서 공녀(公女)인 숙희(叔姬)를 맞이했다. 제후가 자식을 대부(大夫)에게 시집보낼 때는 대부가 주관하여 함께 하는 것이다. '내(來)'는 노나라 국내에서 접촉이 있었다는 것이다. 그 궁 안에서 접촉이 있었다는 것은 예에 합당하지 않은 것이다. 그러므로 경문(經文)에서 부부(夫婦)라고 일컫는 것을 찬성해 주지 않은 것이다.

숙손득신(叔孫得臣)이 세상을 떠났다.

겨울에 제나라의 고고(高固)와 공녀 숙희(叔姬)가 왔다. '급(及)'이란 우리 노나라 공녀(公女)인 숙희가 이르렀다는 말이다. 고고의 부부가 왔다고 한 것은 처가인 노나라와 친목을 위하여 온 것은 아니었다.

초나라 사람이 정나라를 정벌했다.

五年 春 公如齊

夏 公至自齊

秋 九月 齊高固[1]來逆子叔姬 ◌諸侯之嫁子於大夫 主大夫以與之來者 接內也 不正其接內 故不與夫婦之稱也

叔孫得臣卒

冬 齊高固及子叔姬來 ◌及者 及吾子叔姬也 爲使來者 不使得歸之意也

楚人伐鄭

1) 高固(고고) : 제나라의 대부이며 고선자(高宣子)라고 일컫다.

6. 선공 6년 무오(戊午)

가. 조돈(趙盾)과 손면(孫免)이 진(陳)을 침공하다

6년 무오(戊午) 봄에 진(晉)나라 조돈(趙盾)과 위나라 손면(孫免)이 진(陳)나라를 침공했다. 이들이 군사를 거느렸는데 '이들이 군사를 거느렸다' 고 말하지 않은 이유는 무엇인가? 조돈이 선공 원년에 진(陳)나라를 구원하여 적을 물리쳐 준 일이 있는데 이 일과 합치되지 않으므로 군사를 거느려 함께 한 것을 쓰지 않은 것이다.

여름인 4월이다.

가을인 8월에 메뚜기 떼가 일어났다.

겨울인 10월이다.

六年 春 晉趙盾衛孫免侵陳[1] ◌此帥師也 其不言帥師 何也 不正其敗前事[2] 故不與帥師也

夏 四月

秋 八月 螽

冬 十月

1) 侵陳(침진) : 진(陳)나라가 초나라에 붙어 진(晉)나라가 침략한 것이라 했다.

2) 前事(전사) : 선공 원년에 조돈이 군사를 이끌고 진(陳)나라를 구원해준 일.

7. 선공 7년 기미(己未)

가. 제나라와 함께 내(萊)나라를 정벌하다

7년 기미(己未) 봄에 위(衛)나라 군주인 후작이 손양부(孫良夫)에게 노(魯)나라에 와서 동맹을 맺게 했다. 와서 맹세를 맺은 것은 이미 정해진 일이었다. '급(及)'이라고 말하지 않은 것은 국가로써 참여한 것이기 때문이다. 그 사람을 말하지 않은 것은 또한 국가가 참여했기 때문이었다. 날짜를 쓰지 않은 것은 앞서 정해진 맹세에는 날짜를 쓰지 않는다.

여름에 선공이 제(齊)나라 군주인 후작과 만나서 내(萊)나라를 정벌했다.

가을에 선공이 내(萊)나라를 정벌하는 일에서 돌아왔다.

큰 가뭄이 들었다.

겨울에 선공이 진나라 군주인 후작과 송나라 군주인 공작과 위(衛)나라 군주인 후작과 정나라 군주인 백작과 조(曹)나라 군주인 백작과 흑양(黑壤)에서 회합을 가졌다.

七年 春 衛侯使孫良夫[1]來盟 ◯來盟 前定也 不言及者 以國與之 不言其人 亦以國與之 不日 前定之盟不日

夏 公會齊侯伐萊[2]

秋 公至自伐萊

大旱

冬 公會晉侯宋公衛侯鄭伯曹伯 于黑壤[3]

1) 孫良夫(손양부) : 위(衛)나라 대부이며 손항자(孫恒子)라고 일컫는다.

2) 萊(내) : 옛 나라 이름. 성은 강씨(姜氏)이다.

3) 黑壤(흑양) : 진(晉)나라 고을 이름. 황보(黃父)라고도 일컫는다.

8. 선공 8년 경신(庚申)

가. 공자 수(遂)가 황(黃)에서 되돌아오다

8년 경신(庚申) 봄에 선공이 회합에서 돌아왔다.

여름인 6월에 공자 수(遂)가 제나라로 가다가 황(黃)에 이르러 되돌아왔다. '내(乃)'란 사람이 상황을 예측할 수 없었다는 말이다. '복(復)' 이란 일을 끝마쳤지만 임금의 명령을 오롯이 하여 완수하지는 못했다는 뜻이다.

신사(辛巳)일에 태묘(太廟)에 제사가 있었다. 중수(仲遂 : 公子遂)가 수(垂)에서 세상을 떠났다. 이는 임금에게 임무를 아뢴 뒤에 세상을 떠난 것과 같은 것이다. 양중(襄仲)을 경문마다 '공자 수' 라고 했는데 그를 '중(仲)' 이라고 이른 까닭은 무엇인가? 소원하게 한 것이다. 왜 소원하게 한 것인가? 이는 죽지 않았기 때문이다. 소원하게 하지 않았다면 그가 죽지 않았다는 것을 나타내서 기록하는 것도 없을 것이다. 그런데 그가 죽었다고 쓴 것은 무슨 뜻인가? 선공을 책망한 것이다. 그 선공의 어떤 것을 책망하려 했는가? 대부(大夫)의 상을 듣고는 음악을 중지하고 만무(萬舞)를 마친 일을 말한 것이다.

임오일에 지내지 말아야 할 역제(繹祭)를 지냈다. '유(猶)' 란 가히 중지해야 한다는 말이다. '역(繹)' 이란 제사 지낸 아침에 제사에 참여한 손님을 접대하는 것이다.

만무(萬舞)를 태묘 안에서 행했으되, 피리는 불지 않았다. 이를 기록한 것은 상례(常禮)가 변화된 것을 책망한 것이다.

八年 春 公至自會

夏 六月 公子遂如齊 至黃[1] 乃復 ◌乃者 亡乎人之辭也 復者 事畢也 不專公命[2]也

辛巳 有事于大廟[3] 仲遂[4]卒于垂[5] ◌爲若反命而後卒也 此公子也 其曰仲 何也 疏之[6]也 何爲疏之也 是不卒者也 不疏 則無用見其不卒也 則其卒之何也 以譏乎宣也 其譏乎宣 何也 聞大夫之喪 則去樂卒事

壬午 猶繹[7] ◌猶者 可以已之辭也 繹者 祭之旦日[8]之享賓也

萬入去籥[9] ◌以其爲之變 譏之也

1) 黃(황) : 제나라 땅 이름이다.

2) 不專公命(부전공명) : 임금의 명령을 오롯이 하지 못했다.

3) 大廟(대묘) : 태묘(太廟)이며 주공(周公)의 묘이다.

4) 仲遂(중수) : 양중(襄仲)인 공자 수(公子遂)이다. 노나라 집정대부였다.

5) 垂(수) : 제나라 땅 이름.
6) 疏之(소지) : 소원하게 하다. 공자 수가 자혁(子革)을 선공과 함께 시해했다.
7) 猶繹(유역) : 역은 역제(繹祭)이다. 큰 제사를 지낸 다음날 지내는 작은 제사의 이름. 큰 제사를 지낸 날 공자 수(公子遂)가 죽었으므로 역제는 지내지 않아야 할 것이란 말이다. 유는 중지해야 한다는 뜻.
8) 旦日(단일) : 다음 날 아침.
9) 萬入去籥(만입거약) : 만은 무악(舞樂), 약(籥)은 피리. 무악을 태묘 안에서 행했으되 소리가 밖으로 나가는 것을 꺼려서 피리는 불지 않았다는 뜻이다.

나. 부인(夫人) 웅씨(熊氏)가 훙거하다

무자(戊子)일에 부인(夫人) 웅씨(熊氏)가 훙거(薨去)했다.

진(晉)나라 군사와 백적(白狄)이 진(秦)나라를 정벌했다.

초(楚)나라 사람이 서(舒)와 요(蓼)를 멸망시켰다.

가을인 7월 갑자(甲子)일에 일식이 있었는데 개기일식이었다.

겨울인 10월 기축(己丑)일에 우리 노나라 소군(小君)인 경웅(頃熊)을 장사 지내는데 비가 내려 장사를 지내지 못했다. 장례는 이미 정해진 날짜가 있어서 비가 내리더라도 중지하지 않는 것이 예(禮)에 합당한 것이다. '우불극장(雨不克葬)' 이란 상례의 제도에는 이러한 규정이 없는 것이었다.

다음 날 경인일 한낮에 장사를 지냈다. '이(而)' 는 느슨하다는 말이며 느릿느릿 하루의 시간을 다 채웠다는 말이다

평양(平陽)에 성(城을) 쌓았다.

초(楚)나라 군사가 진(陳)나라를 정벌했다.

戊子 夫人熊氏[1]薨

晉師 白狄[2] 伐秦

楚人滅舒蓼[3]

秋 七月 甲子 日有食之 旣[4]

冬 十月 己丑 葬我小君頃熊[5] 雨不克葬 ◯葬旣有日 不爲雨止 禮也

雨不克葬 喪不以制也 庚寅 日中[6]而克葬 而 緩辭也 足乎日[7]之辭也
城平陽[8]
楚師伐陳

1) 夫人熊氏(부인웅씨) : 좌전에는 부인영씨(夫人嬴氏)로 되어 있으며 선공의 모친 경영(敬嬴)이라 했다.
2) 白狄(백적) : 적인(狄人)의 한 갈래.
3) 舒蓼(서요) : 서나라와 요나라. 좌전이나 공양전에는 요(蓼)는 요(蓼)로 되어 있다. 서나라와 요나라는 남방(南方)의 서족(舒族)의 한 갈래라 했다.
4) 旣(기) : 개기식(皆旣蝕).
5) 頃熊(경웅) : 선공의 어머니이다. 좌전에는 '경영(敬嬴)'으로 되어 있다.
6) 日中(일중) : 한낮.
7) 足乎日(족호일) : 하루 종일 했다는 뜻.
8) 平陽(평양) : 노나라 땅 이름.

9. 선공 9년 신유(辛酉)

가. 중손멸(仲孫蔑)이 경사(京師)에 가다

9년 신유(辛酉) 봄, 왕력으로 정월에 선공이 제나라에 갔다.
선공이 제나라에서 돌아왔다.
여름에 중손멸(仲孫蔑)이 경사(京師)에 갔다.
제나라 군주인 후작이 내(萊)나라를 정벌했다.
가을에 노나라는 근모(根牟)를 점령했다.
8월에 등(滕)나라 군주인 자작이 세상을 떠났다.
9월에 진(晉)나라 군주인 후작과 송나라 군주인 공작과 위(衛)나라 군주인 후작과 정나라 군주인 백작과 조(曹)나라 군주인 백작이 호(扈)에서 회합했다.
진(晉)나라 순임보(荀林父)가 군사를 거느리고 진(陳)나라를 정벌했다.

신유(辛酉)일에 진(晋)나라 군주인 후작 흑둔(黑臀)이 호(扈)에서 세상을 떠났다. 그 진나라 군주가 죽은 땅은 국도(國都) 밖이다. 그 날짜를 기록한 것은 그가 국경을 넘지 못하였기 때문이다.

九年 春 王正月 公如齊

公至自齊

夏 仲孫蔑[1]如京師

齊侯伐萊

秋 取根牟[2]

八月 滕子[3]卒

九月 晉侯宋公衛侯鄭伯曹伯 會于扈

晉荀林父[4]帥師伐陳

辛酉 晉侯黑臀[5]卒于扈 ◌其地 於外也 其日 未踰竟也

1) 仲孫蔑(중손멸) : 노나라 환공의 아들이 경보(慶父)의 후손이며 맹손(孟孫 : 仲孫)의 가족이라 했다.

2) 根牟(근모) : 동이족(東夷族)의 땅이라 했다. 공양전에는 주(邾)나라 읍(邑)이라 했다.

3) 滕子(등자) : 등나라 군주인 자작. 소공(昭公)이라 했다.

4) 荀林父(순임보) : 진(晋)나라의 대부이다. 최초로 중행장(中行將)에 임명되어 시호를 '환(桓)' 이라 하고 중행환자(中行桓子)라고 일컫다.

5) 黑臀(흑둔) : 진(晋)나라 성공(成公)의 이름이다. B.C. 606년에 즉위하여 7년 간 재위했다.

나. 위(衛)나라 임금 정(鄭)이 죽다

겨울인 10월 계유(癸酉)일에 위(衛)나라 군주인 후작 정(鄭)이 세상을 떠났다.

송나라 사람이 등(滕)나라를 포위했다.

초(楚)나라 군주인 자작이 정나라를 정벌했다.

진(晉)나라 극결(郤缺)이 군사를 거느리고 정나라를 구원했다.

진(陳)나라에서 그 대부(大夫)인 설야(泄冶)를 죽였다. 국가를 일컬어서 그 대부(大夫)를 죽였다고 한 것은 죄가 없는데 죽인 것이다. 설야(泄冶)가 죄가 없다는 말은 무슨 뜻인가?

진(陳)나라의 영공(靈公)이 하징서(夏徵舒)의 어머니인 하희(夏姬)와 정을 통했는데 공손영(公孫寧)과 의행보(儀行父)도 또한 하희와 정을 통했다. 이들은 혹은 하희의 옷을 입고 혹은 하희의 속옷을 입고 임금과 신하가 서로 조정에서 희롱하였다. 설야(泄冶)가 이 소식을 들었다. 설야가 조회에 들어가 간하기를 "나라 사람들로 하여금 듣게 하는 것은 오히려 가할지라도 인인(仁人)으로 하여금 듣게 하는 것은 옳지 않은 것입니다."라고 했다. 영공이 설야의 말을 듣고 부끄럽게만 여기고 그의 말을 따라 행실을 고치지 않은 채 의행보와 공손영으로 하여금 설야를 죽이게 했다.

冬 十月 癸酉 衛侯鄭[1]卒

宋人圍滕

楚子伐鄭

晉郤缺帥師救鄭

陳殺其大夫泄冶[2] ◌稱國以殺其大夫 殺無罪也 泄冶之無罪如何 陳靈公通于夏徵舒之家[3] 公孫寧[4] 儀行父[5] 亦通 其家 或衣其衣 或衷其襦[6] 以相戲於朝 泄冶聞之 入諫曰 使國人聞之則猶可 使仁人聞之則不可 君愧於泄冶 不能用其言而殺之

1) 衛侯鄭(위후정) : 위(衛)나라 성공(成公)이며 이름이 정(鄭)이다. B.C. 634년에 즉위하여 35년 간 재위했다.

2) 泄冶(설야) : 진(陳)나라 대부이다. 좌전에는 설야(洩冶)로 되어 있다.

3) 通于夏徵舒之家(통우하징서지가) : 하징서의 집과 통하다. 곧 통은 사통(私通)이다. 하징서의 자는 자남(子南)이고 하희(夏姬)의 아들이며 진나라 대부였다. 하징서의 가란 곧 하희(夏姬)를 가리킨다. 하희는 정(鄭)나라 목공(穆公)의 딸이며 진(陳)나라 대부 하어숙(夏御叔)에게 시집갔는데 하어숙이 죽은 후에 진영공(陳靈公)과 공손영과 의행보와 간통하였다.

4) 公孫寧(공손영) : 진(陳)나라 대부이며 공영(孔寧)이라 일컫는다.

5) 儀行父(의행보) : 진(陳)나라 대부이다.
6) 衷其襦(충기유) : 그 속옷을 걸치다. 유는 속옷이다.

10. 선공 10년 임술(壬戌)

가. 제수(濟水)의 서쪽 땅을 돌려주다

10년 임술(壬戌) 봄에 선공이 제나라에 갔다. 선공이 제나라에서 돌아왔다.

제나라 사람이 우리 노나라의 땅이었던 제수(濟水)의 서쪽 땅을 돌려주었다. 이는 선공이 제나라에 장가를 들어 제나라에서 형제(兄弟)로 삼아 돌려준 것이다. '내(來)' 라고 말하지 않은 이유는 선공이 제나라에 가서 받아왔기 때문이다.

여름인 4월 병진(丙辰)일에 일식이 있었다.

기사(己巳)일에 제나라 군주인 후작 원(元)이 세상을 떠났다.

제나라의 최씨(崔氏)가 위(衛)나라로 달아났다. '씨(氏)' 라고 한 것은 온 가족이 모두 나갔다는 말이다.

선공(宣公)이 제나라에 갔다가 5월에 제나라에서 돌아왔다.

계사(癸巳)일에 진(陳)나라의 하징서(夏徵舒)가 그의 군주인 평국(平國)을 시해했다.

6월에 송나라의 군사가 등(滕)나라를 정벌했다.

공손귀보(公孫歸父)가 제나라에 갔다. 제나라의 혜공(惠公)을 장사 지냈다.

진(晉)나라 사람과 송나라 사람과 위(衛)나라 사람과 조(曹)나라 사람이 정나라를 정벌했다.

가을에 천자(天子)가 천자의 막내 왕자에게 노나라를 예방하게 했다. 그를 '왕계(王季)' 라고 이른 까닭은 왕자(王子)이기 때문이었다. 그를 '자(子)' 라고 이른 것은 존중한 것이다. 빙(聘)은 방문하여 안부를 묻는 것이다.

공손귀보(公孫歸父)가 군사를 거느리고 주(邾)나라를 정벌하여 역(繹) 고을을 점령했다.
큰 홍수가 났다.
계손행보(季孫行父)가 제나라에 갔다.
겨울에 공손귀보가 제나라에 갔다.
제나라 군주인 후작이 국좌(國佐)에게 노나라를 예방하게 했다.
기근이 들었다.
초나라 군주인 자작이 정나라를 정벌했다.

十年 春 公如齊 公至自齊
齊人歸我濟西田[1) ◌公娶齊 齊由以爲兄弟反之 不言來 公如齊受之也
夏 四月 丙辰 日有食之
己巳 齊侯元[2)卒
齊崔氏[3)出奔衛 ◌氏者擧族而出之之辭也[4)
公如齊 五月 公至自齊
癸巳 陳夏徵舒[5)弑其君平國[6)
六月 宋師伐滕
公孫歸父如齊 葬齊惠公
晉人宋人衛人曹人伐鄭
秋 天王使王季子[7)來聘 ◌其曰王季 王子也 其曰子 尊之也 聘問也
公孫歸父帥師伐邾 取繹[8)
大水
季孫行父如齊
冬 公孫歸父如齊
齊侯使國佐[9)來聘
饑[10)
楚子伐鄭

1) 濟西田(제서전) : 제수(濟水) 서쪽의 땅. 본래는 노(魯)나라의 땅이었으나 한때 제(齊)나라가 차지하고 있다가 도로 노나라에 돌려준 것이다.

2) 齊侯元(제후원) : 제나라 군주인 후작 원(元). 곧 제나라 혜공(惠公)이며 B.C. 608년에 즉위하여 10년 간 재위했다.
3) 崔氏(최씨) : 최무자(崔武子)로 일컬어지는 최저(崔杼). 대부이기도 했다.
4) 擧族而出之之辭也(거족이출지지사야) : 온 가족이 나갔다는 말이라고 했는데 이 해설은 잘못되었다고 했다.
5) 夏徵舒(하징서) : 진(陳)나라의 대부. 하어숙(夏御叔)과 하희(夏姬)의 아들이며 진(陳)나라 대부.
6) 平國(평국) : 진(陳)나라 영공(靈公)의 이름이다.
7) 王季子(왕계자) : 천자의 막내아들. 좌전에는 유강공(劉康公)이라 하고 공양전에는 주왕조(周王朝)의 대부라 했고, 여기서는 왕자(王子)라고 했다.
8) 繹(역) : 주(邾)나라 땅 이름.
9) 國佐(국좌) : 국무자(國武子)이며 제나라 대부(大夫)이다.
10) 饑(기) : 기근(飢饉). 큰 홍수로 말미암아 흉년이 들었다.

11. 선공 11년 계해(癸亥)

가. 진릉(辰陵)에서 동맹을 맺다

11년 계해(癸亥) 봄, 왕력으로 정월이다.

여름에 초(楚)나라 군주인 자작과 진(陳)나라 군주인 후작과 정나라 군주인 백작이 이릉(夷陵)에서 동맹을 맺었다.

공손귀보(公孫歸父)가 제나라 사람과 만나서 거(莒)나라를 정벌했다.

가을에 진(晉)나라 군주인 후작이 적인(狄人)과 찬함(欑函)에서 회합했다. '급(及)' 이라고 말하지 않는 것은 배척하는 적인(狄人)이었기 때문이었다.

十有一年 春 王正月

夏 楚子陳侯鄭伯 盟于夷陵[1]

公孫歸父會齊人伐莒

秋 晉侯會狄于欑函[2] ◌不言及外狄

1) 夷陵(이릉) : 진(陳)나라의 땅 이름. 좌전에는 진릉(辰陵)이라 하였다.

2) 欑函(찬함) : 적인(狄人) 나라의 땅 이름.

나. 하징서(夏徵舒)를 살해하다

겨울인 10월에 초나라 사람이 진(陳)나라의 하징서(夏徵舒)를 살해했다. 이는 초나라 사람이 진(陳)나라로 들어가서 하징서를 살해했는데 그를 '입(入)' 이라고 말하지 않은 이유는 무엇인가? 하징서는 진(陳)나라에서 배척했기 때문이다. 그 하징서를 진나라에서 배척했다는 것은 무슨 뜻인가? 초(楚)나라에서 죄가 있는 진(陳)나라를 토벌한 것을 밝힌 것이다.

정해(丁亥)일에 초나라 군주인 자작이 진(陳)나라로 들어갔다. '입(入)' 이란 진(陳)나라에서 받아주지 않았다는 뜻이다. 들어간 날짜를 기록한 것은 들어간 것을 미워해서이다. 왜 받아주지 않았다고 기록했는가? 이적(夷狄 : 오랑캐)이 중국의 제후국을 위하는 것을 원하지 않은 것이었다.

공손영(公孫寧)과 의행보(儀行父)를 진(陳)나라로 들어오도록 했다. '납(納)' 이란 국내에서 받아들이지 않았다는 뜻이다. 남의 나라가 혼란을 수습하지 못할 때 토벌을 도와주는 것은 옳은 일이지만 남의 나라에 들어가서 남의 나라의 임금과 신하를 제압하여 그들이 임금과 신하의 도리를 다하지 못하게 하는 것은 옳지 않은 일이다.

冬 十月 楚人殺陳夏徵舒[1] ◌此人而殺也 其不言入 何也 外徵舒於陳也 其外徵舒於陳 何也 明楚之討有罪也

丁亥 楚子入陳[2] ◌入者 內弗受也 日入 惡入者也 何用弗受也 不使夷狄爲中國也

納公孫寧儀行父于陳 ◌納者 內弗受也 輔人之不能民而討猶可

入人之國 制人之上下 使不得其君臣之道不可

1) 楚人殺陳夏徵舒(초인살진하징서) : 초나라 사람이 진(陳)나라의 하징서를 죽이다. 이때는 초나라가 이미 진(陳)나라와 맹세를 맺어서 진나라의 내정(內政)을 간섭하는 기회가 되었는데 하징서가 진나라의 영공을 시해하자 내란이 있어 초나라에서 하징서를 죽이고 내란을 평정했다.
2) 楚子入陳(초자입진) : 초나라 군주인 자작이 진(陳)나라에 들어가다. 곧 쳐들어가서 죽은 하징서의 머리를 성문에 걸어 전시하고 진나라를 점령한 일.

12. 선공 12년 갑자(甲子)

가. 진(陳)나라에서 영공(靈公)을 장사 지내다

12년 갑자(甲子) 봄에 진(陳)나라 영공(靈公)을 장사 지냈다.

초(楚)나라 군주인 자작이 정나라를 포위했다.

여름인 6월 을묘(乙卯)일에 진(晉)나라의 순임보(荀林父)가 군사를 거느리고 초나라 군주인 자작과 필(邲)에서 싸웠는데 진(晉)나라 군사가 크게 패했다. 적(績)은 업적이고 공(功)은 사업이다. 그 사업의 날짜를 기록한 것은 그 사업이 실패했음을 뜻한 것이다.

가을인 7월이다.

겨울인 12월 무인(戊寅)일에 초나라 군주인 자작이 소(蕭)나라를 멸망시켰다.

진(晉)나라 사람과 송나라 사람과 위(衛)나라 사람과 조(曹)나라 사람이 청구(淸丘)에서 동맹을 맺었다.

송나라 군사가 진(陳)나라를 정벌하자 위(衛)나라 사람이 진(陳)나라를 구원했다.

十有二年 春 葬陳靈公[1]

楚子圍鄭

夏 六月 乙卯 晉荀林父帥師及楚子戰于邲[2] 晉師敗績 ◌績 功也 功 事也 日 其事 敗也

秋 七月

冬 十有二月 戊寅 楚子滅蕭[3]

晉人宋人衛人曹人 同盟于淸丘[4]

宋師伐陳 衛人救陳

1) 陳靈公(진영공) : 진(陳)나라의 영공이 하징서(夏徵舒)에게 피살되어 죽은 지 20개월 만에 장사를 지냈다. 제후들은 죽은 지 5개월 만에 장사를 지내는데 날짜를 초과한 것이다.

2) 邲(필) : 정나라의 땅 이름이다.

3) 蕭(소) : 송(宋)나라의 부용국(附庸國).

4) 淸丘(청구) : 위(衛)나라의 땅 이름이다.

13. 선공 13년 을축(乙丑)

가. 제나라에서 거(莒)나라를 정벌하다

13년 을축(乙丑) 봄에 제나라 군사가 거(莒)나라를 정벌했다.

여름에 초(楚)나라 군주인 자작이 송나라를 정벌했다.

가을에 메뚜기 떼가 일어났다.

겨울에 진(晉)나라에서 그 대부 선곡(先穀)을 죽였다.

十有三年 春 齊師伐莒[1]

夏 楚子伐宋

秋 螽

冬 晉殺其大夫先穀[2]

1) 伐莒(벌거) : 공양전(公羊傳) 경문(經文)에는 '벌위(伐衛)'로 되어 있다.

2) 先穀(선곡) : 어느 본에는 곡이 곡(穀)으로 되어 있기도 하다. 진(晉)나라 대부이며 죄가 없는데 죽였다.

14. 선공 14년 병인(丙寅)

가. 진(晉)나라 군주가 정나라를 정벌하다

14년 병인(丙寅) 봄에 위(衛)나라에서 그 대부(大夫)인 공달(孔達)을 죽였다.

여름인 5월 임신(壬申)일에 조(曹)나라 군주인 백작 수(壽)가 세상을 떠났다.

진(晉)나라 군주인 후작이 정나라를 정벌했다.

가을인 9월에 초나라 군주인 자작이 송나라를 포위했다.

조(曹)나라 문공(文公)을 장사 지냈다.

겨울에 공손귀보(公孫歸父)가 제나라 군주인 후작과 곡(穀)에서 회합했다.

十有四年 春 衛殺其大夫孔達[1)]

夏 五月 壬申 曹伯壽[2)]卒

晉侯伐鄭

秋 九月 楚子圍宋

葬曹文公

冬 公孫歸父會齊侯于穀

1) 孔達(공달) : 위(衛)나라 대부이다. 목을 매 자살했다.

2) 曹伯壽(조백수) : 조나라 문공(文公) 수(壽). B.C. 617년에 즉위. 23년 간 재위.

15. 선공 15년 정묘(丁卯)

가. 진(秦)나라가 진(晉)나라를 정벌하다

15년 정묘(丁卯) 봄에 공손귀보(公孫歸父)가, 초나라 군주인 자작과 송(宋)나라에서 회합했다.

여름인 5월에 송나라 사람이 초나라 사람과 화평을 이루었다. '평(平)' 이란 화해하는 것이다. 곧 그의 역량을 잘 헤아려 의(義)로 돌아오는 것이다. '인(人)' 이란 무리가 많다는 말이다. 화평하는데 무리가 많다고 일컬은 것은 위와 아래가 원했다는 것을 뜻한다. 외국간의 화평은 말하지 않는 것인데 우리 노나라의 공손귀보가 그 안에 끼어서 조정했기 때문에 경문에 언급한 것이다.

6월 계묘(癸卯)일에 진(晉)나라 군사가 적적(赤狄)의 부족국가인 노씨(潞氏 : 노나라)나라를 멸망시키고 노씨나라 군주인 자작 영아(嬰兒)를 데리고 돌아왔다. 국가가 멸망한 것을 기록하는 방법에는, 세 가지가 있다. 중국의 제후국이 멸망하면 경계하여 날짜를 쓰고 작은 나라(큰 제후국의 부용국)가 멸망하면 달만 기록하고 오랑캐의 국가가 멸망하면 날짜를 쓰지 않는 것이다. '노자영아(潞子嬰兒)' 라고 이른 것은 그가 현명한 사람이어서였다.

진(秦)나라 사람이 진(晉)나라를 정벌했다.

十有五年 春 公孫歸父會楚子于宋

夏 五月 宋人及楚人平 ◌平者 成也 善其量力而反義也 人者 衆辭也 平稱衆 上下欲之也 外平不道[1] 以吾人之存焉道之也[2]

六月 癸卯 晉師滅赤狄潞氏[3] 以潞子嬰兒[4]歸 ◌滅國有三術 中國謹日 卑國月 夷狄不日 其曰 潞子嬰兒 賢也

秦人伐晉

1) 外平不道(외평부도) : 외국의 화평은 거론하지 않는 것이다의 뜻.

2) 以吾人之存焉道之也(이오인지존언도지야) : 우리의 공손귀보가 관여해서 거론한 것이라는 뜻이다. 이는 곡량씨의 억측이라고 했다.

3) 潞氏(노씨) : 적적(赤狄)의 한 부족국가. 노(潞)나라 군주의 작위(爵位)는 자작(子爵)이었다.

4) 潞子嬰兒(노자영아) : 노(潞)나라 군주인 자작 영아라는 뜻이다. 공양전에서는 '노(潞)나라 군주의 아들 영아' 라고 보았다.

나. 소백(召伯)과 모백(毛伯)을 죽이다

왕찰자(王札子)가 소백(召伯)과 모백(毛伯)을 죽였다. '왕찰자(王札子)'란 천자(天子)의 지위에 스스로 거하여 생사(生死)의 대권을 마음대로 한다는 말이다. 또 경문(經文)에 '살소백모백(殺召伯毛伯)'이라고 하고 '그 대부를 죽였다.'고 말하지 않은 이유는 무엇인가? 이는 왕자 찰과 모백과 소백간에 서로 살육이 있었기 때문이다. 양쪽이 서로 살육이 있었는데 춘추(春秋)에 기록하지 않고 이 내용만 기록한 까닭은 무엇인가? 이는 왕명(王命)이라고 꾸며서 살해했으며 분노하여 서로 죽인 것은 아니기 때문이다. 그러므로 '왕명으로써 죽인 것이다.'라고 이른 것이다. 왕명으로써 죽였다면 왜 기록하였는가? 천하를 주관하는 것은 하늘이다. 하늘을 계승한 자는 임금이다. 임금이 존재하는 것은 명령을 내리기 위해서이다.

사람의 신하가 되어서 그 임금의 명령을 침범하여 사용하는 것은 이는 신하가 아니다. 사람의 임금이 되어서 그의 명령을 잃은 것도 이 또한 임금이 아니다. 임금이 임금답지 못하고 신하가 신하답지 못하면 이는 천하가 기울어지게 되는 원인이 되는 것이다.

가을에 메뚜기 떼가 일어났다.

중손멸(仲孫蔑)이 제나라 고고(高固)를 무루(無婁)에서 만났다.

王札子[1]殺召伯毛伯[2] ◯王札子者 當上之辭也 殺召伯毛伯 不言其何也 兩下相殺也 兩下相殺 不志乎春秋 此其志 何也 矯王命[3]以殺之 非忿怒相殺也 故曰 以王命殺也 以王命殺 則何志焉 爲天下主者天也 繼天者 君也 君之所存者 命也 爲人臣而侵其君之命而用之 是不臣也 爲人君而失其命 是不君也 君不君 臣不臣 此天下所以傾也

秋 螽

仲孫蔑[4]會齊高固于無婁[5]

1) 王札子(왕찰자) : 주(周)나라의 집정(執政)대신으로 천자의 전권을 마음대

로 한다고 했다. 좌전에는 '왕자찰(王子札)'의 잘못이라고 했으며 왕자첩(王子捷)이라 했다.

2) 召伯毛伯(소백모백) : 좌전에서는 소백은 소대공(召戴公)이며 주왕실(周王室)의 경(卿)이고, 모백은 모백위(毛伯衛)이며 주왕실의 대부라고 했다.
3) 矯王命(교왕명) : 왕명을 청탁하다. 곧 거짓으로 꾸미다의 뜻.
4) 仲孫蔑(중손멸) : 노나라의 대부이며 노나라 환공(桓公)의 아들 경보(慶父)의 후손이다.
5) 無婁(무루) : 기(杞)나라의 땅 이름. 공양전에는 모루(牟婁)로 되어 있다.

다. 묘(畝)에서 세금을 거두다

처음으로, 경작하는 토지의 묘(畝)에 따라 세금을 거두었다. '초(初)'란 시작이다. 옛날에는 10분의 1의 세금이었으며 공전(公田)만 바치고 사전(私田)에는 세금이 없었다.

'처음으로, 경작하는 토지의 묘(畝)에 따라 세금을 거두었다.'고 한 말은 합당한 것이 아니었다. 옛날에는 300보(三百步)로 1리(一里)를 삼아서 이름하여 '정전(井田)'이라고 하였다. 정전(井田)이란 900묘(九百畝)이며 공전(公田)이 그 안에 하나를 차지하고 있었다. 사전(私田)의 농사가 잘 안 되면 관리가 책임을 지고, 공전(公田)의 농사가 잘 안 되면 농민들이 책임을 졌다.

경문(經文)에 '초세묘(初稅畝)'라고 한 것은 선공(宣公)이 공전(公田)을 받아들이는 방식을 버리고 묘(畝)를 직접 측량하여 10분의 1을 취한 것은 아니었으며 공전(公田)을 백성들에게 주어서 그 농사에 힘을 다하게 한 것이다. 옛날에는 공전(公田)에서 여덟 가옥이 공동으로 살면서 방도 만들고 우물도 파고 파나 부추도 심어서 모두 함께 취한 것이었다.

겨울에 누리새끼가 생겼다. 누리새끼는 재앙이 아니었다. 그것을 '누리새끼'라고 이른 것은 토지의 묘(畝)에서 세금을 거두어들인 결과의 재앙이 아니었을까 해서였다.

기근(饑饉)이 들었다.

初稅畝[1] ◌初者 始也 古者什一[2] 藉[3]而不稅 初稅畝 非正也 古者三百步爲里 名曰井田[4] 井田者 九百畝 公田居一 私田稼不善 則非吏[5] 公田稼不善 則非民 初稅畝者 非公之去公田 而履畝十取一也 以公之與民爲已悉矣 古者公田爲居 井竈葱韭盡取焉

冬 蝝[6]生 ◌蝝非災也 其曰蝝 非稅畝之災也

饑

1) 初稅畝(초세묘) : 처음으로 묘(畝)에서 세금을 거두다. 이것이 중국에서 최초로 묘에서 세금을 거둔 시초가 되었다고 했다. 묘는 토지 면적의 단위이다.
2) 什一(십일) : 10분의 1의 뜻.
3) 藉(적) : 진공(進貢)이다. 공물을 바치다.
4) 井田(정전) : 전지(田地) 사방(四方) 1리(一里)를 말함. 은(殷)나라와 주(周)나라의 2대(二代)에 걸친 전제(田制)로, 900묘(九百畝)의 전지(田地)를 정자형(井字形)으로 9등분하여 주위의 여덟 집이 나누어 경작하고 중앙의 공전(公田)은 여덟 집이 공동으로 경작하여 그 수확을 국가에 바치는 제도.
5) 非吏(비리) : 관리의 책임이다. 비(非)는 책(責)의 뜻.
6) 蝝(연) : 누리새끼.

16. 선공 16년 무진(戊辰)

가. 성주(成周)의 선사(宣榭)에 불이 나다

16년 무진(戊辰) 봄, 왕력으로 정월에 진(晉)나라 사람이 적적(赤狄)인 갑(甲)나라와 유우(留吁)나라를 멸망시켰다.

여름에 성주(成周)의 선사(宣榭)에 불이 났다. 주왕조의 재앙은 기록하지 않는데 그것을 '선사(宣榭)'라고 기록한 것은 어째서인가? 악기(樂器)들이 소장되어 있는 곳을 지목하여 기록한 것이다.

가을에 담(郯)나라의 백희(伯姬)가 돌아왔다.

겨울에 큰 풍작(豊作)이었다. 오곡(五穀)이 크게 풍작(豊作)을 이룬 것을 '대유년(大有年)'이라고 이른다.

十有六年 春 王正月 晉人滅赤狄甲氏及留吁[1)]

夏 成周[2)]宣榭災[3)] ◌周災 不志也 其曰宣榭[4)] 何也 以樂器之所藏目之也

秋 郯伯姬[5)]來歸

冬 大有年[6)] ◌五穀大熟 爲大有年

1) 甲氏及留吁(갑씨급유우) : 갑씨와 유우는 모두 적적(赤狄)의 한 부족들.

2) 成周(성주) : 낙양(洛陽). 곧 주(周)왕조.

3) 災(재) : 좌전의 경문(經文)에는 '화(火)' 로 되어 있고 공양전에는 화재(火災)로 되어 있다.

4) 宣榭(선사) : 악기가 저장되어 있는 곳이라 했다. 좌전에는 선무당(宣武堂), 강무대(講武臺)라고 했다. 일설에는 사당(射堂)의 제도. 사는 사(射)와 같다고 했다. 공양전에는 사(榭)가 사(謝)로 되어 있다.

5) 郯伯姬(담백희) : 담나라로 시집간 노나라의 공녀. 부가(夫家)를 위하라고 보낸 것이라 했다.

6) 大有年(대유년) : 큰 풍작(豊作).

17. 선공 17년 기사(己巳)

가. 허(許)나라 석아(錫我)가 세상을 떠나다

17년 기사(己巳) 봄인 왕력으로 정월 경자(庚子)일에 허(許)나라 군주인 남작 석아(錫我)가 세상을 떠났다.

정미(丁未)일에 채나라 군주인 후작 신(申)이 세상을 떠났다.

여름에 허(許)나라 소공(昭公)을 장사 지냈으며, 채(蔡)나라 문공(文公)을 장사지냈다.

6월 계묘(癸卯)일에 일식이 있었다.

기미(己未)일에 선공이 진(晉)나라 군주인 후작과 위(衛)나라 군주인 후작과 조(曹)나라 군주인 백작과 주(邾)나라 군주인 자작과 회합하여 단도(斷道)에서 동맹을 맺었다. '동(同)' 이란 함께 함이 있는 것이며 초나라를 배척하는 일을 함께 한 것이었다.

가을에 선공이 회합에서 돌아왔다.

겨울인 11월 임오(壬午)일에 선공의 아우 숙힐(叔肸)이 세상을 떠났다. 그를 '선공의 아우 숙힐(叔肸)'이라고 말한 것은 어질었기 때문이다. 그가 어질었다고 말한 이유는 무엇인가? 선공이 시해한 것을 나쁘다고 했기 때문이다. 나쁘다고 했는데 왜 그가 제거되지 않았는가? 대답하기를, '형제'인데 어떻게 제거할 수 있었겠는가? 재물을 주면 '나는 풍족하다'라고 말했다. 신을 짜서 의식을 해결하고 종신(終身)토록 선공(宣公)이 주는 음식을 먹지 않았다. 군자(君子)가 이로써 형제간의 은혜가 통하는 것으로 삼아서 춘추(春秋)에서 그를 귀하게 여겨 취한 것이다.

十有七年 春 王正月 庚子 許男錫我[1]卒

丁未 蔡侯申[2]卒

夏 葬許昭公 葬蔡文公

六月 癸卯 日有食之

己未 公會晉侯衛侯曹伯邾子 同盟于斷道[3] ◯同者 有同也 同外楚也

秋 公至自會

冬 十有一月 壬午 公弟叔肸[4]卒 ◯其曰公弟叔肸 賢之也 其賢之何也 宣弒而非之[5]也 非之則胡爲不去也 曰 兄弟也 何去而之 與之財 則曰我足矣 織屨而食 終身不食 宣公之食 君子以是爲通恩也 以取貴乎春秋

1) 許男錫我(허남석아) : 허나라 군주인 남작 석아(錫我)이다. 곧 허나라 소공(昭公). 석아는 이름이다. B.C. 621년 즉위하여 30년 간 재위했다.
2) 蔡侯申(채후신) : 채나라 문공(文公) 신(申). B.C. 617년 즉위. 23년 간 재위.
3) 斷道(단도) : 진(晉)나라 땅 이름이다.
4) 公弟叔肸(공제숙힐) : 선공(宣公)의 아우 숙힐(叔肸). 곧 선공과 동모제(同母弟)이고 힐이 이름이다.
5) 宣弒而非之(선시이비지) : 선공이 자적(子赤)을 시해한 것을 그르다고 여겼다. 곧 비난하다의 뜻.

18. 선공 18년 경오(庚午)

가. 선공이 기(杞)나라를 정벌하다

18년 경오(庚午) 봄에 진(晉)나라 군주인 후작과 위(衛)나라 세자(世子) 장(臧)이 제나라를 정벌했다.

선공이 기(杞)나라를 정벌했다.

여름인 4월이다.

가을인 7월에 주(邾)나라 사람이 증(繒)나라 군주인 자작을 증(繒)나라에서 죽였다. 장(戕)이란 살해한 것과 같으며 채찍질하여서 죽인 것이다.

갑술(甲戌)일에 초나라 군주인 자작 여(呂)가 세상을 떠났다. 이적(夷狄 : 오랑캐)은 세상을 떠난 것을 기록하지 않는 것인데 세상을 떠났다고 기록한 것은 조금 올려 준 것이다. 죽은 날도 쓰지 않는 것인데 날짜를 쓴 것도 조금은 대우해 준 것이다. 날짜만 기록하고 정당하고 정당하지 않은 것을 언급하지 않은 것은 간략하게 한 것이다.

공손귀보(公孫歸父)가 진(晉)나라에 갔다.

겨울인 10월 임술(壬戌)일에 선공이 노침(路寢)에서 훙거(薨去)했다. 노침에서 훙거했다는 것은 정침(正寢)에서 생을 마친 것이다.

공손귀보가 진(晉)나라에서 돌아왔다. '환(還)' 이란 일을 끝마치지 못한 것이다. '자진(自晉)' 은 일을 끝마친 것이다. 사람의 자식이라면 그 아버지의 빈소를 함께 지켜야 한다. 빈소를 버리고 그 아버지의 사자(使者)를 몰아낸 것은 이는 또한 아버지를 축출한 것이다.

정(檉) 땅에 이르렀다가 다시 제나라로 달아났다. '수(遂)' 는 계속 이어진 일이다.

十有八年 春 晉侯衛世子臧 伐齊

公伐杞

夏 四月

秋 七月 邾人戕繒子[1]于繒 ◌戕 猶殘也 挩殺[2]也

甲戌 楚子呂[3]卒 ◌夷狄不卒 卒 少進也 卒而不日 日 少進也 日而不言正不正 簡之也

公孫歸父如晉

冬 十月 壬戌 公薨于路寢[4] ◌正寢也

歸父還自晉 ◌還者 事未畢[5]也 自晉事畢[6]也 與人之子 守其父之殯 捐[7]殯而奔[8]其父之使者 是以奔父也

至檉[9] 遂奔齊 ◌遂 繼事也

1) 戕繒子(장증자) : 증(繒)나라 군주을 죽이다. 장은 나라 밖의 사람이 다른 나라의 군주를 죽이는 경우에 쓰이는 말이다. 좌전에는 증(繒)이 증(鄫)으로 되어 있다.

2) 挩殺(탈살) : 몽둥이로 때려서 죽이다. 곧 때려서 죽인 것.

3) 楚子呂(초자여) : 초나라 군주인 자작 여(呂)이다. 여는 이름. 곧 초(楚)나라의 장왕(莊王)이다. 여(呂)는 좌전과 공양전에 여(旅)로 되어 있다. B.C. 613년에 즉위하여 23년 간 재위했다.

4) 路寢(노침) : 정침(正寢). 정무(政務)를 보는 방.

5) 事未畢(사미필) : 일이 아직 끝나지 않았다는 뜻. 곧 임무를 끝내지 못한 것.

6) 事畢(사필) : 임무가 끝나다.

7) 捐(연) : 기(棄)의 뜻.

8) 奔(분) : 축(逐)의 뜻.

9) 檉(정) : 노나라 땅 이름. 좌전에는 '생(笙)'으로 되어 있다.

제8편 성공 시대(成公時代)
(재위 : 1년~18년까지)

시법(諡法)에 '백성을 편안히 하고 정사를 세운 것'을 '성(成)'이라 했다.

▨성공 연표(成公年表)

국명 / 기원전	周	鄭	齊	宋	晉	衛	蔡	曹	滕	陳	杞	薛	莒	邾	許	小邾	楚	秦	吳	越	魯
	定王	襄公	頃公	文公	景公	穆公	景公	宣公	文公	成公	桓公		季佗	定公	靈公		共王	桓公	壽夢		成公
590	17	15	9	21	10	10	2	5	10	9	47		19	24	32		1	15			1
589	18	16	10	22	11	11	3	6	11	10	48		20	25	靈公 1		2	16			2
588	19	17	11	共公 1	12	定公 1	4	7	12	11	49		21	26	2		3	17			3
587	20	18	12	2	13	2	5	8	13	12	50		22	27	3		4	18			4
586	21	悼公 1	13	3	14	3	6	9	14	13	51		23	28	4		5	19			5
585	簡王 1	2	14	4	15	4	7	10	15	14	52		24	29	5		6	20	1		6
584	2	成公 1	15	5	16	5	8	11	16	15	53		25	30	6		7	21	2		7
583	3	2	16	6	17	6	9	12	17	16	54		26	31	7		8	22	3		8
582	4	3	17	7	18	7	10	13	18	17	55		27	32	8		9	23	4		9
581	5	4	靈公 1	8	19	8	11	14	19	18	56		28	33	9		10	24	5		10
580	6	5	2	9	厲公 1	9	12	15	20	19	57		29	34	10		11	25	6		11
579	7	6	3	10	2	10	13	16	21	20	58		30	35	11		12	26	7		12
578	8	7	4	11	3	11	14	17	22	21	59		31	36	12		13	27	8		13
577	9	8	5	12	4	12	15	成公 1	23	22	60		32	37	13		14	28	9		14
576	10	9	6	13	5	獻公 1	16	2	24	23	61		莒子 1	38	14		15	景公 1	10		15
575	11	10	7	平公 1	6	2	17	3	25	24	62		2	39	15		16	2	11		16
574	12	11	8	2	7	3	18	4	成公 1	25	63		3	40	16		17	3	12		17
573	13	12	9	3	8	4	19	5	2	26	64		4	宣公 1	17		18	4	13		18

※설(薛) : 희공 원년에 자세한 기록이 보인다.

※소주(小邾) : 희공 원년에 약간의 기록이 보인다.

※월(越) : 은공 원년과 소공 원년에 기록이 보인다.

제8편 성공 시대(成公時代)

1. 성공(成公) 원년 신미(辛未)

가. 정월에 성공(成公)이 즉위하다

원년(元年) 신미(辛未) 봄, 왕력으로 정월에 성공(成公)이 즉위했다.

2월 신유(辛酉)일에 우리 군주 선공(宣公)을 장사 지냈다.

얼음이 얼지 않았다. 한겨울이 다가도록 얼음이 얼지 않은 것을 기록한 것이다. 여기에 한겨울이 완전히 끝나지 않았는데 얼음이 얼지 않았다고 한 것은 무슨 뜻인가? 끝까지 얼음이 없었다는 것은 1년 가운데 가장 추울 때까지를 보태서 한 말이다.〔곧 더 이상 춥지 않았다는 뜻.〕

3월에 구(丘)마다 갑사(甲士)를 내는 제도를 마련했다. 작(作)이란 만들다이며 구(丘)에서 갑옷을 만들다이다. 구갑(丘甲)이란 국가의 일이다. 구작갑(丘作甲)이란 합당한 것이 아니었다. 구(丘)마다 갑사를 내는 제도가 합당하지 않다는 것은 무슨 뜻인가? 옛날에는 국가를 세우고 모든 관직의 관리들이 갖추어지면 농사꾼과 장인(匠人)이 모두 직업이 있어서 위를 섬겼다.

옛날에는 네 등급의 백성이 있었다. 사민(士民)이 있고 상민(商民)이 있고 농민(農民)이 있고 공민(工民)이 있었다. 대저 갑옷이란 사람마다 능히 만들 수 있는 것이 아닌데 구(丘)에서 갑사(甲士)를 내는 제도는 올바른 제도가 아니었다.

여름에 장손허(臧孫許)가 진(晉)나라 군주인 후작과 적극(赤棘)에서 동맹을 맺었다.

元年[1] 春 王正月 公卽位

二月 辛酉 葬我君宣公

無氷 ◌終時[2]無氷則志 此未終時而言無氷 何也 終無氷矣 加之寒[3]之辭也

三月 作丘甲[4] ◌作 爲也 丘爲甲也 丘甲 國之事也 丘作甲 非正也 丘作甲之爲非正 何也 古者立國家 百官具 農工皆有職以事上 古者有四民 有士民 有商民 有農民 有工民 夫甲 非人人之所能爲也 丘作甲非正也

夏 臧孫許[5] 及晉侯盟于赤棘[6]

1) 元年(원년) : 성공(成公) 원년. 노세가(魯世家)에 성공의 이름은 흑굉(黑肱)이고 선공(宣公)의 아들이라 했다. 주정왕(周定王) 17년에 즉위. 18년 간 재위. 시호법에 백성을 편안하게 하고 정치를 세우면 성(成)이라 한다고 했다.

2) 終時(종시) : 하나의 계절이 끝나는 때의 일기. 곧 겨울철이 끝날 때까지의 기후를 뜻한다.

3) 加之寒(가지한) : 1년중 가장 추운 때의 기후이다.

4) 丘甲(구갑) : 구(丘)는 행정 단위이다. 갑은 갑옷을 갖춘 갑사(甲士)이다. 구는 당시의 지방 행정 단위로 9부(九夫)가 정(井)이 되고 4정(四井)이 읍(邑)이 되고 4읍(四邑)이 구(丘)가 되는데 구는 1백40호이다. 구갑은 각각의 구마다 갑사 한 사람씩을 내는 제도이다. '주례(周禮)' 참조.

5) 臧孫許(장손허) : 장선숙(臧宣叔)이며 장문중(臧文中)의 아들. 선공(宣公)이 만년에 노나라의 사구(司寇)에 임명하여 형사(刑事)를 담당케 했다.

6) 赤棘(적극) : 진(晉)나라 땅 이름.

나. 천자(天子)의 군사가 패전하다

가을에 천자(天子)의 군사가 무융족(貿戎族)의 땅에서 패전했다. '전(戰)' 이라고 말하지 않은 것은 천자의 군사는 감히 대적할 자가 없다는 뜻이다. 곧 높은 이를 위하여 적은 숨기고 패전한 것은 숨기지 않았으며 친한 이를 위하여 패전을 숨기고 적을 숨기지 않은 것이다. 이는 높은 이를 높이고 친한 이를 친하게 하는 의(義)이다. 그렇다면 누가 패전했는가. 진(晉)나라였다.

겨울인 10월이다. 노나라의 계손행보(季孫行父)는 대머리였고 진(晉)나라의 극극(郤克)은 애꾸눈이었으며 위(衛)나라의 손양부(孫良夫)는 절름발이였고 조(曹)나라의 공자 수(公子手)는 곱사등이였다. 같은 시기에 제(齊)나라를 빙문(聘問)하게 되었다. 제나라에서 이들을 맞이하여 접대하는데, 대머리로 하여금 대머리인 계손행보를 안내하게 하고 애꾸눈인 자로 하여금 애꾸눈인 극극을 안내하게 하고 절름발이로 하여금 절름발이인 손양부를 안내하게 하고 곱사등이로 하여금 곱사등이인 공자 수(公子手)를 안내하게 했다.

이때 소(蕭)나라의 동질자(同姪子)가 대(臺) 위에서 있다가 이 광경을 보고 웃었는데 이 사실이 객(客)인 네 사람의 귀에 들어가게 되었고 객(客)들은 기분이 나쁜 상태에서 제나라를 떠났다. 떠나면서 함께 서려문(胥閭門)에 서서 말하기를 "날이 바뀌어도 풀리지 않을 것이다."라고 했다. 제나라 사람에는 지혜로운 자가 있어서 말하기를 "제(齊)나라의 우환은 반드시 이로부터 비롯될 것이다."라고 했다.

秋 王師敗績于貿戎[1] ◌不言戰 莫之敢敵也 爲尊者諱敵不諱敗 爲親者諱敗不諱敵 尊尊親親之義也 然則孰敗之 晉也

冬 十月 ◌季孫行父禿[2] 晉郤克眇[3] 衛孫良夫跛[4] 曹公子手僂[5] 同時而聘於齊 齊使禿者御禿者 使眇者御眇者 使跛者御跛者 使僂者御僂者 蕭同姪子[6] 處臺上而笑之 聞於客[7] 客不說而去 相與立胥閭[8]而語 移日不解 齊人有知之者曰 齊之患 必自此始矣

1) 貿戎(무융) : 땅 이름이다. 좌전에는 모융(茅戎)으로 되어 있으며 융족의 한 갈래라고 했다.

2) 禿(독) : 대머리.

3) 郤克眇(극극묘) : 진(晉)나라의 극극은 애꾸눈이라는 뜻.
4) 衛孫良夫跛(위손양부파) : 위나라의 손양부는 절름발이라는 뜻.
5) 曹公子手僂(조공자수루) : 조나라 공자 수는 곱사등이라는 뜻.
6) 蕭同姪子(소동질자) : 소(蕭)나라의 동성인 질자(姪子). 질자는 자(字)라고 했다. 질자의 어머니가 제나라 혜공(惠公)에게 다시 시집을 가서 경공(頃公)을 낳았는데 초나라 사람이 소나라를 멸망시켜 그의 어머니를 따라서 제나라에 있게 되었다고 했다.
7) 客(객) : 노(魯)나라, 진(晉)나라, 위(衛)나라, 조(曹)나라에서 온 객.
8) 胥閭(서려) : 서려문(胥閭門)의 이름이라 했다.

2. 성공 2년 임신(壬申)

가. 제나라에서 북쪽 변방을 정벌하다

2년 임신(壬申) 봄에 제나라 군주인 후작이 우리 노(魯)나라의 북쪽 변방을 정벌했다.

여름인 4월 병술(丙戌)일에 위(衛)나라의 손양부(孫良夫)가 군사를 거느리고 제나라 군사와 신축(新築)에서 싸워 위나라 군사가 패전했다.

6월 계유(癸酉)일에 계손행보(季孫行父)와 장손허(臧孫許)와 숙손교여(叔孫僑如)와 공손영제(公孫嬰齊) 등이 군사를 거느리고 진(晉)나라 극극(郤克)과 위(衛)나라 손양부(孫良夫)와 조(曹)나라 공자 수(公子手) 등과 만나서 제나라 군주인 후작과 안(鞍)에서 싸웠는데 제나라 군사가 대패(大敗)했다. 그 싸운 날짜를 기록한 것을, 어떤 이는 그 전쟁의 날을 쓴 것이라고 했고, 어떤 이는 노나라에서 네 명의 대부가 다 참가하여 날짜를 썼다고 했다. 또 조나라는 대부(大夫)가 없는데 그를 공자(公子)라고 이른 것은 무슨 뜻인가? 이는 우리 노나라에서 네 대부(四大夫)가 모두 군중에 있었으므로 그 고귀한 호칭을 거론한 것이라 했다.

二年 春 齊侯伐我北鄙

夏 四月 丙戌 衛孫良夫帥師 及齊師戰于新築[1] 衛師敗績

六月 癸酉 季孫行父 臧孫許 叔孫僑如[2] 公孫嬰齊[3] 帥師會晉郤克 衛孫良夫 曹公子手[4] 及齊侯戰于鞍 齊師敗績 ◯其日 或曰日其戰也 或曰 日其悉也 曹無大夫 其曰公子 何也 以吾之四大夫在焉 擧其貴者也

1) 新築(신축) : 위(衛)나라의 땅 이름이다.

2) 叔孫僑如(숙손교여) : 노나라 숙손득신의 아들.

3) 公孫嬰齊(공손영제) : 노나라 대부.

4) 公子手(공자수) : 공자 수(公子首)로 좌전에는 되어 있다. 조(曹)나라 대부.

나. 국좌(國佐)와 원루(爰婁)에서 동맹을 맺다

가을인 7월에 제나라 군주인 후작이 국좌(國佐)에게 군진(軍陣)으로 가게 했다. 기유(己酉)일에 국좌와 원루(爰婁)에서 동맹을 맺었다. 안(鞍) 땅은 제나라에서 5백 리의 거리에 있고 원루(爰婁)는 제나라에서 50리의 거리에 있었다. 한 번 싸우는데 5백 리의 거리를 길게 이어서 제나라 옹문(雍門)의 지붕을 불사르고 제나라를 침입한 전차들은 동쪽으로 바다에까지 이르렀다.

군자(君子)께서 듣고 이르기를 "제나라의 패전이 대단히 심하다는 말이다. 제나라에서 취할 것이 있었다."라고 했다.

제나라에서 취할 것이 있었다는 것은 무슨 뜻인가? 위(衛)나라 군대를 신축(新築)에서 패퇴시키고 노나라의 북쪽 변방을 침략하고 진(晉)나라의 극헌자(郤獻子 : 郤克)를 모욕했다. 이것이 제나라에서 취할 것이 있었다는 뜻이다.

원루(爰婁)는 군사들의 밖에 있는 일개 지방이다. 극극(郤克)이 이르기를 "노나라와 위(衛)나라를 침략하여 빼앗은 땅을 돌려주고 기(紀)나라 후작의 솥을 가져오고 소(蕭)나라 동질자(同姪子)의 어머니를 인질로 보내고 제나라 영토 안의 모든 전답의 두덩을 모두 동쪽으로 향하게 하시오. 그런 연후에 그대와 동맹을 하겠소."라고 했다.

이에 국좌(國佐)가 말하기를 "노나라와 위나라를 침략하여 빼앗은 땅을 돌려주고 기(紀)나라 후작의 시루를 가져오는 것은 허락합니다. 소(蕭)나라 동질자(同姪子)의 어머니를 인질로 삼는다는 것은, 이는 제나라 군주인 후작의 어머니이십니다. 제나라 군주인 후작의 어머니라면 진(晉)나라 군주의 어머니나 마찬가지일 것이며, 진나라 군주인 후작의 어머니는 제나라 군주인 후작의 어머니와 같은 것입니다. 또 제나라 영토 안의 전답의 두덩을 모두 동쪽으로 향하게 하는 것은 제나라 토지의 마땅함을 생각하지 않은 일입니다. 이는 불가한 것입니다. 한 번 싸우기를 청하여 일전(一戰)을 이기지 못하면 다시 싸움을 청하고 다시 싸워서 이기지 못하면 세 번의 싸움을 청하고 세 번 싸워서도 이기지 못하면 네 번의 싸움을 청하고 네 번의 싸움에서도 이기지 못하면 다섯 번의 싸움을 청하고 다섯 번의 싸움에서도 이기지 못하면 나라를 들어서 바치겠습니다."라고 했다. 이에 함께 하여 제나라의 국좌(國佐)와 원루에서 동맹을 맺었다.

秋 七月 齊侯使國佐[1]如師 己酉 及國佐盟于爰婁[2] ◌鞍 去國五百里 爰婁 去國五十里 壹戰縣地五百里 焚雍門之茨[3] 侵車東至海 君子聞之曰 夫甚甚之辭[4]焉 齊有以取之也 齊之有以取之 何也 敗衛師于新築 侵我北鄙 敖郤獻子[5] 齊有以取之也 爰婁在師之外 郤克曰 反魯衛之侵地 以紀侯之甗[6]來 以蕭同姪子之母爲質 使耕者皆東其畝[7] 然侯與子盟 國佐曰 反魯衛之侵地 以紀侯之甗來 則諾 以蕭同姪子之母爲質 則是齊侯之母也 齊侯之母 猶晉君之母也 晉君之母 猶齊侯之母也 使耕者盡東其畝 則是終土齊也 不可 請壹戰 壹戰不克 請再 再不克 請三 三不克 請四 四不克 請五 五不克 擧國而授 於是而與之盟

1) 國佐(국좌) : 제나라의 대부(大夫).

2) 爰婁(원루) : 제나라 땅 이름. 좌전의 경문에는 원루(袁婁)로 되어 있다.

3) 雍門之茨(옹문지자) : 옹문은 제나라 국도의 성문. 자는 덮개, 곧 지붕이다.

4) 甚甚之辭(심심지사) : 매우 심한 말. 곧 비상식적인 말이라는 뜻.
5) 敖郤獻子(오극헌자) : 오는 오(傲)와 같다고 했다. 진(晉)나라 극극(郤克)을 제나라가 모욕한 일.
6) 紀侯之甗(기후지언) : 기(紀)나라 제후의 시루솥. 곧 기나라의 국보급 솥. 기나라는 B.C. 690년에 제나라가 멸망시켰다. 기나라의 솥은 청동(靑銅)으로 만들었다고도 하고 도토(陶土)로 만들었다고도 했다. 상하의 양층이 있고 상층은 시루가 되어 원형이고 밑은 허다한 자그마한 구멍이 있어 음식물을 찌는데 사용한다. 아랫부분은 솥이 되어 원형으로 세 발이 달려 있어서 불 위에 올려놓고 불사른다고 했다.
7) 皆東其畝(개동기묘) : 제나라 토지의 두덩을 모두 동쪽으로 향하게 하다. 곧 융거(戎車)로 쉽게 침략할 수 있게 하라는 뜻.

다. 송나라 군주 포(鮑)가 세상을 뜨다

8월 임오(壬午)일에 송나라 군주인 공작 포(鮑)가 세상을 떠났다.
경인(庚寅)일에 위(衛)나라 군주인 후작 속(速)이 세상을 떠났다.
문양(汶陽) 땅을 점령했다.

겨울에 초나라 군사와 정나라 군사가 위(衛)나라를 침공했다.

11월에 성공이 초나라 공자(公子) 영제(嬰齊)를 촉(蜀)에서 만났다. 초나라에는 대부가 없는데 그를 공자(公子)라고 이른 이유는 무엇인가? 초나라 영제는 성공과 대면한 상대였기 때문이다.

병신(丙申)일에 성공이, 초나라 사람과 진(秦)나라 사람과 송나라 사람과 진(陳)나라 사람과 위(衛)나라 사람과 정나라 사람과 제나라 사람과 조(曹)나라 사람과 주(邾)나라 사람과 설(薛)나라 사람과 증(繒)나라 사람들과 촉(蜀)에서 동맹을 맺었다. 여기에서 초나라를 '인(人)'이라 일컬은 이유는 무엇인가? 이때 이후부터 공식적으로 그의 지위를 얻었기 때문이다. 만나고 맹세하는 것이 같은 달에 하면 만난 장소만 말하고 맹세한 장소는 말하지 않으며, 같은 달에 이루어지지 않으면 만나는 장소도 쓰고 맹세한 장소도 쓴다. 그런데 여기에 같은 달에 했는데 그 만나는 장소도 기록하고 맹세한 장소도 기록한 것은 무슨 뜻인가? 초나라가 공식적으로 그 지위를 얻어서 그 사업의 중요한 것을 폈기 때문이었다. 지금의 '인(人)' 이라는 굴욕은 지난날의 교만함에서 비롯된 것이었다.

八月 壬午 宋公鮑[1]卒
庚寅 衛侯速[2]卒
取汶陽田[3]
冬 楚師鄭師侵衛
十有一月 公會楚公子嬰齊[4]于蜀 ◌楚無大夫 其曰公子 何也 嬰齊亢也
丙申 公及楚人秦人宋人陳人衛人鄭人齊人曹人邾人薛人繒人 盟于蜀 ◌楚其稱人 何也 於是而後公得其所也 會與盟同月 則地會 不地盟 不同月 則地會地盟 此其地會地盟 何也 以公得其所 申其事也 今之屈 向之驕也

1) 宋公鮑(송공포) : 송나라 군주인 공작 포. 곧 송나라 문공(文公)이다. B.C. 610년에 즉위하여 22년 간 재위했다.
2) 衛侯速(위후속) : 위나라 군주인 후작 속(速). 곧 위나라 목공(穆公)이다. B.C. 599년 즉위하여 11년 간 재위했다.
3) 汶陽田(문양전) : 노나라 땅이었는데 제나라가 점령하고 있었다.
4) 公子嬰齊(공자영제) : 초나라 대부(大夫)이며 자중(子重)이라고 일컫다.

3. 성공 3년 계유(癸酉)

가. 성공이 진(晉)나라와 함께 정나라를 정벌하다

3년 계유(癸酉) 봄인 왕력으로 정월에 성공이 진(晉)나라 군주인 후작과 송나라 군주인 공작과 위(衛)나라 군주인 후작과 조(曹)나라 군주인 백작과 회합하여, 정나라를 정벌했다.

신해(辛亥)일에 위(衛)나라 목공(穆公)을 장사 지냈다.

2월에 성공이 정나라를 정벌하는 일에서 돌아왔다.

갑자(甲子)일에 신궁(新宮)에 화재가 나서, 사흘동안 곡(哭)을 했다. 신궁이란 아버지의 사당이다. '삼일곡(三日哭)' 이란 슬퍼했다는 뜻이다. 그것을 슬퍼한 것은 예이다. 박근(迫近 : 바싹 닥쳐 가깝다)하여 시호를 일컫지 못한 것은 공손함이다. 그의 말이 공손하고 또 슬퍼하였으니 성공(成公)을 책망할 것들이 없게 된 것이었다.

을해(乙亥)일에 송나라 문공(文公)을 장사 지냈다.

여름에 성공이 진(晉)나라에 갔다.

정(鄭)나라 공자 거질(公子去疾)이 군사를 거느리고 허(許)나라를 정벌했다.

성공이 진(晉)나라에서 돌아왔다.

가을에 숙손교여(叔孫僑如)가 군사를 이끌고 극(棘) 땅을 포위했다.

크게 기우제를 지냈다.

진(晉)나라의 극극(郤克)과 위(衛)나라의 손양부(孫良夫)가 장구여(牆咎如)를 정벌했다.

겨울인 11월에 진(晉)나라 군주인 후작이 순경(荀庚)에게 노나라를 예방하게 했다.

위(衛)나라 군주인 후작이 손양부에게 노나라를 예방하게 했다.

병오(丙午)일에 순경(荀庚)과 동맹을 맺었다.

정미(丁未)일에 손양부와 동맹을 맺었다. 그 날짜를 기록한 것은 성공이 참가했기 때문이다. 빙문(聘問)을 와서 맹세를 체결할 것을 요구했다. 경문(經文)에서 '급(及)' 이라고 말하지 않은 것은 국가와 함께 했기 때문이다. 그를 '인(人)' 이라 말하지 않은 것은 또한 국가로써 참여했기 때문이다. '구(求)' 라고 말하지 않은 것은 양쪽이 다 원했기 때문이다.

정나라가 허(許)나라를 정벌했다.

三年 春 王正月 公會晉侯宋公衛侯曹伯 伐鄭

辛亥 葬衛穆公[1)]

二月 公至自伐鄭

甲子 新宮災[2)] 三日哭 ◌新宮者 禰宮[3)]也 三日哭 哀也 其哀 禮也 迫近不敢稱謚 恭也 其辭恭且哀 以成公爲無譏矣

乙亥 葬宋文公[4)]

夏 公如晉

鄭公子去疾[5)]帥師伐許

公至自晉

秋 叔孫僑如帥師圍棘[6)]

大雩

晉郤克 衛孫良夫 伐牆咎如[7)]

冬 十有一月 晉侯使荀庚[8)]來聘

衛侯使孫良夫來聘

丙午 及荀庚盟

丁未 及孫良夫盟 ◌其日公也 來聘而求盟 不言及者 以國與之也 不言其人 亦以國與之也 不言求兩欲之也

鄭伐許

1) 衛穆公(위목공) : 공양전의 경문에는 목(穆)이 목(繆)으로 되어 있다.

2) 新宮災(신궁재) : 선공(宣公)을 모신 사당에 화재가 나다. 임금이 사망하면 27개월 동안 종묘의 제사와 같이 지내는 곳.

3) 禰宮(예궁) : 부친을 모시는 사당이다. 선공(宣公)을 제사 지내는 사당.

4) 宋文公(송문공) : 좌전에는 송나라 문공(文公) 때부터 호화 장례가 시작되었다고 했다.

5) 公子去疾(공자거질) : 정나라 대부이며 자량(子良)이라고 일컫다.

6) 棘(극) : 노나라 땅이다. 당시 노나라 땅이었는데 그 고을 사람들이 노나라에 복종하지 않았기 때문에 노나라 군사가 포위한 것. 문양(汶陽) 땅의 고을.

7) 牆咎如(장구여) : 적적(赤狄)의 한 갈래. 공양전에는 장(牆)이 장(將)으로 되었고 좌전에는 장(廧)으로 되어 있다.

8) 荀庚(순경) : 진(晉)나라의 대부.

4. 성공 4년 갑술(甲戌)

가. 화원(華元)이 노나라를 예방하다

4년 갑술(甲戌) 봄에 송(宋)나라 군주인 공작이 화원(華元)에게 노나라를 예방하게 했다.

3월 임신(壬申)일에 정나라 군주인 백작 견(堅)이 세상을 떠났다.

기(杞)나라 군주인 백작이 찾아왔다.

여름인 4월 갑인(甲寅)일에 장손허(臧孫許)가 세상을 떠났다.

성공이 진(晉)나라에 갔다.

정나라 양공(襄公)을 장사 지냈다.

가을에 성공이 진(晉)나라에서 돌아왔다.

겨울에 운(鄆)에 성(城)을 쌓았다.

정나라 군주인 백작이 허(許)나라를 정벌했다.

四年 春 宋公使華元來聘

三月 壬申 鄭伯堅[1]卒

杞伯來朝[2]

夏 四月 甲寅 臧孫許卒

公如晉

葬鄭襄公

秋 公至自晉

冬 城鄆[3]

鄭伯伐許

1) 鄭伯堅(정백견) : 정나라 군주인 백작 견(堅)은 정나라 양공(襄公)이다. B.C. 604년에 즉위하여 18년 간 재위했다.

2) 杞伯來朝(기백내조) : 숙희(叔姬)를 돌려보낸데 대한 설명을 하러 온 것이다.

3) 鄆(운) : 노나라 땅 이름이다. 공양전의 경문에는 운(運)으로 되어 있다.

5. 성공 5년 을해(乙亥)

가. 중손멸(仲孫蔑)이 송(宋)나라에 가다

5년 을해(乙亥) 봄, 왕력으로 정월에 기(杞)나라에서 숙희(叔姬)가 돌아왔다. 부인(婦人)의 도리는 시집가는 것을 귀(歸)라고 이르고, 돌아오는 것을 '내귀(來歸)'라고 이른다.

중손멸(仲孫蔑)이 송(宋)나라에 갔다.

여름에 숙손교여(叔孫僑如)가 진(晉)나라의 순수(荀首)를 곡(穀)에서 만났다.

五年 春 王正月 杞叔姬來歸 ◌婦人之義嫁曰歸 反曰來歸

仲孫蔑如宋[1)]

夏 叔孫僑如會晉荀首于穀[2)]

1) 仲孫蔑如宋(중손멸여송) : 중손멸이 송나라에 가다. 지난해에 송나라에서 화원을 보내온 데에 대한 답례로 노나라에서 사신을 보내 빙문한 것이다.

2) 會晉荀首于穀(회진순수우곡) : 진나라 순수를 곡 땅에서 만나다. 곧 순수가 진나라 군주의 부인이 된 공녀를 제나라에서 맞이해 가는데 숙손교여가 곡 땅으로 가서 식량을 가져다 주게 되어 만난 것이다.

나. 양산(梁山)이 무너지다

양산(梁山)이 무너졌다. 날짜를 쓰지 않은 이유는 무엇인가? 높은 것이란 무너지는 도(道)가 있다. 무너지는 도가 있다는데 무엇 때문에 기록했는가? 대답하기를, 양산이 무너져서 황하(黃河)를 막아 3일 동안 흐르지 않았다. 진(晉)나라 군주가 백존(伯尊)을 불러서 그 사유를 묻기로 했다.

백존이 군주를 만나기 위해 오는 길에 노상(路上)에서 수레 끄는 자를 만났다. 그 수레를 끄는 자는 길을 막고 피하지 않았다. 수레 끄는 자에게 백존의 오른쪽 호위 무사가 길을 비키라고 가죽 채찍을 쳤다. 수레를 끄는 자가 말하기를 "나를 채찍질하는 것보다는 그 길을 멀리 잡아야 할 것입니다."라고 했다.

백존(伯尊)이 수레에서 내려 묻기를 "그대는 들은 것이 있는가?" 라고 하자, 그가 대답하기를 "양산이 무너져 내려 황하(黃河)를 막아서 3일 동안 흐르지 못하고 있습니다." 라고 했다.

백존이 말하기를 "임금이 이를 위하여 나를 불렀는데 어떻게 해야 합니까?"라고 했다. 수레를 끄는 자가 말하기를 "하늘 아래는 산이 있는데 하늘이 무너뜨릴 수가 있고 하늘 아래는 황하가 있는데 하늘이 막을 수가 있습니다. 비록 백존을 불러들인다고 하여도 어찌할 수가 없을 것입니다."라고 했다.

백존이 진심으로 처방을 물었다. 수레를 끄는 사람이 말하기를 "임금께서 몸소 흰 옷을 입고 모든 신하들을 거느리고 곡한 뒤에 제사를 지내면 이에 흐를 것입니다."라고 했다.

이에 백존이 이르자 임금이 묻기를 "양산이 무너져 황하를 막아서 3일 동안 흐르지 않는다는데 어찌하면 되겠소."라고 했다.

백존이 말하기를 "임금께서는 몸소 흰 옷을 입고 모든 신하들을 거느리고 곡을 하십시오. 그런 후에 제사를 지내시면 이에 흐를 것입니다."라고 했다.

공자(孔子)께서 이를 듣고 말씀하기를 "백존은 아무런 공적이 없다. 남의 선(善)을 훔친 것이다."라고 했다.

가을에 홍수가 났다.

겨울인 11월 기유(己酉)일에 천자가 붕어했다.

12월 기축(己丑)일에 성공은 진(晉)나라 군주인 후작과 제나라 군주인 후작과 송나라 군주인 공작과 위나라 군주인 후작과 정나라 군주인 백작과 조나라 군주인 백작과 주(邾)나라 군주인 자작과 기나라 군주인 백작 등과 회합하고 충뢰(蟲牢)에서 동맹을 맺었다.

梁山[1] 崩 ◌不日 何也 高者有崩道[2] 也 有崩道 則何以書也 曰梁山

崩 壅遏河三日不流 晉君召伯尊[3]而問焉 伯尊來遇輦者 輦者不辟 使車右[4]下而鞭之 輦者曰 所以鞭我者 其取道遠矣 伯尊下車而問焉 曰 子有聞乎 對曰 梁山崩 壅遏河三日不流 伯尊曰 君爲此召我也 爲之奈何 輦者曰 天有山 天崩之 天有河 天壅之 雖召伯尊 如之何 伯尊由忠[5]問焉 輦者曰 君親素縞 帥群臣而哭之 旣而祠焉 斯流矣 伯尊至 君問之曰 梁山崩 壅遏河三日不流 爲之奈何 伯尊曰 君親素縞帥群臣而哭之 旣而祠焉 斯流矣 孔子聞之曰 伯尊其無績乎 攘善[6]也

秋 大水

冬 十一月 己酉 天王[7]崩

十有二月 己丑 公會晉侯齊侯宋公衛侯鄭伯曹伯邾子杞伯 同盟于蟲牢[8]

1) 梁山(양산) : 진(晉)나라에 있는 산 이름. 지금의 협서(陜西)의 한성현내(韓城縣內)에 있다.

2) 崩道(붕도) : 무너질 방도(方道)이다. 곧 무너질 원인.

3) 伯尊(백존) : 이름은 송(宋)이고 진(晉)나라의 대부이다.

4) 車右(거우) : 수레를 호위하는 오른쪽의 무사(武士).

5) 由忠(유충) : 곧 진심으로의 뜻.

6) 攘善(양선) : 선을 훔치다. 곧 선을 도둑질하다의 뜻.

7) 天王(천왕) : 주나라 천왕은 곧 정왕(定王)이다.

8) 蟲牢(충뢰) : 정나라의 땅 이름이다.

6. 성공 6년 병자(丙子)

가. 손양부(孫良夫)가 송나라를 침공하다

6년 병자(丙子) 봄, 왕력으로 정월에 성공이 회합에서 돌아왔다.

2월 신사(辛巳)일에 무궁(武宮)을 세웠다. '입(立)' 이란 세운 것이 마땅하지 않은 것이다.

전(鄟) 땅을 정벌하여 점령했다. 전(鄟)은 하나의 나라이다.

위(衛)나라 손양부가 군사를 거느리고 송나라를 침공했다.

여름인 6월에 주(邾)나라 군주인 자작이 찾아왔다.

공손영제(公孫嬰齊)가 진(晉)나라에 갔다.

임신(壬申)일에 정나라 군주인 백작 비(費)가 세상을 떠났다.

가을에 중손멸(仲孫蔑)과 숙손교여(叔孫僑如)가 군사를 거느리고 송나라를 침공했다.

초(楚)나라의 공자(公子) 영제(嬰齊)가 군사를 거느리고 정나라를 정벌했다.

겨울에 계손행보(季孫行父)가 진(晉)나라에 갔다.

진(晉)나라 난서(欒書)가 군사를 거느리고 정나라를 구원했다.

六年[1] 春 王正月 公至自會

二月 辛巳 立武宮[2] ◌立者 不宜立也

取鄟[3] ◌鄟國也

衛孫良夫帥師侵宋

夏 六月 邾子來朝

公孫嬰齊[4]如晉

壬申 鄭伯費[5]卒

秋 仲孫蔑 叔孫僑如 帥[6]師侵宋

楚公子嬰齊[7] 帥師伐鄭

冬 季孫行父如晉

晉欒書[8]帥師救鄭

1) 六年(육년) : 주(周)나라 간왕(簡王) 원년이며 간왕의 이름은 이(夷)이다.

2) 武宮(무궁) : 노나라 무공(武公)의 사당이라 했다. 공양씨(公羊氏)나 곡량씨가 똑같이 보았다. 단 좌전에는 누구의 사당인지 불분명하여 여러 설이 있다고 했다. 일설에는 궁전(宮殿) 이름이라고도 했다.

3) 鄟(전) : 옛 나라 이름. 공양씨는 주루국(邾婁國)의 일개 읍이라고 했다.

4) 公孫嬰齊(공손영제) : 이는 노나라의 자숙성백(子叔聲伯)이다.

5) 鄭伯費(정백비) : 정나라 백작인 비(費). 곧 정나라 도공(悼公)이며 B.C. 586년에 즉위하여 2년 간 재위했다.

6) 帥(솔) : 공양전 경문에는 '솔(率)' 로 되어 있다.
7) 公子嬰齊(공자영제) : 초나라 대부인 자중(子重)이다.
8) 欒書(난서) : 진(晉)나라의 대부이다. 난무자(欒武子)라고 일컫다.

7. 성공 7년 정축(丁丑)

가. 생쥐가 교제(郊祭)에 바칠 소의 뿔을 갉아 먹다

7년 정축(丁丑) 봄, 왕력으로 정월에 생쥐가 교제(郊祭)에 바칠 소의 뿔을 갉아 먹었다. 날짜를 말하지 않은 것은 급박했다는 뜻이며 유사(有司)의 과실이었다. 교제(郊祭)에 바칠 소의 뿔을 날마다 살펴보고 손상된 것을 알게 되는 일은 펼쳐보는 도리를 다한 것이다. 다만 그 재앙에 대비하는 방법을 다하지 못한 것이다.

또 점을 쳐서 다른 소로 바꾸었는데 생쥐가 그 소의 뿔도 갉아 먹었다. '우(又)' 란 계속되는 것이 있다는 말이다. '기(其)' 는 느슨한 말이며, 사람과 관련된 과실이 없다는 것이며, 사람이 능한 바가 아니라는 것이며, 유사(有司)의 과실도 벗어난 것을 뜻한 것이다.

이에 그 소를 놓아 주었다. '내(乃)' 란 사람으로서는 어쩔 수 없다는 말이다. '면생(免牲)' 이란 치의(緇衣)와 훈상(纁裳)을 만들어서 소에 입히고 유사(有司)는 현단(玄端)을 입고 소를 호송하여 남교(南郊)에 이른다. 소를 놓아 주는 것도 또한 위와 같은 방법으로 한다. 희생을 놓아 주고 교제를 지내지 않았다고 이르지 않았으니 소를 놓아 주는 일 또한 그렇게 한 것이다.

七年 春 王正月 鼷鼠[1]食郊牛角 ◌不言日 急辭也 過有司[2]也 郊牛日 展觓[3]角而知傷 展道盡矣 其所以備災之道不盡也

改卜牛[4] 鼷鼠又食其角 ◌又 有繼之辭也 其 緩辭也 曰 亡乎人矣 非人之所能也 所以免有司之過也

乃免牛 ◌乃者 亡乎人之辭也 免牲者 爲之緇衣纁裳 有司玄端 奉

送至于南郊 免牛亦然 免牲不曰不郊 免牛亦然

1) 鼷鼠(혜서) : 생쥐.

2) 有司(유사) : 소를 키우는 담당 관리.

3) 展觓(전구) : 전은 자세히 살피다. 구는 동물의 뿔이 굽어진 상태의 모양.

4) 改卜牛(개복우) : 소를 다시 점쳐서 희생을 고르는 일.

나. 오(吳)나라가 담(郯)나라를 정벌하다

오(吳)나라가 담(郯)나라를 정벌했다.

여름인 5월에 조(曹)나라 군주인 백작이 찾아왔다.

교제는 지내지 않았으나 삼망(三望)의 제사는 전과 같이 지냈다.

가을에 초(楚)나라 공자영제(公子嬰齊)가 군사를 이끌고 정나라를 정벌했다.

성공이 진(晉)나라 군주인 후작과 제나라 군주인 후작과 송나라 군주인 공작과 위(衛)나라 군주인 후작과 조(曹)나라 군주인 백작과 거(莒)나라 군주인 자작과 주(邾)나라 군주인 자작과 기(杞)나라 군주인 백작 등과 회합하여 정나라를 구원했다.

8월 무진(戊辰)일에 마릉(馬陵)에서 동맹을 맺었다.

성공이 모임에서 돌아왔다.

오(吳)나라가 주래(州來)로 쳐들어갔다.

겨울에 크게 기우제를 지냈다. 기우제를 지냈는데 달을 쓰지 않고 계절을 쓴 것은 책망한 것이었다. 겨울에는 기우제를 지내지 않는 것이다.

위(衛)나라 손임보가 진(晉)나라로 달아났다.

吳[1]伐郯[2]

夏 五月 曹伯來朝

不郊 猶三望

秋 楚公子嬰齊帥[3]師伐鄭

公會晉侯齊侯宋公衛侯曹伯莒子邾子杞伯 救鄭

八月 戊辰 同盟于馬陵[4]
公至自會
吳入州來[5]
冬 大雩 ◌雩不月而時 非之也 冬無爲雩[6]也
衛孫林父[7]出奔晉

1) 吳(오) : 오(吳)나라가 나오는 것은 '춘추'에서 이 곳이 처음이다. 일명(一名) 구오(句吳)라고도 한다. 희성(姬姓)이고 주나라 시조(始祖)인 태왕(太王)의 아들 태백(太伯)을 봉한 나라이다. 국도(國都)는 강소(江蘇)의 소주(蘇州)였다. 춘추의 후기에 국력이 신장되었다.
2) 郯(담) : 나라 이름이다.
3) 帥(솔) : 공양전의 경문에는 솔(率)로 되어 있다.
4) 馬陵(마릉) : 위나라의 땅 이름.
5) 州來(주래) : 초(楚)나라의 고을.
6) 冬無爲雩(동무위우) : 겨울에는 기우제를 지내지 않는다.
7) 孫林父(손임보) : 위(衛)나라 손문자(孫文子)이며 손양부(孫良夫)의 아들.

8. 성공 8년 무인(戊寅)

가. 문양(汶陽) 땅을 돌려주게 하다

8년 무인(戊寅) 봄에 진(晉)나라 군주인 후작이 한천(韓穿)으로 하여금 노나라에 와서 문양(汶陽) 땅을 거론하여서 제(齊)나라에 돌려주게 했다. '우제(于齊)'는 완만하게 한 말이며 우리 노나라가 문양 땅을 완전하게 점령하지 못했기 때문이었다.

진(晉)나라 난서(欒書)가 군사를 거느리고 채나라를 침공했다.

공손영제(公孫嬰齊)가 거(莒)나라에 갔다.

송나라 군주인 공작이 화원(華元)에게 노나라를 예방하게 했다.

여름에 송나라 군주인 공작이 공손수(公孫壽)를 시켜서 노나라에 와서 납폐(納幣)하게 했다.

진(晉)나라에서 그 대부인 조동(趙同)과 조괄(趙括)을 죽였다.

가을인 7월에 천자가 소백(召伯)에게 노나라에 와서 성공(成公)에게 공명(公命)을 하사하게 했다. 예(禮)에는 천자에게 공명(公命)을 받을 때 천자의 사신이 와서 공명을 주는 예는 없다고 했다. 공명(公命)을 받은 것은 합당한 것이 아니었다. 대답하기를 '천자(天子)'란 무엇인가? 하나의 칭호만 나타낼 수 있는 것을 이른 것이다.

겨울인 10월 계묘(癸卯)일에 기(杞)나라의 숙희(叔姬)가 세상을 떠났다.

진(晉)나라 군주인 후작이 사섭(士燮)에게 노나라를 예방하게 했다.

숙손교여(叔孫僑如)가 진(晉)나라의 사섭과 제나라 사람과 주(邾)나라 사람과 회동하여 담(郯)나라를 정벌했다.

위(衛)나라 사람이 와서 잉첩(媵妾)이 되었다. '잉(媵)' 이란 천한 일이다. 기록하지 않는 것인데 여기에 기록한 까닭은 무엇인가? 백희(伯姬)가 그 곳을 얻지 못했으므로 그 일을 모두 기록하기 위한 것이었다.

八年 春 晉侯使韓穿[1]來言汶陽之田[2] 歸之于齊 ◌于齊 緩辭也 不使盡我也

晉欒書帥師侵蔡

公孫嬰齊如莒

宋公使華元來聘[3]

夏 宋公使公孫壽來納幣[4]

晉殺其大夫趙同趙括[5]

秋 七月 天子使召伯來錫公命[6] ◌禮有受命 無來錫命 錫命 非正也 曰天子 何也 曰見一稱[7]也

冬 十月 癸卯 杞叔姬[8]卒

晉侯使士燮[9]來聘

叔孫僑如 會晉士燮齊人邾人 伐郯

衛人來媵[10] ◌媵 淺事也 不志 此其志何也 以伯姬之不得其所[11] 故盡其事[12]也

1) 韓穿(한천) : 진(晉)나라 대부이다.
2) 汶陽之田(문양지전) : 지난날에 제나라가 침입하여 점령한 노나라 땅이었다. 안(鞍)의 전투에서 진나라가 노나라에 돌려주라고 했던 땅이었다.
3) 華元來聘(화원래빙) : 화원이 빙문오다. 송나라 공공(共公)의 부인을 맞이하기 위하여 보낸 것. 좌전에는 공희(共姬)를 맞이하기 위해 보냈다고 했다. 공희는 백희(伯姬)라고 일컫고 목강(穆姜)의 소생이며 선공(宣公)의 딸이다. 성공(成公)의 손아래 누이였으며 뒤에 송나라 공공의 부인이 되었다.
4) 納幣(납폐) : 결혼 절차의 하나. 송(宋)나라에서는 노나라의 공녀(公女) 백희(伯姬)를 맞이하기 위하여 납폐를 한 것이다.
5) 趙同趙括(조동조괄) : 둘 다 진(晉)나라 조씨(趙氏)의 후예들. 다 선조의 공업만 믿고 국정에 간여하다 모반한다는 죄명으로 처단되었다. 죄가 없이 죽었다.
6) 錫公命(석공명) : 석은 사(賜)의 뜻이다. 곧 성공이 장차 천자를 뵐 때 가지고 가는 규옥(圭玉)을 내리는 일. 본래는 불러서 주는 것이 상례이다. 공양전이나 곡량전에는 주왕(周王)이 사신을 파견하여 노나라 임금에게 작위와 의복 등을 내리는 일이라 했다.
7) 見一稱(현일칭) : 한 번의 일컬음을 나타내다. 곧 천자(天子) 또는 천왕(天王)이라는 하나의 일컬음을 뜻한다.
8) 杞叔姬(기숙희) : 기나라의 백작이 쫓아낸 노나라의 공녀(公女)이다.
9) 士燮(사섭) : 진나라 대부. 사회(士會 : 范武子)의 아들. 범문자(范文子).
10) 媵(잉) : 잉첩(媵妾). 한 나라의 공녀(公女)가 다른 나라의 부인(夫人)으로 시집가게 되면 동성인 세 나라에서 잉첩을 보내 그 부인을 따라가게 하는데 그 여자를 말한다. 여기서는 노나라의 공녀(公女)인 백희(伯姬)가 송나라로 시집가는데 따라가는 여자를 뜻한다.
11) 以伯姬之不得其所(이백희지부득기소) : 백희가 그 곳을 얻지 못하다. 곧 화재(火災)로 사망한 것을 뜻한다.
12) 盡其事(진기사) : 앞에서 경문에 송나라 공작이 아내를 취하는 과정과 봄에 화원이 내빙하고 또 공손수가 납폐를 하고 현재 위나라 여자가 잉첩이 되고 뒤에 백희가 송나라로 시집가는 전 과정을 함축한 뜻.

9. 성공 9년 기유(己酉)

가. 숙희(叔姬)의 시체를 맞이하여 가다

9년 기유(己酉) 봄, 왕력으로 정월에 기나라 군주인 백작이 와서 숙희의 시체를 맞이하여 돌아갔다. 전(傳)에 "남편은 인연을 끊은 아내의 장례를 맞이함이 없다."라고 했는데 맞이했다고 했다.

성공이 진(晉)나라 군주인 후작과 제나라 군주인 후작과 송나라 군주인 공작과 위(衛)나라 군주인 후작과 정나라 군주인 백작과 조나라 군주인 백작과 거나라 군주인 자작과 기나라 군주인 백작 등과 포(蒲)에서 동맹을 맺었다. 성공이 회합에서 돌아왔다.

2월에 백희(伯姬)가 송나라로 시집갔다.

여름에 계손행보가 송나라에 가서 공녀(公女)를 송나라의 공가(公家)로 들여보냈다. '치(致)'란 되돌아오지 않은 것이다. 부인(婦人)이 집에 있을 때는 아버지를 따르고 이미 시집을 가서는 남편을 따른다. 여송치녀(如宋致女)란 이로써 우리 노나라의 임무는 다한 것이지만 예의에 합당하지는 못했다. 그러므로 노나라에서 계손행보가 사신으로 일컬어지는 것을 찬성하지 않은 것이다. 맞이한 사람들이 낮은 신분이었으므로 치녀(致女)라고 했다. 일을 자세하게 기록한 것은 백희(伯姬)가 어질었기 때문이다.

진(晉)나라 사람이 와서 잉첩(媵妾)이 되어 따라갔다. '잉(媵)'은 하찮은 일이라 기록하지 않는 것인데 여기에 기록한 이유는 무엇인가? 백희가 그 곳을 얻지 못하였으므로 그 모든 과정을 상세하게 다 기록하기 위한 것이었다.

九年 春 王正月 杞伯來逆叔姬之喪[1] 以歸 ◌傳曰 夫無逆出妻之喪而爲之也

公會晉侯齊侯宋公衛侯鄭伯曹伯莒子杞伯 同盟于蒲[2] 公至自會

二月 伯姬歸于宋

夏 季孫行父如宋致女[3] ◌致者 不致者[4]也 婦人在家制於父 既嫁制於夫 如宋致女 是以我盡之也 不正 故不與內稱也 逆者微 故致女 詳其事 賢伯姬也

晉人來媵 ◌媵 淺事也 不志 此其志何也 以伯姬之不得其所 故盡其事也

1) 喪(상) : 시체(屍體)로 풀이된다.

2) 蒲(포) : 위나라의 지명.

3) 如宋致女(여송치녀) : 송나라에 가서 공녀를 들여보내다. 곧 공녀(公女)인 노나라의 백희(伯姬)를 송나라 공실(公室)로 들여보냈다는 뜻.

4) 不致者(불치자) : 시집을 갔다가 다시 친정으로 다시 이르지 않는 것.

나. 제나라 군주 무야(無野)가 세상을 뜨다

가을인 7월 병자(丙子)일에 제나라 군주인 후작 무야(無野)가 세상을 떠났다.

진(晉)나라 사람이 정나라 군주인 백작을 잡았다.

진(晉)나라의 난서(欒書)가 군사를 거느리고 정나라를 정벌했다. '전(戰)' 이라고 말하지 않은 이유는 정나라 군주인 백작과 함께했기 때문이다. 높은 자를 위하는 일은 부끄러운 것을 숨겨 주는 것이며 어진 이를 위하는 일은 허물을 숨겨 주는 것이며 친한 이를 위하는 일은 괴로운 것을 숨겨 주는 것이다.

겨울인 11월에 제나라 경공(頃公)을 장사 지냈다.

초나라 공자 영제(公子嬰齊)가 군사를 거느리고 거(莒)나라를 정벌하여 경신(庚申)일에 거나라가 궤멸되었다. 그 궤멸된 날짜를 쓴 것은 거나라가 비록 이적(夷狄)이라 할지라도 중국과 같기 때문이었다. 대부들이 거나라가 궤멸되자 초나라로 갔는데, 이로써 거나라의 신하들이 임금을 섬긴 도리를 알 수 있는 것이다. 이를 미워하였으므로 경계시키기 위해 날짜를 기록한 것이다.

초나라 사람이 운(鄆)으로 쳐들어갔다.

진(秦)나라 사람과 백적(白狄)이 진(晉)나라를 정벌했다.

정나라 사람이 허(許)나라를 포위했다.

중성(中城)에 성을 쌓았다. 성중성(城中城)이란 노나라 백성들의 삶을 도외시한 성공을 비난한 것이었다.

秋 七月 丙子 齊侯無野[1]卒

晉人執鄭伯[2]

晉欒書帥師伐鄭 ◌不言戰 以鄭伯也 爲尊者諱恥 爲賢者諱過 爲親者諱疾

冬 十有一月 葬齊頃公

楚公子嬰齊帥師伐莒 庚申 莒潰 ◌其日 莒雖夷狄 猶中國[3]也 大夫潰莒而之楚 是以知其上爲事也 惡之 故謹而日之也

楚人入鄆[4]

秦人白狄伐晉

鄭人圍許

城中城[5] ◌城中城者 非外民[6]也

1) 齊侯無野(제후무야) : 제나라 군주인 후작 무야는 곧 제나라 경공(頃公)이다. B.C. 598년에 즉위하여 17년 간 재위했다.

2) 執鄭伯(집정백) : 정나라의 성공(成公)이다.

3) 猶中國(유중국) : 거(莒)나라는 소호(少昊)씨의 후예이다. 주(周)나라 무왕(武王) 때 봉작(封爵)된 제후국이다.

4) 鄆(운) : 동운(東鄆)이며 일찍이 노나라 땅이었으나 거나라에서 탈취해갔다.

5) 中城(중성) : 노나라의 땅 이름이다.

6) 非外民(비외민) : 민중을 도외시한 것을 꾸짖은 것이다.

10. 성공 10년 경진(庚辰)

가. 흑배(黑背)가 정나라를 침공하다

10년 경진(庚辰) 봄에 위(衛)나라 군주인 후작의 아우 흑배(黑背)가 군사를 거느리고 정(鄭)나라를 침공했다.

여름인 4월에 교제(郊祭)지낼 날을 다섯 번 점쳤으나 모두 불길(不吉)하여 이에 교제를 지내지 않았다. 여름인 4월은 교제를 지낼 계절이 아니다. 다섯 번이나 점을 친 것은 무리하게 한 것이다. '내(乃)'란 인위적으로는 더할 것이 없었다는 말이다.

5월에 성공이 진(晉)나라 군주인 후작과 제나라 군주인 후작과 송(宋)나라 군주인 공작과 위(衛)나라 군주인 후작과 조(曹)나라 군주인 백작 등과 회합하여 정(鄭)나라를 정벌했다.

제나라 사람이 와서 잉첩(媵妾)이 되었다.

병오(丙午)일에 진(晉)나라 군주인 후작 누(獳)가 세상을 떠났다.

가을인 7월에 성공이 진(晉)나라에 갔다.

겨울인 10월이다.

十年 春 衛侯之弟黑背[1] 帥師侵鄭

夏 四月 五卜郊[2] 不從 乃不郊 ◌夏 四月 不時也 五卜 强也[3] 乃者 亡乎人之辭也

五月 公會晉侯齊侯宋公衛侯曹伯 伐鄭

齊人來媵[4]

丙午 晉侯獳[5]卒

秋 七月 公如晉[6]

冬 十月

1) 黑背(흑배) : 위(衛)나라 자숙흑배(子叔黑背). 위나라 정공(定公)의 아우.

2) 五卜郊(오복교) : 교제(郊祭)를 지내려고 다섯 번이나 점을 치다.

3) 强也(강야) : 너무 무리하게 하다의 뜻.

4) 齊人來媵(제인래잉) : 제나라 공녀(公女)의 여자가 와서 송(宋)나라로 시집가는 백희(伯姬)를 따라 잉첩이 되어 갔다는 이야기인데, 제나라는 노나라 공실과는 이성(異姓)인 강씨(姜氏)이므로 예가 아니었다는 뜻이다.

5) 晉侯獳(진후누) : 진나라 후작인 누(獳)는 곧 진나라 경공(景公)이다. B.C. 599년에 즉위하여 19년 동안 재위했다.

6) 公如晉(공여진) : 성공이 진(晉)나라 경공(景公)의 죽음에 문상하러 간 것.

11. 성공 11년 신사(辛巳)

가. 성공(成公)이 진(晉)나라에서 돌아오다

11년 신사(辛巳) 봄, 왕력으로 3월에 성공이 진(晉)나라에서 돌아왔다.

진(晉)나라 군주인 후작이 극주(郤犨)를 보내 예방하게 했으며 기축(己丑)일에 극주와 동맹을 맺었다.

여름에 계손행보(季孫行父)가 진(晉)나라에 갔다.

가을에 숙손교여(叔孫僑如)가 제나라에 갔다.

겨울인 10월이다.

十有一年 春 王三月 公至自晉

晉侯使郤犨[1]來聘 己丑 及郤犨盟

夏 季孫行父如晉[2]

秋 叔孫僑如如齊

冬 十月

1) 郤犨(극주) : 극극(郤克)의 형제이며 고성숙(苦成叔)이라고 일컫다.

2) 如晉(여진) : 노나라에서 다시 계손행보를 파견하여 진(晉)나라에서 온 것에 대한 답례와 맹세한 것에 대한 답방이었다.

12. 성공 12년 임오(壬午)

가. 주공(周公)이 진(晉)나라로 달아나다

12년 임오(壬午) 봄에 주공(周公)이 진(晉)나라로 달아났다. 주(周)왕조에는 들어가는 것은 있어도 나가는 것은 기재하지 않는다. 그런데 '출(出)' 이라고 이른 것은 춘추(春秋) 경문(經文) 속에 천왕(天王)이 정나라에 나가고 지금 주공(周公)이 진(晉)

나라로 달아난 두 가지 일을 한 번씩 나타낸 것이다. 이는 임금과 신하의 도가 존재하지 않음을 말한 것이다. 위인 천자가 비록 잘못이 있을지라도 아래인 신하가 어찌 감히 그 실수를 따를 수 있겠는가? 이는 지금 임금과 신하가 모두 그 도리를 잃어버린 것이었다.

여름에 성공이 진(晉)나라 군주인 후작과 위(衛)나라 군주인 후작과 쇄택(瑣澤)에서 회합했다.

가을에 진(晉)나라 사람이 적인(狄人)을 교강(交剛)에서 쳐부수었다. 중국(中國)과 이적(夷狄 : 오랑캐)은 '전(戰)' 이라고 말하지 않고 모두 '패(敗 : 쳐부수다)' 라고 이를 뿐이다. 이적(夷狄)은 경문(經文)에서는 날짜를 기록하지 않는 것이다.

겨울인 10월이다.

十有二年 春 周公[1]出奔晉 ◌周有入無出 其曰出 上下一見之[2]也 言其上下之道 無以存也 上雖失之 下孰敢有之 今上下皆失之矣

夏 公會晉侯 衛侯 于瑣澤[3]

秋 晉人敗狄于交剛[4] ◌中國與夷狄不言戰 皆曰敗之 夷狄不日

冬 十月

1) 周公(주공) : 주공의 이름은 초(楚)이다. 주왕실의 경(卿)이다.

2) 上下一見之(상하일현지) : 상하가 한 번씩 나타났다. 곧 상은 천자이고 하는 대신이다. 춘추(春秋) 희공(僖公) 24년에 '천왕출거우정(天王出居于鄭)' 과 '주공출분진(周公出奔晉)' 등 두 번이 나온다는 뜻.

3) 瑣澤(쇄택) : 진(晉)나라의 땅 이름. 위나라의 땅 이름이라고도 했다. 공양전의 경문에는 사택(沙澤)으로 되어 있다.

4) 交剛(교강) : 어느 나라 지명인지 분명하지 않다고 했다.

13. 성공 13년 계미(癸未)

가. 진(晉)나라에 군사를 요청하다

13년 계미(癸未) 봄에 진(晉)나라 군주인 후작이 극기(郤錡)

를 보내 군사를 내줄 것을 요청하게 했다. '걸(乞)' 이란 중요한 말이다. 옛날의 사람들은 군사를 중요하게 여겼으므로 '걸(乞)' 이라고 말했다.

3월에 성공이 경사(京師)에 갔다. 성공이 경사에 갔으면 그 달을 기록하지 않는 것인데 경문(經文)에 달을 기록한 것은 가지 않은 것이다. 가지 않았는데 '갔다' 고 이른 것은 경사(京師)를 배반하지 않았다는 뜻이다.

여름인 5월에 성공은 경사(京師)에서 곧바로 가서 진(晉)나라 군주인 후작과 송나라 군주인 공작과 위나라 군주인 후작과 정나라 군주인 백작과 조나라 군주인 백작과 주(邾)나라 사람과 등(滕)나라 사람 등과 회합하여 진(秦)나라를 정벌했다. 성공이 천자의 명을 받았다고 말한 것은 감히 주(周)나라 왕실을 배반하지 않았다는 것을 뜻한 것이다.

조(曹)나라 군주인 백작 여(廬)가 군중(軍中)에서 세상을 떠났다. 전(傳)에 이르기를 "가엾게 여긴 것이다."라고 했다. 공(公 : 제후)이나 대부(大夫)가 군중(軍中)에 있는 것을 '사(師)' 라고 하고 회동하여 있는 것을 '회(會)' 라고 이른다.

가을인 7월에 성공이 진(秦)나라를 정벌하는 일에서 돌아왔다.

겨울에 조(曹)나라 선공(宣公)을 장사 지냈다. 장사 지낸 계절이 예에 합당한 것이었다.

十有三年 春 晉侯使郤錡[1]來乞師 ◌乞 重辭也 古之人重師 故以乞言之也

三月 公如京師[2] ◌公如京師 不月 月非如也 非如而曰如 不叛京師也

夏 五月 公自京師 遂會晉侯宋公衛侯鄭伯曹伯邾人滕人 伐秦 ◌言受命 不敢叛周也

曹伯廬[3]卒于師 ◌傳曰 閔之也 公大夫在師曰師 在會曰會

秋 七月 公至自伐秦

冬 葬曹宣公 ◌葬時正也

1) 郤錡(극기) : 극극(郤克)의 아들이며 구백(駒伯)이라고 일컫다.
2) 公如京師(공여경사) : 성공이 경사에 갔다. 곧 성공이 주왕실을 배반하지 않았다는 뜻이라 했다.
3) 曹伯廬(조백여) : 조나라 군주인 백작 여(廬)는 곧 조선공(曹宣公). B.C. 594년에 즉위하여 17년 간 재위했다. 좌전의 경문에는 노(盧)로 되어 있다.

14. 성공 14년 갑신(甲申)

가. 거(莒)나라 군주가 세상을 떠나다

14년 갑신(甲申) 봄, 왕력으로 정월에 거(莒)나라 군주인 자작 주(朱)가 세상을 떠났다.

여름에 위(衛)나라 손임보(孫林父)가 진(晉)나라에서 위나라로 돌아갔다.

가을에 숙손교여(叔孫僑如)가 제나라에 가서 제나라의 공녀(公女)를 맞이했다.

정나라 공자 희(公子喜)가 군사를 거느리고 허나라를 정벌했다.

9월에 교여(僑如 : 叔孫僑如)가 군주의 부인(夫人) 부강(婦姜)씨를 모시고 제나라에서 돌아왔다. 대부(大夫)는 부인(夫人)을 모시고 오지 않는 것인데 경문(經文)에 '이부인(以夫人)' 이라고 한 것은 예절에 합당한 것이 아니었다는 말로 곧 몸소 맞이하지 않은 것을 비난한 것이다. 숙손교여가 부인을 대동하고 온 것은 군주의 명이 있어서 인도하여 온 것이었다.

겨울인 10월 경인(庚寅)일에 위(衛)나라 군주인 후작 장(臧)이 세상을 떠났다.

진(秦)나라 군주인 백작이 세상을 떠났다.

十有四年 春 王正月 莒子朱[1]卒
夏 衛孫林父自晉歸于衛

秋 叔孫僑如[2] 如齊逆女[3]

鄭公子喜[4] 帥師伐許

九月 僑如以夫人婦姜氏[5]至自齊 ◌大夫不以夫人 以夫人非正也 刺不親迎也 僑如之挈 由上致之也

冬 十月 庚寅 衛侯臧卒

秦伯卒[6]

1) 莒子朱(거자주) : 거나라 군주인 자작 주(朱)는 거구공(渠丘公)이며 일명 계타(季佗)이다. B.C. 608년에 즉위하여 32년 간 재위했다.

2) 叔孫僑如(숙손교여) : 선백(宣伯).

3) 逆女(역녀) : 제나라의 공녀(公女)를 성공(成公)의 부인으로 맞이하다.

4) 公子喜(공자희) : 정나라 자한(子罕)이며 정나라 목공(穆公)의 아들로 낙희(樂喜)라고도 한다.

5) 婦姜氏(부강씨) : 노나라 성공(成公)의 부인이며 제나라의 공녀(公女)이다. 제나라 군주의 성(姓)은 강씨(姜氏)이다.

6) 秦伯卒(진백졸) : 진(秦)나라 군주인 백작이며 곧 진(秦)나라 환공(桓公)이다. B.C. 603년에 즉위하여 27년 간 재위했다.

15. 성공 15년 을유(乙酉)

가. 위(衛)나라 정공(定公)을 장사 지내다

15년 을유(乙酉) 봄, 왕력으로 2월에 위(衛)나라 정공(定公)을 장사 지냈다.

3월 을사(乙巳)일에 중영제(仲嬰齊)가 세상을 떠났다. 중영제는 공손(公孫)이었다. 그를 '중(仲)'이라고 이른 것은 무슨 뜻인가? 아들이 아버지로 말미암아서 관계가 소원해진 것이다.

계축(癸丑)일에 성공은 진(晉)나라 군주인 후작과 위나라 군주인 후작과 정나라 군주인 백작과 조(曹)나라 군주인 백작과 송나라 세자 성(成)과 제나라 국좌(國佐)와 주(邾)나라 사람 등과 회합하여 척(戚)에서 동맹을 맺었다.

진(晉)나라 군주인 후작이 조(曹)나라 군주인 백작을 잡아서 경사(京師)로 보냈다. 진나라 군주인 후작을 사용하여 조나라 군주인 백작을 잡았다고 지적한 것은 진나라 군주인 후작을 미워한 것이다. '지(之)' 라고 말하지 않은 것은 급박한 말이었다. 모든 것은 진나라 군주인 후작이 단독으로 결정한 것이라는 뜻이다.

성공(成公)이 척(戚)의 회합에서 돌아왔다.

여름인 6월에 송나라 군주인 공작 고(固)가 세상을 떠났다.

초(楚)나라 군주인 자작이 정나라를 정벌하였다.

가을인 8월 경진(庚辰)일에 송나라의 공공(共公)을 장사 지냈다. 송나라의 공공(共公)이 사망한 달과 장사 지낸 날짜를 기록한 것은 장사 지낸 것을 비난한 것이다. 여기서 '그를 장사 지냈다.' 고 말한 것은 무슨 뜻인가? 그 공희(共姬)를 장사 지냈는데 가히 공공(共公)을 장사 지내지 않을 수 없었다. 공희를 장사 지내고 그 가히 공공을 장사 지내지 않을 수 없었다는 것은 무슨 뜻인가? 부인(夫人)의 의(義)는 임금을 넘을 수 없다는 뜻이다. 이는 경문(經文)에서 공희(共姬)의 현명함을 위하여 높여 준 것이다.

十有五年 春 王二月 葬衛定公

三月 乙巳 仲嬰齊[1]卒 ◌此公孫也 其曰仲 何也 子由父疏之[2]也

癸丑 公會晉侯衛侯鄭伯曹伯宋世子成[3]齊國佐邾人 同盟于戚

晉侯執曹伯[4] 歸于京師 ◌以晉侯而斥執曹伯 惡晉侯也 不言之 急辭也 斷在晉侯[5]也

公至自會

夏 六月 宋公固[6]卒

楚子伐鄭

秋 八月 庚辰 葬宋共公 ◌月卒日葬 非葬者也[7] 此其言葬 何也 以其葬共姬[8] 不可不葬共公也 葬共姬 則其不可不葬共公 何也 夫人之義 不踰君也 爲賢者崇也

1) 仲嬰齊(중영제) : 노나라 공손수(公孫遂)의 아들. 곧 공손(公孫) 영제(嬰

齊)이며 공손귀보(公孫歸父)의 아우이다.

2) 子由父疏之(자유부소지) : 공자 수(公子遂)가 일찍이 자적(子赤)을 죽이고 선공(宣公)을 세웠다. 선공과 공자 수는 서로 이어져 세상을 떠난 후에도 성공(成公)이 어린 것을 기화로 계손행보(季孫行父)가 정권을 잡고 이에 공자 수를 추궁하여 당시에 자적(子赤)을 죽인 죄를 뒤집어 씌워서 그 가족을 노나라에서 축출하자 공손귀보(公孫歸父)가 제나라로 도망갔다. 뒤에 노나라에서 중영제를 공자 수의 후계자로 세워 주었다. 이로 인하여 노나라의 공실(公室)과 소원한 관계가 되었다는 뜻.

3) 宋世子成(송세자성) : 송나라 태자(太子) 자성(子成)이다. 뒤에 송나라의 평공(平公)이 되었다. 송나라의 공공(共公)이 중병으로 참여하지 못하게 되자 그의 태자인 자성이 참가했다.

4) 曹伯(조백) : 조(曹)나라 백작인 성공(成公)이다. 조나라의 선공(宣公)이 세상을 뜨자 태자를 죽이고 스스로 임금이 되었다.

5) 斷在晉侯(단재진후) : 진(晉)나라 군주인 후작의 독단적인 판단에서 한 것이라는 뜻.

6) 宋公固(송공고) : 송나라 군주인 공작 고(固). 곧 송나라 공공(共公)이다. B.C. 588년에 즉위하여 13년 간 재위했다.

7) 非葬者也(비장자야) : 장사 치른 것을 비난한 것이다의 뜻.

8) 共姬(공희) : 송나라 공공(共公)의 부인(夫人)이며 노나라에서 시집간 백희(伯姬)이다.

나. 화원(華元)이 진(晉)나라로 달아나다

송(宋)나라의 화원(華元)이 진(晉)나라로 달아났다. 송나라의 화원이 진(晉)나라에서 송나라로 돌아갔다.

송나라에서 그 대부(大夫)인 산(山)을 죽였다.

송나라의 어석(魚石)이 초(楚)나라로 달아났다.

겨울인 11월에 숙손교여(叔孫僑如)는 진(晉)나라의 사섭(士燮)과 제나라의 고무구(高無咎)와 송나라의 화원(華元)과 위(衛)나라의 손임보(孫林父)와 정나라 공자(公子) 추(鰌)와 주

(邾)나라 사람 등과 만나서, 오(吳)나라와 종리(鍾離)에서 회합했다. 회합하고 또 회합한 것은 오(吳)나라를 따돌린 것이다.

허(許)나라가 도읍을 섭(葉)으로 옮겼다. '천(遷)'이란 그 국가의 도읍을 얻어서 옮겨가는 것이다. 그 땅을 기재한 것은 허(許)나라가 다시 경문(經文)에 나타난다는 것을 뜻한 것이다.

宋華元出奔晉[1] 宋華元自晉歸于宋

宋殺其大夫山[2]

宋魚石[3]出奔楚

冬 十有一月 叔孫僑如 會晉士燮 齊高無咎 宋華元 衛孫林父 鄭公子鰌 邾人 會吳于鍾離[4] ◌會又會 外之[5]也

許遷于葉[6] ◌遷者 猶得其國家以往者也 其地 許復見[7]也

1) 華元出奔晉(화원출분진) : 화원이 진(晉)나라로 달아나다의 뜻. 자세한 내용은 좌전 15년의 기록에 자세히 나온다.
2) 大夫山(대부산) : 곧 탕택(蕩澤)이며 자는 자산(子山)이고 이때 송나라의 사마(司馬)였다.
3) 魚石(어석) : 송나라의 좌사(左師)이며 탕택(蕩澤)의 일당.
4) 鍾離(종리) : 초나라의 고을 이름.
5) 外之(외지) : 따돌리다. 곧 멸시하다의 뜻.
6) 葉(섭) : 초나라의 땅 이름.
7) 復見(부현) : 허나라가 다시 경문에 나타난다는 뜻.

16. 성공 16년 병술(丙戌)

가. 정월에 비가 내려 나무가 얼었다

16년 병술(丙戌) 봄, 왕력으로 정월에 비가 내려 나무가 얼었다. 비가 내려서 나무가 얼었다는 것은 괴이한 현상을 기록한 것이다. 전(傳)에 이르기를 "나무의 뿌리와 가지가 절단되었다."고 했다.

여름인 4월 신미(辛未)일에 등(滕)나라 군주인 자작이 세상을 떠났다.

정나라 공손 희(公孫喜)가 군사를 거느리고 송나라를 침공했다.

6월 초하루인 병인(丙寅)일에 일식(日蝕)이 있었다.

진(晉)나라 군주인 후작이 난염(欒黶)을 노나라에 보내 군사의 출동을 요청하게 했다.

갑오(甲午)일인 그믐날에 진(晉)나라 군주인 후작이, 초나라 군주인 자작과 정나라 군주인 백작의 연합군과 언릉(鄢陵)에서 싸워 초나라 군주인 자작과 정나라 군사의 연합군이 패전했다. 사건이 발생한 날이 그믐날과 우연히 만나는 것을 '회(晦)'라고 이른다. 군사(軍師)의 주동이 된 전후좌우의 병사들이 모두 잘려나간 것을 '패(敗)'라고 이른다. 이는 패배를 지목한 것이다. 초(楚)나라는 '사(師)'라고 말하지 않은 이유는 초나라의 임금이 군사보다 중요했기 때문이다.(이 전쟁에서 초나라 공왕(共王)이 눈에 상처를 입었다.)

초나라에서 그의 대부(大夫)인 공자 측(側)을 죽였다.

十有六年 春 王正月 雨木氷 ◌雨而木氷也 志異也 傳曰 根枝折

夏 四月 辛未 滕子[1]卒

鄭公孫喜[2]帥師侵宋

六月 丙寅 朔 日有食之

晉侯使欒黶[3]來乞師

甲午 晦 晉侯及楚子鄭伯 戰于鄢陵[4] 楚子鄭師敗績 ◌日事遇晦曰晦 四體偏斷[5]曰敗 此其敗則目也 楚不言師 君重於師也

楚殺其大夫公子側[6]

1) 滕子(등자) : 등나라 군주인 자작 문공(文公)이라 했다.

2) 公孫喜(공손희) : 좌전이나 공양전에는 모두 공자희(公子喜)로 되어 있다. 정나라 대부이다.

3) 欒黶(난염) : 난서(欒書)의 아들이며 난환자(欒桓子)라고 일컫는다.

4) 鄢陵(언릉) : 정나라의 땅 이름.

5) 四體偏斷(사체편단) : 팔과 다리가 모두 잘려지다. 곧 군사의 모두를 잃은 것을 뜻함.

6) 公子側(공자측) : 초나라 자반(子反). 사마(司馬)의 직책으로 언릉의 전투에서 중군의 장수였다. 교전시에 왕이 군사작전을 모의하기 위하여 불렀는데 자반이 술에 취해 왕을 만나지 못했다. 이에 초군이 패한 책임을 지고 자살했다.

나. 진(晉)나라 군주가 성공을 만나지 않다

가을에 성공이 진(晉)나라 군주인 후작과 제나라 군주인 후작과 위(衛)나라 군주인 후작과 송나라의 화원(華元)과 주(邾)나라 사람과 사수(沙隨)에서 회합했으나 진(晉)나라의 군주는 성공(成公)을 만나지 않았다. '불견공(不見公)' 이란 성공을 만나려고 한 것이었다. 성공을 본래는 만나려 했으나 만나보지 못했다는 것은 제후들이 사정을 알지 못한 데 있다는 것을 책망한 것이다.

성공이 사수(沙隨)의 회합에서 돌아왔다.

성공이 윤(尹)나라 군주인 자작과 진(晉)나라 군주인 후작과 제나라 국좌(國佐)와 주(邾)나라 사람 등과 회합하여 정나라를 정벌했다.

조(曹)나라 군주인 백작이 경사(京師)에서 돌아갔다. 돌아간 곳을 말하지 않은 것은 돌아간 것이 잘된 일이었기 때문이다. 들어가고 나가는 일에 이름을 쓰지 않은 것은 그 국가를 잃지 않았다는 뜻이다. '귀(歸)' 란 잘 되었다는 것이며 '자모귀(自某歸 : 어느 곳에서 돌아가다)' 라고 한 것은 다음으로 잘 된 일이다.

9월에 진(晉)나라 사람이 계손행보(季孫行父)를 잡았다가 초구(苕丘)에서 석방했다. '집(執)' 이란 놓아 준 것이 아니고 사(舍)는 성공(成公)이 있는 곳이었다. 잡힌 자는 석방되면 귀국하여 사당에 고제(告祭)하는 행사를 행해야 하는데 하지 않은 것은 성공이 호구에 있었기 때문이다. 왜 그를 잡았다고 말했는가? 잡혀 있는 곳이 성공이 있는 곳과 같기 때문이었다. 존재한다는 것을 내비쳤는데 성공이 또한 초구에 존재한다고 알고 있었는가?

성공이 실제로 초구에 존재한다는 것을 알고 있었던 것이다.

겨울인 10월 을해(乙亥)일에 숙손교여(叔孫僑如)가 제나라로 달아났다.

12월 을축(乙丑)일에 계손행보와 진(晉)나라의 극주(郤犨)가 호(扈)에서 동맹을 맺었다.

성공이 회합에서 돌아왔다.

을유(乙酉)일에 공자(公子) 언(偃)을 죽였다. 대부를 죽인 날짜를 기록한 것은 올바른 것이었다. 먼저 죽였다고 하고 뒤에 이름을 쓴 것은 죄가 없는데 대부를 죽인 것을 뜻한다.

秋 公會晉侯齊侯衛侯宋華元邾人 于沙隨[1] 不見公[2] ◌不見公者可以見公也 可以見公而不見公 譏在諸侯也

公至自會

公會尹子[3]晉侯齊國佐邾人 伐鄭

曹伯歸自京師 ◌不言所歸 歸之善者也 出入不名 以爲不失其國也 歸爲善 自某歸次之

九月 晉人執季孫行父 舍之于苕丘[4] ◌執者不舍 而舍公所[5]也 執者致 而不致公在也 何其執而辭也 猶存公也 存意公亦存也 公存也

冬 十月 乙亥 叔孫僑如出奔齊[6]

十有二月 乙丑 季孫行父及晉郤犨 盟于扈

公至自會

乙酉 刺公子偃[7] ◌大夫日卒 正也 先刺後名 殺無罪也

1) 沙隨(사수) : 송(宋)나라의 땅 이름.

2) 不見公(불견공) : 성공을 만나보지 못했다. 곧 만나보려고 했으나 못 만나 보았다는 것. 좌전에는 진(晉)나라 군주가 성공을 만나지 않았다는 뜻으로 노나라가 언릉의 싸움에 참가하지 않았기 때문이라 했다.

3) 尹子(윤자) : 윤(尹)나라 무공(武公)이며 주(周)나라의 대부이고 작위는 자작(子爵)이었다.

4) 苕丘(초구) : 진(晉)나라의 땅 이름.

5) 公所(공소) : 당시에 성공이 초구에 잠시 거주하고 있었음.

6) 叔孫僑如出奔齊(숙손교여출분제) : 숙손교여가 제나라로 달아나다. 곧 노나라의 여러 대부들이 성공을 위하여 그를 축출하려고 했다. 뒤에 숙손교여가 제나라에서 성맹자(聲孟子)와 간통했는데 그가 스스로 자신의 죄를 알고 또 위나라로 달아났다.
7) 刺公子偃(자공자언) : 성공(成公)의 서제(庶弟)이다. 당시 목강(穆姜)이 계손행보를 제거하고자 할 때 성공을 대하여 말하기를 공자 언이나 공자 저가 마땅히 임금이 되어야 한다고 했다.

17. 성공 17년 정해(丁亥)

가. 북궁괄(北宮括)이 정나라를 침공하다

17년 정해(丁亥) 봄에 위(衛)나라의 북궁괄(北宮括)이 군사를 거느리고 정나라를 침공했다.

여름에 성공이 윤(尹)나라 군주인 자작과 선(單)나라 군주인 자작과 진(晉)나라 군주인 후작과 제나라 군주인 후작과 송나라 군주인 공작과 위(衛)나라 군주인 후작과 조(曹)나라 군주인 백작과 주(邾)나라 사람 등과 회합하여 정나라를 정벌했다.

6월 을유(乙酉)일에 가릉(柯陵)에서 동맹을 맺었다. 가릉의 동맹은 다시 정나라를 정벌하기 위한 모의였다.

가을에 성공이 회합에서 돌아왔다. 그런데 '정나라를 정벌하는 데에서 돌아왔다.' 고 말하지 않은 것은 성공이 정나라를 정벌하는 것을 적극적으로 하지 않았던 것이다. 어떻게 성공이 정나라를 정벌하는 것을 적극적으로 하지 않았다는 것을 알 수 있었는가? 느슨하게 그 모임에 이르렀기 때문이다. 무엇 때문에 그 맹세가 다시 정나라를 정벌함이라는 것을 알았을까? 그 뒤에 모인 사람들이 모두 맹세를 함으로써였다. 정나라를 정벌하는 것에 적극적이지 않았는데 왜 날짜를 기록했는가? 이는 성공이 가릉(柯陵)의 맹세를 위배하지 않았다는 것을 말한 것이다.

十有七年 春 衛北宮括[1]帥師侵鄭

夏 公會尹子單子[2]晉侯齊侯宋公衛侯曹伯邾人 伐鄭

六月 乙酉 同盟于柯陵[3] ◌柯陵之盟 謀復伐鄭也

秋 公至自會 ◌不曰至自伐鄭也 公不周乎伐鄭也 何以知公之不周乎伐鄭 以其以會致也 何以知其盟復伐鄭也 以其後會之人盡盟者也 不周乎伐鄭 則何爲日也 言公之不背柯陵之盟也

1) 北宮括(북궁괄) : 위(衛)나라 성공(成公)의 증손이며 북궁의자(北宮懿子)라고 일컫다. 공양전(公羊傳) 경문에는 괄(括)이 결(結)로 되어 있다.

2) 尹子單子(윤자선자) : 윤(尹)나라 자작과 선(單)나라 자작은 주(周)왕조의 경(卿)들이다.

3) 柯陵(가릉) : 정나라의 땅 이름이다.

나. 고무구(高無咎)가 거(莒)나라로 달아나다

제(齊)나라의 고무구(高無咎)가 거(莒)나라로 달아났다.

9월 신축(辛丑)일에 교제(郊祭)를 지냈다. 여름의 시작이란 봄을 이어가는 것이다. 가을의 끝으로써 봄의 시작을 잇는 일이므로 대개 교제(郊祭)를 지내는 일이 옳지 않은 것이다. '구월용교(九月用郊)'의 '용(用)'이란 사용이 적당하지 않았다는 뜻이다. 곧 궁실(宮室 : 사당)이 지어지지 않았으면 제사를 지내지 않고 의복이 갖추어지지 않았으면 제사를 지내지 않고 거마(車馬)와 기계(器械 : 제기)들이 갖추어지지 않았으면 제사를 지내지 않고 유사(有司 : 담당 관리) 한 사람이라도 그 직책을 갖추지 않았으면 제사를 지내지 않는 것이다. 제사란 그 계절의 신선한 음식물을 올리는 것이며 그때의 공경을 올리는 것이며 그 아름다움을 올리는 것이요 신령들이 맛을 보는 것은 아닌 것이다.

진(晉)나라 군주인 후작이 순앵(荀罃)을 보내서 군사를 내줄 것을 요청하게 했다.

겨울에 성공(成公)이 선(單)나라 군주인 자작과 진(晉)나라 군주인 후작과 송나라 군주인 공작과 위(衛)나라 군주인 후작과 조(曹)나라 군주인 백작과 제나라 사람과 주(邾)나라 사람들과 회합하여 정나라를 정벌했다. 이는 성공이 가릉(柯陵)의 맹세를 배반하지 않았다는 것을 말한 것이다.

11월에 성공이 정나라 정벌에서 돌아왔다.

임신(壬申)일에 공손영제(公孫嬰齊)가 이신(貍蜃)에서 세상을 떠났다. 11월에는 임신(壬申)일이 없으며 임신일은 10월이었다. 성공의 명(命)이 이른 뒤에 공손영제가 졸(卒)한 것을 기록한 것으로 신하의 의(義)로써 한 것이다. 그 죽은 땅을 기록한 이유는 그가 국경을 넘지 못하였기 때문이었다.

12월 초하루인 정사(丁巳)일에 일식이 있었다.

주(邾)나라 군주인 자작 확저(貜且)가 세상을 떠났다.

진(晉)나라에서 그 대부(大夫)인 극기(郤錡)와 극주(郤犨)와 극지(郤至)를 죽였다. 세 대부를 죽인 이후부터 진(晉)나라에서는 재앙이 시작되었다.

초(楚)나라 사람이 서용(舒庸)나라를 멸망시켰다.

齊高無咎[1]出奔莒

九月 辛丑 用郊[2] ◯夏之始可以承春 以秋之末 承春之始 蓋不可矣 九月 用郊 用者 不宜用也 宮室不設 不可以祭 衣服不脩 不可以祭 車馬器械不備 不可以祭 有司一人不備其職 不可以祭 祭者 薦其時也 薦其敬也 薦其美也 非享味也

晉侯使荀罃[3]來乞師

冬 公會單子晉侯宋公衛侯曹伯齊人邾人 伐鄭[4] ◯言公不背柯陵之盟也

十有一月 公至自伐鄭

壬申 公孫嬰齊卒于貍蜃[5] ◯十一月 無壬申 壬申乃十月也 致公而後錄[6] 臣子之義也 其地未踰竟也

十有二月 丁巳 朔 日有食之

邾子貜且[7]卒

晉殺其大夫郤錡郤犨郤至[8] ◯自禍於是起矣[9]

楚人滅舒庸[10]

1) 高無咎(고무구) : 제나라의 대부. 제나라의 내란(內亂)으로 거(莒)나라로 달아났다.
2) 用郊(용교) : 교제를 거행하다의 뜻. 교제는 봄에 지내는 제사이다.
3) 荀罃(순앵) : 진나라 대부(大夫).
4) 伐鄭(벌정) : 이는 곧 가릉(柯陵)의 맹세 후에 제후들이 함께 한 행동이다.
5) 貍蜃(이신) : 노나라 땅 이름이라 했다. 좌전에는 이신(貍脤)으로 되어 있으며 자세하지 않다고 했다. 공양전에는 이진(貍軫)으로 되어 있다.
6) 致公而後錄(치공이후록) : 성공의 명이 내려진 뒤에 대부 졸이라고 쓴 것이라고 했다.
7) 貜且(확저) : 주(邾)나라의 정공(定公)이다. B.C. 614년에 즉위했다.
8) 郤錡郤犨郤至(극기극주극지) : 세 사람의 극씨이며 모두 진(晉)나라의 대부였다. 이 세 극씨가 살해되자 진(晉)나라 내란의 단서가 되었다.
9) 自禍於是起矣(자화어시기의) : 이로 말미암아 진(晉)나라에서 여공(厲公)을 죽이고 서동(胥童)을 죽이는 내란이 일어나게 되었다는 뜻.
10) 舒庸(서용) : 남쪽 모든 서(舒)의 우두머리 나라. 서용은 나라 이름이다.

18. 성공 18년 무자(戊子)

가. 진(晉)나라에서 대부인 서동(胥童)을 죽이다

18년 무자(戊子) 봄, 왕력으로 정월에 진(晉)나라에서 그 대부(大夫)인 서동(胥童)을 죽였다.

경신(庚申)일에 진(晉)나라에서 그의 군주인 주포(州蒲)를 시해했다. 국가를 거론하여 그 나라의 군주를 죽였다고 한 것은 군주를 증오함이 심한 것이었다.

제(齊)나라에서 그의 대부(大夫)인 국좌(國佐)를 죽였다.

성공이 진(晉)나라에 갔다.

여름에 초(楚)나라 군주인 자작과 정나라 군주인 백작이 송나라를 정벌했다.

송(宋)나라 어석(魚石)이 다시 팽성(彭城)으로 쳐들어갔다.

성공(成公)이 진(晉)나라에서 돌아왔다.

진(晉)나라 군주인 후작이 사개(士匄)로 하여금 노(魯)나라를 예방하게 했다.

가을에 기(杞)나라 군주인 백작이 찾아왔다.

8월에 주(邾)나라 군주인 자작이 찾아왔다.

十有八年 春 王正月 晉殺其大夫胥童[1)]

庚申 晉弑其君州蒲[2)] ◌稱國以弑其君 君惡甚矣

齊殺其大夫國佐

公如晉

夏 楚子鄭伯伐宋

宋魚石[3)]復入于彭城[4)]

公至自晉

晉侯使士匄[5)]來聘

秋 杞伯來朝

八月 邾子來朝

1) 胥童(서동) : 서극(胥克)의 아들이며 당시 진(晉)나라의 경(卿)이었다.

2) 州蒲(주포) : 진(晉)나라 여공(厲公)의 이름이다.

3) 魚石(어석) : 송(宋)나라의 좌사(左師)이다.

4) 彭城(팽성) : 송나라의 땅 이름이다.

5) 士匄(사개) : 범선자(范宣子). 범개(范匄)라 하며 사섭(士燮)의 아들이다.

나. 사슴 동산을 축조(築造)하다

사슴을 기르는 동산을 축조(築造)했다. 사슴을 기르는 동산을 축조한 일은 본래 기록하지 않는데 이 곳에 사슴 동산을 축조한 것을 기록한 까닭은 무엇인가? 산림(山林)이나 수택(藪澤)의 이익은 백성들과 공유하는 것이어늘 관리하는 관리를 두게 하는 것은 치국(治國)의 도(道)에 합당하지 않은 것이었다.

기축(己丑)일에 성공이 노침(路寢 : 正寢)에서 훙거했다. 노침에서 훙거한 것은 예에 합당한 죽음이다. 남자는 부인의 손에서 운명하지 않는 것이요, 재계한 상태에서 임종하는 것이다.

겨울에 초나라 사람과 정나라 사람이 송나라를 침공했다.

진(晉)나라 군주인 후작이 사방(士魴)에게 노(魯)나라에 와서 군사 출동을 요청하게 했다.

12월에 중손멸(仲孫蔑)이 진(晉)나라 군주인 후작과 송나라 군주인 공작과 위(衛)나라 군주인 후작과 주(邾)나라 군주인 자작과 제나라의 최저(崔杼) 등과 회합하여 허정(虛朾)에서 동맹을 맺었다.

정미(丁未)일에 우리 군주인 성공(成公)을 장사 지냈다.

築鹿囿[1] ◌築不志 此其志何也 山林藪澤之利 所以與民共也 虞[2]之 非正也

己丑 公薨于路寢[3] ◌路寢 正也 男子不絶婦人之手 以齊終也

冬 楚人鄭人侵宋

晉侯使士魴[4]來乞師

十有二月 仲孫蔑會晉侯宋公衛侯邾子齊崔杼 同盟于虛朾[5]

丁未 葬我君成公

1) 鹿囿(녹유) : 사슴을 기르는 동산.

2) 虞(우) : 동산을 관리하는 전문 관료. 곧 산택(山澤)을 담당하는 관리.

3) 路寢(노침) : 정전(正殿).

4) 士魴(사방) : 사회(士會)의 아들. 체계(彘季)라고 일컫다. 공양전 경문에는 팽(彭)으로 되어 있다.

5) 虛朾(허정) : 송나라의 땅 이름.

제9편 양공 시대(襄公時代)

(재위 : 1년~31년까지)

시법(諡法)에 '국가의 일에 공로가 있는 것'을 '양(襄)'이라 했다.

▨양공 연표(襄公年表)

국명 / 기원전	周	鄭	齊	宋	晉	衛	蔡	曹	滕	陳	杞	薛	莒	邾	許	小邾	楚	秦	吳	越	魯
	簡王	成公	靈公	平公	悼公	獻公	景公	成公	成公	成公	桓公		黎比公	宣公	靈公		共王	景公	壽夢		襄公
572	14	13	10	4	1	5	20	6	3	27	65		5	2	18		19	5	14		1
571	靈王 1	14	11	5	2	6	21	7	4	28	66		6	3	19		20	6	15		2
570	2	僖公 1	12	6	3	7	22	8	5	29	67		7	4	20		21	7	16		3
569	3	2	13	7	4	8	23	9	6	30	68		8	5	21		22	8	17		4
568	4	3	14	8	5	9	24	10	7	哀公 1	69		9	6	22		23	9	18		5
567	5	4	15	9	6	10	25	11	8	2	70		10	7	23		24	10	19		6
566	6	5	16	10	7	11	26	12	9	3	孝公 1		11	8	24		25	11	20		7
565	7	簡公 1	17	11	8	12	27	13	10	4	2		12	9	25		26	12	21		8
564	8	2	18	12	9	13	28	14	11	5	3		13	10	26		27	13	22		9
563	9	3	19	13	10	14	29	15	12	6	4		14	11	27		28	14	23		10
562	10	4	20	14	11	15	30	16	13	7	5		15	12	28		29	15	24		11
561	11	5	21	15	12	16	31	17	14	8	6		16	13	29	穆公 1	30	16	25		12
560	12	6	22	16	13	17	32	18	15	9	7		17	14	30	2	31	17	諸樊 1		13
559	13	7	23	17	14	18	33	19	16	10	8		18	15	31	3	康王 1	18	2		14
558	14	8	24	18	15	殤公 1	34	20	17	11	9		19	16	32	4	2	19	3		15
557	15	9	25	19	平公 1	2	35	21	18	12	10		20	17	33	5	3	20	4		16
556	16	10	26	20	2	3	36	22	19	13	11		21	18	34	6	4	21	5		17
555	17	11	27	21	3	4	37	23	20	14	12		22	悼公 1	35	7	5	22	6		18
554	18	12	28	22	4	5	38	武公 1	21	15	13		23	2	36	8	6	23	7		19
553	19	13	莊公 1	23	5	6	39	2	22	16	14		24	3	37	9	7	24	8		20
552	20	14	2	24	6	7	40	3	23	17	15		25	4	38	10	8	25	9		21
551	21	15	3	25	7	8	41	4	24	18	16		26	5	39	11	9	26	10		22
550	22	16	4	26	8	9	42	5	25	19	17		27	6	40	12	10	27	11		23

국명 기원전	周	鄭	齊	宋	晉	衛	蔡	曹	滕	陳	杞	薛	莒	邾	許	小邾	楚	秦	吳	越	魯
	靈王	簡公	莊公	平公	平公	獻公	景公	武公	成公	哀公	文公		黎比公	悼公	靈公	穆公	康王	景公	諸樊		襄公
549	23	17	5	27	9	10	43	6	26	20	1		28	7	41	13	11	28	12		24
548	24	18	6	28	10	11	44	7	27	21	2		29	8	42	14	12	29	13		25
547	25	19	景公 1	29	11	12	45	8	28	22	3		30	9	43	15	13	30	餘祭 1		26
546	26	20	2	30	12	獻公 1	46	9	29	23	4		31	10	悼公 1	16	14	31	2		27
545	27	21	3	31	13	2	47	10	30	24	5		32	11	2	17	15	32	3		28
544	景王 1	22	4	32	14	3	48	11	31	25	6		33	12	3	18	郟敖 1	33	4		29
543	2	23	5	33	15	襄公 1	49	12	32	26	7		34	13	4	19	2	34	夷昧 1		30
542	3	24	6	34	16	2	靈公 1	13	33	27	8		35	14	5	20	3	35	2		31

※소주(小邾) : 양공 7년에 목공이 조회에 들다.

※설(薛) : 희공 원년에 자세한 기록이 보인다.

※오(吳) : 군주가 세 번이나 바뀌다.

※월(越) : 은공 원년과 소공 원년에 기록이 보인다.

제9편 양공 시대(襄公時代)

1. 양공(襄公) 원년 기축(己丑)

가. 정월에 양공(襄公)이 즉위하다

원년(元年) 기축(己丑) 봄, 왕력으로 정월에 양공(襄公)이 즉위했다. 정침(正寢)에서 훙거한 성공(成公)의 뒤를 정식으로 계승하여 즉위한 것으로 합당한 절차에 의하여 즉위한 것이다.

중손멸(仲孫蔑)이 진(晉)나라의 난염(欒黶)과 송나라의 화원(華元)과 위(衛)나라의 영식(甯殖)과 조(曹)나라 사람과 거(莒)나라 사람과 주(邾)나라 사람과 등(滕)나라 사람과 설(薛)나라 사람 등과 회합하여 송나라의 팽성(彭城)을 포위했다. 팽성(彭城)이 송나라에 소속되어 있었고 어석(魚石)에게 주지 않았으므로 팽성을 포위한 것은 정당한 행위였다.

여름에 진(晉)나라의 한궐(韓厥)이 군사를 거느리고 정나라를 정벌했다.

중손멸(仲孫蔑)이 제나라 최저(崔杼)와 조(曹)나라 사람과 주(邾)나라 사람과 기(杞)나라 사람 등과 회합하여 증(鄫)에 군사를 주둔시켰다.

가을에 초(楚)나라 공자(公子) 임부(壬夫)가 군사를 거느리고 송나라를 침공했다.

9월 신유(辛酉)일에 천자(天子)가 붕어했다.

주(邾)나라 군주인 자작이 찾아왔다.

겨울에 위(衛)나라 군주인 후작이 공손표(公孫剽)에게 노나라를 예방하게 했다.

진(晉)나라 군주인 후작이 순앵(荀罃)을 사신으로 보내 우리 노나라를 예방하게 했다.

元年[1] 春 王正月 公卽位 ◌繼正卽位 正也

仲孫蔑會晉欒黶 宋華元 衛甯殖[2] 曹人莒人邾人滕人薛人 圍宋彭城 ◌繫彭城於宋者 不與魚石正也

夏 晉韓厥[3]帥師伐鄭

仲孫蔑會齊崔杼曹人邾人杞人 次于鄫[4]

秋 楚公子壬夫[5]帥師侵宋

九月 辛酉 天王[6]崩

邾子[7]來朝

冬 衛侯使公孫剽[8]來聘

晉侯使荀罃[9]來聘

1) 元年(원년) : 양공(襄公) 원년이다. 노(魯)나라 세가(世家)에 양공의 이름은 오(午)이고 성공(成公)의 아들이며 정사(定姒)의 소생이다. 주(周)나라 간왕(簡王) 14년인 B.C. 572년에 즉위하여 31년 간 재위했다. 즉위할 때의 나이는 겨우 4세였다. 시호는 '국가의 일에 공로가 있는 것' 이란 뜻으로 양(襄)이라 했다.

2) 甯殖(영식) : 영혜자(甯惠子)라고 칭하며 위(衛)나라 대부(大夫)이다.

3) 韓厥(한궐) : 한헌자(韓獻子)라고 일컫고 진(晉)나라의 경대부(卿大夫)이다. 공양전의 경문에 궐(厥)은 굴(屈)로 되어 있다. 한궐은 진(晉)나라와 초(楚)나라가 싸운 필(邲)의 전투에서 사마(司馬)가 되었다. 진(晉)나라와 제(齊)나라가 싸운 안(鞌)의 싸움에서는 제후(齊侯)를 사로잡았다. 진(晉)나라 도공(悼公)이 즉위한 뒤에는 진나라의 집정대신이었다.

4) 鄫(증) : 정(鄭)나라의 지명이다. 공양전의 경문에는 합(合)으로 되어 있다.

5) 壬夫(임부) : 자신(子辛)이라 일컫다. 초나라 공실(公室)의 공자(公子).

6) 天王(천왕) : 곧 주간왕(周簡王)이며 이름은 이(夷)이다. B.C. 585년에 즉위하여 14년 간 재위했다.

7) 邾子(주자) : 주(邾)나라 선공(宣公)이다. 양공(襄公)이 새로 즉위하였으므로 축하 사절로 왔다.
8) 公孫剽(공손표) : 자숙(子叔)이라 일컫다. 위나라 대부(大夫)이다. 양공의 즉위를 축하하러 왔다.
9) 荀罃(순앵) : 진(晉)나라 대부이며 축하의 사절로 왔다.

2. 양공 2년 경인(庚寅)

가. 간왕(簡王)을 장사 지내다

2년 경인(庚寅) 봄, 왕력으로 정월에 천자인 간왕(簡王)을 장사 지냈다.

정(鄭)나라 군사가 송(宋)나라를 정벌했다.

여름인 5월 경인(庚寅)일에 부인(夫人) 강씨(姜氏)가 훙거(薨去)했다.

6월 경진(庚辰)일에 정나라 군주인 백작 곤(睔)이 세상을 떠났다.

진(晉)나라 군사와 송나라 군사와 위(衛)나라의 영식(甯殖)이 정나라를 침공했다. '위(衛)나라 영식' 이라고 이른 것은 앞서 위나라 후작이 훙거했을 때 정나라에서 침공한 것에 대한 보복 차원이었기 때문이다.

가을인 7월에 중손멸(仲孫蔑)이 진(晉)나라 순앵(荀罃)과 송(宋)나라 화원(華元)과 위(衛)나라 손임보(孫林父)와 조(曹)나라 사람과 주(邾)나라 사람 등과 척(戚)에서 회합했다.

기축(己丑)일에 우리의 소군(小君) 제강(齊姜)을 장사 지냈다.

숙손표(叔孫豹)가 송나라에 갔다.

겨울에 중손멸이 진(晉)나라 순앵(荀罃)과 제나라 최저(崔杼)와 송나라 화원과 위나라 손임보(孫林父)와 조(曹)나라 사람과 주(邾)나라 사람과 등(滕)나라 사람과 설(薛)나라 사람과 소주(小邾)나라 사람 등과 척(戚)에서 회합하고 이어 호뢰(虎牢)에 성을 쌓았다. 이는 중국(中國)을 말하는 것과 같은 것이며 정(鄭)나라를 끌어안으려는 의도였다.

초(楚)나라에서 그 대부(大夫)인 공자 신(申)을 죽였다.

二年[1] 春 王正月 葬簡王

鄭師伐宋

夏 五月 庚寅 夫人姜氏[2]薨

六月 庚辰 鄭伯睔[3]卒

晉師宋師衛寗殖侵鄭 ◌其曰衛寗殖 如是而稱于前事[4]也

秋 七月 仲孫蔑會晉荀罃宋華元衛孫林父曹人邾人于戚

己丑 葬我小君齊姜

叔孫豹[5]如宋

冬 仲孫蔑會晉荀罃 齊崔杼 宋華元 衛孫林父曹人邾人滕人薛人小邾[6]人 于戚 遂城虎牢[7] ◌若言中國焉 內鄭[8]也

楚殺其大夫公子申[9]

1) 二年(이년) : 주(周)나라 영왕(靈王) 원년이며 B.C. 571년이다. 영왕의 이름은 설심(泄心)이다.

2) 夫人姜氏(부인강씨) : 양공(襄公)의 어머니이며 제강(齊姜)이라 일컫다.

3) 鄭伯睔(정백곤) : 정나라 성공(成公)이며 B.C. 584년에 즉위하여 14년 간 재위했다.

4) 前事(전사) : 앞서 위(衛)나라 군주가 죽었을 때 정나라에서 침공한 일이 있으므로 위나라에서도 정나라의 군주가 훙거하자 침공한 것을 뜻한다.

5) 叔孫豹(숙손표) : 목숙(穆叔)이라 일컫다. 노나라 종실의 일원이다.

6) 小邾(소주) : 나라 이름이다. 공양전 경문에는 소주루(小邾婁)로 되어 있다.

7) 虎牢(호뢰) : 땅 이름이다. 본래는 정나라 소속이었으나 뒤에 진(晉)나라가 탈취했다.

8) 內鄭(내정) : 정나라를 다시 중국의 일원으로 끌어안는다는 뜻.

9) 公子申(공자신) : 당시 초(楚)나라 우사마(右司馬)였다. 그가 작은 나라의 뇌물을 받고 자중(子重)과 자신(子辛)을 핍박하자 초나라 사람이 그를 죽였다.

3. 양공 3년 신묘(辛卯)

가. 양공이 진(晉)나라에 가다

3년 신묘(辛卯) 봄에 초(楚)나라의 공자 영제(公子嬰齊)가 군사를 거느리고 오(吳)나라를 정벌했다.

양공이 진(晉)나라에 갔다.

여름인 4월 임술(壬戌)일에 양공이 진(晉)나라 군주인 후작과 장저(長樗)에서 동맹을 맺었다. 양공이 진(晉)나라에서 돌아왔다.

6월에 양공이, 선(單)나라 군주인 자작과 진(晉)나라 군주인 후작과 송나라 군주인 공작과 위(衛)나라 군주인 후작과 정나라 군주인 백작과 거(莒)나라 군주인 자작과 주(邾)나라 군주인 자작과 제나라의 세자 광(光) 등과 회합하고, 기미(己未)일에 계택(雞澤)에서 동맹을 맺었다. '동(同)' 이란 함께 함이 있는 것이며 초(楚)나라를 멀리하는 일을 함께 한 것이다.

진(陳)나라 군주인 후작이 원교(袁僑)에게 회합에 가게 했다. '여회(如會)' 란 모임에서 제외되었기 때문이며 모임에 가서 진(陳)나라를 돕는다는 명을 받은 것이다.

무인(戊寅)일에 노나라의 숙손표(叔孫豹)와 제후들의 대부(大夫)들이 진(陳)나라의 원교(袁僑)와 동맹을 맺었다. '급(及)' 이란 이르러서 함께 함이다. 제후가 가히 참여하라고 하면 참여하고 가히 참여하지 말라고 하면 손을 떼는 것이다.

제후들이 맹세하고 또 대부들이 서로 더불어 사사로이 맹세하는 일은 대부들이 오만하고 방대해진 것이다. 그러므로 계택(雞澤)의 모임은 제후들이 비로소 정치를 잃게 된 시작이었다. 이때부터 대부들이 국가의 권력을 장악했다. 경문(經文)에서 '원교(袁僑)' 라고 이른 것은 다른 대부들과는 다르다는 것을 뜻한 것이다.

가을에 양공이 진나라에서 돌아왔다.

겨울에 진(晉)나라 순앵이 군사를 거느리고 허나라를 정벌했다.

三年 春 楚公子嬰齊帥師伐吳[1)]

公如晉[2)]

夏 四月 壬戌 公及晉侯盟于長樗[3)] 公至自晉

六月 公會單子晉侯宋公衛侯鄭伯莒子邾子齊世子光 己未 同盟于雞澤[4)] ◌同者 有同也 同外楚也 陳侯使袁僑[5)]如會 如會 外乎會也 於會受命也 戊寅 叔孫豹及諸侯之大夫 及陳袁僑盟 及以及 與之也 諸侯以爲可與則與之 不可與 則釋之 諸侯盟 又大夫相與私盟 是大夫張[6)]也 故雞澤之會 諸侯始失正[7)]矣 大夫執國權 曰袁僑異之也

秋 公至自晉

冬 晉荀罃帥師伐許

1) 伐吳(벌오) : 오나라를 정벌하다. 좌전에 초나라 자중(子重 : 嬰齊)이 오나라를 정벌했는데 정예군을 선발하여 구자(鳩茲)에서 싸워 승리했고 형산(衡山)까지 쳐들어갔다. 그러나 이 싸움의 여파로 등요(鄧廖)를 잃고 오나라가 가(駕) 고을을 점령하자 자중이 끝에 홧병으로 죽게 되었다고 했다.

2) 公如晉(공여진) : 이때 양공의 나이는 7세에 불과했다. 곧 군주가 되어 처음으로 패주(霸主)에게 인사를 간 것이다.

3) 長樗(장저) : 진(晉)나라의 땅 이름. 진나라 국도의 부근에 있다.

4) 雞澤(계택) : 진(晉)나라의 땅 이름이다.

5) 袁僑(원교) : 진(陳)나라의 대부이며 원도도(袁濤涂)의 4세손이라 했다.

6) 張(장) : 교만하고 스스로 커지는 것.

7) 正(정) : 정(政)과 같다. 국가의 정치.

4. 양공 4년 임진(壬辰)

가. 진(陳)나라 군주 오(午)가 세상을 뜨다

4년 임진(壬辰) 봄, 왕력으로 3월 기유(己酉)일에 진(陳)나라 군주인 후작 오(午)가 세상을 떠났다.

여름에 숙손표(叔孫豹)가 진(晉)나라에 갔다.

가을인 7월 무자(戊子)일에 부인(夫人) 사씨(姒氏)가 훙거했다.

진(陳)나라 성공(成公)을 장사 지냈다.

8월 신해(辛亥)일에 우리의 소군(小君)인 정사(定姒)를 장사 지냈다.

겨울에 양공이 진(晉)나라에 갔다.

진(陳)나라 사람들이 돈(頓)을 포위했다.

四年 春 王三月 己酉 陳侯午[1]卒
夏 叔孫豹如晉
秋 七月 戊子 夫人姒氏[2]薨
葬陳成公
八月 辛亥 葬我小君定姒
冬 公如晉
陳人圍頓

1) 陳侯午(진후오) : 진(陳)나라 성공(成公)이고 B.C. 598년에 즉위하여 30년간 재위했다.

2) 夫人姒氏(부인사씨) : 곧 정사(定姒)이다. 성공(成公)의 부인이며 양공(襄公)의 어머니라 했다. 사(姒)는 기(杞)나라의 성(姓)이라 했다. 공양전 경문에는 사(姒)가 익(弋)으로 되어 있다. 아래도 같다.

5. 양공 5년 계사(癸巳)

가. 정나라 공자 발(發)이 예방오다

5년 계사(癸巳) 봄에 양공이 진(晉)나라에서 돌아왔다.

여름에 정나라 군주인 백작이 공자(公子) 발(發)에게 노나라를 예방하게 했다.

숙손표(叔孫豹)와 증(繒)나라의 세자 무(巫)가 진(晉)나라에 갔다. 외국(外國) 사람과 함께 할 때는 '여(如)'라고 말하지 않는데 '여(如)'라고 말한 것은 우리 노나라의 일을 위하여 간 것이 되는 것이다.

중손멸(仲孫蔑)과 위(衛)나라의 손임보(孫林父)가 선도(善稻)에서 오(吳)나라와 회합했다. 오(吳)나라에서는 선(善)을 이(伊)라고 이르고 도(稻)를 완(緩)이라고 발음한다. 부르는 것은 중국(中國)을 따르고 이름은 주인(主人)을 따르는 것이다.

가을에 크게 기우제를 지냈다.

초(楚)나라에서 그 대부(大夫)인 공자 임부(壬夫)를 죽였다.

양공이 진(晉)나라 군주인 후작과 송나라 군주인 공작과 진(陳)나라 군주인 후작과 위(衛)나라 군주인 후작과 정나라 군주인 백작과 조(曹)나라 군주인 백작과 거(莒)나라 군주인 자작과 주(邾)나라 군주인 자작과 등(滕)나라 군주인 자작과 설나라 군주인 백작과 제나라 세자 광(光)과 오(吳)나라 사람과 증(繒)나라 사람 등과 척(戚)에서 회합했다. 양공이 회합에서 돌아왔다.

겨울에 진(陳)나라를 수비(守備)했다. 노나라 국내에서 진(陳)나라에 파병하면서 쓰는 말이었다.

초나라 공자 정(貞)이 군사를 거느리고 진(陳)나라를 정벌했다.

양공이 진(晉)나라 군주인 후작과 송나라 군주인 공작과 위나라 군주인 후작과 정나라 군주인 백작과 조나라 군주인 백작과 거(莒)나라 군주인 자작과 주(邾)나라 군주인 자작과 등(滕)나라 군주인 자작과 설(薛)나라 군주인 백작과 제나라 세자 광(光) 등과 회합하고 진(陳)나라를 구원했다. 12월에 양공이 진(陳)나라를 구원하는 일에서 돌아왔다. 진(陳)나라를 구원한 일은 잘한 일이었다.

신미(辛未)일에 계손행보(季孫行父)가 세상을 떠났다.

五年 春 公至自晉

夏 鄭伯使公子發[1]來聘

叔孫豹 繒世子巫 如晉 ◌外不言如 而言如爲我事往也

仲孫蔑 衛孫林父 會吳于善稻[2] ◌吳謂善伊 謂稻緩 號從中國 名從主人

秋 大雩

楚殺其大夫公子壬夫[3]

公會晉侯宋公陳侯衛侯鄭伯曹伯莒子邾子滕子薛伯齊世子光吳人繒人 于戚 公至自會

冬 戍陳[1] ◌內辭也

楚公子貞[2]帥師伐陳

公會晉侯宋公衛侯鄭伯曹伯莒子邾子滕子薛伯齊世子光 救陳 十有二月 公至自救陳 ◌善救陳也[3]

辛未 季孫行父卒

1) 鄭伯使公子發(정백사공자발) : 정나라 백작은 희공(僖公)이고 이름은 혼(惲)이다. 공자 발은 정나라 공실(公室)의 한 사람이다.

2) 善稻(선도) : 오(吳)나라 땅 이름. 좌전 경문에는 선도(善道)로 되어 있다.

3) 公子壬夫(공자임부) : 당시의 초나라 영윤(令尹)이었으며 자신(子辛)이라고 일컬었다.

4) 戍陳(술진) : 진(陳)나라를 수비(守備)하다의 뜻.

5) 公子貞(공자정) : 자양(子襄)으로 일컫는다. 공자임부(公子壬夫)가 살해된 후 초나라의 영윤(令尹)이 되었다.

6) 善救陳(선구진) : 초나라가 진(陳)나라를 정벌할 때 양공이 중국을 구원하고 이적(夷狄)을 물리쳤으므로 잘 구원했다고 했다.

6. 양공 6년 갑오(甲午)

가. 기(杞)나라 군주 고용(姑容)이 세상을 뜨다

6년 갑오(甲午) 봄인 왕력으로 3월 임오(壬午)일에, 기(杞)나라 군주인 백작 고용(姑容)이 세상을 떠났다.

여름에 송(宋)나라의 화약(華弱)이 노(魯)나라로 도망왔다.

가을에 기(杞)나라의 환공(桓公)을 장사 지냈다.

등(滕)나라 군주인 자작이 찾아왔다.

거(莒)나라 사람이 증(繒)나라를 멸망시켰다. 군사로써 멸망시킨 것이 아니다. 춘추(春秋)에서는 중국(中國)의 국가가 멸망하면 날짜를 기록하고 대국(大國)의 부용국(附庸國)이 멸망하면 멸망한 달을 쓰고 이적(夷狄)인 오랑캐 나라가 멸망하면 계절을 기록한다. 증(繒)나라는 중국에 소속된 나라이다. 가을의 계절을 기록한 것은 거(莒)나라 사람이 군사로써 멸망시킨 것이 아니었기 때문이다. 가족(家族)이 이미 멸망하였고 국가도 이미 멸망하였는데도 그 멸망한 것을 스스로 알지 못하여 경문(經文)에서 이성(異姓)으로 말미암아 멸망한 것을 분별해야 하는데 그것을 분별하지 않았을 뿐이다. '거인멸증(莒人滅繒)' 이란 실제로 멸망시킨 것이 아니었다. 증(繒)나라에 이성(異姓)을 세워서 제사에 임하게 하지 않았어야 했다. 이성을 세워서 제사에 임하게 한 것이 곧 증나라가 멸망한 도(道)였다.

겨울에 숙손표가 주(邾)나라에 갔다.

계손숙(季孫宿)이 진(晉)나라에 갔다.

12월에 제나라 군주인 후작이 내(萊)나라를 멸망 시켰다.

六年 春 王三月 壬午 杞伯姑容[1]卒

夏 宋華弱[2]來奔

秋 葬杞桓公

滕子來朝

莒人滅繒[3] ◯非滅也 中國日 卑國月 夷狄時 繒中國也 而時 非滅也 家有旣亡 國有旣滅 滅而不自知 由別之而不別也 莒人滅繒 非滅也 非立異姓以莅祭祀[4] 滅亡之道也

冬 叔孫豹如邾

季孫宿如晉

十有二月 齊侯滅萊

1) 杞伯姑容(기백고용) : 기(杞)나라 환공(桓公)이다.

2) 華弱(화약) : 송(宋)나라의 사마(司馬).
3) 莒人滅繒(거인멸증) : 좌전(左傳)에서는 증(繒)나라가 멸망한 것은 증나라가 거나라에 보낸 재물을 믿고 방심하고 있었기 때문이라 했다.
4) 立異姓以莅祭祀(입이성이이제사) : 다른 성씨를 세워서 제사에 임하다. 거(莒)나라는 기성(己姓)인데 이는 증나라의 외손이다. 거(莒)나라가 증나라 제후를 멸한 뒤에 기성(己姓)을 세워서 증나라의 후예를 삼아 종묘에 제사하게 했다.

7. 양공 7년 을미(乙未)

가. 담(郯)나라 군주가 찾아오다

7년 을미(乙未) 봄에 담(郯)나라 군주인 자작이 찾아왔다.

여름인 4월에 교제(郊祭)지낼 날을 세 번이나 점쳤으나 다 불길(不吉)하여 희생으로 쓸 소를 놓아 주었다. 여름인 4월은 교제(郊祭)를 지내는 시기가 아니었다. 세 번 점친 것은 예(禮)이다. '내(乃)' 란 사람으로서는 더 할 일이 없다는 말이다.

소주(小邾)나라의 군주인 자작이 찾아왔다.

비(費)에 성(城)을 쌓았다.

가을에 계손숙(季孫宿)이 위(衛)나라에 갔다.

8월에 메뚜기 떼가 일어났다.

겨울인 10월에 위(衛)나라 군주인 후작이 손임보(孫林父)에게 노나라를 예방하게 했다. 임술(壬戌)일에 손임보와 맹세했다.

초나라 공자 정(貞)이 군사를 거느리고 진(陳)나라를 포위했다.

12월에 양공이 진(晉)나라 군주인 후작과 송나라 군주인 공작과 진(陳)나라 군주인 후작과 위(衛)나라 군주인 후작과 조(曹)나라 군주인 백작과 거(莒)나라 군주인 자작과 주(邾)나라 군주인 자작 등과 위(鄬)에서 회합했다.

七年 春 郯[1]子來朝

夏 四月 三卜郊 不從 乃免牲 ◯夏 四月 不時也[2] 三卜 禮也 乃者亡乎人之辭也

小邾子來朝

城費[3]

秋 季孫宿如衛

八月 螽

冬 十月 衛侯使孫林父來聘 壬戌 及孫林父盟 楚公子貞帥師圍陳

十有二月 公會晉侯宋公陳侯衛侯曹伯莒子邾子 于鄬[4]

1) 郯(담) : 나라 이름이다. 소호(少昊)씨의 후예를 봉한 나라였다.

2) 不時也(불시야) : 제 때가 아니다. 교제(郊祭)는 하지(夏至)와 동지(冬至)에 지내는 제사이다.

3) 費(비) : 노나라 땅 이름. 노나라 희공(僖公)이 공자 계우(公子季友)에게 하사하여 이후 노나라 계씨(季氏)의 봉지(封地)가 되었다.

4) 鄬(위) : 정나라 땅 이름.

나. 정나라 곤원(髡原)이 세상을 뜨다

정나라 군주인 백작 곤원(髡原)이 회합에 갔으나 제후들을 만나보지 못하고 병술(丙戌)일에 조(操)에서 세상을 떠났다. 여기서 '미견제후(未見諸侯)'라고 했는데 앞의 경문(經文)에 '여회(如會)'라고 이른 것은 무슨 뜻인가? 그 정나라 희공(僖公)이 생각하던 뜻이 이루어진 것이다.

예(禮)에는 '제후는 살아 있을 때에는 이름을 쓰지 않는다고 했는데 여기서 정나라 희공이 살아 있는데 이름을 쓴 것은 무슨 뜻인가? 사망한데 대한 명칭이다. 사망한데 대한 이름이라면 어찌하여 '여회(如會)' 위에 올려놓았는가? 곧 회합에 가서 세상을 떠났다는 뜻을 나타낸 것이다. 그가 회합에 가서 죽었다는 것은 무슨 뜻인가? 정나라 군주인 백작이 장차 중국의 회합에 참가하는데 그의 신하들은 초나라를 따르고자 했다. 그의 신하들을 이기지 못하고 신하들에게 시해되어 죽은 것이다. 그렇다면 그를 시해되었다고 말하지 않은 것은 무엇 때문인가? 이적(夷狄 : 오랑캐)의 백성들을 중국의 임금 위에 올려놓지 않으려고 한 것이다.

정나라 희공이 죽은 곳은 외국의 땅이고 그 날짜를 기록한 것은 국경을 넘지 않아서였으며 죽은 날짜와 장사 지낸 시기를 기록한 것은 예에 합당한 것들이었다.

진(陳)나라 군주인 후작이 도망하여 돌아갔다. 그가 제후들의 모임에 참석하지 않고 제후들을 저버리고 갔으므로 도망했다고 기록한 것이었다.

鄭伯髡原如會[1] 未見諸侯 丙戌 卒于操[2] ◌未見諸侯 其曰如會何也 致其志也 禮諸侯不生名 此其生名何也 卒之名也 卒之名 則何爲加之如會之上 見以如會卒也 其見以如會卒何也 鄭伯將會中國 其臣欲從楚 不勝其臣 弑而死[3] 其不言弑何也 不使夷狄之民 加乎中國之君也 其地 於外也 其日 未踰竟也 日卒 時葬 正也

陳侯逃歸[4] ◌以其去諸侯 故逃之也

1) 髡原如會(곤원여회) : 곤원이 회합에 가다. 곤원은 정(鄭)나라 희공(僖公)이며 B.C. 570년에 즉위하여 5년 간 재위했다. 여회는 앞에서 위(鄬) 땅의 모임에 갔다는 뜻.

2) 操(조) : 정나라의 땅 이름. 좌전의 경문에는 조(鄵)로 되어 있다.

3) 弑而死(시이사) : 정나라의 자사(子駟)가 도적을 시켜 죽이게 했다는 뜻.

4) 陳侯逃歸(진후도귀) : 진(陳)나라 군주인 후작은 제후들의 회합에서 몰래 도망하여 돌아갔다는 뜻이다.

8. 양공 8년 병신(丙申)

가. 정나라 희공을 장사 지내다

8년 병신(丙申) 봄인, 왕력으로 정월에 양공이 진(晉)나라에 갔다.

여름에 정나라 희공(僖公)을 장사 지냈다.

정(鄭)나라 사람이 채(蔡)나라를 침공하여, 채나라의 공자 습(濕)을 체포했다. '인(人)' 이라고 한 것은 미천한 사람이다. '침(侵)' 이란 하찮은 일이다. '획공자(獲公子)' 는 공자(公子)를 괴롭힌 것이었다.

계손숙(季孫宿)이 진(晉)나라 군주인 후작과 정나라 군주인 백작과 제나라 사람과 송나라 사람과 위(衛)나라 사람과 주(邾)나라 사람 등과 형구(邢丘)에서 회합했다. 이는 노나라에서 정사(政事)의 통치권을 잃은 것을 나타낸 것이다. 양공이 존재하는데 대부(大夫)가 모임에 참가했기 때문이다.

양공(襄公)이 진(晉)나라에서 돌아왔다.

거(莒)나라 사람이 우리 노나라의 동쪽 변방을 정벌했다.

가을인 9월에 크게 기우제를 지냈다.

겨울에 초(楚)나라의 공자 정(貞)이 군사를 거느리고 정(鄭)나라를 정벌했다.

진(晉)나라 군주인 후작이 사개(士匄)에게 노나라를 예방하게 했다.

八年 春 王正月 公如晉

夏 葬鄭僖公

鄭人侵蔡 獲蔡公子濕[1] ◯人 微者也 侵 淺事也 而獲公子 公子病矣

季孫宿會晉侯鄭伯齊人宋人衛人邾人 于邢丘[2] ◯見魯之失正也 公在而大夫會也

公至自晉

莒人伐我東鄙[3]

秋 九月 大雩

冬 楚公子貞[4]帥師伐鄭

晉侯使士匄[5]來聘

1) 公子濕(공자습) : 채(蔡)나라의 사마(司馬)이다. 좌전 경문에는 공자 섭(公子燮)으로 되어 있다.

2) 邢丘(형구) : 진(晉)나라의 땅 이름이다.
3) 伐我東鄙(벌아동비) : 거(莒)나라가 증(繒)나라를 멸망시킨 후, 노나라에서 증나라의 서부 토지를 탈취한 땅을 침범하여 노나라와 국경을 정하려고 획책한 싸움이다.
4) 公子貞(공자정) : 초나라 자낭(子囊)이다.
5) 士匄(사개) : 진(晉)나라의 범선자(范宣子)이다.

9. 양공 9년 정유(丁酉)

가. 송(宋)나라에 화재(火災)가 나다

9년 정유(丁酉) 봄에 송나라에 화재(火災)가 있었다. 외국의 화재는 기록하지 않는 것인데 이 곳에 기록한 것은 무슨 뜻인가? 송나라에는 까닭이 있다.〔곧 공자(孔子)의 조상이 송나라와 관계가 있기 때문이었다.〕

여름에 계손숙(季孫宿)이 진(晉)나라에 갔다.

5월 신유(辛酉)일에 부인(夫人) 강씨(姜氏)가 훙거했다.

가을인 8월 계미(癸未)일에 우리의 소군(小君) 목강(穆姜)을 장사 지냈다.

겨울에 양공이 진(晉)나라 군주인 후작과 송나라 군주인 공작과 위나라 군주인 후작과 조나라 군주인 백작과 거(莒)나라 군주인 자작과 주(邾)나라 군주인 자작과 등(滕)나라 군주인 자작과 설(薛)나라 군주인 백작과 소주(小邾)나라 군주인 자작과 제나라 세자 광(光) 등과 회합하여 정나라를 정벌했다. 12월 기해(己亥)일에 희(戲)에서 동맹을 맺었다. 이는 정(鄭)나라가 말을 다르게 하지 않음으로써 정나라를 동맹국으로 잘 얻은 것이다. 사당에 고(告)하지 않은 것은 정나라가 초나라에게 침공당할 때 제후들이 이르지 않아 능히 정나라를 구원해주지 못했으므로 부끄럽게 여겨서이다.

초나라 군주인 자작이 정나라를 정벌했다.

九年 春 宋災[1] ◌外災不志 此其志何也 故宋也
夏 季孫宿如晉
五月 辛酉 夫人姜氏[2]薨
秋 八月 癸未 葬我小君穆姜[3]
冬 公會晉侯宋公衛侯曹伯莒子邾子滕子薛伯小邾子齊世子光伐鄭 十有二月 己亥 同盟于戲[4] ◌不異言鄭 善得鄭也 不致 恥不能據鄭也
楚子伐鄭

1) 宋災(송재) : 송나라에 화재가 있었다. 공양전의 경문에는 화(火)로 되어 있다. 좌전에 자세히 기록되어 있다.
2) 夫人姜氏(부인강씨) : 선공(宣公)의 부인 목강(穆姜)이라 했다.
3) 穆姜(목강) : 공양전 경문에는 목강(繆姜)으로 되어 있다.
4) 戲(희) : 정나라 땅 이름.

10. 양공 10년 무술(戊戌)

가. 부양(傅陽)을 멸망시키다

10년 무술(戊戌) 봄에 양공이 진(晉)나라 군주인 후작과 송나라 군주인 공작과 위나라 군주인 후작과 조(曹)나라 군주인 백작과 거(莒)나라 군주인 자작과 주(邾)나라 군주인 자작과 등(滕)나라 군주인 자작과 설(薛)나라 군주인 백작과 기(杞)나라 군주인 백작과 소주(小邾)나라 군주인 자작과 제나라 세자 광(光) 등과 모여서, 오(吳)나라와 사(柤)에서 회합했다. 경문(經文)에 '회(會 : 회합)' 라 하고 또 '회(會)' 라 한 것은 오(吳)나라와 소원하게 만들기 위해서였다는 것이다.

여름인 5월 갑오(甲午)일에 드디어 부양(傅陽)을 멸망시켰다.

'수(遂)' 는 곧 이루어졌다이다. 그것을 '수(遂)' 라고 이른 것은 무슨 뜻인가? 이는 중국의 제후국으로서 이적(夷狄 : 吳)인 오나라를 추종하지 못하게 하기 위해서였다.

양공이 회합에서 돌아왔다. 이적(夷狄 : 吳)과의 회합을 조묘(祖廟)에 고하지 않아야 한다. 나쁜 일은 조묘(祖廟)에 고하지 않는 것이기 때문이다. 그런데 고묘(告廟)한 것은 무슨 이유인가? 중국의 제후국으로서 체면을 보존시켰기 때문이다. 중국에 좋은 일이 있으면 함께 고묘(告廟)하고 좋은 일이 없으면 별도로 하여 하나 하나의 체면을 보존하는 것이다. 정나라 군주인 백작 곤원(髡原)의 일이나 진(陳)나라 군주인 후작이 도망하여 돌아간 일이나 오(吳)나라와 사(柤)에서 동맹을 맺은 일들은 조묘(祖廟)에 고제(告祭)하여 중국의 체면을 보존시키려 한 것들이다.

十年 春 公會晉侯宋公衛侯曹伯莒子邾子滕子薛伯杞伯小邾子齊世子光 會吳于柤[1] ◌會又會 外之也

夏 五月 甲午 遂滅傅陽[2] ◌遂 直遂也 其曰遂何 不以中國從夷狄也

公至自會 ◌會夷狄不致 惡事不致 此其致何也 存中國也 中國有善事 則幷焉 無善事 則異之存之也 汲鄭伯[3] 逃歸陳侯[4] 致柤之會 存中國也

1) 柤(사) : 초나라의 땅 이름.

2) 傅陽(부양) : 공양전과 좌전의 경문에는 핍양(偪陽)으로 되어 있으며 나라 이름이고 운성(妘姓)이라 했다. 좌전에는 동이족(東夷族)의 작은 나라 이름. 진(晉)나라와 오(吳)나라 사이의 교통 요지라고 했다.

3) 汲鄭伯(급정백) : 급은 인(引)과 같다. 정나라 곤원(髡原)이 시해된 일. 어떤 이는 급(汲)은 몰(沒)자의 잘못이라 했다.

4) 逃歸陳侯(도귀진후) : 진(陳)나라 후작이 회합에서 도망하여 돌아간 일.

나. 진(晉)나라가 진(秦)나라를 정벌하다

초(楚)나라의 공자 정(貞)과 정나라의 공손(公孫) 첩(輒)이 군사를 거느리고 송나라를 정벌했다.

진(晉)나라 군사가 진(秦)나라를 정벌했다.

가을에 거(莒)나라 사람이 우리 노나라의 동쪽 변방을 정벌했다.

양공이 진(晉)나라 군주인 후작과 송나라 군주인 공작과 위(衛)나라 군주인 후작과 조(曹)나라 군주인 백작과 거(莒)나라 군주인 자작과 주(邾)나라 군주인 자작과 제(齊)나라 세자 광(光)과 등(滕)나라 군주인 자작과 설(薛)나라 군주인 백작과 기(杞)나라 군주인 백작과 소주(小邾)나라 군주인 자작 등과 회합하여 정나라를 정벌했다.

겨울에 도적이 정나라의 공자 비(斐)와 공자 발(發)과 공손 첩(輒)을 죽였다. '도적'이 대부를 죽였다고 일컬은 것은 군주와 신하의 도리로써 아니한 것이며 정나라의 군주를 미워했기 때문이다.

정나라의 호뢰(虎牢)를 수비했다. 경문(經文)에서 '정호뢰(鄭虎牢)'라고 이른 것은 정나라와 호뢰와의 관계를 단절시킨 것이다.〔정나라와 중원의 제후국과의 관계를 단절시킨 것이다.〕

초나라의 공자 정(貞)이 군사를 거느리고 정나라를 구원했다.

양공이 정나라를 정벌하는 일에서 돌아왔다.

楚子貞 鄭公孫輒[1] 帥師伐宋

晉師伐秦[2]

秋 莒人伐我東鄙

公會晉侯宋公衛侯曹伯莒子邾子齊世子光滕子薛伯杞伯小邾子伐鄭

冬 盜殺鄭公子斐[3] 公子發[4] 公孫輒 ◌稱盜以殺大夫 弗以上下道惡上也

戍鄭虎牢[5] ◌其曰鄭虎牢 決鄭乎虎牢也

楚公子貞帥師救鄭

公至自伐鄭

1) 公孫輒(공손첩) : 정나라 대부이며 자이(子耳)라고 일컫다.

2) 晉師伐秦(진사벌진) : 진(晉)나라의 순앵(荀罃)이 군사를 이끌고 진(秦)나

라를 공격한 일.

3) 公子斐(공자비) : 좌전 경문에는 공자비(公子騑)로 되어 있다. 이는 자사(子駟)로 정나라 목공(穆公)의 아들이며 당시에 정나라의 집정(執政)이었다.

4) 公子發(공자발) : 정나라 목공의 아들이며 자국(子國)이라 일컫고 대부였다.

5) 虎牢(호뢰) : 본래 정나라 땅 이름.

11. 양공 11년 기해(己亥)

가. 정월에 삼군(三軍)을 편성하다

11년 기해(己亥) 봄, 왕력으로 정월에 삼군(三軍)을 편성했다. '작(作)'은 만들다이다. 옛날에는 천자(天子)는 육사(六師)이고 제후(諸侯)는 일군(一軍)이었다. 삼군(三軍)은 예에 합당한 편성이 아니었다.

여름인 4월에 네 번이나 교제를 지낼 날짜를 점쳤으나 길(吉)하지 않아서 교제를 지내지 않았다. 여름인 4월은 교제를 지낼 시기가 아니었다. 네 번이나 점친 것은 예에 합당한 절차가 아니었다.

정나라의 공손사지(公孫舍之)가 군사를 거느리고 송나라를 침공했다.

양공이 진(晉)나라 군주인 후작과 송나라 군주인 공작과 위(衛)나라 군주인 후작과 조(曹)나라 군주인 백작과 제나라 세자 광(光)과 거(莒)나라 군주인 자작과 주(邾)나라 군주인 자작과 등(滕)나라 군주인 자작과 설(薛)나라 군주인 백작과 기(杞)나라 군주인 백작과 소주(小邾)나라 군주인 자작 등과 회합하여 정나라를 정벌했다.

十有一年 春 王正月 作三軍[1] ◌作 爲也 古者天子六師[2] 諸侯一軍 作三軍 非正也

夏 四月 四卜郊 不從 乃不郊 ◌夏 四月 不時也 四卜 非禮也

鄭公孫舍之[3] 帥師侵宋

公會晉侯宋公衛侯曹伯齊世子光莒子邾子滕子薛伯杞伯小邾子伐鄭

1) 作三軍(작삼군) : 삼군(三軍)을 편성하다. 노(魯)나라는 본래 상군(上軍)과 하군(下軍)의 이군(二軍)이었으나 이때 상군·중군·하군의 삼군(三軍)을 두었다. 일군(一軍)은 1만2천5백 명이다.

2) 天子六師(천자육사) : 천자는 육사(六師)이다. 일사(一師)는 2천5백 명.

3) 公孫舍之(공손사지) : 자전(子展)이라 일컫고 공손희(公孫喜)의 아들이며 정나라 대부이다.

나. 경성(京城) 북쪽에서 동맹을 맺다

가을인 7월 기미(己未)일에 경성(京城) 북쪽에서 동맹을 맺었다.

양공이 정나라를 정벌하는 일에서 돌아왔다. 양공이 돌아온 뒤에 종묘에 고제(告祭)하지 않은 것은 동맹을 맺은 뒤에 다시 정나라를 정벌하는데 참여했기 때문이었다.

초나라 군주인 자작과 정나라 군주인 백작이 송나라를 정벌했다.

양공이 진(晉)나라 군주인 후작과 송나라 군주인 공작과 위(衛)나라 군주인 후작과 조(曹)나라 군주인 백작과 제나라 세자 광(光)과 거(莒)나라 군주인 자작과 주(邾)나라 군주인 자작과 등(滕)나라 군주인 자작과 설(薛)나라 군주인 백작과 기나라 군주인 백작과 소주(小邾)나라 군주인 자작 등과 회합하여 정나라를 정벌하고 소어(蕭魚)에서 회합했다. 양공이 회합에서 돌아왔다. 정나라를 정벌한 뒤에 회합을 가지고 나서 정나라를 정벌한 일을 사당에 고제(告祭)하지 않은 일은 정나라 군주인 백작의 항복의 말을 얻었기 때문이다.

초나라 사람이 정나라의 행인(行人) 양소(良宵)를 잡았다. 행인(行人)이란 국가의 사명(辭命)을 전달하는 일을 맡은 관직이다.

겨울에 진(秦)나라 사람이 진(晉)나라를 정벌했다.

秋 七月 己未 同盟于京城北[1)]

公至自伐鄭 ◌不以後致 盟後復伐鄭也

楚子鄭伯伐宋

公會晉侯宋公衛侯曹伯齊世子光莒子邾子滕子薛伯杞伯小邾子伐鄭 會于蕭魚[2)] 公至自會 ◌伐而後會 不以伐鄭致 得鄭伯[3)]之辭也

楚人執鄭行人良宵[4)] ◌行人者 挈國之辭也

冬 秦人伐晉

1) 京城北(경성북) : 좌전 경문(經文)에는 '박성(亳城)'으로 되어 있다. 박성은 정나라 땅 이름이다.

2) 蕭魚(소어) : 정(鄭)나라 땅 이름이다.

3) 得鄭伯(득정백) : 정나라를 정복하여 맹약을 얻다.

4) 行人良宵(행인양소) : 행인은 나라의 사명(辭命)을 전달하는 관직 이름. 양소는 정나라 대부이며 공손첩(公孫輒)의 아들로 백유(伯有)라고 일컫다. 좌전에는 양소(良霄)로 되어 있다.

12. 양공 12년 경자(庚子)

가. 사방(士魴)이 노나라를 예방하다

12년 경자(庚子) 봄, 왕력으로 3월에 거(莒)나라 사람이 우리 노나라 동쪽 변방을 정벌하여 태(邰) 고을을 포위했다. 제후국을 정벌할 때는 '읍(邑)'을 포위했다고 말하지 않는 것인데 이를 기록한 것은 중요했기 때문이다. '읍(邑)'을 탈취한 것은 기록하지 않는 것인데 읍을 포위했다고 왜 기록했는가?

계손숙이 군사를 거느리고 태 고을을 구원하고 곧바로 운(鄆)으로 쳐들어갔다. '수(遂)'는 계속 이어진 일이다. 군주의 명을 받아서 태 고을을 구원하고는 군주의 명을 받지 않고 운 고을로 쳐들어갔으므로 계손숙을 미워한 것이었다.

여름에 진(晉)나라 군주인 후작이 사방(士魴)에게 노나라를 예방하게 했다.

가을인 9월에 오(吳)나라 군주인 자작 승(乘)이 세상을 떠났다.

겨울에 초나라 공자 정(貞)이 군사를 거느리고 송나라를 침공했다.

양공이 진(晉)나라에 갔다.

十有二年 春 王三月 莒人伐我東鄙 圍邰[1] ◯伐國不言圍邑 擧重也 取邑不書 圍 安足書也

季孫宿帥師救邰 遂入鄆[2] ◯遂 繼事也 受命而救邰 不受命而入鄆 惡季孫宿也

夏 晉侯使士魴來聘[3]

秋 九月 吳子乘[4]卒

冬 楚公子貞帥師侵宋

公如晉

1) 邰(태) : 좌전 경문에는 태(台)로 되어 있다. 노나라 땅 이름. 지금의 산동성 비현(費縣) 동남쪽.

2) 鄆(운) : 거(莒)나라의 고을.

3) 士魴來聘(사방래빙) : 방(魴)은 공양전 경문에는 팽(彭)으로 되어 있다. 사방이 노나라가 출병하여 정나라 정벌에 참가한 것에 대한 사례로 내방했다.

4) 吳子乘(오자승) : 오나라 군주인 자작 승(乘). 곧 오나라 왕 수몽(壽夢)이며 일명 승(乘)이라고도 한다. B.C. 585년에 즉위하여 25년 간 재위했다.

13. 양공 13년 신축(辛丑)

가. 여름에 시(邿)나라를 차지하다

13년 신축(辛丑) 봄에 양공이 진(晉)나라에서 돌아왔다.

여름에 시(邿)나라를 차지했다.

가을인 9월 경진(庚辰)일에 초나라 군주인 자작 심(審 : 공왕)

이 세상을 떠났다.
겨울에 방(防)에 성을 쌓았다.

十有三年 春 公至自晉
夏 取邿[1)]
秋 九月 庚辰 楚子審[2)]卒
冬 城防

1) 邿(시) : 작은 나라 이름. 임성(妊姓). 공양전의 경문에는 시(詩)로 되어 있으며 주루(邾婁)의 성읍(城邑)이라고 했다.
2) 楚子審(초자심) : 초나라 자작 심(審). 곧 초공왕(楚共王)이다. B.C. 590년에 즉위하여 31년 간 재위했다.

14. 양공 14년 임인(壬寅)

가. 오(吳)나라와 상(向)에서 회합하다

14년 임인(壬寅) 봄, 왕력으로 정월에 계손숙(季孫宿)과 숙로(叔老)가 진(晉)나라 사개(士匄)와 제나라 사람과 송나라 사람과 위(衛)나라 사람과 정나라 공손채(公孫蠆)와 조(曹)나라 사람과 거(莒)나라 사람과 주(邾)나라 사람과 등(滕)나라 사람과 설(薛)나라 사람과 기(杞)나라 사람과 소주(小邾)나라 사람 등과 회합하고, 오(吳)나라와 상(向)에서 회합했다.

2월 초하루인 을미(乙未)일에 일식이 있었다.

여름인 4월에 숙손표(叔孫豹)가 진(晉)나라 순언(荀偃)과 제나라 사람과 송나라 사람과 위(衛)나라 북궁괄(北宮括)과 정나라 공손채와 조나라 사람과 거나라 사람과 주(邾)나라 사람과 등나라 사람과 설나라 사람과 기(杞)나라 사람과 소주(小邾)나라 사람 등과 회합하여 진(秦)나라를 정벌했다.

기미(己未)일에 위(衛)나라 군주인 후작이 제나라로 달아났다.

거(莒)나라 사람이 우리 노나라의 동쪽 변방을 침공했다.

가을에 초(楚)나라의 공자 정(貞)이 군사를 거느리고 오(吳)나라를 정벌했다.

겨울에 계손숙(季孫宿)이 진(晉)나라 사개(士匄)와 송나라 화열(華閱)과 위(衛)나라 손임보(孫林父)와 정나라 공손채와 거(莒)나라 사람과 주(邾)나라 사람 등과 척(戚)에서 회합했다.

十有四年 春 王正月季孫宿叔老[1]會晉士匄齊人宋人衛人鄭公孫蠆[2]曹人莒人邾人滕人薛人杞人小邾人 會吳于向

二月 乙未朔 日有食之

夏 四月 叔孫豹會晉荀偃齊人宋人衛北宮括鄭公孫蠆曹人莒人邾人滕人薛人杞人小邾人 伐秦

己未 衛侯[3]出奔齊

莒人侵我東鄙

秋 楚公子貞帥師伐吳

冬 季孫宿會晉士匄宋華閱[4]衛孫林父鄭公孫蠆莒人邾人 于戚

1) 叔老(숙로) : 노나라 대부. 숙힐(叔肹)의 손자이며 자숙영제(子叔嬰齊)의 아들이며 자숙제자(子叔齊子)라고 했다.
2) 公孫蠆(공손채) : 자교(子蟜)이며 공자언(公子偃)의 아들이다. 이때 정나라의 사마(司馬)가 되었다.
3) 衛侯(위후) : 공양전의 경문(經文)에는 '위후간(衛侯衎)'으로 되어 있다. 곧 위나라 헌공(獻公)이다.
4) 華閱(화열) : 송나라 대부이며 화원(華元)의 아들이고 당시 좌사(左師)에 임명되었다.

15. 양공 15년 계묘(癸卯)

가. 향술(向戌)과 유(劉)에서 동맹을 맺다

15년 계묘(癸卯) 봄에 송나라 군주인 공작이 향술(向戌)에게 노나라를 예방하게 했다. 2월 기해(己亥)일에 향술(向戌)과 유(劉)에서 동맹을 맺었다.

유하(劉夏)가 제(齊)나라에서 왕후(王后)를 맞이했다. 유하가 왕후를 맞이하여 노나라를 지나갔으므로 기록한 것이다.

여름에 제(齊)나라 군주인 후작이 우리 노나라 북쪽의 변방을 정벌하여 성읍(成邑)을 포위하자 양공이 성읍을 구원하기 위하여 우(遇)에 이르렀다.

계손숙(季孫叔)과 숙손표(叔孫豹)가 군사를 거느리고 성읍(成邑)의 외곽 성을 쌓았다.

가을인 8월 정사(丁巳)일에 일식이 있었다.

주(邾)나라 사람이 우리 노나라의 남쪽 변방을 정벌했다.

겨울인 11월 계해(癸亥)일에 진(晉)나라 군주인 후작 주(周)가 세상을 떠났다.

十有五年 春 宋公使向戌[1]來聘 二月 己亥 及向戌盟于劉[2]

劉夏[3]逆王后于齊 ◌過我 故志之也

夏 齊侯伐我北鄙 圍成[4] 公救成 至遇[5]

季孫宿叔孫豹 帥師城成郛[6]

秋 八月 丁巳 日有食之

邾人伐我南鄙

冬 十有一月 癸亥 晉侯周[7]卒

1) 向戌(향술) : 송나라의 집정대부(執政大夫). 이때 좌사(左師)에 임명됨.

2) 劉(유) : 노나라의 땅 이름.

3) 劉夏(유하) : 유정공(劉政公). 하(夏)는 그의 이름이다.

4) 成(성) : 성(郕)이며 노(魯)나라 맹씨(孟氏)의 봉읍(封邑)이다.

5) 遇(우) : 노나라 지명.

6) 郛(부) : 외곽 성(外郭城)

7) 晉侯周(진후주) : 진(晉)나라 군주인 후작 주(周)이며 곧 도공(悼公)이다. B.C. 572년에 즉위하여 15년 간 재위했다.

16. 양공 16년 갑진(甲辰)

가. 진(晉)나라의 도공(悼公)을 장사 지내다

16년 갑진(甲辰) 봄, 왕력으로 정월에 진(晉)나라 군주인 도공(悼公)을 장사 지냈다.

3월에 양공(襄公)이 진(晉)나라 군주인 후작과 송나라 군주인 공작과 위(衛)나라 군주인 후작과 정나라 군주인 백작과 조(曹)나라 군주인 백작과 거(莒)나라 군주인 자작과 주(邾)나라 군주인 자작과 설(薛)나라 군주인 백작과 기(杞)나라 군주인 백작과 소주(小邾)나라 군주인 자작 등과 격량(溴梁)에서 회합했다.

무인(戊寅)일에 각 나라 대부들이 모여 동맹을 맺었다. 격량(溴梁)의 회합에서는 제후들이 국정을 장악하는 권위를 잃었다. 제후들의 회합에서 각 국의 대부들이 맹세를 했다고 이른 것은 국정의 권력을 대부(大夫)들이 장악하여 권력이 대부들에게 있다는 것을 뜻한 것이다. 제후들이 회합하여 있는데 '제후들의 대부'라고 이르지 않은 것은 대부가 신하가 아니라는 뜻이었다.

진(晉)나라 사람이 거(莒)나라 군주인 자작과 주(邾)나라 군주인 자작을 체포해서 돌아갔다.

제나라 군주인 후작이 우리 노나라의 북쪽 변방을 정벌했다.

여름에 양공이 회합에서 돌아왔다.

5월 갑자(甲子)일에 지진(地震)이 일어났다.

숙로(叔老)가 정나라 군주인 백작과 진(晉)나라의 순언(荀偃)과 위(衛)나라의 영식(寗殖)과 송(宋)나라 사람 등과 회합하여 허(許)나라를 정벌했다.

가을에 제나라 군주인 후작이 우리 노(魯)나라의 북쪽 변방을 정벌하여 성(成) 땅을 포위했다.

크게 기우제를 지냈다.

겨울에 숙손표(叔孫豹)가 진(晉)나라에 갔다.

十有六年 春 王正月 葬晉悼公

三月 公會晉侯宋公衛侯鄭伯曹伯莒子邾子薛伯杞伯小邾子 于湨梁[1] 戊寅 大夫盟[2] ◯湨梁之會 諸侯失正矣 諸侯會 而曰大夫盟 正在大夫也 諸侯在 而不曰諸侯之大夫 大夫不臣也

晉人執莒子邾子以歸[3]

齊侯伐我北鄙

夏 公至自會

五月 甲子 地震

叔老會鄭伯晉荀偃衛甯殖宋人 伐許

秋 齊侯伐我北鄙 圍成[4]

大雩

冬 叔孫豹如晉

1) 湨梁(격량) : 땅 이름이다. 황하(黃河)의 물줄기이다.

2) 大夫盟(대부맹) : 각 나라의 대부들이 맹세를 했다. 곧 노나라 숙손표와 진나라 순언과 송나라 향술(向戌)과 위(衛)나라 영식(甯殖)과 정나라 공손채(公孫蠆)와 소주(小邾)나라의 대부 등이 맹세를 했고 제나라의 대부 고후(高厚)는 도망하여 돌아간 사건.

3) 執莒子邾子以歸(집거자주자이귀) : 거나라 군주인 자작 이비공(犂比公)과 주(邾)나라 군주인 자작 선공(宣公)을 체포하여 돌아갔다는 뜻.

4) 成(성) : 좌전의 경문(經文)에는 성(郕)으로 되어 있다.

17. 양공 17년 을사(乙巳)

가. 제나라에서 도(桃)를 포위하다

17년 을사(乙巳) 봄, 왕력으로 2월 경오(庚午)일에 주(邾)나라 군주인 자작 한(瞷)이 세상을 떠났다.

송(宋)나라 사람이 진(陳)나라를 정벌했다.

여름에 위(衛)나라의 석매(石買)가 군사를 거느리고 조(曹)나라를 정벌했다.

가을에 제나라 군주인 후작이 우리 노(魯)나라의 북쪽 변방을 정벌하여 도(桃)를 포위했다.

제(齊)나라의 고후(高厚)가 군사를 거느리고 우리 노나라의 북쪽 변방을 정벌하여 방(防)을 포위했다.

9월에 크게 기우제를 지냈다.

송나라의 화신(華臣)이 진(陳)나라로 달아났다.

겨울에 주(邾)나라 사람이 우리 노나라의 남쪽 변방을 정벌했다.

十有七年 春 王二月 庚午 邾子瞷[1]卒

宋人伐陳

夏 衛石買[2]帥師伐曹

秋 齊侯伐我北鄙 圍桃[3]

齊高厚帥師伐我北鄙 圍防[4]

九月 大雩

宋華臣[5]出奔陳

冬 邾人伐我南鄙

1) 邾子瞷(주자한) : 주(邾)나라 자작인 한이며 선공(宣公)이다. B.C. 573년에 즉위하여 18년 간 재위했다. 좌전 경문에는 경(牼)으로 되어 있다.

2) 石買(석매) : 위나라 대부. 석공자(石共子)라고 일컫다. 석직(石稷)의 아들.

3) 桃(도) : 노나라 땅 이름. 공양전의 경문에는 조(兆)로 되어 있다.

4) 防(방) : 노나라의 땅 이름. 방(防)에는 동방(東防), 서방(西防), 북방(北防)이 있는데 여기서의 방은 북방이다.

5) 華臣(화신) : 화열(華閱)의 아우이다.

18. 양공 18년 병오(丙午)

가. 봄에 백적(白狄)이 찾아오다

18년 병오(丙午) 봄에 백적(白狄)이 찾아왔다.

여름에 진(晉)나라 사람이 위(衛)나라 행인(行人) 석매(石

買)를 체포했다. '위(衛)나라 행인(行人) 석매(石買)를 잡았다.' 고 일컬은 것은 진(晉)나라와 위나라가 화평을 맺을 때 아랫사람을 보내 진나라 군주를 접하게 한 일로 진나라에서 위나라 임금을 원망했기 때문이었다.

가을에 제나라 군주인 후작이 노나라의 북쪽 변방을 정벌했다.

겨울인 10월에 양공이 진(晉)나라 군주인 후작과 송나라 군주인 공작과 위(衛)나라 군주인 후작과 정나라 군주인 백작과 조(曹)나라 군주인 백작과 거(莒)나라 군주인 자작과 주(邾)나라 군주인 자작과 등나라 군주인 자작과 설(薛)나라 군주인 백작과 기(杞)나라 군주인 백작과 소주(小邾)나라 군주인 자작 등과 회합하여 함께 제나라의 도읍을 포위했다. 포위하지 않았는데 '위(圍)' 라고 이른 것은 제나라가 강대하고 또한 두려운 존재였기 때문이다. 강대하지 않았다면 족히 공동으로 정벌했겠는가? 제후들이 함께 하여 죄준 것은 또한 후일에 고통받을 것을 걱정해서였다.

조(曹)나라 군주인 백작 부추(負芻)가 군중(軍中)에서 세상을 떠났다. 조나라 성공(成公)이 세상을 떠난 것은 가여운 일이었다.

초나라 공자 오(午)가 군사를 거느리고 정나라를 정벌했다.

十有八年 春 白狄[1]來

夏 晉人執衛行人石買 ◌稱行人 怨接於上也

秋 齊侯[2]伐我北鄙

冬 十月 公會晉侯宋公衛侯鄭伯曹伯莒子邾子滕子薛伯杞伯小邾子 同圍齊 ◌非圍而曰圍 齊有大焉 亦有病焉 非大而足同焉 諸侯同罪之也亦病矣

曹伯負芻[3]卒于師 ◌閔之也

楚公子午[4]帥師伐鄭

1) 白狄(백적) : 적인(狄人)의 일개 부족.

2) 齊侯(제후) : 좌전이나 공양전의 경문(經文)에는 제사(齊師)로 되어 있다.

3) 負芻(부추) : 조(曹)나라 성공(成公). B.C. 577년에 즉위하여 23년 간 재위.

4) 公子午(공자오) : 초나라 영윤(令尹)이며 자경(子庚)이라고 일컫다.

19. 양공 19년 정미(丁未)

가. 진(晉)나라에서 주(邾)나라 임금을 체포하다

19년 정미(丁未) 봄, 왕력으로 정월에 제후들이 축가(祝柯)에서 동맹을 맺었다.

진(晉)나라 사람이 주(邾)나라 군주인 자작을 체포했다.

양공이 제(齊)나라를 정벌하는 일에서 돌아왔다. 춘추(春秋)의 의(義)는 이미 정벌하고 맹세를 다졌는데 다시 정벌한 것은 정벌한 일을 조묘(祖廟)에 고제(告祭)하게 된다. 맹세를 다지고 다시 정벌하지 않은 것은 회합한 일을 조묘에 고제한다. 축가(祝柯)의 맹세는 맹세를 하고 다시 제나라를 정벌한 것이었는가? 대답하기를 그러하지 않았다. 그렇다면 어찌하여 정벌한 것을 조묘(祖廟)에 고제(告祭)하였는가? 대답하기를 이는 남과 더불어 함께 한 일이며 어떤 것은 그 임금을 체포하고 어떤 것은 그 땅을 점령한 것들 때문이었다.

주(邾)나라 땅을 점령하기를 곽수부터 했다. 이는 자세하게 기록한 말이다. 그 날짜를 기록하지 않은 것은 축가(祝柯)의 맹세를 혐오한 것이었다.

十有九年 春 王正月 諸侯盟于祝柯[1] 晉人執邾子[2] 公至自伐齊 ◌春秋之義 已伐而盟 復伐者 則以伐致[3] 盟不復伐者 則以會致[4] 祝柯之盟 盟復伐齊與 曰 非也 然則何爲以伐致也 曰 與人同事 或執其君 或取其地[5]

取邾田 自漷水[6] ◌軋辭[7]也 其不日 惡盟也

1) 盟于祝柯(맹우축가) : 제나라 땅인 축가에서 맹세를 하다. 좌전에는 독양(督揚)이라고도 한다고 했다. 공양전의 경문에는 축아(祝阿)로 되어 있다.

2) 執邾子(집주자) : 주(邾)나라 군주인 자작을 체포하다. 곧 주(邾)나라 군주

가 제나라의 지시를 받아서 노나라를 누차 침범함으로써 진(晉)나라 사람이 체포한 것이다.

3) 伐致(벌치) : 양공(襄公) 11년 가을에 양공이 정나라를 정벌하기 위하여 출국하고 뒤에 경성(京城)의 북쪽에서 제후들과 맹세를 맺고 돌아와서 정나라를 정벌한 일을 조묘(祖廟)에 고제(告祭)한 일.
4) 以會致(이회치) : 양공 11년 가을에 송나라를 구원하고 제후들과 함께 정나라를 정벌했다. 뒤에 소어(蕭魚)에서 회맹하고 귀국하여 회맹한 일을 조묘(祖廟)에 고제(告祭)한 일.
5) 或取其地(혹취기지) : 노나라가 탈취한 주(邾)나라의 토지를 가리킨다.
6) 漷水(곽수) : 사수(泗水)의 지류이다. 지금은 남사하(南沙河)라고 한다.
7) 軋辭(알사) : 자세하게 곽수를 따르다. 곧 주(邾)나라 땅을 많이 점령한 것을 뜻한다.

나. 계손숙(季孫宿)이 진(晉)나라에 가다

계손숙(季孫宿)이 진(晉)나라에 갔다.

조(曹)나라의 성공(成公)을 장사 지냈다.

여름에 위(衛)나라의 손임보(孫林父)가 군사를 거느리고 제(齊)나라를 정벌했다.

가을인 7월 신묘(辛卯)일에 제나라 군주인 후작 환(環)이 세상을 떠났다.

진(晉)나라의 사개(士匃)가 군사를 거느리고 제나라를 침공하여 곡(穀)에 이르렀다가, 제나라 군주인 후작이 세상을 떠났다는 소식을 듣고는 곧 돌아갔다. '

환(還)' 이란 일을 마치지 못했다는 말이다. 군주의 명을 받아서 살아 있는 사람을 주벌하려 했는데 그가 죽어서 그의 분노를 더할 곳이 없게 되었다. 또 상사(喪事)에 정벌을 하지 않은 것은 잘한 일이다. 잘한 일인데 어찌하여 일을 마치지 못했다고 하였는가? 임금은 작은 일을 주관하지 않고 신하는 대명(大名 : 큰 명성)을 마음대로 하지 못하는 것이다. 좋은 것은 임금을 일컫고 잘못된 것은 자신을 일컬어서 곧 백성들에게 사양하는 풍토를 진작시키는 것이다.

사개(士匄)가 밖으로는 군주의 명령을 제멋대로 행하였으므로 비난받은 것이었다. 그렇다면 사개(士匄)가 마땅히 어떻게 처신해야 했는가? 제사의 터전을 잡고 휘장을 두르고 제사를 거행하고 개(介)에게 명하여 돌아가 보고하도록 했어야 했다.

8월 병진(丙辰)일에 노나라의 중손멸(仲孫蔑)이 세상을 떠났다.

제나라에서 그 대부(大夫)인 고후(高厚)를 죽였다.

정(鄭)나라에서 그 대부인 공자 가(嘉)를 죽였다.

겨울에 제(齊)나라 영공(靈公)을 장사 지냈다.

서쪽 외곽에 성을 쌓았다.

노나라의 숙손표(叔孫豹)가 진(晉)나라의 사개(士匄)를 가(柯)에서 만났다.

무성(武城) 고을에 성(城)을 쌓았다.

季孫宿如晉

葬曹成公

夏 衛孫林父帥師伐齊

秋 七月 辛卯 齊侯環[1]卒

晉士匄帥師侵齊 至穀 聞齊侯卒 乃還 ◌還者 事未畢之辭也 受命而誅生 死無所加其怒 不伐喪 善之也 善之則何爲未畢也 君不尸小事 臣不專大名 善則稱君 過則稱已 則民作讓矣 士匄外專君命 故非之也 然則爲士匄者宜奈何 宜墠帷[2]而歸命乎介

八月 丙辰 仲孫蔑卒

齊殺其大夫高厚[3]

鄭殺其大夫公子嘉[4]

冬 葬齊靈公

城西郛

叔孫豹會晉士匄于柯[5]

城武城[6]

1) 齊侯環(제후환) : 곧 제나라 영공(靈公)이다. B.C. 581년에 즉위하여 28년간 재위했다. 환(環)은 공양전의 경문에는 '원(瑗)'으로 되어 있다.
2) 墠帷(선유) : 제단을 닦고 휘장을 두르다.
3) 高厚(고후) : 제나라 대부. 좌전에는 최저(崔杼)가 죽였다고 했는데 실상은 제나라 장공(莊公)이 시켜서 죽였다고 했다.
4) 公子嘉(공자가) : 자공(子孔)이라고 일컫다. 공양전 경문에는 공자희(公子喜)라고 적혀 있다.
5) 柯(가) : 땅 이름이다.
6) 武城(무성) : 노나라 땅 이름.

20. 양공 20년 무신(戊申)

가. 거(莒)나라와 상(向)에서 맹약하다

20년 무신(戊申) 봄, 왕력으로 정월 신해(辛亥)일에 중손속(仲孫速)이 거(莒)나라 사람과 만나 상(向)에서 맹약했다.

여름인 6월 경신(庚申)일에 양공은 진(晉)나라 군주인 후작과 제(齊)나라 군주인 후작과 송(宋)나라 군주인 공작과 위(衛)나라 군주인 후작과 정(鄭)나라 군주인 백작과 조(曹)나라 군주인 백작과 거(莒)나라 군주인 자작과 주(邾)나라 군주인 자작과 등(滕)나라 군주인 자작과 설(薛)나라 군주인 백작과 기(杞)나라 군주인 백작과 소주(小邾)나라 군주인 자작 등과 회합하여 전연(澶淵)에서 동맹을 맺었다.

가을에 양공이 회합에서 돌아왔다.

중손속(仲孫速)이 군사를 거느리고 주(邾)나라를 정벌했다.

채(蔡)나라에서 그 대부(大夫)인 공자 습(濕)을 죽였다. 채나라 공자 이(履)가 초(楚)나라로 달아났다.

진(陳)나라 군주인 후작의 아우 광(光)이 초(楚)나라로 달아났다. 제후의 존귀함은 형제라고 해서 일상적인 방법으로 소속되어지는 것을 얻지는 못한다. 그런데 그 '제(弟)' 라고 이른 것은 친함으로 한 것이다. 친한데 달아났다는 말을 쓴 것은 진(陳)나라의 후작을 미워한 것이었다.

숙로(叔老)가 제나라에 갔다.

겨울인 10월 초하루 병진(丙辰)일에 일식이 있었다. 계손숙(季孫叔)이 송(宋)나라에 갔다.

二十年 春 王正月 辛亥 仲孫速[1] 會莒人盟于向[2]

夏 六月 庚申 公會晉侯齊侯宋公衛侯鄭伯曹伯莒子邾子滕子薛伯杞伯小邾子 盟于澶淵[3]

秋 公至自會

仲孫速帥師伐邾

蔡殺其大夫公子濕[4] 蔡公子履[5] 出奔楚

陳侯之弟光[6] 出奔楚 ◌諸侯之尊 弟兄不得以屬通 其弟云者 親之也 親而奔之 惡也

叔老如齊

冬 十月 丙辰 朔 日有食之 季孫宿如宋

1) 仲孫速(중손속) : 맹장자(孟莊子)라고 일컫다. 노나라 환공(桓公)의 아들 경보(慶父)의 후손이다. 공양전의 경문에는 속(速)이 속(遬)으로 되어 있다. 아래도 동일하다.

2) 向(상) : 거나라의 고을 이름.

3) 澶淵(전연) : 위(衛)나라의 호택(湖澤)의 이름이다.

4) 公子濕(공자습) : 좌전의 경문에는 공자섭(公子燮)으로 되어 있다. 곧 채(蔡)나라 장공(莊公)의 아들이다.

5) 公子履(공자이) : 공자습(公子濕)의 동모(同母)의 아우.

6) 陳侯之弟光(진후지제광) : 진(陳)나라 군주의 아우 광(光). 좌전 경문에는 황(黃)으로 되어 있다. 공자 황이 달아나려 할 때 도읍 안에서 소리를 질러 말하기를 "경씨(慶氏)들은 무도하여 진(陳)나라를 독단하려 하고 군주를 멸시하여 그 친족을 제거한다. 그들이 5년 안에 멸망하지 않으면 하늘은 없는 것이다."라고 했다.

21. 양공 21년 기유(己酉)

가. 주(邾)나라 서기(庶其)가 도망해 오다

21년 기유(己酉) 봄, 왕력으로 정월에 양공이 진(晉)나라에 갔다.

주(邾)나라의 서기(庶其)가 주나라의 칠(漆)과 여구(閭丘) 땅을 가지고 노나라로 도망해 왔다. 경문(經文)에 '이(以)'란 '이(以)'로써 아니한 것이다. '내분(來奔)'이란 '나간' 것을 말하는 것이 아니고 그가 우리 노나라와 접한 것을 거론한 것이다. 칠(漆)과 여구(閭丘) 땅을 '급(及)'이라고 말하지 않은 이유는 작은 것과 큰 것이 대등해지기 때문이었다.

여름에 양공이 진(晉)나라에서 돌아왔다.

가을에 진(晉)나라의 난영(欒盈)이 초(楚)나라로 달아났다.

9월 초하루인 경술(庚戌)일에 일식이 있었다.

겨울인 10월 초하루 경진(庚辰)일에 일식이 있었다.

조(曹)나라 군주인 백작이 노(魯)나라를 찾아왔다.

양공이 진(晉)나라 군주인 후작과 제나라 군주인 후작과 송나라 군주인 공작과 위(衛)나라 군주인 후작과 정나라 군주인 백작과 조(曹)나라 군주인 백작과 거(莒)나라 군주인 자작과 주(邾)나라 군주인 자작 등과 상임(商任)에서 회합을 가졌다.

경자(庚子)일에 공자(孔子)가 탄생했다.

二十有一年 春 王正月 公如晉[1)]

邾庶其[2)]以漆閭丘[3)]來奔 ◌以者 不以者也 來奔者不言出 擧其接我者也 漆閭丘不言及 小大敵[4)]也

夏 公至自晉

秋 晉欒盈[5)]出奔楚

九月 庚戌 朔 日有食之

冬 十月 庚辰 朔 日有食之
曹伯來朝
公會晉侯齊侯宋公衛侯鄭伯曹伯莒子邾子 于商任[6]
庚子 孔子生[7]

1) 公如晉(공여진) : 양공이 진(晉)나라에 가다. 곧 진(晉)나라가, 노나라가 주(邾)나라 땅을 취득하도록 방해해 준 것에 대한 답방(答訪)이었다.
2) 庶其(서기) : 주(邾)나라의 대부.
3) 漆閭丘(칠여구) : 칠과 여구는 주(邾)나라의 땅 이름이다.
4) 敵(적) : 대등해진 것.
5) 欒盈(난영) : 진(晉)나라의 공족대부(公族大夫)이고 난염(欒黶)의 아들이며 난회자(欒懷子)라고 일컫다. 자세한 내용은 좌전에 있다.
6) 商任(상임) : 땅 이름이다.
7) 孔子生(공자생) : 공자의 이름은 구(丘). 이 경문(經文) 글자의 진실성에 의문이 있다. 좌전 경문에는 이 글자가 없고 공양전에는 '십유일월(十有一月)'의 네 글자가 있다. '사기(史記)' 공자세가(孔子世家)에는 공자는 노나라 양공 22년, B.C. 551년에 태어났다고 했다. 일반적으로 사기의 설을 따른다.

22. 양공 22년 경술(庚戌)

가. 숙로(叔老)가 세상을 떠나다

22년 경술(庚戌) 봄, 왕력으로 정월에 양공이 회합에서 돌아왔다.

여름인 4월이다.

가을인 7월 신유(辛酉)일에 숙로(叔老)가 세상을 떠났다.

겨울에 양공이 진(晉)나라 군주인 후작과 제나라 군주인 후작과 송(宋)나라 군주인 공작과 위(衛)나라 군주인 후작과 정나라 군주인 백작과 조(曹)나라 군주인 백작과 거(莒)나라 군주인 자작과 주(邾)나라 군주인 자작과 등나라 군주인 자작과 설나라 군주인 백작과 기(杞)나라 군주인 백작과 소주(小邾)나라 군주인 자작 등과 사수(沙隨)에서 회합했다.
양공이 회합에서 돌아왔다.
초(楚)나라에서 그 대부(大夫)인 공자 추서(追舒)를 죽였다.

二十有二年 春 王正月 公至自會
夏 四月
秋 七月 辛酉 叔老卒
冬 公會晉侯齊侯宋公衛侯鄭伯曹伯莒子邾子滕子薛伯杞伯小邾子 于沙隨[1]
公至自會
楚殺其大夫公子追舒[2]

1) 沙隨(사수) : 땅 이름. 현 하남성(河南省) 영릉(寧陵) 부근의 지명.
2) 公子追舒(공자추서) : 자남(子南)이며 초나라의 영윤(令尹)이다. 자세한 내용은 좌전에 기록이 있다.

23. 양공 23년 신해(辛亥)

가. 기(杞)나라 군주 개(匄)가 세상을 떠나다

23년 신해(辛亥) 봄, 왕력으로 2월 계유(癸酉)일인 초하루에 일식(日蝕)이 있었다.
3월 기사(己巳)일에 기(杞)나라 군주인 백작 개(匄)가 세상을 떠났다.
여름에 주(邾)나라 비아(畀我)가 우리 노나라로 도망해 왔다.
기(杞)나라의 효공(孝公)을 장사 지냈다.
진(陳)나라에서 그 대부인 경호(慶虎)와 경인(慶寅)을 죽였다. 국가를 일컬어서 죽였다는 것은 군주에 연루되어서 죄를 받은 것이다. '급경인(及慶寅)'이라고 경문에 쓴 것은 경인이 경호(慶虎)의 죄에 연루된 것이다.

진(陳)나라 군주인 후작의 아우 광(光)이 초(楚)나라에서 진(陳)나라로 돌아갔다.

진(晉)나라의 난영(欒盈)이 다시 진(晉)나라로 들어가 곡옥(曲沃)으로 들어갔다.

二十有三年 春 王二月 癸酉 朔 日有食之

三月 己巳 杞伯匄[1]卒

夏 邾畀我[2]來奔

葬杞孝公

陳殺其大夫慶虎及慶寅[3] ◌稱國以殺 罪累上也 及慶寅 慶寅累也

陳侯之弟光 自楚歸于陳

晉欒盈復入于晉 入于曲沃[4]

1) 杞伯匄(기백개) : 곧 기(杞)나라 효공(孝公)이며 B.C. 566년에 즉위하여 17년 간 재위했다.

2) 畀我(비아) : 주(邾)나라 대부. 공양전 경문에는 '비아(鼻我)'로 되어 있다.

3) 慶虎及慶寅(경호급경인) : 경호와 경인은 진(陳)나라 대부들. 초나라에 반기를 들고 성을 쌓았는데 성에 사고가 발생하여 공인(工人)들을 처벌하자 일꾼들이 경호와 경인을 죽였다.

4) 曲沃(곡옥) : 새로 쌓은 성의 이름. 곡옥은 진(晉)나라의 별도(別都)였다.

나. 숙손표(叔孫豹)가 진(晉)나라를 구원하다

가을에 제(齊)나라 군주인 후작이 위(衛)나라를 정벌하고 이어서 진(晉)나라를 정벌했다.

8월에 노(魯)나라의 숙손표(叔孫豹)가 군사를 거느리고 진(晉)나라를 구원하여 진나라 옹유(雍渝)에 주둔했다. 경문(經文)에 '구원하고 뒤에 주둔했다.'고 한 말은 구원해준 것이 진심으로 한 것이 아니라는 뜻이다.

기묘(己卯)일에 노나라 중손속(仲孫速)이 세상을 떠났다.

겨울인 10월 을해(乙亥)일에 노나라의 장손흘(臧孫紇)이 주

(邾)나라로 달아났다. 장손흘이 달아난 날짜를 쓴 것은 장손흘이 죄가 있어서 달아난 것을 증명하기 위해서였다. 거백옥(蘧伯玉)이 이르기를 "바른 도로써 그 군주를 섬기지 않은 자이니 그는 달아난 것인저!"라고 했다.

진(晉)나라 사람이 난영(欒盈)을 죽였다. 이는 난영을 미워한 것이며 진(晉)나라의 대부의 직위를 인정하지 않은 것이었다.

제(齊)나라 군주인 후작이 거(莒)나라를 습격했다.

秋 齊侯伐衛 遂伐晉

八月 叔孫豹帥師救晉 次于雍渝[1] ◌言救後次 非救也

己卯 仲孫速卒

冬 十月乙亥 臧孫紇出奔邾[2] ◌其日 正[3]臧孫紇之出也 蘧伯玉曰 不以道事其君者其出乎

晉人殺欒盈 ◌惡之 弗有[4]也

齊侯襲莒

1) 雍渝(옹유) : 진(晉)나라 땅 이름. 좌전 경문에는 옹유(雍榆)로 되어 있다.

2) 臧孫紇出奔邾(장손흘출분주) : 장손흘이 주(邾)나라로 달아나다. 좌전에 상세한 내용이 있다.

3) 正(정) : 증(證)과 같다.

4) 弗有(불유) : 다른 경문(經文)에는 '살기대부(殺其大夫)' 라고 하지 않고 '난영(欒盈)' 의 이름을 거론한 것은 그가 진(晉)나라의 대부로 있는 것을 인정하지 않았다는 뜻.

24. 양공 24년 임자(壬子)

가. 중손갈(仲孫羯)이 제나라를 침공하다

24년 임자(壬子) 봄에 노(魯)나라의 숙손표(叔孫豹)가 진(晉)나라에 갔다.

노나라의 중손갈(仲孫羯)이 군사를 거느리고 제(齊)나라를 침공했다.

여름에 초(楚)나라 군주인 자작이 오(吳)나라를 정벌했다.

가을인 7월 초하루 갑자(甲子)일에 일식이 있었는데 개기식(皆既蝕)이었다.

제(齊)나라의 최저(崔杼)가 군사를 거느리고 거(莒)나라를 정벌했다.

홍수가 났다.

8월 초하루인 계사(癸巳)일에 일식이 있었다.

양공이 진(晉)나라 군주인 후작과 송(宋)나라 군주인 공작과 위(衛)나라 군주인 후작과 정(鄭)나라 군주인 백작과 조(曹)나라 군주인 백작과 거(莒)나라 군주인 자작과 주(邾)나라 군주인 자작과 등나라 군주인 자작과 설(薛)나라 군주인 백작과 기(杞)나라 군주인 백작과 소주(小邾)나라 군주인 자작 등과 이의(夷儀)에서 회합했다.

二十有四年 春 叔孫豹如晉[1)]

仲孫羯[2)]帥師侵齊

夏 楚子伐吳[3)]

秋 七月 甲子 朔 日有食之 旣[4)]

齊崔杼帥師伐莒

大水

八月 癸巳 朔 日有食之

公會晉侯宋公衛侯鄭伯曹伯莒子邾子滕子薛伯杞伯小邾子 于夷儀[5)]

1) 如晉(여진) : 진(晉)나라의 난씨(欒氏)의 난(亂)이 평정된 것을 축하하기 위하여 갔다.

2) 仲孫羯(중손갈) : 중손속(仲孫速)의 아들이며 맹효백(孟孝伯)이라고 일컫고 노나라 맹손씨(孟孫氏)의 계승인이다.

3) 楚子伐吳(초자벌오) : 초나라가 수군(水軍)으로 오(吳)나라를 공격했으나

전공을 거두지 못하고 돌아간 일.

4) 既(기) : 개기일식(皆既日蝕). 개기식(皆既蝕).

5) 夷儀(이의) : 땅 이름. 형(邢)나라 땅이었다.

나. 숙손표(叔孫豹)가 경사(京師)에 가다

겨울에 초(楚)나라 군주인 자작과 채(蔡)나라 군주인 후작과 진(陳)나라 군주인 후작과 허(許)나라 군주인 남작 등이 정(鄭)나라를 정벌했다.

양공이 회합에서 돌아왔다.

진(陳)나라의 겸의구(鍼宜咎)가 초나라로 달아났다.

숙손표(叔孫豹)가 경사(京師)에 갔다.

큰 기근(饑饉)이 들었다. 오곡(五穀)이 익지 않은 것을 '대기(大饑)'라고 한다. 오곡 가운데 한 종류의 곡식이 익지 않은 것을 '겸(嗛 : 흉년 들다)'이라 이르고 오곡(五穀) 가운데 두 종류의 곡식이 익지 않은 것을 '기(饑)'라고 이르고 오곡 가운데 세 종류의 곡식이 익지 않은 것을 '근(饉)'이라고 이르고 오곡 가운데 네 종류의 곡식이 익지 않은 것을 '강(康)'이라고 이르고 오곡이 익지 않은 것을 '대침(大侵)'이라고 이른다. 대침(大侵)의 예(禮)는 임금은 식사에는 두 가지의 맛을 겸하여 놓지 않고 대사(臺榭 : 망루)는 꾸미지 않고 활쏘는 대회를 열지 않고 궁정의 길을 수리하거나 닦지 않으며 모든 관리들은 질서를 지켜서 근무하고 새로 신설하지 않으며 귀신에게 빌어 기도하되 제수품을 사용하여 제사를 지내지 않는다. 이러한 것이 대침(大侵)의 예(禮)이다.

冬 楚子蔡侯陳侯許男 伐鄭[1]

公至自會

陳鍼宜咎[2]出奔楚

叔孫豹如京師

大饑 ◌五穀不升[3]爲大饑 一穀不升謂之嗛[4] 二穀不升謂之饑 三

穀不升謂之饉 四穀不升謂之康[5] 五穀不升謂之大侵[6] 大侵之禮 君食不兼味 臺榭不塗 弛侯[7] 廷道不除[8] 百官布而不制 鬼神禱而不祀 此大侵之禮也

1) 伐鄭(벌정) : 초나라에서 자신의 부용국인 진(陳)과 채(蔡)와 허(許)나라를 소집하여 정나라를 침략하다.
2) 鍼宜咎(겸의구) : 진(陳)나라 대부인 경호(慶虎)와 경인(慶寅)과 함께 한 당(黨).
3) 不升(불승) : 곡식이 익지 않았다는 뜻.
4) 嗛(겸) : 흉년이 들다의 뜻.
5) 康(강) : 강(糠)과 통하고 쭉정이의 뜻. 또는 공(空)이나 황(荒)의 뜻.
6) 大侵(대침) : 황년(荒年).
7) 弛侯(이후) : 활쏘기 대회를 하지 않다. 이(弛)는 폐(廢)와 같다. 후(侯)는 사후(射侯). 곧 옛날에 거행하는 사례를 취소하는 일.
8) 除(제) : 수정(修整)하여 깨끗하게 하다.

25. 양공 25년 계축(癸丑)

가. 최저(崔杼)가 군주를 시해하다

25년 계축(癸丑) 봄에 제(齊)나라의 최저(崔杼)가 군사를 거느리고 우리 노(魯)나라의 북쪽 변방을 정벌했다.

여름인 5월 을해(乙亥) 일에 제(齊)나라의 최저(崔杼)가 그 군주인 광(光)을 시해(弑害)했다. 이는 제나라의 장공(莊公)이 말을 잘못하였을 뿐만 아니라 최저(崔杼)의 아내와 간통하고 너무 지나친 행동을 하였기 때문이었다.

양공이 진(晉)나라 군주인 후작과 송나라 군주인 공작과 위(衛)나라 군주인 후작과 정나라 군주인 백작과 조(曹)나라 군주인 백작과 거(莒)나라 군주인 자작과 주(邾)나라 군주인 자작과 등(滕)나라 군주인 자작과 설(薛)나라 군주인 백작과 기(杞)나라 군주인 백작과 소주(小邾)나라 군주인 자작 등과 이의(夷儀)에서 회합했다.

6월 임자(壬子)일에 정나라의 공손사지(公孫舍之)가 군사를 거느리고 진(陳)나라로 쳐들어갔다.

가을인 8월 기사(己巳)일에 제후들이 중구(重丘)에서 동맹을 맺었다. 양공이 회합에서 돌아왔다.

위(衛)나라 군주인 후작이 이의(夷儀)로 들어갔다.

초(楚)나라의 굴건(屈建)이 군사를 거느리고 서구(舒鳩)를 멸망시켰다.

二十有五年 春 齊崔杼帥師伐我北鄙[1]

夏 五月 乙亥 齊崔杼弑其君光[2] ◌莊公失言 淫于崔氏[3]

公會晉侯宋公衛侯鄭伯曹伯莒子邾子滕子薛伯杞伯小邾子 于夷儀

六月 壬子 鄭公孫舍之[4]帥師入陳

秋 八月 己巳 諸侯同盟于重丘[5] 公至自會

衛侯入于夷儀

楚屈建[6]帥師滅舒鳩[7]

1) 伐我北鄙(벌아북비) : 우리의 북쪽 변방을 침공했다. 곧 24년에 중손갈(仲孫羯)이 제나라를 침공한데 대한 보복으로 제나라의 최저(崔杼)가 군사를 이끌고 와서 침공했다.

2) 其君光(기군광) : 그 군주인 광(光)은, 제나라 장공(莊公)이다. 제나라 장공이 즉위한 뒤부터 행동이 방탕하고 사특한 행동을 거리낌없이 행했다. 최저는 오래 전부터 권력을 찬탈할 마음을 가지고 있었는데 장공이 최저의 아내인 당강(棠姜)과 간통하였으므로 최저가 그것을 빌미로 장공을 죽였다.

3) 淫于崔氏(음우최씨) : 최씨는 곧 당강(棠姜)을 뜻한다. 당강은 본래 제나라 당공(棠公)의 아내였는데 당공이 죽자 최저가 그의 미모를 탐내 그 당공의 처를 아내로 맞이했다. 더 자세한 내용은 좌전에 기재되어 있다.

4) 公孫舍之(공손사지) : 정(鄭)나라 집정대부(執政大夫)인 자전(子展).

5) 重丘(중구) : 제나라의 땅 이름.

6) 屈建(굴건) : 초나라의 영윤(令尹).

7) 舒鳩(서구) : 서인(舒人)의 한 갈래이다. 서구는 초나라의 소속이었으나 이때 서구가 초나라를 배반했으므로 굴건이 서구를 멸망시켰다.

나. 공손하(公孫夏)가 진(陳)나라를 정벌하다

겨울에 정(鄭)나라 공손하(公孫夏)가 군사를 거느리고 진(陳)나라를 정벌했다.

12월에 오(吳)나라 군주인 자작 알(謁 : 諸樊)이 초(楚)나라를 정벌하는데 소(巢) 땅을 공격하다가 세상을 떠났다. 오(吳)나라 군주인 자작이 초나라를 정벌하는 일에서 그의 길목인 소(巢) 땅을 공격하다가 세상을 떠났다고 했는데 '우소(于巢)'란 초나라의 밖에 있었다는 뜻이다. '문우소(門于巢)'는 이에 초나라를 정벌하려고 한 것이다.

제후는 살아서는 이름을 쓰지 않는데, 죽은 자의 이름을 취하여 '벌초(伐楚)' 위에 올린 것은 초나라를 정벌하다가 죽었다는 것을 나타내기 위해서였다. 그가 초나라를 정벌하다가 죽었다는 것을 나타냈다는 것은 무슨 뜻인가? 옛날에는 대국(大國)이 소읍(小邑)을 지나갈 경우 소읍(小邑)에서는 반드시 성의 방비를 완료하고 소읍에 무슨 잘못이 있는지를 묻는 것이 예(禮)였다.

오(吳)나라 군주인 자작 알(謁)이 초나라를 정벌하려 할 때 소(巢) 땅에 이르러 그 성문으로 쳐들어가자 성문을 지키는 사람이 오나라 군주인 자작을 활로 쏘았다. 오나라 군주는 화살에 상처를 입고 막사(幕舍)로 돌아와서 죽었다.

옛날에는 비록 문사(文事)만 있을지라도 반드시 군사(軍事)를 갖추어 둠이 있었다.

소(巢) 땅이 성의 방비를 하지 않고 죄를 청한 것을 비난하고, 오(吳)나라 군주인 자작의 경솔함을 책망한 것이다.

冬 鄭公孫夏[1]帥師伐陳

十有二月 吳子謁[2]伐楚 門于巢[3] 卒 ◯以伐楚之事 門于巢 卒也 于

巢者 外乎楚也 門于巢 乃伐楚也 諸侯不生名 取卒之名 加之伐楚之上者 見以伐楚卒也 其見以伐楚卒 何也 古者大國過小邑 小邑必飾城[4]而請罪 禮也 吳子謁伐楚 至巢 入其門 門人射吳子 有矢創 反舍而卒 古者雖有文事 必有武備 非巢之不飾城而請罪 非吳子之自輕也

1) 公孫夏(공손하) : 정(鄭)나라의 집정대부(執政大夫)이며 자서(子西)라고 일컫다. 공양전의 경문에는 공손채(公孫蠆)로 되어 있는데 잘못이라 했다.
2) 吳子謁(오자알) : 오(吳)나라 군주인 자작 알(謁)이며 자(字)는 제번(諸樊)이다. 알은 이름이다. 좌전에는 알(遏)이라고 했다.
3) 巢(소) : 언성(偃姓). 일설에는 서인(舒人)이 건립한 나라라고 함. 초나라 땅.
4) 飾城(식성) : 성의 수비를 완전하게 갖추다. 곧 성의 힘을 과시하는 일.

26. 양공 26년 갑인(甲寅)

가. 위(衛)나라 영희(甯喜)가 군주를 시해하다

26년 갑인(甲寅) 봄, 왕력으로 2월 신묘(辛卯)일에 위(衛)나라의 영희(甯喜)가 그의 군주인 표(剽)를 시해했다. 이는 올바른 일이 아닌데 그 날짜를 기록한 까닭은 무엇인가? 이는 영희(甯喜)의 부친인 영식(甯殖)이 공자 표(公子剽)를 군주로 세우라고 했는데 영희가 헌공을 군주로 받든 것은 예에 합당한 것이었기 때문이다. 그래서 날짜를 기록한 것이다.

위(衛)나라의 손임보(孫林父)는 척(戚)으로 들어갔다가 나라를 배반했다.

갑오(甲午)일에 위나라 군주인 후작 간(衎)이 다시 위나라로 돌아갔다. 경문(經文)에 헌공(獻公)이 돌아간 날짜를 기록한 것은 위나라 상공(殤公)이 살해되었다는 것을 나타낸 것이다.

여름에 진(晉)나라 군주인 후작이 순오(荀吳)에게 우리 노나라를 예방하게 했다.

양공이 진(晉)나라 사람과 정(鄭)나라 양소(良霄)와 송나라 사람과 조(曹)나라 사람 등과 전연(澶淵)에서 회합했다.

가을에 송나라 군주인 공작이 그의 세자인 좌(座)를 죽였다.

진(晉)나라 사람이 위(衛)나라 영희(寗喜)를 체포했다.

8월 임오(壬午)일에 허(許)나라 군주인 남작 영(寗)이 초나라에서 세상을 떠났다.

겨울에 초나라 군주인 자작과 채나라 군주인 후작과 진(陳)나라 군주인 후작이 정나라를 정벌했다.

허(許)나라의 영공(靈公)을 장사 지냈다.

二十有六年 春 王二月 辛卯 衛寗喜[1]弑其君剽 ◌此不正 其日何也 殖也立之 喜也君之 正也

衛孫林父入于戚以叛[2]

甲午 衛侯衎[3]復歸于衛 ◌日歸 見知弑也

夏 晉侯使荀吳[4]來聘

公會晉人鄭良霄宋人曹人 于澶淵

秋 宋公殺其世子座[5]

晉人執衛寗喜

八月 壬午 許男寗[6]卒于楚

冬 楚子蔡侯陳侯 伐鄭[7]

葬許靈公

1) 寗喜(영희) : 위(衛)나라 집정대부(執政大夫)였으며 영식(寗殖)의 아들이다. 도자(悼子)라고 일컫는다.

2) 以叛(이반) : 배반하다. 손임보(孫林父)가 척(戚) 땅으로 가 진(晉)나라로 도망했다가 위나라를 배반했다.

3) 衎(간) : 위(衛)나라 헌공(獻公)의 이름이다.

4) 荀吳(순오) : 진(晉)나라의 대부 중행목자(中行穆子). 위(衛)나라의 손임보(孫林父)가 진(晉)나라로 도망하였다. 그는 영희(寗喜)가 임금을 시해한 사건을 설명하였다. 이때 진나라의 평공(平公)이 이로 인하여 제후들을 소집하여 정벌하려는데 순오(荀吳)를 노나라에 파견하여 출병을 요청한 것.

5) 世子座(세자좌) : 송(宋)나라 평공(平公)의 태자이다. 좌전과 공양전에는 좌가 좌(痤)로 되어 있다.

6) 許男甯(허남영) : 허나라 군주인 남작 영(甯). 허나라의 영공(靈公)이다.

7) 伐鄭(벌정) : 정나라를 정벌하다. 이는 허(許)나라의 영공(靈公)의 청(請)에 의하여 정벌하다.

27. 양공 27년 을묘(乙卯)

가. 제(齊)나라 경봉(慶封)이 예방하다

27년 을묘(乙卯) 봄에 제나라 군주인 후작이 경봉(慶封)을 노나라에 보내 예방하게 했다.

여름에 숙손표(叔孫豹)가 진(晉)나라의 조무(趙武)와 초(楚)나라의 굴건(屈建)과 채(蔡)나라의 공손 귀생(公孫歸生)과 위(衛)나라의 석악(石惡)과 진(陳)나라의 공환(孔奐)과 정나라의 양소(良霄)와 허(許)나라 사람과 조(曹)나라 사람 등과 송(宋)나라에서 회합했다.

위(衛)나라에서 그 대부인 영희(甯喜)를 죽였다. 국가를 일컬어서 대부를 죽였다고 하는 것은 군주에게 누를 끼쳤기 때문에 죄를 준 것이다. 영희(甯喜)가 임금을 시해했는데 그 군주에게 누를 끼쳤다는 언사로써 말한 것은 무슨 뜻이가? 일찍이 영희가 대부가 되어서 군주와 함께 하여 국가의 일을 관여했다. 영희가 헌공(獻公)으로 말미암아서 상공(殤公)을 시해했는데 군주를 시해한 죄로써 죄를 주지 않은 것은 위나라의 헌공을 미워해서이다.

二十有七年 春 齊侯使慶封來聘[1]

夏 叔孫豹會晉趙武[2] 楚屈建[3] 蔡公孫歸生 衛石惡 陳孔奐[4] 鄭良霄 許人 曹人 于宋

衛殺其大夫甯喜[5] ◌稱國以殺 罪累上也 甯喜弑君 其以累上之辭

言之 何也 嘗爲大夫 與之涉公事矣 寗喜由君弑君[6] 而不以弑君之罪罪之者 惡獻公也

1) 慶封來聘(경봉내빙) : 경봉이 와서 예방하다. 곧 제나라의 최저(崔杼)가 제나라 장공(莊公)을 시해한 뒤에 공자 저구(公子杵臼)를 세워서 군주를 삼았는데 이가 제나라 경공(景公)이다. 경공이 즉위한 뒤에는 노나라와 우호를 다지기 위하여 내방한 것이다.
2) 晉趙武(진조무) : 진(晉)나라의 집정(執政) 대부.
3) 楚屈建(초굴건) : 초나라의 영윤(令尹)인 자목(子木)이다.
4) 陳孔奐(진공환) : 진(陳)나라의 공환. 공양전의 경문에는 공원(孔爰)으로 되어 있다.
5) 寗喜(영희) : 위나라 헌공(獻公)이 다시 즉위한 뒤에 영희가 전권(全權)을 행사하는 것을 보고 몰래 공손면여(公孫免餘)를 시켜서 영희와 우재곡(右宰谷)을 살해하게 했다.
6) 由君弑君(유군시군) : 위(衛)나라의 헌공(獻公)으로 인하여 상공(殤公)을 시해하다의 뜻.

나. 위(衛)나라의 전(專)이 진나라로 달아나다

위(衛)나라 군주인 후작의 아우 전(專)이 진(晉)나라로 달아났다. 전(專)은 영희(寗喜)의 무리이다. 전(專)이 영희의 무리가 된 것은 무엇 때문인가? 자신이 그 형을 급하게 받아들이기 위하여 남의 신하와 그 임금을 시해하는 일을 함께 했으니 공자 전(專)도 또한 임금을 시해한 자가 된 것이다.

그런데 공자 전(專)을 헌공(獻公)의 동생이라고 이른 것은 무슨 뜻인가? 공자 전은 믿음이 있는 자였다. 군주의 뇌물이 영희에게는 들어가지 않고 영희를 살해했으니 이는 임금이 영희에게 올바르지 못한 것이었다. 그러므로 공자 전(專)은 진(晉)나라로 달아나서 한단(邯鄲)에서 신을 짜서 생계를 유지하고 종신(終身)토록 위(衛)나라에 대하여 말을 하지 않았다. 공자 전이 진(晉)나라로 떠난 것은 춘추(春秋)의 의(義)에 합당한 것이었다.

가을인 7월 신사(辛巳)일에 숙손표(叔孫豹)가 제후들의 대부들과 송(宋)나라에서 동맹을 맺었다. 격량(湨梁)의 모임에서는 제후들이 있었는데 '제후의 대부들' 이라고 이르지 않은 것은 대부들을 신하로 여기지 않은 것이며 진(晉)나라의 조무(趙武)를 부끄럽게 만든 것이다.

'표(豹)' 라고 이른 것은 공손하다는 뜻이다. '제후들이 있지 않았는데도 제후의 대부들이라고 이른 것' 은 대부들을 신하로 여긴 것이며 그 신하들도 공손하게 다룬 것이었다. 이는 진(晉)나라의 조무(趙武)를 위한 모임이었기 때문이다.

겨울인 12월 을해(乙亥)일인 초하루에 일식이 있었다.

衛侯之弟專[1] 出奔晉 ◌專 喜之徒也 專之爲喜之徒 何也 己雖急納其兄 與人之臣謀弑其君 是亦弑君者也 專其曰弟 何也 專有是信[2]者 君賂不入乎喜而殺喜 是君不直[3]乎喜也 故出奔晉 織絇[4]邯鄲 終身不言衛 專之去 合乎春秋

秋 七月 辛巳 豹[5]及諸侯之大夫盟于宋 ◌湨梁之會[6] 諸侯在而不曰諸侯之大夫 大夫不臣也 晉趙武恥之 豹云者 恭也 諸侯不在而曰諸侯之大夫 大夫臣也 其臣恭也 晉趙武爲之會也

冬 十有二月 乙亥 朔 日有食之

1) 專(전) : 위(衛)나라 헌공(獻公)의 아우이고 자선(子鮮)이라고 일컫다.

2) 有是信(유시신) : 위(衛)나라 헌공이 공자 전(專)을 영희(甯喜)에게 파견하여 자신의 복위를 청구할 때 자신의 복위를 시켰준다는 응답을 해주면 장차 영희에게 후례(厚禮)한다고 했다. 이러한 조건으로 공자 전이 영희와 약정을 하고 헌공을 복위시켰는데 헌공이 복위되자 언약을 이행하지 않고 도리어 영희를 살해한 것을 뜻한다.

3) 直(직) : 신용을 지키다.

4) 絇(구) : 가죽신의 장식물.

5) 豹(표) : 곧 노(魯)나라의 대부 숙손표이다.

6) 湨梁之會(격량지회) : 양공 16년 3월에 양공과 진(晉)나라 후작 등 9개 제후들이 격량에서 모였던 일.

28. 양공 28년 병진(丙辰)

가. 봄에 얼음이 얼지 않다

28년 병진(丙辰) 봄에 얼음이 얼지 않았다.
여름에 위(衛)나라의 석악(石惡)이 진(晉)나라로 달아났다.
주(邾)나라 군주인 자작이 찾아왔다.
가을인 8월에 크게 기우제를 지냈다.
중손갈(仲孫羯)이 진(晉)나라에 갔다.
겨울에 제(齊)나라의 경봉(慶封)이 노나라로 도망해 왔다.
11월에 양공(襄公)이 초(楚)나라로 갔다.
12월 갑인(甲寅)일에 천자(天子)가 붕어했다.
을미(乙未)일에 초나라 군주인 자작 소(昭)가 세상을 떠났다.

二十有八年 春 無氷
夏 衛石惡[1] 出奔晉
邾子來朝
秋 八月 大雩
仲孫羯如晉
冬 齊慶封來奔[2]
十有一月 公如楚
十有二月 甲寅 天王崩[3]
乙未 楚子昭卒[4]

1) 石惡(석악) : 위(衛)나라의 대부(大夫).
2) 慶封來奔(경봉내분) : 제나라의 경봉(慶封)이 도망해 오다. 경봉은 제나라의 당국(當國)으로 사냥과 술을 즐겼다. 제나라의 귀족인 난씨(欒氏), 고씨(高氏), 진씨(陳氏), 포씨(鮑氏) 등 네 집안에게 한꺼번에 공격받아서 노나라로 도망해 왔다가 뒤에 또 오나라로 달아났다.

3) 天王崩(천왕붕) : 주(周)나라 영왕(靈王)이 붕어하다. B.C. 571년에 즉위하여 27년 간 재위했다.
4) 楚子昭卒(초자소졸) : 초(楚)나라 자작인 소(昭)가 졸하다. 곧 초나라 강왕(康王)이며 B.C. 559년에 즉위하여 15년 간 재위했다.

29. 양공 29년 정사(丁巳)

가. 위(衛)나라 군주가 세상을 뜨다

29년 정사(丁巳) 봄, 왕력으로 정월에 양공은 초(楚)나라에 머물러 있었다. 이때는 양공의 신세가 가련한 상태였었다.

여름인 5월에 양공이 초나라에서 돌아왔다. 돌아온 것을 기뻐한 것이다. 군주가 돌아와서 조묘(祖廟)에 고제(告祭)하는 것은 그가 초나라에 갔을 때는 위태하였으나 돌아왔을 때는 기뻐한 것으로 이러한 것이 군주가 조묘에 고제하는 의의(意義)였다.

경오(庚午)일에 위나라 군주인 후작 간(衎)이 세상을 떠났다.

혼(閽)이 오(吳)나라 군주인 자작 여제(餘祭)를 시해했다. 혼(閽)이란 대궐문을 지키는 문지기이며 임금의 명을 전달하는 시인(寺人)이다. 경문(經文)에 성명(姓名)을 일컫지 않은 것은 혼(閽)이란 사람과 동등한 지위를 얻지 못하기 때문이다. '그의 임금' 이라고 일컫지 않은 것은 혼인(閽人)에게는, 그의 임금을 임금으로 여기지 않게 하기 위해서였다.

예(禮)에는 "군주는 무치(無恥)한 자를 부리지 않으며 형벌받은 사람을 가까이하지 않으며 적(敵)과 친하게 지내지 않으며 원한이 있는 이를 가까이하지 않으며 천한 사람을 귀하게 여기지 않으며 귀한 사람을 형벌에 처하지 않으며 형벌 받은 사람을 가까이하지 않는 것이다."라고 했다. 경문(經文)에 지극히 천한 사람인 혼(閽)을 들어서 '오나라 군주인 자작' 의 위에 올린 까닭은 오(吳)나라 군주인 자작이 형벌 받은 이를 가까이했기 때문이다.

또 '혼(閽)이 오(吳)나라 군주인 자작 여제(餘祭)를 시해했다' 고 한 것은 원한을 품은 원수였다는 뜻이기도 하다.

二十有九年[1] 春 王正月 公在楚 ○閔公也[2]

夏 五月 公至自楚 ○喜之也 致君者 殆其往 而喜其反 此致君之意義也

庚午 衛侯衎[3]卒

閽[4]弑吳子餘祭[5] ○閽 門者也 寺人也 不稱名姓 閽不得齊[6]於人 不稱其君 閽不得君其君也 禮 君不使無恥[7] 不近刑人 不狎敵 不邇怨 賤人非所貴也 貴人非所刑也 刑人非所近也 擧至賤而加之吳子 吳子近刑人也 閽弑吳子餘祭 仇之也

1) 二十有九年(이십유구년) : 주(周)나라 경왕(景王) 원년이다. B.C. 544년이며 경왕의 이름은 귀(貴)이다.
2) 閔公也(민공야) : 양공이 가련하다의 뜻.
3) 衛侯衎(위후간) : 위나라 헌공(獻公)이다. B.C. 576년에 즉위하여 18년 간 재위했다. 헌공이 무례하여 대부들에게 죄를 얻어서 축출되어 제나라에 있다가 12년 후에 위나라에서 대부 영희가 상공(殤公)을 죽이고 헌공의 복위를 받아들여 3년 간 재위했다. 전후를 합하면 21년이다.
4) 閽(혼) : 대궐문을 지키는 문지기. 임금의 명을 전달하는 내시(內侍)를 뜻하기도 한다.
5) 吳子餘祭(오자여제) : 오(吳)나라 군주인 자작 여제(餘祭)이다. 오(吳)나라 왕 제번(諸樊)의 아우이며 제번이 죽은 뒤에 즉위하여 왕이 되었다.
6) 齊(제) : 동등하다의 뜻.
7) 無恥(무치) : 선과 악의 구분을 하지 못하는 철면피(鐵面皮).

나. 기(杞)나라에 성을 쌓다

노나라의 중손갈(仲孫羯)이 진(晉)나라의 순영(荀盈)과 제나라 고지(高止)와 송(宋)나라 화정(華定)과 위(衛)나라 세숙의(世叔儀)와 정나라 공손단(公孫段 : 伯石)과 조(曹)나라 사람과 거(莒)나라 사람과 주(邾)나라 사람과 등(滕)나라 사람과 설(薛)나라 사람과 소주(小邾)나라 사람 등과 회합하여 기(杞)나라에 성(城)을 쌓았다. 옛날에 천자(天子)가 제후로 봉(封)해 줄 때에는 그 땅에는 족히 그의 백성들을 용납할 수 있게 하고 그의 백성들은 족히 성(城)을 가득 채워서 스스로 지킬 수 있게 했다. 기(杞)나라가 위태하여 능히 스스로를 지키지 못하므로 제후의 대부들이 서로 군사를 거느리고 성을 쌓아주게 되었다. 이것은 임시변통적인 합당한 도리인 것이다.

진(晉)나라 군주인 후작이 사앙(士鞅)에게 노(魯)나라를 예방하게 했다.

기(杞)나라 군주인 자작이 노나라에 와서 동맹을 맺었다.

오(吳)나라 군주인 자작이 찰(札)에게 노나라를 예방하게 했다. 오(吳)나라를 자작(子爵)으로 일컬은 것은 무슨 뜻인가? 연릉(延陵)의 계자(季子)를 잘 활용하여 높여 준 것이다. 한 사람이 어진 덕이 있게 되면 자동으로 현명하게 되는 것이요 어진 이를 부리는 것은 부리는 사람 또한 현명해지는 것이다. 연릉(延陵)의 계자(季子)의 현명함은 군주를 높인 것이다. 경문(經文)에 그의 이름을 기록하여 오나라 군주를 높이는 일을 이룬 것이다.

가을인 7월에 위(衛)나라 헌공(獻公)을 장사 지냈다.

제(齊)나라의 고지(高止)가 북연(北燕)나라로 달아났다. 북연(北燕)이라고 이른 것은 구사(舊史)의 문장만 따른 것이었다.

겨울에 중손갈(仲孫羯)이 진(晉)나라에 갔다.

仲孫羯會晉荀盈[1] 齊高止[2] 宋華定[3] 衛世叔儀[4] 鄭公孫段[5] 曹人 莒人 邾人 滕人 薛人 小邾人 城杞[6] ◌古者天子封諸侯 其地足以容其民 其民足以滿城以自守也 杞危而不能自守 故諸侯之大夫相帥以城之 此變之正[7]也

晉侯使士鞅[8]來聘

杞子來盟

吳子使札來聘[9] ◌吳其稱子何也 善使延陵季子 故進之也 身賢

賢也 使賢 亦賢也 延陵季子之賢 尊君也 其名 成尊於上也

秋 七月 葬衛獻公

齊高止出奔北燕[10] ◌其曰北燕 從史文[11]也

冬 仲孫羯如晉

1) 荀盈(순영) : 진(晉)나라 대부이며 지백(知伯)이라고 일컫다.
2) 高止(고지) : 제나라 대부. 고후(高厚)의 아들. 고자용(高子容)이라 일컫다.
3) 華定(화정) : 송(宋)나라의 사도(司徒)이며 화비수(華費遂)라고 일컫다.
4) 世叔儀(세숙의) : 위나라의 공족이며 위문자(衛文子)라고 일컫다. 공양전의 경문에는 세숙제(世叔齊)로 되어 있다.
5) 公孫段(공손단) : 백석(伯石). 뒤에 정나라 집정대부(執政大夫)가 되었다.
6) 城杞(성기) : 기나라에 성을 쌓다. 진(晉)나라 평공(平公)의 모친(母親)은 기(杞)나라의 공녀(公女)이다. 그러므로 기나라의 성이 훼손되자 평공이 제후의 대부들을 소집하여 성을 쌓게 한 것이다.
7) 變之正(변지정) : 임시변통적인 정당한 방법이라는 뜻.
8) 士鞅(사앙) : 곧 진(晉)나라의 범헌자(范獻子)이다.
9) 使札來聘(사찰래빙) : 찰을 시켜 노나라를 예방하게 하다. 찰은 곧 계찰(季札)이며 공자 찰(公子札)이다. 오왕(吳王) 제번(諸樊)의 아우. 임금의 자리를 사양하여 왔으므로 현명한 명성이 있었다. 또 음악에 정통(精通)했다. 처음에 연릉(延陵)에 봉함을 받았고 연릉계자(延陵季子)라고 일컬었다. 뒤에 다시 주래(州來)에 봉함을 받아 연주래계자(延州來季子)라고 일컬었다.
10) 北燕(북연) : 희성(姬姓)의 나라 이름. 통상적으로 연(燕)나라를 뜻한다.
11) 從史文(종사문) : 역사를 기록한 글. 곧 당시의 사관(史官)이 기록한 춘추(春秋)의 원문(原文)을 뜻함.

30. 양공 30년 무오(戊午)

가. 초(楚)나라의 위파(薳罷)가 노나라를 예방하다

30년 무오(戊午) 봄인 왕력으로 정월에 초(楚)나라 군주인 자작이 위파(薳罷)에게 노나라를 예방하게 했다.

여름인 4월에 채(蔡)나라의 세자 반(般)이 그의 군주인 고(固)를 시해했다. 그 시해한 날짜를 쓰지 않은 것은 아들이 아버지의 정권을 빼앗았으므로 이것을 오랑캐의 행동으로 여겼기 때문이다.

5월 갑오(甲午)일에 송(宋)나라에 화재(火災)가 일어났다. 백희(伯姬)가 세상을 떠났다. 백희(伯姬)가 세상을 떠난 날을 취하여 화재가 났다고 위에 올린 것은 화재로 인해 세상을 떠났음을 나타낸 것이다. 백희가 화재로 세상을 떠났다고 나타낸 것은 무엇 때문인가? 백희의 관사에 잘못하여 불이 나자 좌우(左右)에서 이르기를 "부인(夫人)께서는 잠시 불을 피하시겠습니까?"라고 했다. 백희가 말하기를 "부인(婦人)의 의(義)는 부모(傅母)가 있지 않으면 밤에 당(堂)을 내려가지 않는 것이다."라고 했다. 좌우(左右)가 또 말하기를 "부인께서 잠시만 불을 피하시겠습니까?"라고 하자, 백희가 말하기를 "부인(婦人)의 의는 보모(保母)가 있지 않으면 밤에 당을 내려가지 않는 것이다."라고 했다. 드디어 불이 백희에게 이르러 죽음에 이르렀다. 부인(婦人)은 정(貞)으로써 행동하는 것이다. 백희는 부도(婦道)를 다한 것이다. 그의 사건을 자세하게 경문에 기록한 것은 백희를 칭찬하고 어질게 여겨서였다.

三十年 春 王正月 楚子使薳罷[1]來聘

夏 四月 蔡世子般[2]弑其君固 ◌其不日 子奪父政 是謂夷之

五月 甲午 宋災 伯姬卒[3] ◌取卒之日加之災上者 見以災卒也 其見以災卒奈何 伯姬之舍失火 左右曰 夫人少辟[4]火乎 伯姬曰 婦人之義 傅母[5]不在 宵不下堂 左右又曰 夫人少辟火乎 伯姬曰 婦人之義 保母[6]不在 宵不下堂 遂逮[7]乎火而死 婦人以貞爲行者也 伯姬之婦道盡矣 詳其事賢伯姬也

1) 薳罷(위파) : 초나라 대부이며 자(字)는 자탕(子蕩)이다. 공양전의 경문에는 위파(薳頗)로 되어 있다.

2) 世子般(세자반) : 채(蔡)나라의 태자. 이름은 반(般)이다. 채나라의 경공(景

公)이 태자를 위하여 아내를 초나라에서 데려다 장가들게 했는데 그 아들의 부인인 며느리와 사통(私通)했다. 이에 태자가 아버지인 경공을 죽였다.

3) 伯姬卒(백희졸) : 노(魯)나라 선공(宣公)의 딸이며 성공(成公)의 누이인데 송(宋)나라 공공(共公)에게 시집을 가서 공희(共姬)라고 일컫다. 송나라의 공공(共公)이 성공(成公) 15년에 세상을 떠났으므로 이때는 공희가 34년을 홀로 지냈다. 좌전의 경문에는 백희(伯姬) 앞에 송(宋)자가 있다.

4) 辟(피) : 피(避)와 같다.

5) 傅母(부모) : 귀족의 자녀들에게 글을 가르치는 여관(女官)이다.

6) 保母(보모) : 귀족의 자녀들을 위해 요리나 생활을 보호해 주는 여관(女官).

7) 逮(체) : 급(及)의 뜻.

나. 천자(天子)가 그 아우 영부(佞夫)를 죽이다

천자(天子)가 그의 아우인 영부(佞夫)를 죽였다. 전(傳)에 이르기를 "제후는 또 죄악을 머리에 올려 기재하지 않는데 하물며 천자(天子)에 있어서랴! 임금이라도 친한 이에게 잔인하게 하는 의(義)는 없다. 천자나 제후들에게 친한 바의 사람이란 오직 장자(長子)나 어머니와 아우들이다."라고 했다. 천자가 그 아우인 영부(佞夫)를 죽인 것은 너무 심한 것이었다.

주왕조의 왕자(王子) 하(瑕)가 진(晉)나라로 달아났다.

가을인 7월에 노나라의 숙궁(叔弓)이 송나라에 가서 공희(共姬 : 伯姬)를 장사 지냈다. 외국의 부인(夫人)은 장사 지낸 것을 기록하지 않는 것인데 여기에 그 장례 지낸 일을 말한 것은 무슨 뜻인가? 우리 노나라의 딸이기 때문이다. 화재로 세상을 떠난 것을 가엾게 여겨서 장례를 나타낸 것이다.

정(鄭)나라의 양소(良霄)가 허(許)나라로 달아났다가 허나라에서 다시 정나라로 들어가자 정나라 사람이 양소(良霄)를 죽였다. 양소를 대부(大夫)라고 말하지 않은 이유는 미워한 것이다.

天王殺其弟佞夫[1] ◯傳曰 諸侯且不首惡 況於天子乎 君無忍親之

義 天子諸侯所親者 唯長子母弟耳 天王殺其弟佞夫 甚之也

王子瑕[2]奔晉

秋 七月 叔弓[3]如宋 葬共姬[4] ◌外夫人不書葬 此其言葬 何也 吾女也 卒災 故隱而葬之也

鄭良霄[5]出奔許 自許入于鄭 鄭人殺良霄 ◌不言大夫 惡之也

1) 佞夫(영부) : 주왕조 경왕(景王)의 동생이며 왕실의 대부들인 담괄(儋括)이 영부를 왕으로 세우려고 해서였다.

2) 王子瑕(왕자하) : 주왕조(周王朝)의 대부(大夫)인 담괄(儋括)이 난을 일으켰으나 반란이 평정되자 달아난 것이다.

3) 叔弓(숙궁) : 노나라 대부인 노숙(老叔)의 아들이며 자숙자(子叔子)로, 경자(敬子)라고 일컫다.

4) 共姬(공희) : 좌전의 경문에는 공희의 앞에 송(宋)자가 있다. 곧 송나라 공공(共公)의 부인 백희(伯姬)이다.

5) 良霄(양소) : 정나라 대부이며 백유(伯有)라고 일컫다.

다. 채(蔡)나라 경공(景公)을 장사 지내다

겨울인 10월에 채나라 경공(景公)을 장사 지냈다. 죽은 날짜를 쓰지 않고 10월에 장사 지냈다고 한 것은 장례를 치르지 않은 것이다. 경문(經文)에는 세상을 떠나서 장사를 치렀다고 했는데 이는 아버지가 차마 못할 짓을 하여서 자식도 민심을 잃게 된 것을 말한 것이다.

진(晉)나라 사람과 제나라 사람과 송나라 사람과 위(衛)나라 사람과 정나라 사람과 조(曹)나라 사람과 거(莒)나라 사람과 주(邾)나라 사람과 등(滕)나라 사람과 설(薛)나라 사람과 기(杞)나라 사람과 소주(小邾)나라 사람 등이 전연(澶淵)에서 회합했는데 그것은 송나라의 화재 때문이었다.

회합에서는 회합한 목적을 말하지 않는데 그것을 '송나라의 화재 때문이었다.' 고 이른 뜻은 무엇인가? 화재 때문이라고 말하지 않으면 그 좋은 일을 나타낼 것이 없었기 때문이다. 그들을 '인

(人)' 이라고 말한 이유는 무엇인가? 화재를 구제하는 것은 민중으로써 하는 것인데 무엇으로 구제했는가? 송나라에서 잃어버린 것을 재물로 보상한 것이었다.

전연의 모임으로 중국(中國)이 이적(夷狄)을 침략하거나 정벌하지 않고 이적(夷狄)이 중국으로 쳐들어오지 않게 하여, 8년 동안은 침략이나 정벌이 없었다. 좋은 일이었다. 이는 진(晉)나라 조무(趙武)와 초(楚)나라 굴건(屈建)의 노력 때문이었다.

冬 十月 葬蔡景公 ◌不日卒而月葬 不葬者也 卒而葬之 不忍使父失民於子也

晉人齊人宋人衛人鄭人曹人莒人邾人滕人薛人杞人小邾人 會于澶淵 宋災故[1] ◌會不言其所爲 其曰宋災故 何也 不言災故 則無以見其善也 其曰人 何也 救災以衆 何救焉 更[2]宋之所喪財也 澶淵之會 中國不侵伐夷狄 夷狄不入中國 無侵伐八年 善之也 晉趙武 楚屈建之力也

1) 宋災故(송재고) : 양공 30년 5월 갑오(甲午)일에 송나라 궁정(宮廷)에 발생한 화재를 뜻한다.

2) 更(경) : 보상(補償)하다.

31. 양공 31년 기미(己未)

가. 양공(襄公)이 초궁(楚宮)에서 훙거하다

31년 기미(己未) 봄, 왕력으로 정월이다.

여름인 6월 신사(辛巳)일에 양공이 초궁(楚宮)에서 훙거했다. 초궁(楚宮)에서 훙거한 것은 예에 합당한 죽음이 아니었다.

가을인 9월 계사(癸巳)일에 자야(子野)가 세상을 떠났다. 자야(子野)가 세상을 떠난 날짜를 쓴 것은 예에 합당한 것이었다.

기해(己亥)일에 중손갈(仲孫羯)이 세상을 떠났다.

겨울인 10월에 등(滕)나라 군주인 자작이 와서 장례에 참석했다.
계유(癸酉)일에 우리 노나라 군주인 양공을 장사 지냈다.
11월에 거(莒)나라 사람이 그 군주인 밀주(密州)를 시해했다.

三十有一年 春 王正月
夏 六月 辛巳 公薨于楚宮[1] ◌楚宮非正也
秋 九月 癸巳 子野卒[2] ◌子卒日 正也
己亥 仲孫羯卒
冬 十月 滕子來會葬
癸酉 葬我君襄公
十有一月 莒人弑其君密州[3]

1) 楚宮(초궁) : 양공(襄公)이 건립한 별관(別館)이다.
2) 子野卒(자야졸) : 자야는 양공의 첩인 호녀(胡女) 경귀(敬歸)의 소생이다. 양공이 후계자로 삼으려는 아들이었는데 양공이 죽은 후 슬퍼함이 너무 도에 지나쳐 죽었다.
3) 密州(밀주) : 거(莒)나라 이비공(犁比公)의 이름이다. 자(字)는 매주서(買朱鉏)이다.

제10편 소공 시대(昭公時代)

(재위 : 1년~32년까지)

시법(謚法)에 '위의(威儀)가 있고 공명한 것'을 '소(昭)'라고 한다.

▨소공 연표(昭公年表)

국명 / 기원전	周	鄭	齊	宋	晉	衛	蔡	曹	滕	陳	杞	薛	莒	邾	許	小邾	楚	秦	吳	越	魯
	景王	簡公	景公	平公	平公	襄公	靈公	武公	成公	哀公	文公	獻公	展輿	悼公	悼公	穆公	郟敖	景公	夷昧		昭公
541	4	25	7	35	17	3	2	14	34	28	9		1	15	6	21	4	36	3	소공 5년에 처음으로 경에 나온다	1
540	5	26	8	36	18	4	3	15	35	29	10		2	16	7	22	靈王 1	37	4		2
539	6	27	9	37	19	5	4	16	36	30	11		3	莊公 1	8	23	2	38	5		3
538	7	28	10	38	20	6	5	17	悼公 1	31	12		4	2	9	24	3	39	6		4
537	8	29	11	39	21	7	6	18	2	32	13		5	3	10	25	4	40	7		5
536	9	30	12	40	22	8	7	19	3	33	14		6	4	11	26	5	哀公 1	8		6
535	10	31	13	41	23	9	8	20	4	34	平公 1		7	5	12	27	6	2	9		7
534	11	32	14	42	24	靈公 1	9	21	5	35	2		8	6	13	28	7	3	10		8
533	12	33	15	43	25	2	10	22	6	멸망	3		9	7	14	29	8	4	11		9
532	13	34	16	44	26	3	11	23	7		4		10	8	15	30	9	5	12		10
531	14	35	17	元公 1	昭公 1	4	12	24	8		5		11	9	16	31	10	6	13		11
530	15	36	18	2	2	5	平公 1	25	9		6		12	10	17	32	11	7	14		12
529	16	定公 1	19	3	3	6	2	26	10		7		13	11	18	33	12	8	15		13
528	17	2	20	4	4	7	3	27	11	惠公 1	8		郊公 1	12	19	34	平王 1	9	16		14
527	18	3	21	5	5	8	4	平公 1	12	2	9		2	13	20	35	2	10	17		15
526	19	4	22	6	6	9	5	2	13	3	10		3	14	21	36	3	11	王僚 1		16
525	20	5	23	7	頃公 1	10	6	3	14	4	11		4	15	22	37	4	12	2		17
524	21	6	24	8	2	11	7	4	15	5	12		5	16	23	38	5	13	3		18
523	22	7	25	9	3	12	8	悼公 1	16	6	13		6	17	24	39	6	14	4		19
522	23	8	26	10	4	13	9	2	17	7	14		7	18	期 1	40	7	15	5		20
521	24	9	27	11	5	14	悼公 1	3	18	8	15		8	19	2	41	8	16	6		21
520	25	10	28	12	6	15	2	4	19	9	16		9	20	3	42	9	17	7		22
519	敬王 1	11	29	13	7	16	3	5	20	10	17		共公 1	21	4	43	10	18	8		23

국명 / 기원전	周	鄭	齊	宋	晉	衛	蔡	曹	滕	陳	杞	薛	莒	邾	許		楚	秦	吳	越	魯
	昭王	定公	景公	元公	頃公	靈公	昭公	悼公	悼公	惠公	平公	獻公	共公	莊公	男斯		平公	哀公	王僚		昭公
518	2	12	30	14	8	17	1	6	21	11	18		2	22	5		11	19	9		24
517	3	13	31	15	9	18	2	7	22	12	悼公 1		3	23	6		12	20	10		25
516	4	14	32	景公 1	10	19	3	8	23	13	2		郊公	24	7		13	21	11		26
515	5	15	33	2	11	20	4	9	24	14	3			25	8		昭王 1	22	12		27
514	6	16	34	3	12	21	5	聲公 1	25	15	4			26	9		2	23	闔廬 1		28
513	7	獻公 1	35	4	13	22	6	2	26	16	5			27	10		3	24	2		29
512	8	2	36	5	14	23	7	3	頃公 1	17	6	獻公卒		28	11		4	25	3		30
511	9	3	37	6	定公 1	24	8	4	2	18	7	襄公 1		29	12		5	26	4		31
510	10	4	38	7	2	25	9	5	3	19	8	2		30	13		6	27	5		32

※주(周) : 경왕(景王)이 소공 22년에 붕어하고 왕맹(王猛)이 즉위했으나, 그 해에 붕어하고 왕실의 서열 다툼이 있었으며, 경왕(敬王)이 즉위하다. 소공 23년에는 윤씨(尹氏)가 왕자 조(王子朝)를 세웠다. 소공 26년에 경왕이 성주(成周)로 입성하자 왕자 조가 초나라로 도망했다.

※채(蔡) : 소공 11년에 채영공을 초나라에서 죽이고 채나라를 멸망시켰다. 소공 13년에 초나라에서 다시 채후(蔡侯)를 봉했다.

※진(陳) : 소공 8년에 초나라가 진(陳)나라를 멸망시키다. 소공 13년에 초평왕이 진나라를 다시 제후로 봉하다.

※설(薛) : 소공 31년에 기록이 보인다.

※월(越) : 소공 5년에 월나라가 초나라와 함께 오(吳)나라를 공격하다.

제10편 소공 시대(昭公時代)

1. 소공(昭公) 원년 경신(庚申)

가. 소공(昭公)이 즉위(卽位)하다

원년(元年) 경신(庚申) 봄, 왕력으로 정월에 소공(昭公)이 즉위했다. 정상적인 절차에 따라 계승하여 즉위한 것이니 예에 합당한 행위였다.

노(魯)나라의 숙손표(叔孫豹)가 진(晉)나라의 조무(趙武)와 초나라의 공자 위(圍)와 제나라의 국약(國弱)과 송(宋)나라의 향술(向戌)과 위(衛)나라의 제악(齊惡)과 진(陳)나라의 공자 초(招)와 채(蔡)나라의 공손귀생(公孫歸生)과 정(鄭)나라의 한호(罕虎)와 허(許)나라 사람과 조(曹)나라 사람 등과 곽(郭)나라에서 회합했다.

3월에 운(鄆)을 점령했다.

여름에 진(秦)나라 군주인 백작의 아우 겸(鍼)이 진(晉)나라로 달아났다. 제후의 존귀함은 아우나 형이라도 겨레붙이로 통하는 것을 얻지 못한다. 그를 아우라고 이른 것은 친한 관계로부터였다. 친한 관계인데 달아났다고 기록한 것은 미워한 것이었다.

元年[1] 春 王正月 公卽位 ◌繼正卽位 正也

叔孫豹會晉趙武 楚公子圍[2] 齊國弱[3] 宋向戌[4] 衛齊惡[5] 陳公子招[6] 蔡公孫歸生[7] 鄭罕虎[8] 許人 曹人 于郭[9]

三月 取鄆[10)]

夏 秦伯之弟鍼[11)] 出奔晉 ◌諸侯之尊 弟兄不得以屬通 其弟云者 親之也 親而奔之 惡也

1) 元年(원년) : 소공(昭公) 원년. 노(魯)나라 세가(世家)에 소공의 이름은 조(稠)이고 양공(襄公)의 아들이다. 그의 어머니는 양공의 첩으로, 호녀(胡女) 경귀(敬歸)의 시종의 소생이라 했다. 주경왕(周景王) 4년인 B.C. 541년에 즉위하여 32년 간 재위했다. 시호는 '위의가 있고 공명한 것' 을 소(昭)라고 한다 했다.
2) 公子圍(공자위) : 초(楚)나라 영윤(令尹)이고 초나라 공왕의 아들이다.
3) 國弱(국약) : 제나라 대부이며 국자(國子)라고 일컫다. 공양전 경문에는 국작(國酌)으로 되어 있다.
4) 宋向戌(송향술) : 송나라 향술은 합좌사(合左師)라고 일컫고 송나라의 집정대부(執政大夫)였다.
5) 齊惡(제악) : 위(衛)나라 대부이며 제자(齊子)라고 일컫다.
6) 公子招(공자초) : 진(陳)나라 애공(哀公)의 동생.
7) 公孫歸生(공손귀생) : 채(蔡)나라 대부(大夫)이며 자가(子家)라고 일컫다.
8) 罕虎(한호) : 정나라 대부이며 자피(子皮)라고 일컫다. 공양전의 경문에는 헌호(軒虎)로 되어 있다.
9) 郭(곽) : 좌전의 경문에는 괵(虢)으로 되어 있다.
10) 鄆(운) : 춘추시대에 운은 동운(東鄆)과 서운(西鄆)이 있었다고 했다. 공양전의 경문에는 운(運)으로 되어 있다.
11) 鍼(겸) : 진(秦)나라 환공(桓公)의 아들이고 경공(景公)의 아우이며 후자(后子)라고 일컬었다.

나. 주(邾)나라 군주가 세상을 떠나다

6월 정사(丁巳)일에 주(邾)나라 군주인 자작 화(華)가 세상을 떠났다.

진(晉)나라의 순오(荀吳)가 군사를 거느리고 적인(狄人)을 태원(太原)에서 쳐부수었다. 전(傳)에 이르기를 중국에서는 태원

(太原)이라 이르고 이적(夷狄)들은 대로(大鹵)라고 하는데 부르는 것은 중국을 따르고 이름은 주인(主人)을 따른 것이다.

가을에 거(莒)나라의 거질(去疾)이 제(齊)나라에서 거(莒)나라로 들어갔고 거나라의 전(展)이 오(吳)나라로 달아났다.

노나라의 숙궁(叔弓)이 군사를 거느리고 가서 운(鄆) 땅의 경계를 정했다. 강(疆)이라고 말한 것은 경(竟 : 境)과 같은 뜻이다.

주(邾)나라 도공(悼公)을 장사 지냈다.

겨울인 11월 기유(己酉)일에 초(楚)나라 군주인 자작 권(卷)이 세상을 떠났다.

초나라의 공자 비(比)가 진(晉)나라로 달아났다.

六月 丁巳 邾子華[1]卒

晉荀吳[2]帥師敗狄于太原[3] ◌傳曰 中國曰太原 夷狄曰大鹵 號從中國 名從主人

秋 莒去疾[4]自齊入于莒 莒展[5]出奔吳

叔弓帥師疆鄆田 ◌疆之爲言猶竟[6]也

葬邾悼公

冬 十有一月 己酉 楚子卷[7]卒

楚公子比[8]出奔晉

1) 邾子華(주자화) : 주나라 군주인 자작 화(華). 곧 주(邾)나라의 도공(悼公)이다. B.C. 556년에 즉위하여 16년 간 재위했다.

2) 荀吳(순오) : 진(晉)나라 대부이며 중행목자(中行穆子)이다.

3) 太原(대원) : 태원(太原)이며 좌전의 경문에는 대로(大鹵)로 되어 있다.

4) 去疾(거질) : 거(莒)나라의 이비공(犂比公)의 장자(長子)이다.

5) 莒展(거전) : 좌전의 경문에는 거전여(莒展輿)로 되어 있다.

6) 竟(경) : 경(境)과 같다.

7) 楚子卷(초자권) : 초나라 군주인 자작 권(卷)이며 초나라 영윤(令尹)인 공자 위(公子圍)가 죽였다. 좌전의 경문에는 초자균(楚子麇)으로 되어 있다.

8) 公子比(공자비) : 자간(子干)이라고 일컫고 초나라의 공족(公族)이다.

2. 소공 2년 신유(辛酉)

가. 한기(韓起)가 노나라를 예방하다

2년 신유(辛酉) 봄에 진(晉)나라 군주인 후작이 한기(韓起)를 보내 노나라를 예방하게 했다.

여름에 노나라의 숙궁(叔弓)이 진(晉)나라에 갔다.

가을에 정나라에서 그의 대부인 공손흑(公孫黑)을 죽였다.

겨울에 소공(昭公)이 진(晉)나라로 가다가 황하(黃河)가에 이르렀다가 돌아왔다. 소공이 진(晉)나라에 가는 것을 부끄럽게 여겼다. 그러므로 병이 있는 것을 나타내 보인 것이다.

노나라의 계손숙(季孫宿)이 진(晉)나라에 갔다. 소공이 진(晉)나라에 갔는데 진나라로 들어가지 못했다. 계손숙이 진나라에 갔는데 들어갔다. 이는 계손숙을 미워한 것이다.

二年 春 晉侯使韓起[1]來聘

夏 叔弓如晉

秋 鄭殺其大夫公孫黑[2]

冬 公如晉[3] 至河 乃復 ◌恥如晉 故著有疾[4]也

季孫宿如晉 ◌公如晉而不得入 季孫宿如晉而得入 惡季孫宿也

1) 韓起(한기) : 한선자(韓宣子)라고 일컫다. 조무(趙武)의 뒤를 이어서 진(晉)나라의 집정(執政)대부가 되다.

2) 公孫黑(공손흑) : 자석(子晳)이라 일컫다.

3) 公如晉(공여진) : 진(晉)나라 평공(平公)의 첩인 소강(少姜)이 죽었다. 소공이 진(晉)나라에 문상가려고 황하에 이르렀는데 진(晉)나라에서 정실 배우자가 아니니 오는 것을 사절한다고 하여 진나라에 들어가지 못한 것이다.

4) 著有疾(저유질) : 질병이 있다는 것을 나타낸 것이다.

3. 소공 3년 임술(壬戌)

가. 등(滕)나라 군주 원(原)이 세상을 뜨다

3년 임술(壬戌) 봄, 왕력으로 정월 정미(丁未)일에 등(滕)나라 군주인 자작 원(原)이 세상을 떠났다.

여름에 노나라 숙궁(叔弓)이 등나라에 갔다.

5월에 등나라의 성공(成公)을 장사 지냈다.

가을에 소주(小邾)나라 군주인 자작이 찾아왔다.

8월에 크게 기우제(祈雨祭)를 지냈다.

겨울에 많은 우박이 내렸다.

북연(北燕)나라 군주인 백작 관(款)이 제나라로 달아났다. 그 나라를 '북연(北燕)'이라고 이른 것은 역사(歷史)에 기록된 문장(文章)을 따른 것이었다.

三年 春 王正月 丁未 滕子原[1]卒
夏 叔弓如滕
五月 葬滕成公
秋 小邾子[2]來朝
八月 大雩
冬 大雨雹
北燕伯款[3]出奔齊 ◌其曰北燕 從史文也

1) 滕子原(등자원) : 등나라 군주인 자작 원(原)이다. 곧 등나라 성공(成公)이다. 공양전(公羊傳)의 경문에는 원(原)이 천(泉)으로 되어 있다.

2) 小邾子(소주자) : 소주(小邾)나라의 목공(穆公)이다. 성은 조씨(曹氏)이며 본래는 예(郳)나라이다.

3) 北燕伯款(북연백관) : 북연의 군주는 간공(簡公)이다. 좌전에는 북연의 간공이 내시를 총애하여 대부들을 제거하려 하자 대부 비(比)가 간공의 총신

들을 살해했다. 간공이 두려움을 느껴서 제나라로 달아난 것이라 했다.

4. 소공 4년 계해(癸亥)

가. 정월에 우박이 내리다

4월 계해(癸亥) 봄, 왕력으로 정월에 많은 눈이 내렸다.

여름에 초나라 군주인 자작과 채나라 군주인 후작과 진(陳)나라 군주인 후작과 정나라 군주인 백작과 허(許)나라 군주인 남작과 서(徐)나라 군주인 자작과 등나라 군주인 자작과 돈(頓)나라 군주인 자작과 호(胡)나라 군주인 자작과 침(沈)나라 군주인 자작과 소주(小邾)나라 군주인 자작과 송나라 세자 좌(佐)와 회이(淮夷) 등이 신(申)에서 회합했다.

초나라 사람이 서(徐)나라 군주인 자작을 체포했다.

四年 春 王正月 大雨雪[1)]

夏 楚子蔡侯陳侯鄭伯許男徐子滕子頓子胡子沈子小邾子宋世子佐淮夷 會于申[2)]

楚人執徐子[3)]

1) 雪(설) : 눈. 좌전의 경문에는 박(雹)으로 되어 있다.
2) 申(신) : 본래 서주(西周) 초에 봉해진 제후국이며 강씨(姜氏)였다. 초나라에 의해 멸망하였다. 또 신에서의 모임은 초나라가 처음으로 패자가 되어서 제후를 소집한 것이다.
3) 執徐子(집서자) : 서(徐)나라 군주인 자작을 체포하다의 뜻. 서나라의 임금은 오(吳)나라의 생질이었다. 오나라와 초나라가 원수간이라 체포했다.

나. 숙손표(叔孫豹)가 세상을 뜨다

가을인 7월에 초(楚)나라 군주인 자작과 채나라 군주인 후작과 진(陳)나라 군주인 후작과 허나라 군주인 남작과 돈(頓)나라 군주인 자작과 호(胡)나라 군주인 자작과 침(沈)나라 군주인 자작과 회이(淮夷) 등이 오(吳)나라를 정벌했다. 제나라 경봉(慶封)을 체포하여 죽였다.

이는 제나라에 쳐들어가 죽였는데 제나라에 쳐들어갔다고 말하지 않은 것은 무슨 뜻인가? 경봉(慶封)을 오(吳)나라 종리(鍾離)에 봉해 주었기 때문이다. 그렇다면 종리(鍾離)를 정벌했다고 말하지 않은 것은 무슨 뜻인가? 오나라에서 봉해준 것을 찬성하지 않았기 때문이었다. 경봉이 그 제(齊)나라의 씨족이라고 경문에 쓴 것은 무슨 뜻인가? 제나라를 위하여 토벌한 것이다.

초(楚)나라의 영왕(靈王)이 사람을 시켜 경봉을 끌고 오게 해서 군중(軍中)에서 명령하여 말하기를 "제나라 경봉(慶封)은 그 임금을 시해한 일 같은 것이 있느냐?"라고 했다. 경봉이 대답하기를 "자작께서 한 번 휴식하면 나는 또한 한 마디 하겠습니다. 초나라 공자 위(公子圍)가 그 형의 아들을 죽이고 대신 왕이 되었다는 일 같은 것이 있습니까?"라고 하였다. 군중(軍中)의 군인들이 찬연(粲然)히 모두 웃었다.

경봉은 그의 임금을 시해했지만 임금을 시해한 죄를 죄로 여기지 않은 자이니 경봉이 영왕(靈王)에게 복종하지 않은 것이며 초나라와 토벌을 함께 하지 않은 것이었다.

춘추의 의(義)는 귀한 것을 사용하여 천한 것을 다스리고 어진 이를 등용하여 어질지 못한 이를 다스리는 것이지 어지러운 것으로써 어지러운 것을 다스리지 않는 것이다.

공자(孔子)께서 말씀하시기를 "나쁜 것을 품었는데 정벌을 하면 비록 죽을지라도 복종하지 않는데 그것은 이러한 경우를 이른 것인저."라고 했다.

이어서 여(厲)나라를 멸망시켰다. '수(遂)' 는 계속된 일이다.

9월에 노나라가 증(繒) 땅을 차지했다.

겨울인 12월 을묘(乙卯)일에 노나라 숙손표(叔孫豹)가 세상을 떠났다.

秋 七月 楚子蔡侯陳侯許男頓子胡子沈子淮夷伐吳 執齊慶封 殺之 ◌此入而殺 其不言入 何也 慶封封乎吳鍾離[1] 其不言伐鍾離 何也 不與吳封也 慶封其以齊氏 何也 爲齊討也 靈王使人以慶封令於軍中曰 有若齊慶封弑其君[2]者乎 慶封曰 子一息 我亦且一言 曰 有若楚公子圍 弑其兄之子而代之爲君[3]者乎 軍人粲然[4]皆笑 慶封弑其君 而不以弑君之罪罪之者 慶封不爲靈王服也 不與楚討也 春秋之義 用貴治賤 用賢治不肖 不以亂治亂也 孔子曰 懷惡而討 雖死不服 其斯之謂與

遂滅厲[5] ◌遂 繼事也

九月 取繒[6]

冬 十有二月 乙卯 叔孫豹卒

1) 鍾離(종리) : 오나라에 있는 땅 이름.

2) 慶封弑其君(경봉시기군) : 제나라의 경봉이 최저(崔杼)와 모의하여 장공(莊公)을 죽인 일. 양공 25년 여름에 기사가 있다.

3) 公子圍弑其兄之子而代之爲君(공자위시기형지자이대지위군) : 초(楚)나라 영왕(靈王 : 공자 위)이 형의 아들들을 죽이고 대신 왕이 된 일을 뜻한다.

4) 粲然(찬연) : 방성(放聲) 대소(大笑)하는 모양.

5) 滅厲(멸려) : 좌전의 경문에는 뢰(賴)로 되어 있다. 옛 나라 이름.

6) 繒(증) : 공양전이나 좌전의 경문에는 증(鄫)으로 되어 있다.

5. 소공 5년 갑자(甲子)

가. 중군(中軍)을 폐지하다

5년 갑자(甲子) 봄, 왕력으로 정월에 노나라에서 중군(中軍)을 폐지했다. 다시 정상적인 길로 돌아온 것을 귀하게 여긴 것이다.

초(楚)나라에서 그의 대부 굴신(屈申)을 죽였다.

소공이 진(晉)나라에 갔다.

여름에 거(莒)나라 모이(牟夷)가 모루(牟婁)와 방(防)과 자

(玆) 땅을 가지고 노나라로 도망해 왔다. '이(以)' 란 쓰지 못한 것이다. '내분(來奔)' 이란 출(出)이라 말하지 않은 것이다. '급방자(及防玆)' 란 큰 것으로써 작은 것에 미치는 것이다. 거(莒)나라는 대부(大夫)가 없는데 그를 모이(牟夷)라고 이른 것은 무슨 뜻인가? 그 땅을 가지고 왔기 때문이다. 땅을 가지고 왔다면 무엇 때문에 기록한 것인가? 땅을 중요하게 여겼기 때문이다.

가을인 7월에 소공이 진(晉)나라에서 돌아왔다.

무진(戊辰)일에 노나라 숙궁(叔弓)이 군사를 거느리고 거(莒)나라 군사를 분천(賁泉)에서 쳐부수었다. 적인(狄人)은 분천(賁泉)을 실태(失台)라고 일컫는다. 부르는 것은 중국을 따르고 이름은 주인을 따르는 것이기 때문이다.

진(秦)나라 군주인 백작이 세상을 떠났다.

겨울에 초나라 군주인 자작과 채나라 군주인 후작과 진(陳)나라 군주인 후작과 허나라 군주인 남작과 돈(頓)나라 군주인 자작과 심(沈)나라 군주인 자작과 서(徐)나라 사람과 월(越)나라 사람 등이 오(吳)나라를 정벌했다.

五年 春 王正月 舍中軍[1] ◌貴復正也

楚殺其大夫屈申[2]

公如晉

夏 莒牟夷[3]以牟婁及防玆[4]來奔 ◌以者 不以者也 來奔者不言出 及防玆 以大及小也 莒無大夫 其曰牟夷 何也 以其地來也 以地來則何以書也 重地也

秋 七月 公至自晉

戊辰 叔弓帥師 敗莒師于賁泉[5] ◌狄人謂賁泉失台 號從中國 名從主人

秦伯[6]卒

冬 楚子蔡侯陳侯許男頓子沈子徐人越人 伐吳

1) 舍中軍(사중군) : 중군(中軍)을 폐지하다. 노나라는 원래 상하(上下) 이군(二軍)이었는데 양공(襄公) 11년에 중군(中軍)을 증설했다. 이를 계씨(季

氏)와 맹씨(孟氏)와 숙손씨(叔孫氏)가 나누어 장악했다.

2) 屈申(굴신) : 초나라 왕이, 굴신이 오(吳)나라와 내통한 혐의가 있다고 하여 죽였다.

3) 牟夷(모이) : 거(莒)나라의 대부이다.

4) 牟婁及防玆(모루급방자) : 모루는 모이(牟夷)의 봉지(封地). 방(防)과 자(玆)는 거나라의 땅 이름.

5) 賁泉(분천) : 노나라의 땅 이름. 노나라와 거(莒)나라의 경계선에 있었다. 좌전의 경문에는 분천(蚡泉)으로 되어 있다.

6) 秦伯(진백) : 진(秦)나라 경공(景公)이다.

6. 소공 6년 을축(乙丑)

가. 기(杞)나라의 익고(益姑)가 세상을 뜨다

6년 을축(乙丑) 봄, 왕력으로 정월에 기(杞)나라 군주인 백작 익고(益姑)가 세상을 떠났다.

진(秦)나라 경공(景公)을 장사 지냈다.

여름에 노나라 계손숙(季孫宿)이 진(晉)나라에 갔다.

기(杞)나라 문공(文公)을 장사 지냈다.

송(宋)나라의 화합비(華合比)가 위(衛)나라로 달아났다.

가을인 9월에 크게 기우제를 지냈다.

겨울에 초나라 위파(薳罷)가 군사를 거느리고 오(吳)나라를 정벌했다.

겨울에 노나라 숙궁(叔弓)이 초나라에 갔다.

제나라 군주인 후작이 북연(北燕)을 정벌했다.

六年 春 王正月 杞伯益姑[1]卒
葬秦景公
夏 季孫宿如晉

葬杞文公
宋華合比出奔衛
秋 九月 大雩
冬 薳罷帥師伐吳
冬 叔弓如楚
齊侯伐北燕[2)]

1) 杞伯益姑(기백익고) : 곧 기나라 문공(文公)이다. B.C. 549년에 즉위하여 13년 간 재위했다.

2) 伐北燕(벌북연) : 제나라에서 북연(北燕)의 간공(簡公)을 들여보내려고 정벌에 나선 것이다.

7. 소공 7년 병인(丙寅)

가. 노나라와 제(齊)나라가 화평을 맺다

7년 병인(丙寅) 봄, 왕력으로 정월에 노나라는 제(齊)나라와 화평을 맺었다. 평(平)이란 화해한 것이다. 기(曁)는 기기(曁曁)와 같다. 기(曁)란 부득이(不得已 : 마지 못하여)한 것이며 밖에서부터 안(內)으로 이르는 것을 기(曁)라고 한다.

3월에 소공이 초(楚)나라에 갔다.

노나라의 숙손착(叔孫婼)이 제나라에 가서 맹세하는 일에 임석했다. 이(莅)는 자리이다. 안으로부터 앞에서 정해진 말을 가지고 그 자리에 나가는 것을 '이(莅)' 라고 이르고 밖으로부터 이미 앞서 정해진 내용을 가지고 오는 것을 '내(來)' 라고 이르는 것이다.

여름인 4월 초하루인 갑진(甲辰)일에 일식이 있었다.

가을인 8월 무진(戊辰)일에 위(衛)나라 군주인 후작 악(惡)이 세상을 떠났다. 앞의 원년(元年)에는 '위나라 제악(齊惡)' 이라 이르고 지금은 '위후악(衛侯惡)' 이라고 했는데 무슨 이유로 군주와 신하가 동명(同名)이 되었는가?

군자(君子)는 남의 이름을 빼앗지 않고 남과 친하다고 이름한 것을 빼앗지 않는데 그것이 불러온 바를 중하게 여기는 것이다. 제악(齊惡)이라는 이름은 조부(祖父 : 王父)가 손자에게 지어준 이름이기 때문이다.

9월에 소공이 초나라에서 돌아왔다.

겨울인 11월 계미(癸未)일에 계손숙(季孫宿)이 세상을 떠났다.

12월 계해(癸亥)일에 위(衛)나라 양공(襄公)을 장사 지냈다.

七年 春 王正月 暨齊平[1] ◯平者 成也 暨猶暨暨[2]也 暨者不得已也 以外乃內曰暨

三月 公如楚

叔孫婼[3]如齊莅盟 ◯莅 位也 內之前定之辭謂之莅 外之前定之辭謂之來

夏 四月 甲辰 朔 日有食之

秋 八月 戊辰 衛侯惡[4]卒 ◯鄕[5]曰衛齊惡[6] 今曰衛侯惡 此何爲君臣同名也 君子不奪人名 不奪人親之所名 重其所以來也 王父[7]名子也

九月 公至自楚

冬 十有一月 癸未 季孫宿卒

十有二月 癸亥 葬衛襄公

1) 暨齊平(기제평) : 제나라와 평화의 조약을 협의하여 달성시키다. 곧 화평의 조약을 맺다.

2) 暨暨(기기) : 굳세고 용감한 모양. 또는 조급한 모양.

3) 叔孫婼(숙손착) : 숙손표(叔孫豹)의 아들. 노나라 숙손씨의 후계자이다. 공양전의 경문에는 착(婼)이 사(舍)로 되어 있다. 아래도 동일하다.

4) 衛侯惡(위후악) : 위나라 군주인 후작 악(惡)은 위나라 양공(襄公)이며 B.C. 543년에 즉위하여 9년 간 재위했다.

5) 鄕(향) : 향(向)과 같다. 아까, 방금의 뜻.

6) 衛齊惡(위제악) : 소공 원년에 나와 있는 위나라 대부.

7) 王父(왕부) : 할아버지.

8. 소공 8년 정묘(丁卯)

가. 진(陳)나라 군주 익(溺)이 세상을 떠나다

8년 정묘(丁卯) 봄에 진(陳)나라 군주인 후작의 아우 초(招)가 진(陳)나라 세자인 언사(偃師)를 죽였다. 앞의 소공 원년에서는 '진공자 초(陳公子招)'라고 이르고 지금은 '진후(陳侯)의 아우 초(招)'라고 이른 것은 무슨 뜻인가? 이는 그 친한 것을 다하여 초(招)를 미워한 것이었다.

대부들이 서로 죽이는 것을 춘추(春秋)에서는 기록하지 않는데 여기에 기록한 것은 무엇 때문인가? 세자(世子)라는 것은 오직 임금의 다음 서열이다. 가히 중대한 사건이라서 이에 보존하기 위하여 기록한 것이다. 제후의 존귀함은 형제라도 함부로 친혈족으로 통하는 것을 거론하지 못하는 것인데 그의 아우라고 이른 것은 친한 관계였기 때문이다. 친한데 살해했다는 것은 미워한 것이었다.

여름인 4월 신축(辛丑)일에 진(陳)나라 군주인 후작 익(溺)이 세상을 떠났다.

노나라 숙궁(叔弓)이 진(晉)나라에 갔다.

八年 春 陳侯之弟招殺陳世子偃師[1] ◌鄕曰陳公子招 今曰陳侯之弟招 何也 曰 盡其親 所以惡招也 兩下相殺 不志乎春秋 此其志何也 世子云者 唯君之貳也 云可以重之存焉志之也 諸侯之尊 兄弟不得以屬通 其弟云者 親之也 親而殺之 惡也

夏 四月 辛丑 陳侯溺[2]卒

叔弓如晉

1) 招殺陳世子偃師(초살진세자언사) : 초(招)가 진나라 세자 언사를 죽이다. 초는 진(陳)나라 애공(哀公)과 동모(同母)의 아우이며 이때 진(陳)나라 사도(司徒)가 되었다. 언사는 애공의 원비(元妃) 소생이며 태자로 세웠다.

2) 陳侯溺(진후익) : 진(陳)나라 군주인 후작 익(溺)이며 곧 진나라 애공(哀公)이다. B.C 568년에 즉위하여 35년 간 재위했다. 좌전에는 아우인 공자 초(公子招)가 태자를 죽이자 스스로 목매달아 죽었다고 했다.

나. 행인 간징사(干徵師)를 죽이다

초(楚)나라 사람이 진(陳)나라의 행인(行人) 간징사(干徵師)를 잡아서 죽였다. '인(人)' 이라고 일컬어서 대부(大夫)를 체포한 것은 대부가 죄가 있어서 체포한 것이었다. 행인(行人)이라고 일컬은 것은 진(陳)나라와 초(楚)나라의 군주간에 원한 관계가 있다는 것이었다.

진(陳)나라 공자 유(留)가 정(鄭)나라로 달아났다.

가을에 노나라는 홍(紅)에서 크게 군사 연습을 행했다. 이 군사 연습은 예(禮)에 합당한 행위였다. 봄 사냥과 겨울 사냥을 통하여 무사(武事)를 연습하는 것은 예(禮)에서 아주 큰 것이었다.

난초 풀을 베어서 수렵하는 한계를 만들고 깃발을 세워서 군(軍)의 진영(陣營)과 문을 만들고 거친 털옷으로 모탕을 덮어서 기둥을 만든다. 수레바퀴 사이의 문 위에 세우는 손잡이는 4촌(四寸) 정도로 하여 운전할 때 거치적거려 문으로 들어가지 못하게 하고 수레바퀴에서 먼지가 나지 않게 한다. 말은 말발굽을 살피고 잡은 짐승들은 가두어 놓고 수레를 운전하는 자는 그 수레가 달리는 길을 이탈하지 않은 연후에야 활을 쏘는 자는 능히 목표물을 적중시킨다. 경계선을 넘은 짐승은 추격하지 않고 멀리 달아난 짐승들은 쫓지 않는 것이 사냥의 도(道)이다. 머리 부분에 상처가 있는 짐승은 조묘(祖廟)에 올리지 않고 아직 자라지 않은 짐승은 바치지 않는다.

짐승들이 비록 많더라도 천자는 30마리만 취하고 그 나머지는 사(士)들이 사궁(射宮)에서 활 연습용으로 쓴다. 활을 쏘아서 적중했으면 사냥에서 짐승이나 새를 얻지 못하였더라도 새나 짐승을 얻는다. 사냥에서 새나 짐승을 얻었더라도 활을 쏘아서 적중하지 못했으면 새나 짐승을 갖지 않는다. 이러한 것은 옛날에 사냥에서 인과 의를 귀하게 여기고 힘을 천하게 여긴 것들이었다.

진(陳)나라 사람이 그의 대부(大夫)인 공자 과(過)를 죽였다.

크게 기우제를 지냈다.

겨울인 10월 임오(壬午)일에 초나라 군사가 진(陳)나라를 멸망시키고 진나라 공자 초(招)를 잡아서 월(越)나라로 추방했으며 진(陳)나라 공환(孔奐)을 죽였다. 이는 초나라의 군주인 자작을 미워하여 기록한 것이다.

진(陳)나라 애공(哀公)을 장사 지냈다. 이는 초나라가 진(陳)나라를 멸망시킨 것을 찬성하지 않은 것이며 진(陳)나라의 애공을 불쌍하게 여긴 것이다.

楚人執陳行人干徵師[1] 殺之 ◌稱人以執大夫 執有罪也 稱行人 怨接於上也

陳公子留[2]出奔鄭

秋 蒐于紅[3] ◌正也 因蒐狩[4]以習用武事 禮之大者也 艾蘭以爲防[5] 置旃以爲轅門[6] 以葛覆質以爲槷[7] 流旁握[8] 御轚[9]者不得入 車軌塵 馬候蹄 揜禽旅[10] 御者不失其馳 然後射者能中 過防弗逐 不從奔之道也 面傷不獻 不成禽不獻 禽雖多 天子取三十焉 其餘與士衆 以習射於射宮[11] 射而中 田[12]不得禽 則得禽 田得禽而射不中 則不得禽 是以知古之貴仁義 而賤勇力也

陳人殺其大夫公子過[13]

大雩

冬 十月 壬午 楚師滅陳 執陳公子招 放之于越[14] 殺陳孔奐[15] ◌惡楚子也

葬陳哀公 ◌不與楚滅 閔公也

1) 行人干徵師(행인간징사) : 행인은 벼슬 이름이다. 간징사는 진(陳)나라 대부이며 당시 행인으로써 초(楚)나라에 사신으로 갔다가 죽게 되었다.

2) 公子留(공자유) : 진(陳)나라 애공(哀公)의 두번째 비(妃)에서 태어난 아들.

3) 蒐于紅(수우홍) : 홍 땅에서 군사 연습을 하다. 수는 봄의 사냥.

4) 蒐狩(수수) : 수(蒐)는 봄의 사냥, 수(狩)는 겨울의 사냥. 옛날에는 사냥으로써 군사 연습을 했다.
5) 防(방) : 경계선. 곧 사냥터의 한계 지역. 경계.
6) 轅門(원문) : 야영(野營)에서 군(軍)의 진영문.
7) 以葛覆質以爲槷(이갈복질이위얼) : 털옷으로 모탕을 덮어 기둥을 세우다.
8) 流旁握(유방악) : 유(流)는 수레바퀴. 악은 수레 위의 손잡이를 약 4촌(四寸)으로 한다는 것을 뜻한다. 유방악은 양쪽 수레의 바퀴 사이가 4촌의 거리를 유지해야 한다는 뜻.
9) 轚(계) : 걸리다. 거치적거리다.
10) 揜禽旅(엄금려) : 여러 새나 짐승을 덮다. 곧 우리에 넣다. 여는 중(衆)의 뜻.
11) 射宮(사궁) : 군왕(君王)이 활쏘기 대회를 여는 장소.
12) 田(전) : 사냥하는 것.
13) 公子過(공자과) : 일찍이 공자 초(公子招)를 방조하여 태자 언사(偃師)를 죽이는데 합류하고 공자 유(留)를 임금으로 세웠다. 그 죄로 죽임을 당했다.
14) 放之于越(방지우월) : 방(放)은 유방(流放)시키다. 월은 나라 이름이다. 사성(姒姓)이며 선조는 하대(夏代)의 소강(少康)의 아들 무여(無餘)였다. 수도는 회계(會稽)이다.
15) 孔奐(공환) : 진(陳)나라 대부. 공양전 경문에는 환(奐)은 원(瑗)으로 됨.

9. 소공 9년 무진(戊辰)

가. 허(許)나라가 이(夷) 땅으로 옮기다

9년 무진(戊辰) 봄에 노나라 숙궁(叔弓)이 초(楚)나라 군주인 자작을 진(陳)에서 만났다.

허(許)나라가 이(夷) 땅으로 옮겼다.

여름인 4월에 진(陳)나라에 화재가 났다. 국가의 수도에서 화재가 발생하면 '재(災)' 라고 이르고 읍(邑)에서 화재가 발생한 것을 '화(火)' 라고 이른다. '화(火)' 는 기록하지 않는 것인데 이 곳에 왜 화재가 났다는 것을 기록했는가? 진(陳)나라를 가엾게 여겨서 보존시키려고 한 것이었다.

가을에 노나라 중손확(仲孫貜)이 제나라에 갔다.

겨울에 노나라는 낭(郎)에다 짐승을 기르는 유(囿)를 만들었다.

九年 春 叔弓會楚子于陳

許遷于夷[1]

夏 四月 陳火[2] ◌國曰災 邑曰火 火不志 此何以志 閔陳而存之也

秋 仲孫貜[3]如齊

冬 築郎囿[4]

1) 夷(이) : 허나라의 땅 이름이며 허나라의 수도를 옮긴 것이다. 이 땅은 초나라에 가깝다. 초나라에 순종하겠다는 뜻을 보인 것이다.

2) 火(화) : 좌전의 경문에는 재(災)로 되어 있다.

3) 仲孫貜(중손확) : 맹희자(孟僖子)라고 일컫고 노나라 대부이다.

4) 郎囿(낭유) : 낭 땅에 짐승을 기르는 동산을 만들다의 뜻.

10. 소공 10년 기사(己巳)

가. 제나라의 난시(欒施)가 도망해 오다

10년 기사(己巳) 봄, 왕력으로 정월이다.

여름에 제나라 난시(欒施)가 우리 노나라로 도망해 왔다.

가을인 7월에 노나라 계손의여(季孫意如)와 숙궁(叔弓)과 중손확(仲孫貜)이 군사를 거느리고 거(莒)나라를 정벌했다.

무자(戊子)일에 진(晉)나라 군주인 후작 표(彪)가 세상을 떠났다.

9월에 노나라 숙손착(叔孫婼)이 진(晉)나라에 갔다.

진(晉)나라 평공(平公)을 장사 지냈다.

12월 갑자(甲子)일에 송나라 군주인 공작 성(成)이 세상을 떠났다.

十年 春 王正月
夏 齊欒施[1]來奔
秋 七月 季孫意如[2] 叔弓 仲孫貜 帥師伐莒
戊子 晉侯彪[3]卒
九月 叔孫婼如晉
葬晉平公
十有二月 甲子 宋公成[4]卒

1) 齊欒施(제난시) : 공양전 경문에는 진(晉) 난시로 되어 있다. 난시는 제나라 혜공(惠公)의 후손이며 자는 자기(子旗)이며 자아(子雅)의 아들이다.
2) 季孫意如(계손의여) : 계평자(季平子)라고 일컫고 계손숙(季孫宿)의 손자이다. 공양전의 경문에는 계손은여(季孫隱如)로 되어 있다.
3) 晉侯彪(진후표) : 진(晉)나라 평공(平公). B.C. 557년에 즉위하여 25년 간 재위했다.
4) 宋公成(송공성) : 송나라 평공(平公)이며 B.C. 575년에 즉위하여 44년 간 재위했다. 성(成)은 공양전의 경문에는 술(戌)로 되어 있다.

11. 소공 11년 경오(庚午)

가. 숙궁(叔弓)이 송(宋)나라에 가다

11년 경오(庚午) 봄, 왕력으로 2월에 노(魯)나라 숙궁(叔弓)이 송나라에 갔다.

송나라 평공(平公)을 장사 지냈다.

여름인 4월 정사(丁巳)일에 초나라 군주인 자작 건(虔)이 채(蔡)나라 군주인 후작 반(般)을 유인하여 신(申)에서 죽였다. 어찌하여 초나라 군주의 이름을 썼는가? 이적(夷狄)의 임금이 중국의 임금을 유인하여 죽였으므로 경계하기 위하여 이름을 쓴 것이다. 계절을 쓰고 달을 쓰고 날짜를 쓰고 땅 이름을 쓴 것은 경계시킨 것이다.

초나라 공자 기질(棄疾)이 군사를 거느리고 채(蔡)나라를 포위했다.

5월 갑신(甲申)일에 노나라 군주의 부인(夫人) 귀씨(歸氏)가 훙거했다.

비포(比蒲)에서 크게 군사 훈련을 했다.

十有一年 春 王二月[1] 叔弓如宋

葬宋平公

夏 四月 丁巳 楚子虔 誘蔡侯般[2] 殺之于申 ◌何爲名之也 夷狄之君 誘中國之君而殺之 故謹而名之也 稱時稱月稱日稱地 謹之也

楚公子棄疾[3]帥師圍蔡

五月 甲申 夫人歸氏[4]薨

大蒐于比蒲[5]

1) 王二月(왕이월) : 공양전의 경문에는 '왕정월(王正月)'로 되어 있다.

2) 蔡侯般(채후반) : 채(蔡)나라 영공(靈公)이다. 영공이 일찍이 경공(景公)을 죽이고 자립(自立)했다.

3) 公子棄疾(공자기질) : 초(楚)나라 영왕(靈王)의 아우이며 뒤에 초나라 평왕(平王)이 되었다.

4) 歸氏(귀씨) : 소공(昭公)의 어머니이며 제귀(齊歸)이다. 호(胡)나라의 공녀(公女)이며 성이 귀씨(歸氏)이다.

5) 比蒲(비포) : 노나라의 땅 이름.

나. 침상(祲祥)에서 동맹을 맺다

노나라의 중손확(仲孫貜)이 주(邾)나라 군주인 자작과 만나 침상(祲祥)에서 동맹을 맺었다.

가을에 노나라 계손의여(季孫意如)는 진(晉)나라 한기(韓起)와 제나라 국약(國弱)과 송나라 화해(華亥)와 위(衛)나라 북궁타(北宮佗)와 정나라 한호(罕虎)와 조(曹)나라 사람과 기(杞)나라 사람과 궐은(厥慭)에서 회합했다.

9월 기해(己亥)일에 우리 노나라의 소군(小君) 제귀(齊歸)를 장사 지냈다.

겨울인 11월 정유(丁酉)일에 초나라 군사가 채(蔡)나라를 멸망시키고 채나라의 세자 우(友)를 잡아 데리고 가서 그를 죽여 산신(山神)의 희생(犧牲)으로 썼다. 채나라 세자 우(友)는 자작(子爵)이다. 그를 세자(世子)라고 이른 것은 무슨 뜻인가? 초나라에서 세자를 살해한 것을 찬성해 주지 않은 것이다. 이에 하나의 사건을 계속적으로 기록하여 초나라의 자작을 증오하게 한 것이다.

仲孫貜會邾子 盟于祲祥[1]

秋 季孫意如 會晉韓起 齊國弱 宋華亥 衛北宮佗 鄭罕虎 曹人 杞人 于厥憖[2]

九月 己亥 葬我小君齊歸

冬 十有一月 丁酉 楚師滅蔡 執蔡世子友[3] 以歸 用之[4] ◌此子也 其曰世子 何也 不與楚殺也 一事注[5] 乎志 所以惡楚子也

1) 祲祥(침상) : 노나라의 땅 이름.

2) 厥憖(궐은) : 땅 이름. 공양전의 경문에는 굴은(屈銀)으로 되어 있다.

3) 世子友(세자우) : 공양전과 좌전의 경문에는 세자유(世子有)로 되어 있다.

4) 用之(용지) : 희생(犧牲)으로 썼다는 뜻.

5) 注(주) : 계속적으로.

12. 소공 12년 신미(辛未)

가. 송나라 군주가 노나라를 예방하다

12년 신미(辛未) 봄에 제(齊)나라 고언(高偃)이 군사를 거느리고 북연(北燕)나라 군주인 백작을 양(陽)으로 들여보냈다. '납(納)' 이란 국내에서 받아주지 않은 것이다. 북연의 군주인 백작의 이름을 쓰지 않은 것은 무슨 뜻인가? 제나라의 대부인 고언이 북연의 군주인 백작을 이끌지 않은 것으로 하기 위해서였다.

3월 임신(壬申)일에 정나라 군주인 백작 가(嘉)가 세상을 떠났다.

여름에 송나라 군주인 공작이 화정(華定 : 華椒의 손자)을 보내 노나라를 예방하게 했다.

소공(昭公)이 진(晉)나라에 가기 위해 황하(黃河)에 이르렀다가 곧 돌아왔다. 이는 계손씨(季孫氏)가 진(晉)나라에 이르지 못하게 했기 때문이었다.

5월에 정(鄭)나라 간공(簡公)을 장사 지냈다.

초(楚)나라에서 그의 대부인 성호(成虎)를 죽였다.

가을인 7월이다.

겨울인 10월에 공자 은(慭)이 제나라로 달아났다.

초나라 군주인 자작이 서(徐)나라를 정벌했다.

진(晉)나라가 선우(鮮虞)를 정벌했다. 그것을 '진(晉)'이라고 이른 것은 오랑캐로 여겼기 때문이었다. 오랑캐라고 한 이유는 무엇인가? 그 진(晉)나라가 이적(夷狄)과 함께 하여, 중국이 오랑캐와 서로 정벌한다는 것은 올바르지 않아서 '적(狄)'의 행동이라 일컬은 것이었다.

十有二年 春 齊高偃[1]帥師納北燕伯于陽[2] ◌納者 內不受也 燕伯之不名 何也 不以高偃挈燕伯也

三月 壬申 鄭伯嘉[3]卒

夏 宋公使華定[4]來聘

公如晉 至河乃復 ◌季孫氏不使遂乎晉也

五月[5] 葬鄭簡公

楚殺其大夫成虎[6]

秋 七月

冬 十月 公子慭[7]出奔齊

楚子伐徐

晉伐鮮虞[8] ◌其曰晉 狄之也 其狄之何也 不正其與夷狄交伐中國 故狄稱之也

1) 高偃(고언) : 제(齊)나라 고혜(高傒)의 후손이며 제나라 대부(大夫)이다.
2) 陽(양) : 땅 이름. 좌전에는 당(唐)과 같은 땅이라 했다.
3) 鄭伯嘉(정백가) : 곧 정나라 간공(簡公)이다. B.C. 565년에 즉위하여 36년간 재위했다.
4) 華定(화정) : 송나라에 원공(元公)이 즉위하여 인사 사절로 노나라에 왔다.
5) 五月(오월) : 좌전 경문에는 유월(六月)로 되어 있다.
6) 成虎(성호) : 초나라 영윤(令尹) 자옥(子玉)의 손자. 자(字)는 웅(熊). 어떤 곳에는 연(然)으로 되어 있다. 좌전 경문에는 성웅(成熊)으로 되어 있다.
7) 公子慭(공자은) : 자중(子仲)이라 일컫고 노나라 공실의 공족이다. 공양전의 경문에는 공자정(公子整)으로 되어 있다.
8) 鮮虞(선우) : 백적(白狄)이 세운 나라.

13. 소공 13년 임신(壬申)

가. 숙궁(叔弓)이 비(費)를 포위하다

13년 임신(壬申) 봄에 노나라 숙궁(叔弓)이 군사를 거느리고 비(費)를 포위했다.

여름인 4월에 초나라의 공자 비(比)가 진(晉)나라에서 초나라로 돌아가 그의 군주 건(虔)을 간계(乾溪)에서 시해했다. '진(晉)나라로부터' 라고 한 것은 진(晉)나라에서 받들어 보낸 것이다. 스스로 돌아가서 시해했다면 '귀(歸)' 라고 말하지 않는 것인데 '귀(歸)' 라고 말한 것은 시해한 것이 아니다. 돌아가는 것도 하나의 일이요, 시해하는 것도 하나의 일인데 이어서 말한 것은 공자 비(比)가 돌아가자 시해된 것이니 공자 비(比)가 시해하지 않았을 것이다. 임금이 시해되면 시해된 날짜를 기록하는 것인데 날짜가 기록되지 않은 것은 공자 비(比)가 시해한 것이 아닌 것이다.

초나라 공자 기질(棄疾)이 공자 비(比)를 죽였다. 기질이 군주의 지위에서 죽였다는 말이다. '당상지사(當上之辭)' 란 사람을 일컫지 않고 죽인 것으로써 말한 것이니, 이에 임금이 죽였다는 것을 이른 것이다. 역적을 토벌한다고 하여 군주된 입장에서 살해한 것이니 시해한 것이 아니다. 공자 비(公子比)가 시해하지 않았다는 네 가지 이유가 있다. 국가를 취하는 자는 국가를 일컬어서 시해하는 것인데 초나라 공자 기질(棄疾)이 공자 비를 죽였다고 했으니 공자 비에게 혐의를 두지 않은 것이다. 춘추(春秋)는 혐의가 있는 것으로써 혐의를 대신하지는 않는 것인데 공자 기질이 그 일을 주동함으로써 그에게 혐의를 둔 것이다.

十有三年 春 叔弓帥師圍費[1]

夏 四月 楚公子比[2]自晉歸于楚 弑其君虔[3]于乾溪[4] ◌自晉 晉有奉焉爾 歸而弑 不言歸 言歸 非弑也 歸一事也 弑一事也 而遂言之 以比之歸弑 比不弑也 弑君者日 不日 比不弑也

楚公子棄疾殺公子比[5] ◌當上之辭也 當上之辭者 謂不稱人以殺 乃以君殺之也 討賊以當上之辭 殺非弑也 比之不弑有四 取國者稱國以弑 楚公子棄疾殺公子比 比不嫌也 春秋不以嫌代嫌 棄疾主其事 故嫌也

1) 費(비) : 노나라의 읍. 희공(僖公) 원년에 공자계우(公子季友)를 봉해 주었으며 이후부터 계손(季孫)의 영지(領地)가 되었다. 그런데 소공 12년에 계손씨의 가신 남괴(南蒯)가 공자 은과 합세하여 계평자(季平子)를 제거하려다 발각되어서 두 사람이 제나라로 도망쳤다.
2) 公子比(공자비) : 자간(子干)이라 일컬으며 초나라 대부.
3) 虔(건) : 초나라 영왕(靈王)의 이름.
4) 乾溪(간계) : 초나라의 땅 이름.
5) 公子棄疾殺公子比(공자기질살공자비) : 공자 기질이 비록 공자 비를 초왕(楚王)으로 삼으려고 영왕(靈王)을 압박하여 자살하게 했으나, 실제로는 공자 기질이 스스로 왕이 되고자 하여 도처에 공자 비가 영왕을 살해하고 자립(自立)하려 한다고 소문을 퍼뜨렸다. 나라 사람들이 봉기하여 공자 비와 공자 흑굉을 반대하여 두 사람이 자살하도록 압박했다. 이에 공자 기질이 즉위하여 초왕(楚王)이 되고 이름을 웅거(熊居)라고 했다.

나. 채(蔡)나라 후작이 채나라로 돌아가다

가을에 소공이 유(劉)나라 군주인 자작과 진(晉)나라 군주인 후작과 제나라 군주인 후작과 송나라 군주인 공작과 위(衛)나라 군주인 후작과 정나라 군주인 백작과 조(曹)나라 군주인 백작과 거(莒)나라 군주인 자작과 주(邾)나라 군주인 자작과 등나라 군주인 자작과 설나라 군주인 백작과 기나라 군주인 백작과 소주(小邾)나라 군주인 자작 등과 평구(平丘)에서 회합했다.

8월 갑술(甲戌)일에 제후들이 평구에서 동맹을 맺었으나 소공은 동맹에 참여하지 않았다. '동(同)' 이란 함께 함이 있는 것이다. 초나라를 멀리하는 것을 함께한 것이었다. '공불여맹(公不與盟)' 이란 가히 함께해야 할 것을 함께하지 않은 것이 소공(昭公)에게 있다는 것을 비난한 것이다. 그 날짜를 쓴 것은 이 날의 맹세를 좋게 여긴 것이다.

진(晉)나라 사람이 노나라의 계손의여(季孫意如)를 체포하여 데리고 돌아갔다. 소공이 제후들의 회합에서 돌아왔다.

채(蔡)나라 군주인 후작 여(廬)가 채나라로 돌아갔다.

진(陳)나라 군주인 후작 오(吳)가 진(陳)나라로 돌아갔다. 그 화해의 모임이 잘 되어서 자기 나라로 돌아간 것으로, 경계하도록 날짜를 정중하게 기록한 것이다. 채(蔡)나라나 진(陳)나라는 일찍이 국가를 두지 못했다. 초나라가 두 나라를 멸망시킨 일들은 앞의 경문에 쓰여 있으나 이적(夷狄)인 초나라가 중원의 채나라와 진(陳)나라를 멸망시킨 것을 찬성해 주지 않은 것이었다.

겨울인 10월에 채(蔡)나라 영공(靈公)을 장사 지냈다. 장사를 지내지 못하는 변칙적인 상황이 세 가지가 있다. 군주가 덕을 잃게 되면 장례를 치르지 못하고 군주가 시해되면 장례를 치르지 못하고 국가가 멸망하면 장례를 치르지 못한다. 그러나 국가를 잃은 채나라 영공을 장사 지내고 초나라가 멸망시킨 일에 함께 찬성해 주지 않고 또 제후들의 일을 화평시킨 것들이었다.

소공이 진(晉)나라에 가기 위해 황하(黃河)에 이르렀다가 곧 되돌아왔다.

오(吳)나라가 주래(州來)를 멸망시켰다.

秋 公會劉子[1]晉侯齊侯宋公衛侯鄭伯曹伯莒子邾子滕子薛伯杞伯小邾子 于平丘[2] 八月 甲戌 同盟于平丘 公不與盟 ◌同者 有同也 同外楚也 公不與盟者 可以與而不與 譏在公也 其日 善是盟也

晉人執季孫意如[3]以歸 公至自會

蔡侯廬[4]歸于蔡

陳侯吳[5]歸于陳 ◌善其成之會而歸之 故謹而日之 此未嘗有國也 使如失國辭然者 不與楚滅也

冬 十月 葬蔡靈公 ◌變之不葬有三 失德不葬 弑君不葬 滅國不葬 然且葬之 不與楚滅 且成諸侯之事也

公如晉 至河乃復

吳滅州來

1) 劉子(유자) : 주왕조(周王朝)의 경(卿).

2) 平丘(평구) : 땅 이름.

3) 執季孫意如(집계손의여) : 계손의여를 체포하다. 곧 노나라가 주(邾)나라와 거(莒)나라를 자주 침략하였는데 실상은 계손씨가 주도하였으므로 진(晉)나라에서 두 나라의 하소연을 들어서 체포함.

4) 蔡侯廬(채후여) : 채(蔡)나라 평공(平公)이며 태자 우(友)의 아들.

5) 陳侯吳(진후오) : 진(陳)나라 혜공(惠公)이며 태자 언사(偃師)의 아들이다.

14. 소공 14년 계유(癸酉)

가. 의여(意如)가 진(晉)나라에서 돌아오다

14년 계유(癸酉) 봄에 의여(意如 : 季孫意如)가 진(晉)나라에서 돌아왔다. 대부가 체포되었다가 석방되면 반드시 조묘(祖廟)

에 고제(告祭)하는 의식을 거행하고 의식을 거행하면 이름을 기재하는데 의여(意如)라고 한 것은 미워한 것이었다. 그러나 조묘에 고제한 것은 군주와 신하의 예를 나타낸 것이다.

3월에 조(曹)나라 군주인 백작 등(滕)이 세상을 떠났다.

여름인 4월이다.

가을에 조(曹)나라 무공(武公)을 장사 지냈다.

8월에 거(莒)나라 군주인 자작 거질(去疾)이 세상을 떠났다.

겨울에 거(莒)나라에서 그 나라 공자인 의회(意恢)를 죽였다. 공자(公子)를 죽였다고 말하고 대부(大夫)라고 말하지 않은 것은 거(莒)나라에는 대부(大夫)가 없기 때문이었다. 거나라에 대부가 없는데 공자의회(公子意恢)라고 이른 것은 의회가 어진 사람이었기 때문이다. 조(曹)나라와 거(莒)나라에는 모두 대부(大夫)가 없다. 그 나라들이 대부가 없는 것은 그 의의(意義)가 서로 다른 것이다.

十有四年 春 意如至自晉 ◌大夫執則致 致則名 意如惡 然而致 見君臣之禮也

三月 曹伯滕[1]卒

夏 四月

秋 葬曹武公

八月 莒子去疾[2]卒

冬 莒殺其公子意恢[3] ◌言公子而不言大夫 莒無大夫也 莒無大夫而曰公子意恢 意恢賢也 曹莒皆無大夫 其所以無大夫者 其義異也[4]

1) 曹伯滕(조백등) : 곧 조(曹)나라의 무공(武公)이며 등은 이름이다. 일작(一作) 승(勝)이라고도 한다. B.C. 554년에 즉위하여 27년 간 재위했다.

2) 莒子去疾(거자거질) : 곧 거(莒)나라 저구공(著丘公)이며 거질은 이름이다. 교공(郊公)이라 한다. B.C. 540년에 즉위하여 13년 간 재위했다.

3) 公子意恢(공자의회) : 거나라 공자(公子)이다.

4) 其義異也(기의이야) : 그 의의가 다르다. 곧 조(曹)나라 숙진탁(叔振鐸)은 문왕(文王)의 아들이며 무왕(武王)이 조(曹)나라에 봉했는데 전복(甸服)

의 안에 있어서 뒤에 삭감되었다. 거(莒)나라는 기(己)성이며 동이(東夷)로 본래 작은 나라였다.

15. 소공 15년 갑술(甲戌)

가. 무공(武公)의 사당에 제사를 지내다

15년 갑술(甲戌) 봄인 왕력으로 정월에 오(吳)나라 군주인 자작 이말(夷末)이 세상을 떠났다.

2월 계유(癸酉)일에 노(魯)나라 무공(武公)의 사당에 제사가 있었다. 악인(樂人)들이 사당으로 들어가자 제사에 참여한 숙궁(叔弓)이 죽어서 음악을 중지하고 제사를 마쳤다. 군주가 제사에 참여하여 음악이 연주되고 있는데 이때 대부(大夫)의 상(喪)을 듣게 되면 음악을 철수시키고 제사일을 마치는 것은 예의에 합당한 일이다.

군주가 제사에 참여하여 음악이 연주되고 있는데 대부(大夫)의 상사(喪事)가 있다고 들으면 계속 진행하는 것이 합당한 것인가? 대부(大夫)는 국가의 몸체이다. 옛날의 사람들은 사람이 사망한 것을 중대하게 여겼다. 그렇지만 이때라도 군주의 명령이란 통하지 않는 곳이 없는 것이다.

여름에 채나라 조오(朝吳)가 정(鄭)나라로 달아났다.

6월 초하루인 정사(丁巳)일에 일식(日蝕)이 있었다.

가을에 진(晉)나라 순오(荀吳)가 군사를 거느리고 선우(鮮虞)나라를 정벌했다.

겨울에 소공(昭公)이 진(晉)나라에 갔다.

十有五年 春 王正月 吳子夷末[1]卒

二月 癸酉 有事于武宮[2] 籥入[3] 叔弓卒 去樂卒事 ◌君在祭樂之中 聞大夫之喪 則去樂卒事 禮也 君在祭樂之中 大夫有變 以聞 可乎

大夫國體也 古之人重死 君命無所不通

夏 蔡朝吳[4]出奔鄭

六月 丁巳 朔 日有食之

秋 晉荀吳帥師伐鮮虞

冬 公如晉

1) 吳子夷末(오자이말) : 오(吳)나라 군주인 자작 이말이며 곧 오나라 왕(王) 여말(餘末)이다. 공양전의 경문에는 이매(夷昧)로 되어 있다.

2) 有事于武宮(유사우무궁) : 유사는 제사 의식이 있다. 무궁은 노나라 무공(武公)의 사당이다. 성공(成公) 6년에 건립했다.

3) 籥入(약입) : 피리가 들어가다. 약은 피리이며 음악을 뜻한다. 관악기의 하나.

4) 朝吳(조오) : 채나라의 대부. 채나라를 회복시킨 공신. 공양전의 경문에는 조(朝)는 소(昭)로 되어 있고 밑에는 출(出)자가 없다.

16. 소공 16년 을해(乙亥)

가. 제나라에서 서(徐)나라를 정벌하다

16년 을해(乙亥) 봄에 제나라 군주인 후작이 서(徐)나라를 정벌했다.

초나라 군주인 자작이 융만(戎蠻)의 군주인 자작을 유인하여 그를 죽였다.

여름에 소공이 진(晉)나라에서 돌아왔다.

가을인 8월 기해(己亥)일에 진(晉)나라 군주인 후작 이(夷)가 세상을 떠났다.

9월에 크게 기우제(祈雨祭)를 지냈다.

노나라 계손의여(季孫意如)가 진(晉)나라에 갔다.

겨울인 10월에 진(晉)나라 소공(昭公)을 장사 지냈다.

十有六年 春 齊侯伐徐

楚子誘戎蠻[1]子殺之
夏 公至自晉
秋 八月 己亥 晉侯夷[2]卒
九月 大雩
季孫意如如晉
冬 十月 葬晉昭公

1) 戎蠻(융만) : 수령(首領)은 가(嘉)인데 초나라에서 유인하여 죽이고 그의 아들을 수령으로 세웠다. 공양전 경문에는 만(蠻)이 만(曼)으로 되어 있다.
2) 晉侯夷(진후이) : 곧 진(晉)나라 소공(昭公)이며 B.C. 531년에 즉위하여 6년 간 재위했다.

17. 소공 17년 병자(丙子)

가. 소주(小邾)의 자작이 노나라에 예방오다

17년 병자(丙子) 봄에 소주(小邾)나라 군주인 자작이 노(魯)나라를 찾아왔다.

여름인 6월 초하루 갑술(甲戌)일에 일식이 있었다.

가을에 담(郯)나라 군주인 자작이 노나라를 찾아왔다.

8월에 진(晉)나라 순오(荀吳)가 군사를 거느리고 육혼(陸渾)의 융(戎)을 멸망시켰다.

겨울에 혜성이 방수(房宿)와 심수(心宿)와 미수(尾宿) 자리에 나타났다. 한 번 있고 한 번은 없는 것을 '유(有)'라 이른다. '우대진(于大辰)'은 대진(大辰)에 함부로 들어간 것이다.

초나라 사람이 오(吳)나라와 장안(長岸)에서 싸웠다. 양쪽의 이적(夷狄)들이 싸운 것을 '패(敗)'라고 이른다. 중국과 이적(夷狄)이 싸우는 것도 또한 '패(敗)'라고 이른다. 초나라 사람이 오(吳)나라와 장안(長岸)에서 싸웠는데 초나라를 먼저 거론한 것은 초나라 군주인 자작의 지위를 높여 준 것이며 그러므로

'전(戰)' 이라고 이른 것이다.

十有七年 春 小邾子來朝

夏 六月 甲戌 朔 日有食之

秋 郯子[1]來朝

八月 晉荀吳帥師滅陸渾戎[2]

冬 有星孛[3]于大辰[4] ◌一有一亡曰有 于大辰者 濫[5]于大辰也

楚人及吳戰于長岸[6] ◌兩夷狄曰敗 中國與夷狄亦曰敗 楚人及吳戰于長岸 進楚子 故曰戰

1) 郯子(담자) : 담(郯)나라 군주인 자작. 담나라는 소호(少昊)씨의 후예이다.

2) 陸渾戎(육혼융) : 융인(戎人)의 한 갈래이다. 좌전 경문에는 육혼지융(陸渾之戎)이라 했고 공양전 경문에는 분혼융(賁渾戎)이라 했다.

3) 星孛(성패) : 혜성(彗星).

4) 大辰(대진) : 28수(二十八宿)에서 방(房), 심(心), 미(尾)의 별자리.

5) 濫(남) : 함부로 들어가다.

6) 長岸(장안) : 초나라의 지명(地名)이다.

18. 소공 18년 정축(丁丑)

가. 세 나라에 화재(火災)가 발생하다

18년 정축(丁丑) 봄, 왕력으로 3월에 조(曹)나라 군주인 백작 수(須)가 세상을 떠났다.

여름인 5월 임오(壬午)일에 송(宋)나라와 위(衛)나라와 진(陳)나라와 정(鄭)나라에 화재가 있었다. 이를 기록한 까닭은 같은 날에 발생했기 때문이다. 그 날짜를 기록한 것도 같은 날이었기 때문이다. 어떤 이가 말하기를 "어떤 사람이 정(鄭)나라 자산(子產)에게 말하기를 '아무개 날에 화재가 있을 것이다.' 라고 했는데 자산(子產)이 말하기를 '하늘의 귀신을 자네가 어찌 알 것인가?' 라고 했다. 이 사람이 같은 날에 네 나라에 화재가 발생할 것이라고 한 것이다."라고 했다.

6월에 주(邾)나라 사람이 우(鄅)나라로 쳐들어갔다.

가을에 조(曹)나라 평공(平公)을 장사 지냈다.

겨울에 허(許)나라가 백우(白羽)로 옮겼다.

十有八年 春 王三月 曹伯須[1]卒

夏 五月 壬午 宋衛陳鄭災 ◌其志 以同日也 其日 亦以同日也 或曰 人有謂鄭子產[2]曰 某日有災 子產曰 天者神 子惡知之 是人也 同日爲四國災也

六月 邾人入鄅[3]

秋 葬曹平公

冬 許遷于白羽[4]

1) 曹伯須(조백수) : 조(曹)나라 평공(平公). B.C. 527년에 즉위. 4년 간 재위.

2) 鄭子產(정자산) : 공손교(公孫僑)라고 일컫다. 공손성자(公孫成子)인 자국(子國)의 아들이다. 이름은 교(僑)이고 자는 자산(子產)이다. 다른 자는 자미(子美)라고도 한다. 정나라 간공(簡公)때 집정대부(執政大夫)가 되어 국가를 다스렸는데 구(丘)와 정(征)과 부(賦)의 제도를 창안하고 주형서(鑄刑書)를 공포하여 법률로 썼다.

3) 鄅(우) : 옛 나라 이름. 성씨는 운(妘)씨. 계양(啓陽)에 있었다. 춘추의 말에 노나라에 통합되었다고 했다.

4) 白羽(백우) : 허나라의 땅 이름. 허나라가 수도를 옮긴 곳.

19. 소공 19년 무인(戊寅)

가. 송(宋)나라에서 주(邾)나라를 정벌했다

19년 무인(戊寅) 봄에 송나라 군주인 공작이 주(邾)나라를 정벌했다.

여름인 5월 무진(戊辰)일에 허나라 세자 지(止)가 그 군주 매(買)를 시해했다. 시해된 날짜를 기록한 것은 정상적인 죽음이었다. 정상적으로 죽었다면 세자 지(止)가 시해한 것이 아니다. 시해하지 않았는데 '시해' 라고 한 것은 세자 지(止)를 책망한 것이다.

세자 지(止)가 이르기를 " '내가 군주를 시해한 자와 함께 한 자' 라면 그 군주의 지위에 오르지 않을 것이다." 라고 하고 그의 아우인 훼(虺)에게 양보하였으며, 곡읍(哭泣)하고 죽을 들이마시고 밥을 목구멍으로 넘기지 않고 슬퍼하며 한 해를 넘기지 못하고 죽었다. 그러므로 군자가 곧 세자 지(止)가 자책하고 있는 것을 꾸짖은 것이었다.

기묘(己卯)일에 지진이 일어났다.

가을에 제나라 고발(高發)이 군사를 거느리고 거(莒)나라를 정벌했다.

겨울에 허(許)나라 도공(悼公)을 장사 지냈다. 허나라의 도공이 죽은 날짜와 장사 지낸 계절을 쓴 것은 세자 지(止)가 아버지를 시해한 것이 아니었기 때문이다.

모두 말하기를 "아들이 이미 태어나서 아직 수재나 화재를 면하지 못하는 것은 어머니의 죄이다. 어린 시절부터 성동(成童 : 15세 이전)까지 스승에게 배움으로 나아가지 않은 것은 아버지의 죄이다. 스승에게 나아가서 학문에 방향을 잡지 못하고 심지(心志)가 불통한 것은 자신의 죄이다. 심지(心志)가 이미 통했는데도 명예가 세상에 알려지지 않은 것은 벗의 죄이다. 명예가 이미 세상에 알려졌는데도 관리(官吏 : 有司)가 천거하지 않은 것은 유사(有司 : 관리)의 죄이다. 유사가 이미 천거했는데도 왕자(王者 : 天子)가 등용하지 않은 것은 왕자의 과실이다." 라고 했다.

허나라의 세자가 아버지에게 올리는 약을 효자는 먼저 맛본다는 사실을 알지 못하여 그 누(累)가 허나라의 임금에게 미친 것이었다.

十有九年 春 宋公伐邾[1]

夏 五月 戊辰 許世子止弑其君買[2] ◌日弑 正卒也 正卒 則止不弑也 不弑而曰弑 責止也 止曰 我與夫弑者 不立乎其位 以與其弟虺哭泣歠飦[3]粥 嗌不容粒[4] 未踰年[5]而死 故君子卽止自責而責之也

己卯 地震

秋 齊高發[6]帥師伐莒

冬 葬許悼公 ◌日卒時葬 不使止爲弑父也 曰 子旣生 不免乎水火 母之罪也 羈貫成童[7] 不就師傅 父之罪也 就師學問無方[8] 心志不通 身之罪也 心志旣通 而名譽不聞 友之罪也 名譽旣聞 有司不擧 有司之罪也 有司擧之 王者不用 王者之過[9]也 許世子不知嘗藥 累及許君也

1) 宋公伐邾(송공벌주) : 지난해에 주(邾)나라가 우(鄅)나라를 정벌하여 우나라 군주를 포로로 잡았다. 우(鄅)나라 군주의 부인은 송(宋)나라 향술(向戌)의 딸이다. 이에 향술의 아들 향송(向宋)이 출병을 청하여 주나라를 정벌했다.

2) 許世子止弑其君買(허세자지시기군매) : 허나라 세자 지가 그의 임금인 매를 시해했다. 매는 곧 허나라 도공(悼公)의 이름이다.

3) 歠飦(철전) : 죽을 마시다.

4) 嗌不容粒(익불용입) : 목구멍으로 한 톨의 밥을 넘기지 않는다는 뜻.

5) 未踰年(미유년) : 한해를 넘기지 못하다.

6) 高發(고발) : 제나라의 대부이며 고씨(高氏)의 후예이다.

7) 羈貫成童(기관성동) : 기관은 옛날 어린 아이의 머리를 좌우 양쪽으로 틀어 올린 것. 곧 어린 시절을 뜻하고 성동은 15세 이전을 뜻함.

8) 無方(무방) : 길. 도(道)의 뜻.

9) 過(과) : 죄(罪)와 같다. 천자는 죄라고 할 수가 없으므로 과라고 했다.

20. 소공 20년 기묘(己卯)

가. 도적이 위(衛)나라 군주를 죽이다

20년 기묘(己卯) 봄인 왕력으로 정월이다.

여름에 조(曹)나라 공손 회(公孫會)가 몽(夢)에서 송(宋)나라로 달아났다. '자몽(自夢)' 이란 공손 회가 몽(夢) 땅을 오로지 했다는 뜻이다. 조(曹)나라에는 대부가 없는데 그를 공손(公孫)이라고 이른 까닭은 무엇인가? 그는 귀하다는 것을 취하여 배반하지 않았다는 것을 말한 것이다.

가을에 도적이 위(衛)나라 군주인 후작의 형 첩(輒)을 죽였다. 도적이란 천한 사람이다. 그를 형(兄)이라고 이른 것은 어머니가 같아서 형이라고 한 것이다. 위(衛)나라 후작을 지목한 것은 위나라 후작이 연루되었다는 뜻이다. 그렇다면 어찌하여 임금이 되지 못한 것인가? 이는 선천적으로 질병이 있는 자는 종묘(宗廟)에 들어갈 수가 없는 것이었다. 첩(輒)이란 누구인가? 첩은 두 다리로 평행하지 못하는 자이다. 제나라에서는 기(綦)라고 이르고 초나라에서는 섭(踂)이라고 이르고 위(衛)나라에서는 첩(輒)이라고 이른다.

겨울인 10월에 송(宋)나라 화해(華亥)와 향녕(向寧)과 화정(華定)이 진(陳)나라로 달아났다.

11월 신묘(辛卯)일에 채(蔡)나라 군주인 후작 여(廬)가 세상을 떠났다.

二十年 春 王正月

夏 曹公孫會[1]自夢出奔宋 ◌自夢者 專乎夢也 曹無大夫 其曰公孫 何也 言其以貴取之 而不以叛也

秋 盜殺衛侯之兄輒[2] ◌盜 賤也 其曰兄 母兄也 目衛侯 衛侯累也 然則何爲不爲君也 曰 有天疾者 不得入乎宗廟 輒者何也 曰 兩足不能相過 齊謂之綦 楚[3]謂之踂 衛謂之輒

冬 十月 宋華亥向寧華定[4] 出奔陳

十有一月 辛卯 蔡侯廬[5]卒

1) 公孫會(공손회) : 조(曹)나라의 공손. 조(曹)나라 선공(宣公)의 동모(同母)의 아우이며 공손희(公孫喜)의 후손이다.

2) 輒(첩) : 위(衛)나라 영공(靈公)의, 어머니를 같이 한 형. 공맹집(公孟縶).

3) 楚(초) : 공양전 경문에는 몽(鄸)으로 되어 있으며 조나라 땅 이름이다.
4) 華亥向寧華定(화해향녕화정) : 세 사람 모두 송나라의 귀족이며 향녕은 권력을 장악하고 있었다.
5) 蔡侯廬(채후여) : 곧 채(蔡)나라 평공(平公)이며 B.C. 530년에 즉위하여 9년 간 재위했다.

21. 소공 21년 경진(庚辰)

가. 사앙(士鞅)이 노나라를 예방하다

21년 경진(庚辰) 봄, 왕력으로 3월에 채(蔡)나라 평공(平公)을 장사 지냈다.

여름에 진(晉)나라의 군주인 후작이 사앙(士鞅)에게 노나라를 예방하게 했다.

송(宋)나라 화해(華亥)와 향녕(向寧)과 화정(華定)이 진(陳)나라에서 송(宋)나라의 남리(南里)로 들어가 반란을 일으켰다. '자진(自陳)' 이란 진(陳)나라에서 받들어 준 것이다. '입(入)' 이란 국내에서 받아주지 않은 것이다. 그 곳을 '송남리(宋南里)' 라고 이른 것은 송(宋)나라의 남쪽 변방이란 뜻이다. '이(以)' 란 쓰지 아니한 것이다. '반(叛)' 은 곧바로 배반한 것이다.

가을인 7월 초하루 임오(壬午)일에 일식이 있었다.

8월 을해(乙亥)일에 숙첩(叔輒)이 세상을 떠났다.

겨울에 채나라 군주인 후작 동(東)이 초나라로 달아났다. 동(東)이란 동국(東國)을 말한다. 어찌하여 동(東)이라고 이르게 되었는가? 조부(祖父 : 王父)를 초나라가 유인하여 죽였고 부친(父親)은 초나라 왕에게 체포되어 산신의 희생으로 쓰였다. 달아나고 또 달아난 것을 동(東)이라고 이른다. 미워하여 또 폄하한 것이다.

소공이 진(晉)나라에 가다가 황하에 이르러 되돌아왔다.

二十有一年 春 王三月 葬蔡平公

夏 晉侯使士鞅來聘

宋華亥向寧華定 自陳入于宋南里以叛[1] ◯自陳 陳有奉焉爾 入者內弗受也 其曰宋南里 宋之南鄙也 以者 不以者也 叛 直叛也

秋 七月 壬午 朔 日有食之

八月 乙亥 叔輒[2]卒

冬 蔡侯東[3]出奔楚 ◯東者 東國也 何爲謂之東也 王父誘而殺[4]焉 父執而用[5]焉 奔而又奔之 曰東 惡之而貶之也

公如晉 至河乃復

1) 叛(반) : 공양전의 경문에는 반(畔)으로 되어 있다.

2) 叔輒(숙첩) : 자숙(子叔)이라 일컫다. 첩은 공양전의 경문에는 좌(痤)로 되어 있다.

3) 蔡侯東(채후동) : 채나라 평공(平公)의 아들이다. 좌전의 경문에는 동(東)은 주(朱)로 되어 있다. 즉위한 후 대부(大夫)들과 불화(不和)하여 그의 군위를 잃고 초나라로 달아났다.

4) 王父誘而殺(왕부유이살) : 왕부(王父)는 조부(祖父)이다. 곧 채영공(蔡靈公) 반(般)을 뜻한다.

5) 父執而用(부집이용) : 채나라 세자 우(友)이며 초나라 왕에게 사로잡혀 희생의 제물로 쓰이다.

22. 소공 22년 신사(辛巳)

가. 제나라에서 거(莒)나라를 정벌하다

22년 신사(辛巳) 봄에 제나라 군주인 후작이 거(莒)나라를 정벌했다.

송나라 화해(華亥)와 향녕(向寧)과 화정(華定) 등이 송나라의 남리(南里)에서 초나라로 달아났다. '자송남리(自宋南里)'란 남리를 오로지 한 것이었다.

노나라에서는 창간(昌間)에서 크게 군사 훈련을 했다. 가을에 사냥하는 것을 '수(蒐)' 라고 이른다. 이번의 훈련은 봄에 했는데 그것을 '수(蒐)' 라고 이른 까닭은 무엇인가? 이는 사냥하는 일을 빙자한 군사 훈련이었다.

여름인 4월 을축(乙丑)일에 천자가 붕어(崩御)했다. 6월에 노나라의 숙앙(叔鞅)이 경사(京師)에 갔다. 경왕(景王)의 장사를 지냈다. 주(周)나라 왕실(王室)이 어지러워졌다. '난(亂)' 이라고 말한 것은 일이 성사된 바가 있지 않았다는 뜻이다.

유(劉)나라 군주인 자작과 선(單)나라 군주인 자작이 새로 천자가 된 맹(猛)을 모시고 황(皇)에서 지냈다. '이(以)' 란 함께 하지 않은 것이고 '왕맹(王猛)' 이라고 일컬은 것은 천자의 지위를 찬탈하려는 것을 혐오한 것이었다.

가을에 유(劉)나라 군주인 자작과 선(單)나라 군주인 자작이 새로 천자가 된 맹(猛)을 모시고 왕성으로 들어갔다. 이(以)는 함께 하지 않은 것이다. 입(入)이란 경사에서 받아들이지 않은 것이다.

겨울인 10월에 왕자(王子) 맹(猛)이 세상을 떠났다. 왕자 맹이 세상을 떠난 것이 아닌데 여기서 졸(卒)이라고 쓴 것은 왕자 맹이 죽은 뒤에 천자의 지위를 찬탈한 혐의가 소실되었기 때문이다.

12월 초하루인 계유(癸酉)일에 일식이 있었다.

二十有二年 春 齊侯伐莒

宋華亥向寧華定 自宋南里出奔楚 ◌自宋南里者專也

大蒐于昌間[1] ◌秋而曰蒐[2] 此春也 其曰蒐何也 以蒐事也

夏 四月 乙丑 天王[3]崩 六月 叔鞅[4]如京師 葬景王 王室亂 ◌亂之爲言 事未有所成也

劉子單子[5] 以王猛居于皇[6] ◌以者 不以[7]者也 王猛嫌也

秋 劉子單子 以王猛入于王城[8] ◌以者 不以者也 入者 內弗受也

冬 十月 王子猛卒 ◌此不卒者也 其曰卒 失嫌也

十有二月 癸酉 朔 日有食之

1) 昌間(창간) : 노나라 땅 이름. 공양전 경문에는 창간(昌奸)으로 되어 있다.

2) 秋而曰蒐(추이왈수) : 가을에 하는 것을 수(蒐)라고 이른다. 이는 좌전이나 주례의 뜻과는 다르다. 봄에 하는 것을 수(蒐)라고 한다고 했다. 곡량씨가 잘못 이해한 것 같다.
3) 天王(천왕) : 곧 주(周)나라 경왕(景王)이며 이름은 귀(貴)이다. B.C. 544년에 즉위하여 25년 간 재위했다. 경왕이 죽은 뒤에 주왕실이 다투어 태자(太子)를 세우려고 하여 내란이 일어났다.
4) 叔鞅(숙앙) : 숙궁(叔弓)의 아들. 노나라 대부이다.
5) 劉子單子(유자선자) : 유자는 유나라의 헌공(獻公) 유지(劉摯)의 사자(嗣子)이며 이름은 적(狄)이다. 선자는 선나라 목공(穆公) 선기(單旗)이다.
6) 皇(황) : 땅 이름이다.
7) 不以(불이) : 유나라 자작과 선나라 자작이 왕자 맹을 세우는 것이 응당하지 못했다는 뜻.
8) 王城(왕성) : 지금의 낙양(洛陽)의 서쪽 땅.

23. 소공 23년 임오(壬午)

가. 숙손착(叔孫婼)이 진(晉)나라에 가다

23년 임오(壬午) 봄, 왕력으로 정월에 노나라 숙손착(叔孫婼)이 진(晉)나라에 갔다.

계축(癸丑)일에 노나라 숙앙(叔鞅)이 세상을 떠났다.

진(晉)나라 사람이 우리 노나라의 행인(行人)인 숙손착(叔孫婼)을 체포했다.

진(晉)나라 사람이 교(郊)를 포위했다.

여름인 6월에 채(蔡)나라 군주인 후작 동국(東國)이 초나라에서 세상을 떠났다.

가을인 7월에 거(莒)나라 군주인 자작 경여(庚輿)가 노나라로 도망해 왔다.

무진(戊辰)일에 오(吳)나라가 돈(頓)나라와 호(胡)나라와 심

(沈)나라와 채(蔡)나라와 진(陳)나라와 허(許)나라 등의 군사를 계보(雞甫)에서 쳐부수었다. 호나라 군주인 자작 곤(髡)과 심(沈)나라 군주인 자작 영(盈)이 전사했다. '중국(中國)을 쳐부수었다' 고 말하지 않는 것인데 이 싸움에서는 오나라가 중국을 쳐부수었다고 말한 것은 무슨 뜻인가? 중국은 무너지지 않았는데 호(胡)나라 군주인 자작 곤(髡)과 심(沈)나라 군주인 자작 영(盈)이 그 싸움에서 전사한 것이다. 그래서 '무너졌다' 고 말한 것은 그 전사한 것을 해석한 것이다.

진(陳)나라 하설(夏齧)을 죽였다. 여기서 '획(獲)' 이라고 경문에 쓴 것은 오(吳)나라에서 포로로 잡은 것을 찬성하지 않았고 군주와 신하가 함께 했다는 것을 일컬은 것이다.

二十有三年 春 王正月 叔孫婼[1]如晉

癸丑 叔鞅卒

晉人執我行人叔孫婼

晉人圍郊[2]

夏 六月 蔡侯東國卒于楚

秋 七月 莒子庚輿[3]來奔

戊辰 吳敗頓 胡沈蔡陳許 之師于雞甫[4] 胡子髡沈子盈[5]滅 ◌中國不言敗 此其言敗 何也 中國不敗 胡子髡沈子盈其滅乎 其言敗 釋其滅也

獲陳夏齧[6] 獲者 非與之辭也 上下之稱也

1) 叔孫婼(숙손착) : 공양전(公羊傳)의 경문에는 숙손사(叔孫舍)로 되어 있다.
2) 晉人圍郊(진인위교) : 진(晉)나라 사람이 교(郊)를 포위했다. 교는 주읍(周邑)이다. 공양전에서는 천자(天子)의 읍(邑)이라 했다.
3) 庚輿(경여) : 거나라의 공공(共公). 포학무도했다.
4) 雞甫(계보) : 공양전이나 좌전의 경문에는 계보(雞父)로 되어 있다. 초나라 땅 이름.
5) 沈子盈(심자영) : 공양전의 경문에는 심자영(沈子楹)으로 되어 있고, 좌전의 경문에는 심자영(沈子逞)으로 되어 있다.

6) 夏齧(하설) : 진(陳)나라의 대부 하징서의 후예이다.

나. 천자(天子)가 적천(狄泉)에서 살다

천자(天子)가 적천(狄泉)에서 살았다. 비로소 왕(王)이 된 것이다. 그를 '천왕(天王)'이라고 이른 것은 그 거주하는 것에 따라서 왕으로 인정했기 때문이었다.

윤씨(尹氏)가 왕자 조(朝)를 천자로 세웠다. '입(立)'이란 세운 것이 마땅하지 않았다는 것이다. 조(朝)라고 이름만 쓰지 않고 왕자(王子)를 더한 것은 무슨 뜻인가? 이는 윤씨(尹氏)의 아들 조(朝)에게 혐의를 두는 것을 구별하기 위한 것이었다.

8월 을미(乙未)일에 지진(地震)일 일어났다.

겨울에 소공이 진(晉)나라에 가는데 황하(黃河)에 이르러 병이 나서 곧 돌아왔다. 병이 난 것은 경에 기록하지 않는 것인데 여기에 기록한 것은 무슨 뜻인가? 이는 진(晉)나라에 들어가지 못한 이유를 해석한 것이다.

天王居于狄泉[1] ◌始王也 其曰天王 因其居而王之也

尹氏[2]立王子朝[3] 立者 不宜立者也 朝之不名 何也 別嫌乎尹氏之朝也

八月 乙未 地震

冬 公如晉[4] 至河 公有疾 乃復 ◌疾不志 此其志 何也 釋不得入乎晉也

1) 狄泉(적천) : 땅 이름. 택읍(澤邑)이라고도 한다.
2) 尹氏(윤씨) : 윤(尹) 땅에 봉해진 윤어(尹圉)이다. 주(周)나라 대부이며 윤문공(尹文公)이라고 일컫다. 윤씨가 왕자 조를 데리고 윤지(尹地)로 들어갔는데 유나라 자작과 선나라 자작이 공격하였다. 이를 윤씨가 공격하여 쳐부수었다. 이때 왕자 조가 윤씨의 보호 아래에 있어서 왕성으로 진입한 것이다.
3) 王子朝(왕자조) : 경왕(景王)의 서장자(庶長子).
4) 如晉(여진) : 숙손착이 진(晉)나라에 잡혀 있어서 가려고 한 것이다.

24. 소공 24년 계미(癸未)

가. 오(吳)나라가 소(巢)나라를 멸망시키다

24년 계미(癸未) 봄, 왕력으로 2월 병술(丙戌)일에 노나라의 중손확(仲孫玃)이 세상을 떠났다.

노나라의 착(婼 : 叔孫婼)이 진(晉)나라에서 돌아왔다. 대부가 인질로 잡혀 있게 되면 조묘(祖廟)에 고제(告祭)하고, 돌아오게 되어서도 고제(告祭)하게 되는데, 그 때는 군주가 이들을 이끌어서 종묘(宗廟)에도 고제하는 것이다.

여름인 5월 초하루 을미(乙未)일에 일식이 있었다.

가을인 8월에 크게 기우제(祈雨祭)를 지냈다.

정유(丁酉)일에 기(杞)나라 군주인 백작 욱리(郁釐)가 세상을 떠났다.

겨울에 오(吳)나라가 소(巢)나라를 멸망시켰다.

기(杞)나라 평공(平公)을 장사 지냈다.

二十有四年 春 王二月 丙戌 仲孫玃卒

婼至自晉 ◌大夫執則致 致則挈 由上致之也

夏 五月 乙未 朔 日有食之

秋 八月 大雩

丁酉 杞伯郁釐[1]卒

冬 吳滅巢

葬杞平公

1) 郁釐(욱리) : 기(杞)나라 평공(平公)이다. B.C. 535년에 즉위(卽位)하여 18년 간 재위했다.

25. 소공 25년 갑신(甲申)

가. 숙손착(叔孫婼)이 송(宋)나라에 가다

25년 갑신(甲申) 봄에 노(魯)나라 숙손착(叔孫婼)이 송(宋)나라에 갔다.

여름에 노나라 숙예(叔倪)가 진(晉)나라 조앙(趙鞅)과 송나라 악대심(樂大心)과 위(衛)나라 북궁희(北宮喜)와 정나라 유길(游吉)과 조(曹)나라 사람과 주(邾)나라 사람과 등(滕)나라 사람과 설(薛)나라 사람과 소주(小邾)나라 사람 등과 함께 황보(黃父)에서 회합했다.

구욕(鸜鵒)이라는 새가 노나라에 와서 둥지를 틀고 살았다. 한 번은 있고 한 번은 없는 것을 '유(有)'라고 한다. '내(來)'는 중국으로 왔다는 것이다. 구욕이라는 새는 구멍에서 사는 것인데 '소(巢 : 둥지)'라고 이른 것은 어떤 이가 말하기를 '증가(增加)'시킨 것이라고 했다.

가을인 7월의 처음 신일(辛日)에 크게 기우제를 지냈고 끝 신일(辛日)에 또 기우제를 지냈다. '계(季)'라고 한 것은 중간의 신일(辛日)이 있었다는 뜻이며 '우(又)'는 계속됨이 있었다는 말이다.

二十有五年 春 叔孫婼如宋

夏 叔倪[1]會晉趙鞅 宋樂大心[2] 衛北宮喜 鄭游吉[3] 曹人 邾人 滕人 薛人 小邾人 于黃父[4]

有鸜鵒[5]來巢 ◌一有一亡曰有 來者 來中國也 鸜鵒穴者 而曰巢 或曰 增之也

秋 七月 上辛 大雩 季辛 又雩 ◌季者 有中之辭也 又 有繼之辭也

1) 叔倪(숙예) : 노나라 대부이다. 좌전 경문에는 숙예(叔詣)로 되어 있다.

2) 樂大心(악대심) : 송나라 대부(大夫)이며 동문우사(桐門右師)로 일컫다. 공양전의 경문에는 악세심(樂世心)이라 했다. 아래에도 동일하다.
3) 游吉(유길) : 정나라 경(卿)이며 자태숙(子太叔)이라고 일컫다.
4) 黃父(황보) : 진(晉)나라의 땅 이름.
5) 鸜鵒(구욕) : 새 이름. 공양전의 경문에는 관욕(鸛鵒)으로 되어 있다.

나. 소공(昭公)이 제나라로 달아나다

9월 을해(乙亥)일에 소공이 제나라로 달아났다. '손(孫)'이라고 말한 것은 달아난 것과 같으며 달아난 것을 숨겨 준 것이다.

양주(陽州)에 머물렀다. '차(次)'란 중지한 것이다.

제나라 군주인 후작이 소공을 야정(野井)에서 위로했다. 국가를 잃어버린 것을 위문하는 것을 '언(唁)'이라고 이른다. 소공이 노나라로 들어가지 못할 것을 위로한 것이다.

겨울인 10월 무진(戊辰)일에 숙손착이 세상을 떠났다.

11월 기해(己亥)일에 송나라 군주인 공작 좌(佐)가 곡극(曲棘)에서 세상을 떠났다. 이는 소공의 복위를 계획하려 한 것이었다.

12월에 제나라 군주인 후작이 운(鄆)을 점령했다. '취(取)'라고 쓴 것은 쉽게 했다는 말이다. 노나라의 국내에서는 '취(取)'라고 말하지 않는다. 소공을 위하여 점령한 것이므로 쉬운 말로 쓴 것이다.

九月 乙亥[1] 公孫于齊 ◌孫[2]之爲言猶孫也 諱奔也

次于陽州[3] ◌次 止也

齊侯唁公于野井[4] ◌弔失國曰唁 唁公不得入於魯也

冬 十月 戊辰 叔孫婼卒

十有一月 己亥 宋公佐卒于曲棘[5] ◌邡公也[6]

十有二月 齊侯取鄆[7] ◌取 易辭也 內不言取 以其爲公取之 故易言之也

1) 乙亥(을해) : 공양전이나 좌전의 경문에는 기해(己亥)로 되어 있다.

2) 孫(손) : 손(遜)과 같다. 곧 달아나다의 뜻.

3) 陽州(양주) : 지명(地名)이며 제나라와 노나라의 국경지대의 땅. 공양전의 경문에는 양주(楊州)로 되어 있다.

4) 野井(야정) : 제나라의 땅 이름.

5) 曲棘(곡극) : 송나라의 땅 이름.

6) 邡公也(방공야) : 소공을 방문하려고 한 것이라는 뜻.

7) 鄆(운) : 노나라 땅 이름. 서운(西鄆). 공양전 경문에는 운(運)으로 되어 있다.

26. 소공 26년 을유(乙酉)

가. 소공이 운(鄆) 땅에 거주하다

26년 을유(乙酉) 봄, 왕력으로 정월에 송(宋)나라 원공(元公)을 장사 지냈다.

3월에 소공이 제(齊)나라에서 돌아와 운(鄆)에 거주했다. 소공이 양주(陽州)에 머물렀는데 그것을 '지자제(至自齊)' 라고 이른 것은 무슨 뜻인가? 제나라의 군주인 후작이 소공을 접견하였으므로 그것으로 인하여 '제나라에서 돌아왔다〔至自齊〕' 라고 말한 것이다. '거우운(居于鄆)' 이란 소공이 밖에 있었다는 뜻이다. '지자제(至自齊)' 란 도의적으로는 소공이 외국에 있는 것이 아니라는 뜻이다.

여름에 소공이 성(成)을 포위했다. 하나의 국가가 아니면 포위했다고 말하지 않는데 여기서 포위했다고 말한 것은 소공의 위세를 장대하게 표현한 것이다.

가을에 소공이 제나라 군주인 후작과 거(莒)나라 군주인 자작과 주(邾)나라 군주인 자작과 기(杞)나라 군주인 백작 등과 전릉(鄟陵)에서 맹약했다. 소공이 회합에서 돌아와 운(鄆)에 거주했다. 이때는 소공이 전릉 땅에 있었다. '지자회(至自會)' 는 도의적으로 소공이 밖에 있지 않은 것이다.

9월 경신(庚申)일에 초(楚)나라 군주인 자작 거(居)가 세상을 떠났다.

겨울인 10월에 천자(天子)가 성주(成周)로 들어갔다. 천자의 나라인 주(周)나라는 들어가는 것은 있어도 나갔다는 것은 없는 것이다.

윤씨(尹氏)와 소(召)나라 군주인 백작과 모(毛)나라 군주인 백작이 왕자 조(朝)와 함께 초(楚)나라로 달아났다. 너무 멀리 달아난 것이다. 경문에 그들을 꾸짖은 것이다. '분(奔)' 이란 곧 도망친 것이다.

二十有六年 春 王正月 葬宋元公

三月 公至自齊 居于鄆 ◯公次于陽州 其曰至自齊 何也 以齊侯之見公 可以言至自齊也 居于鄆者 公在外也 至自齊 道義不外公也

夏 公圍成[1] ◯非國不言圍 所以言圍者 以大公[2]也

秋 公會齊侯莒子邾子杞伯 盟于鄟陵[3] 公至自會 居于鄆 ◯公在外也 至自會 道義不外公也

九月 庚申 楚子居[4]卒

冬 十月 天王入于成周[5] ◯周有入無出也 尹氏[6]召伯毛伯[7] 以王子朝奔楚 ◯遠矣 非也 奔 直奔也

1) 成(성) : 노(魯)나라 맹씨(孟氏)의 봉읍(封邑)이다.

2) 大公(대공) : 소공의 군대를 성대하게 표현한 것을 뜻함.

3) 鄟陵(전릉) : 땅 이름. 어떤 이는 제나라 땅 이름이라고 했다.

4) 楚子居(초자거) : 곧 초(楚)나라 평왕(平王). B.C. 528년에 즉위하여 13년간 재위했다.

5) 成周(성주) : 서주(西周)시대에 주공단(周公旦)이 건설한 수도이며 낙읍(洛邑)을 뜻한다.

6) 尹氏(윤씨) : 윤어(尹圉)이다.

7) 召伯毛伯(소백모백) : 소백(召伯)과 모백(毛伯)은 주(周)왕조의 작위를 받은 대부(大夫)들이다.

27. 소공 27년 병술(丙戌)

가. 주(邾)나라 쾌(快)가 도망해 오다

27년 병술(丙戌) 봄에 소공이 제나라에 갔다. 소공이 제나라에서 돌아와 운(鄆)에 거처했다. 이는 소공이 외국에 있은 것이다.

여름인 4월에 오(吳)나라에서 그 군주인 요(僚)를 시해했다.

초(楚)나라에서 그 대부(大夫)인 극완(郄宛)을 죽였다.

가을에 진(晉)나라 사앙(士鞅)과 송(宋)나라 악기리(樂祁犁)와 위(衛)나라 북궁희(北宮喜)와 조(曹)나라 사람과 주(邾)나라 사람과 등(滕)나라 사람이 호(扈)에서 회합했다.

겨울인 10월에 조나라 군주인 백작 오(午)가 세상을 떠났다.

주(邾)나라 쾌(快)가 노나라로 도망해 왔다.

소공이 제나라에 갔다. 소공이 제나라에서 돌아와 운(鄆) 땅에 거처했다.

二十有七年 春 公如齊 公至自齊 居于鄆 ◌公在外也

夏 四月 吳弑其君僚[1]

楚殺其大夫郄宛[2]

秋 晉士鞅 宋樂祁犁[3] 衛北宮喜[4] 曹人 邾人 滕人會于扈

冬 十月 曹伯午[5]卒

邾快[6]來奔

公如齊 公至自齊 居于鄆

1) 吳弑其君僚(오시기군요) : 오나라에서 그의 임금인 요를 시해하다. 곧 요(僚)는 오왕(吳王) 수몽(壽夢)의 셋째아들인 이매(夷昧)의 아들이다. 수몽에게는 네 아들이 있었는데 첫째가 제번(諸樊)이고 차자가 여제(餘祭)이고 삼자(三子)가 이매(夷昧)이고 넷째가 계찰(季札)이다.

2) 郄宛(극완) : 초나라의 자악(子惡)이라 일컫다. 공양전과 좌전의 경문에는

극완(郤宛)으로 되어 있다. 극완이 비무극(費無極)의 모함으로 죽었다.
3) 樂祁犁(악기리) : 송나라 사성(司城)이며 자양(子梁)이라고 일컫다.
4) 北宮喜(북궁희) : 위나라의 북궁정자(北宮貞子)이다.
5) 曹伯午(조백오) : 곧 조나라 도공(悼公)이다. B.C. 523년 즉위하여 9년 간 재위했다.
6) 邾快(주쾌) : 주(邾)나라에서 경(卿)의 명을 받은 사람이라 했다.

28. 소공 28년 정해(丁亥)

가. 소공이 간후(乾侯)에서 머물다

28년 정해(丁亥) 봄, 왕력으로 3월에 조(曹)나라 도공(悼公)을 장사 지냈다.

소공(昭公)이 진(晉)나라에 가서 간후(乾侯)에 머물렀다. 이는 소공이 국도(國都)의 밖에 있었다는 뜻이다.

여름인 4월 병술(丙戌)일에 정(鄭)나라 군주인 백작 영(寧)이 세상을 떠났다.

6월에 정나라 정공(定公)을 장사 지냈다.

가을인 7월 계사(癸巳)일에 등(滕)나라 군주인 자작 영(寧)이 세상을 떠났다.

겨울에 등(滕)나라 도공을 장사 지냈다.

二十有八年 春 王三月 葬曹悼公
公如晉 次于乾侯[1] ◌公在外也
夏 四月 丙戌 鄭伯寧[2]卒
六月 葬鄭定公
秋 七月 癸巳 滕子寧[3]卒
冬 葬滕悼公

1) 乾侯(간후) : 진(晉)나라의 땅 이름.

2) 鄭伯寧(정백영) : 정나라의 정공(定公)이다. B.C. 529년에 즉위하여 16년 간 재위했다.

3) 滕子寧(등자영) : 등나라의 도공(悼公)이다. B.C. 538년에 즉위하여 24년 간 재위했다.

29. 소공 29년 무자(戊子)

가. 제나라에서 소공을 위로하게 하다

29년 무자(戊子) 봄에 소공이 간후(乾侯)에서 돌아와 운(鄆)에서 거처했다. 제나라 군주인 후작이 고장(高張)에게 노나라에 와서 소공을 위로하게 했다. 이는 소공이 노나라로 들어가지 못하는 것을 위로한 것이다.

소공이 진(晉)나라에 가서 간후(乾侯)에 머물렀다.

여름인 4월 경자(庚子)일에 숙예(叔倪)가 세상을 떠났다. 계손의여(季孫意如)가 말하기를 "숙예는 병이 없었는데 죽었다. 이것은 모두 소공과는 관련이 없다. 이는 곧 천명(天命)이요 나의 죄는 아니다."라고 했다.

가을인 7월이다.

겨울인 10월에 운(鄆)이 공격을 받아 완전히 무너졌다. '무너졌다' 고 말한 것은 군주와 신하가 서로 융합함을 얻지 못한 것이다. 군주와 신하가 서로 융합함을 얻지 못하게 되면 미워하게 되는 것으로 이 또한 소공을 책망한 것이다. 소공이 제나라로 달아나자 백성들은 무거운 짐을 내려놓은 것과 같았다고 했다.

二十有九年 春 公至自乾侯 居于鄆 齊侯使高張[1]來唁公 ◌唁公不得入於魯也

公如晉 次于乾侯

夏 四月 庚子 叔倪卒 ◌季孫意如曰 叔倪無病而死 此皆無公也 是

天命也 非我罪也

秋 七月

冬 十月 鄆潰[2] ◯潰之爲言 上下[3]不相得也 上下不相得則惡矣 亦譏公也 昭公出奔 民如釋重負

1) 高張(고장) : 고소자(高昭子)라 일컫다. 고언(高偃)의 아들. 제나라 대부.

2) 鄆潰(운궤) : 운(鄆) 땅 사람들이 흩어져서 소공(昭公)을 배반했다는 뜻.

3) 上下(상하) : 곧 군주와 신하를 뜻한다.

30. 소공 30년 기축(己丑)

가. 서(徐)나라 군주가 초나라로 달아나다

30년 기축(己丑) 봄, 왕력으로 정월에 소공이 간후(乾侯)에 있었다. 노나라 안에서 모두가 소공을 받아주는 것을 꺼려하므로 소공이 있는 연고지나마 기록하게 된 까닭이다.

여름인 6월 경진(庚辰)일에 진(晉)나라 군주인 후작 거질(去疾)이 세상을 떠났다.

가을인 8월에 진(晉)나라 경공(頃公)을 장사 지냈다.

겨울인 12월에 오(吳)나라가 서(徐)나라를 멸망시켰다. 서나라 군주인 자작 장우(章羽)가 초나라로 달아났다.

三十年 春 王正月 公在乾侯 ◯中國[1]不存公 存公故也

夏 六月 庚辰 晉侯去疾[2]卒

秋 八月 葬晉頃公

冬 十有二月 吳滅徐 徐子章羽奔楚

1) 中國(중국) : 국중(國中)이며 노나라를 가리킨 것이다.

2) 晉侯去疾(진후거질) : 곧 진(晉)나라 경공(頃公)이다. B.C. 525년에 즉위하여 14년 간 재위했다.

31. 소공 31년 경인(庚寅)

가. 계손의여가 진(晉)나라 순역(荀櫟)을 만나다

31년 경인(庚寅) 봄, 왕력으로 정월에 소공은 간후(乾侯)에 있었다.

노나라의 계손의여(季孫意如)가 진(晉)나라 순역(荀櫟)을 적력(適歷)에서 만났다.

여름인 4월 정사(丁巳)일에 설(薛)나라 군주인 백작 곡(穀)이 세상을 떠났다.

진(晉)나라 군주인 후작이 순역에게 간후(乾侯)에서 노나라 소공을 위로하게 했다. 이는 소공이 노나라로 들어가지 못하는 것을 위로하게 한 것이다. 이때 순역이 소공에게 말하기를 "이미 노나라의 임금이 되었는데 국내에서 불가하다고 하는 사람은 계손의여입니다."라고 했다.

가을에 설(薛)나라 헌공(獻公)을 장사 지냈다.

겨울에 주(邾)나라 대부 흑굉(黑肱)이 남(濫) 땅을 가지고 노나라로 도망해 왔다. 경문(經文)에 '주흑굉(邾黑肱)' 이라고 말하지 않은 것은 무슨 뜻인가? 주(邾)나라와 구별하기 위한 것이다. 그렇다면 '남자(濫子)' 라고 말하지 않은 것은 무슨 뜻인가? 이는 천자가 봉한 것이 아니기 때문이다. '내분(來奔)' 은 국내에서는 반역이라고 말하지 않는 것이다.

12월 초하루인 신해(辛亥)일에 일식이 있었다.

三十有一年 春 王正月 公在乾侯

季孫意如 會晉荀櫟[1)] 于適歷[2)]

夏 四月 丁巳 薛伯穀卒

晉侯使荀櫟唁公于乾侯 ◌唁公不得入於魯也 曰 旣爲君言之矣

不可者意如也

秋 葬薛獻公

冬 黑肱[3]以濫[4]來奔 ◌其不言邾黑肱 何也 別乎邾也 其不言濫子 何也 非天子所封也 來奔 內不言叛也

十有二月 辛亥 朔 日有食之

1) 荀櫟(순역) : 진(晉)나라 대부. 좌전 경문에는 순역(荀躒)으로 되어 있다.

2) 適歷(적력) : 진(晉)나라의 땅 이름이다.

3) 黑肱(흑굉) : 주(邾)나라의 대부이다.

4) 濫(남) : 주(邾)나라의 땅이다.

32. 소공 32년 신묘(辛卯)

가. 소공이 간후에서 감(闞)을 점령하다

32년 신묘(辛卯) 봄, 왕력으로 정월에 소공이 간후(乾侯)에 있으면서 감(闞)을 점령했다.

여름에 오(吳)나라가 월(越)나라를 정벌했다.

가을인 7월이다.

겨울에 노나라 중손하기(仲孫何忌)는 진(晉)나라 한불신(韓不信)과 제나라 고장(高張)과 송(宋)나라 중기(仲幾)와 위(衛)나라 태숙신(太叔申)과 정나라 국참(國參)과 조(曹)나라 사람과 거(莒)나라 사람과 주(邾)나라 사람과 설나라 사람과 기(杞)나라 사람과 소주(小邾)나라 사람과 회합을 갖고 성주(成周)에 성을 쌓았다. 이때 천자의 세력이 미약하여 제후들이 조공(朝貢)을 바치지 않고 천자에게 조회도 들지 않았다. 천자의 존재는 오직 선왕(先王)에게 제사나 받들고 제후들에게 필요한 호령(號令)이나 내릴 뿐이었다. 그러므로 제후의 대부들이 군사를 거느리고 성(城)이나 쌓아 주었다. 이러한 일들은 임시방편적인 수단으로 정상적인 도일 뿐이었다.

12월 기미(己未)일에 노나라의 소공이 간후(乾侯)에서 훙거했다.

三十有二年 春 王正月 公在乾侯 取闞[1)]

夏 吳伐越[2)]

秋 七月

冬 仲孫何忌[3)] 會晉韓不信[4)] 齊高張[5)] 宋仲幾 衛太叔申[6)] 鄭國參 曹人莒人邾人薛人杞人小邾人 城成周 ◌天子微 諸侯不享覲 天子之在者 惟祭與號 故諸侯之大夫 相帥以城之 此變之正也

十有二月 己未 公薨于乾侯

1) 取闞(취감) : 감을 점령하다. 감은 노나라 땅이었다.

2) 吳伐越(오벌월) : 오나라가 월나라를 정벌하다. 이때부터 오나라가 처음으로 월나라를 정벌하기 시작한 것이다.

3) 仲孫何忌(중손하기) : 중손확(仲孫貜)의 아들. 맹의자(孟懿子)라 일컫다.

4) 韓不信(한불신) : 백음(伯音)이라고 일컫다.

5) 高張(고장) : 고언(高偃)의 아들이다.

6) 太叔申(태숙신) : 위나라 세숙의(世叔儀)의 아들이다. 공양전이나 좌전의 경문에는 '세숙신(世叔申)'으로 되어 있다.

제11편 정공 시대(定公時代)

(재위 : 1년~15년까지)

시법(諡法)에 '백성을 편안히 하려는 큰 꿈이 있는 것'을 '정(定)'이라 한다.

▨정공 연표(定公年表)

국명 / 기원전	周 敬王	鄭 獻公	齊 景公	宋 景公	晉 定公	衛 靈公	蔡 昭侯	曹 隱公	滕 頃公	陳 惠公	杞 悼公	薛 襄公	莒 郊公	邾 莊公	許 許斯	小邾	楚 昭王	秦 哀公	吳 闔廬	越 允常	魯 定公
509	11	5	39	8	3	26	10	1	4	20	9	3		31	14		7	28	6		1
508	12	6	40	9	4	27	11	2	5	21	10	4		32	15		8	29	7		2
507	13	7	41	10	5	28	12	3	6	22	11	5		33	16		9	30	8		3
506	14	8	42	11	6	29	13	4	7	23	12	6		隱公 1	17		10	31	9		4
505	15	9	43	12	7	30	14	靖公 1	8	懷公 1	僖公 1	7		2	18		11	32	10		5
504	16	10	44	13	8	31	15	2	9	2	2	8		3	19		12	33	11		6
503	17	11	45	14	9	32	16	3	10	3	3	9		4	元公 1		13	34	12		7
502	18	12	46	15	10	33	17	4	11	4	4	10		5	2		14	35	13		8
501	19	13	47	16	11	34	18	伯陽 1	12	閔公 1	5	11		6	3		15	36	14		9
500	20	聲公 1	48	17	12	35	19	2	13	2	6	12		7	4		16	惠公 1	15		10
499	21	2	49	18	13	36	20	3	14	3	7	13	比 1	8	5		17	2	16		11
498	22	3	50	19	14	37	21	4	15	4	8	14	2	9	6		18	3	17		12
497	23	4	51	20	15	38	22	5	16	5	9	1		10	7		19	4	18		13
496	24	5	52	21	16	39	23	6	17	6	10	1	惠公 1	11	8		20	5	19	句踐 1	14
495	25	6	53	22	17	40	24	7	18	7	11	2	2	12	9		21	6	夫差 1	2	15

※기(杞) : 정공 4년에 기도공(杞悼公)이 죽고, 아들 은공(隱公)이 우에 올랐으나 이 해 7월에 동생 우(遇)가 은공을 죽이고 위에 올랐다.

※설(薛), 거(莒)는 기록이 불분명하고 월(越)은 윤상(允常)으로부터 발흥(發興)하기 시작하여 처음으로 경(經)에 등재되다.

※허(許) : 정공 6년에 정(鄭)나라가 허(許)나라를 멸망시키다.

제11편 정공 시대(定公時代)

1. 정공(定公) 원년 임진(壬辰)

가. 소공(昭公)의 시체가 간후에서 오다

원년(元年) 임진(壬辰) 봄은 왕력이다. 여기서 '정월(正月)'을 말하지 않은 것은 정공(定公)에게는 정월이 없기 때문이다. 정공에게 정월이 없다고 한 것은 무슨 뜻인가? 소공(昭公)이 임종한 것이 정상적으로 임종한 것이 아니기 때문이었다.

정공(定公)의 처음 시작은 정상적인 시작이 아니다. 소공이 정상적으로 임종을 맞이하지 못하였으므로 정공에게는 정상적인 시작이 없는 것이다. 정공의 즉위(卽位)를 말하지 않은 것은 소공(昭公)의 시신이 밖에 있었기 때문이었다.

3월에 진(晉)나라 사람이 송(宋)나라 중기(仲幾)를 주(周)의 경사(京師)에서 체포했다. 여기서 진(晉)나라 사람은 대부(大夫)인데 그를 '인(人)'이라고 이른 것은 무슨 뜻인가? 경시(輕視)한 것이었다. 무엇 때문에 경시하게 되었는가? 그 천자가 거주하는 존귀한 곳에서 사람을 체포한 것이 합당한 방법이 아니었기 때문이다. 또 대부가 패주(覇主)의 신분이 되어 죄 있는 제후들을 토벌하는 권위를 함께 하지는 못하는 것이다.

여름인 6월 계해(癸亥)일에 소공(昭公)의 시신이 간후(乾侯)에서 운반되어 왔다.

元年[1] 春 王 ◯不言正月 定無正也 定之無正 何也 昭公之終 非正終也 定之始 非正始也 昭無正終 故定無正始 不言卽位 喪在外也

三月 晉人執宋仲幾[2]于京師 ◯此其大夫 其曰人 何也 微之也 何爲微之 不正其執人於尊者之所也 不與大夫之伯討也

夏 六月 癸亥 公之喪至自乾侯

1) 元年(원년) : 정공(定公) 원년이다. 노세가(魯世家)에 정공의 이름은 송(宋)이고 양공(襄公)의 아들이며 소공(昭公)의 아우이다. 주(周) 경왕(景王) 11년인 B.C. 509년에 즉위하여 15년 간 재위했다. 시호법에는 '백성을 편안히 하려는 큰 꿈이 있는 것' 을 정(定)이라 한다고 했다.

2) 仲幾(중기) : 송(宋)나라의 대부.

나. 정공(定公)이 즉위하다

여름인 6월 무진(戊辰)일에 정공(定公)이 즉위했다. 소공의 빈소를 차린 뒤에 즉위한 것이다. '정무정(定無正)' 은 정공(定公)에게는 정월(正月)이 없다는 것을 말한다. 한 해를 넘겼는데도 즉위라고 말하지 않은 것은 소공의 영구(靈柩)가 존재해 있는 까닭이었으며 현재 즉위라고 말한 것은 이러한 이유가 없어진 것이다.

즉위란 주고받는 도(道)이다. 앞의 군주가 정당하게 임종을 마치지 못하게 되면 뒤를 잇는 군주는 합당한 절차로 시작할 수가 없게 되는 것이다. 앞의 군주가 정당한 죽음을 맞이하게 되면 뒤를 잇는 군주도 정당한 절차에 의하여 즉위하여 집무를 시작하는 것이다.

무진(戊辰)일에 정공(定公)이 즉위했다고 한 것은 경계시킨 것이다. 정공의 즉위를 가히 살피지 않을 수 없는 것이다. 또 정공이 즉위했는데 어찌하여 날짜를 썼는가? 이는 무진(戊辰)일이 있은 연후에 즉위한 것이다.

계해(癸亥)일에 소공의 시신이 간후(乾侯)에서 이르렀는데 왜 무진(戊辰)일이 된 연후에야 즉위하였는가? 이는 앞의 군주인 소공의 시신을 나라에 합당하게 안치시킨 후에 즉위했기 때문이다.

심자(沈子)가 말하기를 "소공의 관을 양쪽의 기둥 사이에 바르게 놓은 연후에 즉위를 한다."라고 했다. 노나라 안에서 발생한 큰 일이나 즉위한 군주의 대사(大事)에는 그 날짜를 쓰지 않는 것은 무슨 이유인가? 이는 해로써 결정지은 것은 날짜로 결정하지 않는 것이다. 그런데 이곳에 그 즉위한 날짜를 기재한 것은 무슨 뜻인가? 나타내기 위해서였다. 무엇을 나타내기 위해서인가? 한 해를 넘겨 즉위한 것의 위태로움이었다. 또 그 위태로움 속에 의의(意義)가 숨어 있는 것이다.

사람이 죽어서 빈소가 마련되지 않게 되면 비록 천자(天子)의 명(命)이 있더라도 오히려 감히 하지 못하거늘 하물며 즉위하여 모든 신하들에게 군림할 수가 있겠는가?

주(周)나라 왕실에 천자의 상사(喪事)가 있고 노나라에도 군주의 상사가 있게 된다면 주나라 왕실에서는 노나라에 조문 사절을 파견하여 위로를 하지만 노나라 군주는 조문 사절을 보내지 못하는 것이다. 주(周)나라 왕실에서 말하기를 "진실로 나의 신하이다. 사람을 보내는 것이 옳다."라고 한다. 노나라 사람은 말하기를 "천자는 우리의 임금이다. 우리의 임금이면 직접 위로하고 조문해야 하는데 대부를 보내는 것은 옳지 않다."라고 한다.

그러므로 주나라 왕실에서는 조문하는 것이고 노나라 군주는 조문하지 않는 것으로 이러한 것은 주(周)나라의 성왕(成王)과 강왕(康王)시대를 내려다 보더라도 오래되지 않은 것이다. 임금은 지극히 존귀한 것이라도 아버지의 빈소를 버리고 가서 조문하는 것을 감히 하지 못하는데 하물며 빈소를 차리지도 않고 어떻게 모든 신하들의 위에 군림하여 조회를 볼 수 있을 것인가?

戊辰 公卽位 ◌殯然後卽位[1]也 定無正 見無以正也 踰年不言卽位 是有故公也 言卽位 是無故公也 卽位 授受之道也 先君無正終 則後君無正始也 先君有正終 則後君有正始也 戊辰 公卽位 謹之也 定之卽位 不可不察也 公卽位 何以日也 戊辰之日 然後卽位也 癸亥 公之喪至自乾侯 何爲戊辰之日 然後卽位也 正君乎國 然後卽位也 沈子[2]曰 正棺乎兩楹之間 然後卽位也 內之大事日 卽位 君之大

事也 其不日 何也 以年決者 不以日決也 此則其日 何也 著之也 何著焉 踰年即位 厲也 於厲之中 又有義焉 未殯 雖有天子之命猶不敢 況臨諸臣乎 周人有喪 魯人有喪 周人弔 魯人不弔 周人曰 固吾臣也 使人可也 魯人曰 吾君也 親之者也 使大夫則不可也 故周人弔 魯人不弔 以其下成康[3]爲未久也 君至尊也 去父之殯而往弔 猶不敢 況未殯而臨諸臣乎

1) 殯然後即位(빈연후즉위) : 빈소를 차린 연후에 즉위하다의 뜻.
2) 沈子(심자) : 전국시대(戰國時代) 사람이며 곡량(穀梁)학설을 전수한 사람. 공양전에도 인용한 말들이 있다.
3) 成康(성강) : 주(周)나라의 성왕(成王)과 강왕(康王). 성왕은 무왕(武王)의 아들이며 이름은 용(涌)이고 어렸을 때 주공단(周公旦)의 보좌를 받았다. 강왕은 성왕(成王)의 아들이며 이름은 교($)이다.

다. 양공(煬公)의 사당을 짓다

가을인 7월 계사(癸巳)일에 우리의 군주 소공(昭公)을 장사 지냈다.

9월에 크게 기우제를 지냈다. 기우제를 지내는 달에 기우제를 지내는 것은 합당한 것이다. 가을에 크게 기우제를 지내는 것은 예에 합당한 것이 아니었다. 겨울에 크게 기우제를 지내는 것도 예에 합당한 것이 아니다. '추대우(秋大雩)' 가 기우제로써 합당하지 않은 것은 왜인가? 초목이 완전히 마르지 않고 수택(水澤)이 고갈되지 않았으며 인력이 농사일을 다 끝내지 않았으므로 가히 기우제를 지내지 않는 것이다.

기우제를 지낸 달을 기록하는 것은 기우제에 합당한 것이다. 달을 기록한 것이 기우제를 지낸 데 합당하다는 것은 무슨 뜻인가? 그 추수의 시기가 다해 가고 인력이 다 소진된 연후에 기우제를 지내는 것은 기우제의 올바른 것이다. 무엇을 그 시기가 다 끝나고 인력이 다 소진되었다고 이르는 것인가? 이 달에 비가 내리지 않게 되면 미칠 수가 없는 것이며 이 해에 곡식을 베지 못하면 먹을 수가 없게 되는 것이다. 이러한 것을 그 때가 다하고 인력이 소진되었다고 이르는 것이다.

기우제가 반드시 그 시기가 끝나고 인력이 다한 것을 기다린다는 것은 무슨 뜻인가? 기우제란 가뭄에 구하는 것이다. 구한다는 것은 비를 청한다는 뜻이다. 옛날 사람은 비를 청하는 것을 중요하게 여겼다. 왜 청하는 것을 중요하게 여겼는가? 사람이 사람이 되는 것은 사양하는 것이다. 도(道)를 청하고 사양하는 것을 버린다면 이는 그 사람된 바를 버리는 것이니 이로써 중하게 여긴 것이다.

무엇을 청하는 것인가? 상공(上公 : 道士)에 응함을 청한다. 옛날의 신인(神人)이란 상공(上公)에 응하는 자가 있어서 음양(陰陽)에 통하여 군주가 몸소 모든 대부들을 도(道)로써 거느려서 청하는 것이었다. 대저 청하는 것이란 의탁하여 가는 것이 아니라 반드시 몸소 하는 것이다. 이로써 중요하게 여긴 것이다.

양공(煬公)의 사당을 지었다. '입(立)' 이란 세운 것이 마땅하지 않았다는 것이다.

겨울인 10월에 서리가 내려 콩이 말라 죽었다. 가히 죽지 않아야 할 것들이 죽은 것은 중요한 것을 든 것이요, 가히 죽어야 할 것들이 죽지 않은 것은 가벼운 것을 거론한 것이다. 그것이 '콩(菽)' 이라고 이른 것은 중요한 것을 거론한 것이다.

秋 七月 癸巳 葬我君昭公

九月 大雩 ◌雩月 雩之正也 秋大雩非正也[1] 冬大雩非正也 秋大雩 雩之爲非正 何也 毛澤[2]未盡 人力未竭 未可以雩也 雩月 雩之正也 月之爲雩之正 何也 其時窮 人力盡 然後雩 雩之正也 何謂其時窮人力盡 是月不雨 則無及矣 是年不艾[3] 則無食矣 是謂其時窮人力盡也 雩之必待其時窮人力盡何也 雩者 爲旱求者也 求者 請也 古之人重請 何重乎請 人之所以爲人者 讓也 請道去讓也 則是舍其所以爲人也 是以重之 焉請哉 請乎應上公 古之神人有應上公[4]者 通乎陰陽 君親帥諸大夫道之而以請焉 夫請者 非可詒託[5]而往也 必親之者也 是以重之

立煬宮[6] ○立者 不宜立[7]者也

冬 十月 隕霜殺菽 ○未可以殺而殺 擧重 可殺而不殺 擧輕 其曰菽 擧重也

1) 秋大雩非正也(추대우비정야) : 가을에 크게 기우제를 지낸 것이 합당하지 않다. 이 말은 곡량씨(穀梁氏)가 잘못 해석한 부분이라고 했다. 9월에 기우제는 합당한 것이다.
2) 毛澤(모택) : 모는 초목(草木)의 뜻. 택은 수택(水澤)의 뜻.
3) 芟(애) : 베다. 곡식을 베다의 뜻.
4) 應上公(응상공) : 상공(上公)은 고대에 음과 양을 통하는 신인(神人). 응은 상응(相應)하다.
5) 詒託(태탁) : 핑계.
6) 煬宮(양궁) : 양공(煬公)의 사당. 양공은 노나라 개국(開國) 군주인 백금(伯禽)의 아들.
7) 不宜立(불의립) : 세우는 것이 적당하지 않다는 뜻.

2. 정공 2년 계사(癸巳)

가. 초나라가 오(吳)나라를 정벌하다

2년 계사(癸巳) 봄, 왕력으로 정월이다.

여름인 5월 임진(壬辰)일에 치문(雉門)과 그 양쪽의 높은 다락에 화재가 났다. 그것을 '치문의 화재가 그 양쪽의 높은 다락까지 이르렀다' 고 쓰지 않은 것은 무슨 뜻인가? 화재는 그 양쪽의 높은 다락에서부터 비롯된 것이다. 높은 곳에는 재(災)라고 쓰지 않는 것이다. 먼저 '치문(雉門)' 을 말한 것은 높은 곳을 높인 것이다.

가을에 초나라 사람이 오(吳)나라를 정벌했다.

겨울인 10월에 치문(雉門)과 그 양쪽의 높은 다락을 새로 지었다. '신(新)' 이라고 말한 것은 옛부터 있은 것이다. '작(作)' 은 만들다이며 그 제도에 보탬이 있었다는 것인데 이는 합당하지 않은 것이며 그 높은 것에 '신작(新作)'의 두 글자를 올린 것은 무슨 뜻인가? 비록 합당한 것은 아니나 성문(成門)을 아름답게 꾸미는 것은 나쁘다고 할 수 없기 때문이었다.

二年 春 王正月

夏 五月 壬辰 雉門及兩觀[1]災 ◌其不曰雉門災及兩觀 何也 災自兩觀始也 不以尊者親災也 先言雉門 尊尊也

秋 楚人伐吳

冬 十月 新作雉門及兩觀 ◌言新 有舊也 作 爲也 有加其度[2]也 此不正 其以尊者親之 何也 雖不正也 於美猶可也

1) 雉門及兩觀(치문급양관) : 치문은 노나라 수도의 남문(南門). 양관은 남문 양쪽의 문루(門樓)이며 이 곳에 법령 같은 것을 걸어서 백성들이 쉽게 볼 수 있도록 하는 곳.

2) 加其度(가기도) : 그 법도를 더하다. 노나라 국도의 남문과 양쪽의 문루(門樓)가 불에 탔는데 이때 다시 남문과 문루를 신축하는 것을 원래의 규모보다 확대했다는 것.

3. 정공 3년 갑오(甲午)

가. 정공이 진(晉)나라에 가다가 되돌아오다

3년 갑오(甲午) 봄, 왕력으로 정월에 정공(定公)이 진(晉)나라에 가다가 황하(黃河)에 이르러서 되돌아왔다.

3월 신묘(辛卯)일에 주(邾)나라 군주인 자작 천(穿)이 세상을 떠났다.

여름인 4월이다.

가을에 주(邾)나라 장공(莊公)을 장사 지냈다.

겨울에 노나라 중손하기(仲孫何忌)가 주(邾)나라 군주인 자작과 발(拔)에서 맹약(盟約)했다.

三年 春 王正月 公如晉 至河乃復[1)]
三月[2)] 辛卯 邾子穿[3)]卒
夏 四月
秋 葬邾莊公
冬 仲孫何忌及邾子盟于拔

1) 至河乃復(지하내복) : 황하에 이르러 이에 다시 돌아왔다. 왜 돌아왔는지 설명이없다.

2) 三月(삼월) : 좌전 경문에는 이월(二月)로 되어 있다.

3) 邾子穿(주자천) : 주(邾)나라 장공(莊公) B.C. 540년에 즉위. 34년 간 재위.

4. 정공 4년 을미(乙未)

가. 정공이 제후들과 초나라를 침공하다

4년 을미(乙未) 봄, 왕력으로 2월 계사(癸巳)일에 진(陳)나라 군주인 후작 오(吳)가 세상을 떠났다.

3월에 정공이 유(劉)나라 군주인 자작과 진(晉)나라 군주인 후작과 송나라 군주인 공작과 채나라 군주인 후작과 위(衛)나라 군주인 후작과 진자(陳子)와 정나라 군주인 백작과 허나라 군주인 남작과 조나라 군주인 백작과 거나라 군주인 자작과 주(邾)나라 군주인 자작과 돈(頓)나라 군주인 자작과 호(胡)나라 군주인 자작과 등나라 군주인 자작과 설나라 군주인 백작과 기나라 군주인 백작과 소주(小邾)나라 군주인 자작과 제나라 국하(國夏)와 소릉(召陵)에서 회합하여 초나라를 침공했다.

여름인 4월 경진(庚辰)일에 채나라 공손생(公孫姓)이 군사를 거느리고 심(沈)나라를 멸망시키고 심나라 군주인 자작 가(嘉)를 데리고 돌아가서 그를 죽였다.

四年 春 王二月 癸巳 陳侯吳[1)]卒

三月 公會劉子[2]晉侯宋公蔡侯衛侯陳子[3]鄭伯許男曹伯莒子邾子頓子胡子滕子薛伯杞伯小邾子齊國夏 于召陵[4] 侵楚

夏 四月 庚辰 蔡公孫姓帥師滅沈[5] 以沈子嘉 歸殺之

1) 陳侯吳(진후오) : 진(陳)나라 혜공(惠公). B.C. 533년에 즉위. 28년 간 재위.

2) 劉子(유자) : 유문공(劉文公). 유헌공(劉獻公)의 서자인 백분(伯蚠).

3) 陳子(진자) : 진(陳) 회공(懷公)인데 혜공(惠公)의 상으로 즉위하지 못했기 때문에 자(子)라고 했다.

4) 召陵(소릉) : 초나라 땅 이름.

5) 滅沈(멸심) : 심나라가 제후들이 연합하여 초(楚)나라를 정벌하는데 참가하지 않아서 제후들이 채나라에 의탁하여 심나라를 멸망시키라고 해서였다.

나. 고유(皐鼬)에서 맹약하다

5월에 정공(定公)이 제후들과 고유(皐鼬)에서 맹약했다. 이는 앞의 맹약이 있은 뒤에 다시 모인 것이며 정공이 일차적으로 모임을 가진 뒤에 모인 것을 기록한 것이다. '후(後)' 란 뒤의 모임을 기록한 내용이 의심스럽다고 했다.〔이 때는 정공이 초나라를 공격하는 것을 꺼렸기 때문이다.〕

기(杞)나라 군주인 백작 성(成)이 회합 도중에 세상을 떠났다.

6월에 진(陳)나라 혜공(惠公)을 장사 지냈다.

허(許)나라가 용성(容城)으로 도읍을 옮겼다.

가을인 7월에 정공이 회합에서 돌아왔다.

유(劉)나라 군주 권(卷)이 세상을 떠났다. 이는 마땅히 죽음을 기재하지 않아야 하는데 '세상을 떠났다.' 고 기록한 것은 현명한 사람이었기 때문이다. 천자(天子)의 기내(畿內)에 있는 제후는 분봉(分封)을 받은 제후가 아니다. 그런데 왜 '세상을 떠났다.' 고 썼는가? 천자가 붕어하면 제후가 그 예를 주관하기 때문이었다.

기(杞)나라 도공(悼公)을 장사 지냈다.

초(楚)나라 사람이 채(蔡)나라를 포위했다.

진(晉)나라 사앙(士鞅)과 위(衛)나라 공어(孔圉)가 군사를 거느리고 선우(鮮虞)를 정벌했다.

유(劉)나라 문공을 장사 지냈다.

五月 公及諸侯盟于皐鼬[1] ◌後而再會 公志於後會也 後 志疑[2]也

杞伯成[3]卒于會

六月 葬陳惠公

許遷于容城[4]

秋 七月 公至自會

劉卷[5]卒 ◌此不卒而卒者 賢之也 寰內[6]諸侯也 非列土諸侯 此何以卒也 天王崩 爲諸侯主也

葬杞悼公

楚人圍蔡

晉士鞅 衛孔圉[7] 帥師伐鮮虞

葬劉文公

1) 皐鼬(고유) : 땅 이름이다.

2) 志疑(지의) : 기록이 의심스럽다. 이 당시 정공은 강성한 초나라를 공격하는 것을 원하지 않았기 때문이다.

3) 杞伯成(기백성) : 기(杞)나라 도공(悼公). B.C. 517년에 즉위. 12년 간 재위.

4) 容城(용성) : 땅 이름.

5) 劉卷(유권) : 유(劉)나라 문공(文公) 백분(伯盆)을 말한다.

6) 寰內(환내) : 주(周)나라의 왕성 안. 곧 주나라의 대부들은 모두가 왕성 안에 봉지(封地)가 있다. 이를 환내제후(寰內諸侯)라고 한다.

7) 孔圉(공어) : 공양전의 경문에는 공어(孔圄)로 되어 있다.

다. 오(吳)나라가 백거(柏擧)에서 초나라와 싸우다

겨울인 11월 경오(庚午)일에 채(蔡)나라 군주인 후작이 오(吳)나라 군주인 자작과 함께 초나라 사람과 백거(伯擧)에서 싸워 초나라 군사를 쳐부수었다.

여기서 오(吳)나라를 '자작(子爵)'이라고 일컬은 것은 무슨 뜻인가? 채나라의 후작과 함께 함으로써 그를 귀하게 올려 준 것이다. 채나라 후작과 함께 했다고 그를 귀하게 거론한 까닭은 무엇인가? 오(吳)나라가 중국을 신용하고 이적(夷狄 : 오랑캐)을 물리침으로써 오나라를 올려 준 것이다.

그 오나라가 중국을 신용하고 이적을 물리친 것은 어찌된 일인가? 오자서(伍子胥)의 아버지인 오사(伍奢)가 초나라에서 죽음을 당했다. 오자서는 옆구리에 활을 끼고 손에는 화살을 가지고 오(吳)나라의 합려(闔廬)와 면담했다. 합려가 말하기를 "그의 효심이 심히 크고 그의 용력이 매우 높다."고 하고는 이에 군사를 일으켜서 초나라를 정벌하고자 하였다.

이때 오자서(伍子胥)가 간하기를 "신(臣)이 들은 바로는 군주는 필부의 행동으로 군사를 일으켜서는 안 됩니다. 또 군주를 섬기는 것은 아버지를 섬기는 것과 같이 하는 것입니다. 임금의 의(義)를 이지러뜨려서 아버지의 원수를 갚는 것은 신은 하지 않을 것입니다."라고 하고 이에 초나라를 정벌하려는 것을 중지시켰다.

그 무렵 채(蔡)나라 소공(昭公)이 초나라를 찾아갔다. 이때 그는 아름다운 갖옷을 가지고 있었다. 바로 이 날에 초나라의 낭와(囊瓦)가 그 갖옷을 달라고 요구했다. 채나라의 소공(昭公)이 주지 않자 이에 소공을 초나라 남쪽 수도에 구금했다. 소공은 수년이 지난 뒤에야 돌아오게 되었다. 돌아오면서 한수(漢水)의 신(神)에게 빌기를 "진실로 제후들이 초나라를 정벌하고자 하는 이가 있다면 과인(寡人)이 선봉이 되기를 청할 것이다."라고 했다.

초나라 사람들이 이 소리를 듣고 화가 나서 군사를 일으켜 채나라를 정벌했다. 채나라에서는 오(吳)나라에 구원을 요청했다. 오자서(伍子胥)가 말하기를 "채나라가 죄가 있지 않고 초나라는 무도(無道)합니다. 군주께서 만약에 중국을 걱정하는 마음이 있으시다면 이와 같은 때가 가장 좋습니다."라고 했다. 이에 군사를 일으켜서 초나라를 정벌했다. 그런데 왜 구원했다고 말하지 않았는가? 구원했다는 것은 위대한 일인 것이다.

冬 十有一月 庚午 蔡侯以吳子及楚人戰于伯擧[1] 楚師敗績 ◌吳其稱子 何也 以蔡侯之以之 擧其貴者也 蔡侯之以之 則其擧貴者 何也 吳信中國而攘夷狄 吳進矣 其信中國而攘夷狄奈何 子胥父誅于楚[2]也 挾弓持矢而于闔廬[3] 闔廬曰 大之甚 勇之甚 爲是欲興師而伐楚 子胥諫曰 臣聞之 君不爲匹夫興師 且事君猶事父也 虧君之義 復父之讎 臣弗爲也 於是止 蔡昭公朝於楚 有美裘 正是日 囊瓦[4]求之 昭公不與 爲是拘昭公於南郢[5] 數年然後得歸 歸乃用事乎漢[6] 曰 苟諸侯有欲代楚者 寡人請爲前列焉 楚人聞之而怒 爲是興師而伐蔡 蔡請救于吳 子胥曰 蔡非有罪 楚無道也 君若有憂中國之心 則若此時可矣 爲是興師而伐楚 何以不言救也 救大也

1) 伯擧(백거) : 초나라 땅 이름. 공양전의 경문에는 백거(伯莒)이고 좌전의 경문에는 백거(柏擧)로 되어 있다.

2) 子胥父誅于楚(자서부주우초) : 자서는 오자서(伍子胥)이며 이름은 원(員)이다. 그는 초나라 대부 오사(伍奢)의 둘째아들이다. 초평왕(楚平王) 7년(B.C. 522년)에 오사가 직언을 하다가 피살되자 자서는 도망하여 송나라에서 정나라로 갔다가 오(吳)나라로 들어갔다. 뒤에 오나라 합려를 도와 오왕 요(僚)를 살해하고 합려의 장수가 되었다. 부차(夫差)와 소원해지고 자살하였다.

3) 闔廬(합려) : 합려(闔閭)라고도 한다. 이름은 광(光), 오왕(吳王), 제번(諸樊)의 아들이다. 일설에는 이매(夷昧)의 아들이라고도 한다. 자객을 시켜서 왕인 요(僚)를 죽이고 자립(自立)했다.

4) 囊瓦(낭와) : 초나라의 영윤(令尹). 채나라와 오나라가 초나라를 공격할 때 초나라의 주장(主將)이었다.

5) 南郢(남영) : 초나라의 수도.

6) 用事乎漢(용사호한) : 한수(漢水)의 수신에게 소원을 빌다.

라. 낭와(囊瓦)가 정나라로 달아나다

초(楚)나라의 낭와(囊瓦)가 정(鄭)나라로 달아났다. 경진(庚辰)일에 오(吳)나라 군사가 초나라로 쳐들어갔다. 경진일에 쳐들어갔다는 것은 초나라가 없는 것과 같아서 쉬웠다는 것이다. 초나라가 없는 것처럼 쉬웠다는 것은 오나라 사람들이 초나라의 종묘를 무너뜨리고 종묘에 진열된 제기들을 옮기고 초평왕(楚平王)의 무덤에서 시체에 회초리로 친 것들을 말한다.

왜 멸망시켰다고 말하지 않았는가? 초나라를 보존시키고자 한 것이다. 그 초나라를 보존시키려고 한 것은 어째서인가? 초나라 소왕(昭王)의 군대가 패하여 달아나는데 부로(父老)들을 송별하여 말하기를 "과인(寡人)이 불초(不肖)하여 선군(先君)의 읍(邑)을 망하게 했습니다. 부로(父老)들이 돌아올 수만 있다면 어찌 군주가 없는 것이 근심이겠습니까? 과인은 또 이를 위하여 바다에라도 들어갈 수 있습니다."라고 했다.

부로(父老)들이 말하기를 "군주가 계시며 그 현명함이 이와 같으니 우리들은 오나라로 가지 않을 것이며 반드시 죽더라도 초나라를 떠나가지 않을 것입니다."라고 하고는 서로 더불어 공격하여 하룻밤 사이에 세 번이나 오나라 사람들을 패배시키고 초나라를 다시 세웠다. 어찌하여 오(吳)나라라고 이르는 것인가? 적(狄)이기 때문이다. 왜 적(狄)이라고 이르는 것인가? 임금은 그 임금의 침실에서 살고 그 임금의 아내를 아내로 삼고 대부는 그 대부의 침실에서 살고 그 대부들의 아내를 아내로 삼았기 때문이다.

대저 초왕(楚王)의 어머니를 아내로 삼고자 하는 자들이란 정당하지 않은 것이다. 패배한 사람의 기회를 틈타서 깊이 자신의 이익을 삼아 남의 나라에 살고 있었으므로 그들이 적도(狄道 : 오랑캐의 도)로 돌아간 것이다.

楚囊瓦出奔鄭[1] 庚辰 吳入楚[2] ◌日入 易無楚[3]也 易無楚者 壞宗廟 徙陳器[4] 撻平王之墓 何以不言滅也 欲存楚也 其欲存楚奈何 昭王之軍敗而逃 父老送之曰 寡人不肖 亡先君之邑 父老反矣 何憂無君 寡人且用此入海矣 父老曰 有君如此其賢也 以衆不如吳 以必死不如楚 相與擊之 一夜而三敗吳人 復立 何以謂之吳也 狄之也 何謂狄之也 君居其君之寢而妻其君之妻 大夫居其大夫之寢 而妻其大夫之妻 蓋有欲妻楚王之母者 不正 乘敗人之績 而深爲利 居人之

國 故反其狄道也

1) 囊瓦出奔鄭(낭와출분정) : 낭와가 오나라 군대의 공격을 받아 패배하자 초나라에 있을 명분이 없어져서 정나라로 도망한 것이다.

2) 吳入楚(오입초) : 좌전의 경문에는 '오입영(吳入郢)'으로 되어 있다.

3) 易無楚(이무초) : 이는 경시하다의 뜻. 곧 초나라가 없는 것처럼 여기다.

4) 陳器(진기) : 종묘에 진열한 제기들. 곧 귀중품.

5. 정공 5년 병신(丙申)

가. 채(蔡)나라로 곡식을 보내다

5년 병신(丙申) 봄, 왕력으로 정월 초하루인 신해(辛亥)일에 일식이 있었다.

여름에 노나라에서 채(蔡)나라로 곡식을 보냈다. 제후들이 곡식이 없으면, 제후들이 서로 곡식을 보내 주는 일은 예에 합당한 것이다. 누가 보내 주는 것인가? 제후이다. 보냈다는 사람을 말하지 않은 것은 노나라 마음대로 한 말이며 의(義)에 가까운 것이었다.

월(越)나라가 오(吳)나라로 쳐들어갔다.

6월 병신(丙申)일에 노나라 계손의여(季孫意如)가 세상을 떠났다.

가을인 7월 임자(壬子)일에 노나라 숙손불감(叔孫不敢)이 세상을 떠났다.

겨울에 진(晉)나라 사앙(士鞅)이 군사를 거느리고 선우(鮮虞)를 포위했다.

五年 春 王正月[1] 辛亥 朔 日有食之

夏 歸粟于蔡[2] ◌諸侯無粟 諸侯相歸粟 正也 孰歸之 諸侯也 不言歸之者 專辭也 義邇也

於越入吳

六月 丙申 季孫意如卒

秋 七月 壬子 叔孫不敢卒

冬 晉士鞅帥師圍鮮虞

1) 正月(정월) : 좌전의 경문에는 삼월(三月)로 되어 있다.

2) 歸粟于蔡(귀속우채) : 귀는 궤(饋)와 같다. 곧 채나라에 곡식을 보내다. 좌전에는 채나라의 기근을 구제한 것이라 했다.

6. 정공 6년 정유(丁酉)

가. 허(許)나라 군주를 데리고 가다

6년 정유(丁酉) 봄, 왕력으로 정월 계해(癸亥)일에 정나라 유속(游速)이 군사를 거느려 허(許)나라를 멸망시키고 허나라 군주인 남작 사(斯)를 데리고 돌아갔다.

2월에 정공(定公)이 정나라를 침공했다. 정공이 정나라를 침공하는 일에서 돌아왔다.

여름에 노나라 계손사(季孫斯)와 중손하기(仲孫何忌)가 진(晉)나라에 갔다.

가을에 진(晉)나라 사람이 송(宋)나라 행인(行人) 악기리(樂祁犁)를 체포했다.

겨울에 중성(中城)을 쌓았다. 중성을 쌓았다는 것은 중손(仲孫)씨와 숙손(叔孫)씨와 계손(季孫)씨가 성을 확장시킨 것이었다. 어떤 이는 "백성을 외면한 행위를 꾸짖은 것이다."라고 했다.

노나라 계손사(季孫斯)와 중손기(仲孫忌 : 仲孫何忌)가 군사를 거느리고 운(鄆)을 포위했다.

六年 春 王正月 癸亥 鄭游速[1] 帥師滅許 以許男斯歸

二月 公侵鄭 公至自侵鄭

夏 季孫斯[2] 仲孫何忌[3] 如晉

秋 晉人執宋行人樂祁犁[4]

冬 城中城[5] ◌城中城者 三家張[6]也 或曰 非外民也

季孫斯 仲孫忌 帥師圍鄆

1) 游速(유속) : 정나라 대부이며 대숙(大叔)의 아들이다.

2) 季孫斯(계손사) : 계손의여(季孫意如)의 아들. 계환자(季桓子)이다.

3) 仲孫何忌(중손하기) : 맹의자(孟懿子)이다.

4) 樂祁犁(악기리) : 악기(樂祁)라고 일컫다. 송나라 대부이다.

5) 中城(중성) : 노나라 국도의 내성(內城).

6) 三家張(삼가장) : 중손(仲孫), 숙손(叔孫), 계손(季孫)씨의 세 집안이 확장시켰다의 뜻.

7. 정공 7년 무술(戊戌)

가. 제나라와 정나라가 함에서 동맹을 맺다

7년 무술(戊戌) 봄, 왕력으로 정월(正月)이다.

여름인 4월이다.

가을에 제나라 군주인 후작과 정나라 군주인 백작이 함(鹹)에서 동맹을 맺었다.

제나라 사람이 위(衛)나라의 행인 북궁결(北宮結)을 체포하고 위나라를 침공했다. '이(以)'는 중요한 말이다. 위나라 사람 북궁결을 중시(重視)한 것이다.

제나라 군주인 후작과 위나라 군주인 후작이 사(沙)에서 동맹을 맺었다.

크게 기우제(祈雨祭)를 지냈다.

제나라 국하(國夏)가 군사를 거느리고 우리 노나라의 서쪽 변방을 정벌했다.

9월에 크게 기우제를 지냈다.

겨울인 10월이다.

七年 春 王正月
夏 四月
秋 齊侯鄭伯盟于鹹[1]
齊人執衛行人北宮結[2] 以侵衛 ◌以 重辭也 衛人重北宮結
齊侯衛侯盟于沙[3]
大雩
齊國夏帥師伐我西鄙
九月 大雩
冬 十月

1) 鹹(함) : 위나라의 땅 이름.
2) 行人北宮結(행인북궁결) : 행인(行人) 벼슬의 북궁결은 위나라 대부(大夫).
3) 沙(사) : 땅 이름이다. 좌전의 전문(傳文)에는 쇄(瑣)로 되어 있다.

8. 정공 8년 기해(己亥)

가. 정공(定公)이 제나라를 침공하다

8년 기해(己亥) 봄, 왕력으로 정월에 정공이 제나라를 침공했다. 정공이 제나라를 침공하는 일에서 돌아왔다.

2월에 정공이 제나라를 침공했다. 3월에 정공이 제나라를 침공하는 일에서 돌아왔다. 정공이 갔는데 간 계절에 그 달로써 조묘에 고제하는 것은 위태한 곳에 이른 것을 조묘에 고제하는 것이요, 간 달에 계절로써 조묘에 고제하는 것은 위태한 곳에 간다는 것을 고제하는 것이다. 출정한 달과 도착한 달을 함께 조묘에 고제한 일은 기록한 것을 미워한 것이다.

조(曹)나라 군주인 백작 노(露)가 세상을 떠났다.

여름에 제(齊)나라 국하(國夏)가 군사를 거느리고 우리 노나라의 서쪽 변방을 정벌했다.

정공이 진(晉)나라 군사를 와(瓦)에서 만났다. 정공이 와에서 돌아왔다.

가을인 7월 무진(戊辰)일에 진(陳)나라 군주인 후작 유(柳)가 세상을 떠났다.

진(晉)나라 사앙(士鞅)이 군사를 거느리고 정나라를 침공하고 이어서 위(衛)나라를 침공했다.

조(曹)나라 정공(靖公)을 장사 지냈다.

八年 春 王正月 公侵齊[1] 公至自侵齊

二月 公侵齊 三月 公至自侵齊 ◌公如 往時致月 危致也 往月致時 危往也 往月致月 惡之也

曹伯露[2]卒

夏 齊國夏帥師伐我西鄙

公會晉師于瓦[3] 公至自瓦

秋 七月 戊辰 陳侯柳[4]卒

晉士鞅[5]帥師侵鄭 遂侵衛

葬曹靖公

1) 侵齊(침제) : 지난해에 제나라가 노나라를 침공한 데 대한 보복 차원의 정벌.
2) 曹伯露(조백노) : 조나라 정공(靖公). B.C. 505년에 즉위. 4년 간 재위.
3) 瓦(와) : 위나라의 땅 이름이다.
4) 陳侯柳(진후유) : 진(陳)나라 회공(懷公). B.C. 505년에 즉위. 4년 간 재위.
5) 士鞅(사앙) : 공양전의 경문에는 조앙(趙鞅)으로 되어 있다.

나. 노나라가 위(衛)나라를 정벌하다

9월에 진(陳)나라 회공(懷公)을 장사 지냈다.

노나라의 계손사(季孫斯)와 중손하기(仲孫何忌)가 군사를 거느리고 위(衛)나라를 침공했다.

겨울에 위(衛)나라 군주인 후작과 정나라 군주인 백작이 곡복(曲濮)에서 동맹을 맺었다.

선대의 군주인 소공(昭公)을 종묘에 모셔 제사 지내기로 했다.

이는 선군(先君)에 대한 예를 높인 것으로 귀한 이를 합당한 절차에 따라 회복시킨 것이다.

도적이 보물인 옥(玉)과 큰 활을 훔쳐갔다. 보옥(寶玉)이란 노나라 시조(始祖)인 백금(伯禽)이 천자(天子)에게 노나라로 봉해질 때 하사받은 규옥(圭玉)이다. 대궁(大弓)이란 무왕(武王)이 천하를 정벌할 때 사용하던 활이다. 주공(周公)이 이를 하사받았는데 노(魯)나라 태묘에 보관되어 있었다. 남이 가져가면 안 되는데 남이 가져간 것을 '잃어버렸다' 라고 이르고 그 취할 것이 아닌데 취한 것을 '도둑〔盜〕' 이라고 이른다.

九月 葬陳懷公

季孫斯 仲孫何忌 帥師侵衛

冬 衛侯鄭伯 盟于曲濮[1]

從祀先公[2] ◌貴復正也

盜竊寶玉大弓 ◌寶玉者 封圭[3]也 大弓者 武王之戎弓也 周公受賜 藏之魯 非其所以與人而與人 謂之亡 非其所取而取之 謂之盜

1) 曲濮(곡복) : 위나라의 땅 이름이다.

2) 從祀先公(종사선공) : 순서에 따른 제사를 뜻한다. 곧 노나라 소공(昭公)의 제사를 종묘에서 모신다는 뜻. 문공(文公)은 역사(逆祀)를 했는데 정공(定公)이 순서로 돌아왔다는 뜻.

3) 封圭(봉규) : 일종의 옥기(玉器). 위는 뾰쪽하고 아래는 모난 것. 규옥(圭玉)이라고도 한다. 제후가 천자를 알현할 때 신표로 제출하는 것.

9. 정공 9년 경자(庚子)

가. 노나라에서 보옥과 큰 활을 되찾다

9년 경자(庚子) 봄, 왕력으로 정월이다.

여름인 4월 무신(戊申)일에 정나라 군주인 백작 채(蠆)가 세상을 떠났다.

노나라에서 보옥과 큰 활을 되찾았다. 보옥과 큰 활을 찾은 곳을 기록하지 않은 것은 무슨 뜻인가? 노나라의 보옥과 큰 활이 대부들의 집안에 있었다면 부끄러운 일이며 어느 곳에서 찾았는지 지목하지 않은 것도 부끄러운 일이기 때문이다. 어떻게 찾았는가? 제방(堤防) 아래에서 찾았다. 어떤 이는 이르기를 "양호(陽虎)가 군대에게 쫓겨갈 때 떨어뜨린 것이다."라고 했다.

6월에 정나라 헌공(獻公)을 장사 지냈다.

가을에 제나라 군주인 후작과 위나라 군주인 후작이 진(晉)나라의 오씨(五氏)에서 머물렀다.

진(秦)나라 군주인 백작이 세상을 떠났다.

겨울에 진(秦)나라 애공(哀公)을 장사 지냈다.

九年 春 王正月

夏 四月 戊申 鄭伯蠆[1]卒

得寶玉大弓[2] ◯其不地何也 寶玉大弓 在家則羞[3] 不目 羞也 惡得之 得之堤下[4] 或曰 陽虎以解衆[5]也

六月 葬鄭獻公

秋 齊侯衛侯 次于五氏[6]

秦伯[7]卒

冬 葬秦哀公

1) 鄭伯蠆(정백채) : 정나라 헌공(獻公)이다. B.C. 513년에 즉위하여 13년 간 재위했다.

2) 得寶玉大弓(득보옥대궁) : 양호(陽虎)가 도망하여 외국에 있을 때 노나라에 돌려주었다고 좌전에 씌어 있다.

3) 在家則羞(재가즉수) : 노나라 소공(昭公)이 제나라로 달아날 때 계손의여(季孫意如)가 보옥과 대궁(大弓)을 가지고 갔는데 양호(陽虎)가 계손씨를 배반하고 대보와 대궁을 탈취하여 도망갔다. 이에 곡량씨가 계씨가 마음대로 국가의 보배를 탈취하여 자기 집에 보관한 것은 국가의 수치라고 한 것이다.

4) 得之堤下(득지제하) : 제방 아래에서 찾다.

5) 解衆(해중) : 군사에게 쫓길 때 풀어져 떨어졌다.

6) 次于五氏(차우오씨) : 오씨에 머물다. 오씨는 진(晉)나라 땅 이름.

7) 秦伯(진백) : 진(秦)나라 백작인 애공(哀公)이다. B.C. 536년에 즉위하여 36년 간 재위했다.

10. 정공 10년 신축(辛丑)

가. 제나라와 화평(和平)을 맺다

10년 신축(辛丑) 봄인 왕력으로 3월에 제나라와 화평을 맺었다.

여름에 정공이 제나라 군주인 후작과 협곡(頰谷)에서 회합했다. 정공이 협곡에서 돌아왔다. 협곡(頰谷)에서 양국(兩國)의 군주가 이별하고 회담한 것들을 조묘(祖廟)에 고제(告祭)하지 않은 것은 위태로웠기 때문이다. 위태로웠다면 그 땅을 거론하여 조묘에 고제한 것은 무엇 때문인가? 위태로웠기 때문이었다.

그 위태로웠다는 것이란 어떠한 일을 말하는가? 대답하기를, 협곡(頰谷)의 모임에서는 공자(孔子)께서 보좌하였다. 양국(兩國)의 군주가 단(壇)으로 나아가고 양국의 보좌하는 사람들이 서로 읍을 하였다.

이때 제나라 사람이 북을 두드려 소란스럽게 해서 일어나 노나라 군주를 체포하고자 하였다. 공자(孔子)께서 계단을 밟고 올라가서 한 계단을 다하지 않고 제나라 군주인 후작을 돌아보고 말하기를 "두 나라의 군주께서 화평을 맺는데 이적(夷狄 : 오랑캐)의 백성들이 어찌하여 왔습니까? 사마(司馬)에게 명령하여 중지하여 주십시오."라고 했다.

제나라 군주인 후작이 뒷걸음질치면서 사례하여 말하기를 "과인(寡人)의 과실입니다."라고 하고는 물러나 그의 두 서너 명의 대부에게 꾸짖어 말하기를 "대저 사람들이 그 임금을 이끌고 더불어 옛 사람의 도를 함께 행하려고 하는데 그대들은 홀로 나를 이끌어 이적의 풍속으로 들어가게 하는 것은 어찌된 일이오."라고 하고는 모임을 파했다.

이에 제나라 사람이 우시(優施)로 하여금 노나라 임금의 장막 아래서 춤을 추게 했다.

공자(孔子)께서 말씀하기를 "군주를 우습게 보는 자는 죄가 마땅히 죽음에 이를 것이다."라고 하고는 사마(司馬)로 하여금 법을 집행하게 하여 우시(優施)를 죽여 머리와 발을 문을 달리하여 걸어놓고 나갔다.

제나라 사람들이 돌아가서 운(鄆)과 훤(讙)과 귀음(龜陰) 땅을 돌려보냈는데 대개의 일이 이러하였다.

이러한 일로 인하여 서로 만나볼 때에는 비록 문사(文事)가 있더라도 반드시 무장(武裝)을 갖추도록 하였는데 이는 공자(孔子)가 주도한 협곡(頰谷)의 모임에서부터 나타난 현상이었다.

十年春 王三月 及齊平[1]

夏 公會齊侯于頰谷[2] 公至自頰谷 ◌離會不致 何爲致也 危之也 危之則以地致何也 爲危之也 其危奈何 曰 頰谷之會 孔子相焉 兩君就壇 兩相相揖 齊人鼓譟而起 欲以執魯君 孔子歷階而上 不盡一等 而視歸乎齊侯 曰 兩君合好 夷狄之民何爲來爲 命司馬止之 齊侯逡巡而謝曰 寡人之過也 退而屬其二三大夫曰 夫人率其君與之行古人之道 二三子獨率我而入夷狄之俗 何爲 罷會 齊人使優施舞於魯君之幕下 孔子曰 笑君者罪當死 使司馬行法焉 首足異門而出 齊人來歸鄆讙龜陰之田者蓋爲此也 因是以見雖有文事 必有武備 孔子於頰谷之會見之矣

1) 齊平(제평) : 정공(定公) 8년부터 노나라가 제나라를 많이 침범하고 제나라가 또한 노나라를 많이 침범하였는데 노나라가 제나라를 침범한 것은 진(晉)나라의 명에 의해서 부득이하게 한 것이다. 이때는 제나라의 국력이 점점 강대해지고 진(晉)나라는 약해지자 노나라가 시세에 순응하여 제나라와 강화를 맺었다.

2) 頰谷(협곡) : 좌전의 경문에는 협곡(夾谷)으로 되어 있다.

나. 진(晉)나라에서 위나라를 포위하다

진(晉)나라 조앙(趙鞅)이 군사를 거느리고 위(衛)나라를 포위했다.

제나라 사람이 노나라에 와서 운(鄆)과 훤(讙)과 귀음(龜陰) 땅을 돌려주었다.

노나라 숙손주구(叔孫州仇)와 중손하기(仲孫何忌)가 군사를 거느리고 후(郈)를 포위했다.

가을에 숙손주구와 중손하기가 군사를 거느리고 후(郈)를 포위했다.

송나라 악대심(樂大心)이 조(曹)나라로 달아났다.

송나라 공자 지(地)가 진(陳)나라로 달아났다.

겨울에 제나라 군주인 후작과 위나라 군주인 후작과 정나라 유속(游速)이 안보(安甫)에서 회합했다.

노나라 숙손주구(叔孫州仇)가 제나라에 갔다.

송나라 군주인 공작의 아우 진(辰) 및 송나라 중타(仲佗)와 석구(石彄)가 진(陳)나라로 달아났다.

晉趙鞅帥師圍衛

齊人來歸鄆讙龜陰之田[1]

叔孫州仇 仲孫何忌 帥師圍郈[2]

秋 叔孫州仇 仲孫何忌 帥師圍郈

宋樂大心出奔曹

宋公子地[3]出奔陳

冬 齊侯衛侯鄭游速[4] 會于安甫[5]

叔孫州仇如齊

宋公之弟辰暨宋仲佗石彄[6] 出奔陳

1) 龜陰之田(귀음지전) : 좌전과 공양전의 경문에는 '지(之)' 자가 없다.

2) 郈(후) : 공양전의 경문에는 비(費)로 되어 있다.

3) 公子地(공자지) : 송(宋)나라 경공(景公)의 서제(庶弟).
4) 游速(유속) : 공양전의 경문에는 유속(游遬)으로 되어 있다.
5) 安甫(안보) : 땅 이름이다. 공양전의 경문에는 안(鞍)으로 되어 있다.
6) 辰暨宋仲佗石彄(진기송중타석구) : 진(辰)은 공자 지(地)의 동모(同母)의 아우. 중타는 중기(仲幾)의 아들. 석구(石彄)는 저사단(褚師段)의 아들. 좌전의 경문에는 '송(宋)' 자가 없다.

11. 정공 11년 임인(壬寅)

가. 노나라와 정나라가 화평을 맺다

11년 임인(壬寅) 봄에 송(宋)나라 군주인 공작의 아우 진(辰)과 중타(仲佗)와 석구(石彄)와 공자 지(地)가 진(陳)나라에서 소(蕭)로 들어가 반란을 일으켰다. '송공지제진(宋公之弟辰)'은 이때는 아우의 신분을 잃지 않은 것이다. '급중타석구공자지(及仲佗石彄公子地)'는 존귀한 지위와 비천한 사람이다. '자진(自陳)'이란 진(陳)나라에서 받들어 준 것이다. '입우소이반(入于蕭以叛))'의 '입(入)'은 안에서 받아들이지 않은 것이다. '이(以)'란 함께 하지 않은 것이다. '반(叛)'은 곧바로 반란을 일으킨 것이다.

여름인 4월이다.

가을에 송(宋)나라 악대심(樂大心)이 조(曹)나라에서 소(蕭)나라로 들어갔다.

겨울에 노나라는 정나라와 화평을 맺었다.

노나라의 숙선(叔還 : 叔倪)이 정나라에 가서 맹약하는 일에 임석했다.

十有一年 春 宋公之弟辰及仲佗石彄公子地 自陳入于蕭 以叛
◌宋公之弟辰 未失其弟[1]也 及仲佗石彄公子地 以尊及卑也 自陳陳有奉焉爾 入于蕭[2]以叛 入者 內弗受也 以者 不以也 叛 直叛也

夏 四月

秋 宋樂大心自曹入于蕭

冬 及鄭平[3]

叔還[4]如鄭莅盟

1) 未失其弟(미실기제) : 아직은 아우의 신분을 잃지 않았다는 뜻.

2) 蕭(소) : 송나라의 땅 이름이다.

3) 鄭平(정평) : 정나라와 화평하다의 뜻.

4) 叔還(숙선) : 숙궁(叔弓)의 증손. 일설에는 숙예(叔倪)의 증손이라고 했다.

12. 정공 12년 계묘(癸卯)

가. 후읍(郈邑)의 성(城)을 헐다

12년 계묘(癸卯) 봄에 설(薛)나라 군주인 백작 정(定)이 세상을 떠났다.

여름에 설(薛)나라 양공(襄公)을 장사 지냈다.

노나라 숙손주구(叔孫州仇)가 군사를 거느리고 후(郈)의 성(城)을 무너뜨렸다. '휴(墮)'란 공격하여 취했다와 같다.

위(衛)나라의 공맹구(公孟彄)가 군사를 거느리고 조(曹)나라를 정벌했다.

노나라 계손사(季孫斯)와 중손하기(仲孫何忌)가 군사를 거느리고 비(費)의 성을 무너뜨렸다.

가을에 크게 기우제를 지냈다.

겨울인 10월 계해(癸亥)일에 정공(定公)이 제나라 군주인 후작과 황(黃)에서 만나 동맹을 맺었다.

11월 초하루인 병인(丙寅)일에 일식(日蝕)이 있었다.

정공(定公)이 황(黃)에서 돌아왔다.

12월에 정공이 성(成)을 포위했다. 국가가 아닌데 성을 포위했다고 말했다. 이것은 성(成) 땅을 포위한 정공을 크게 존엄하도록 해 주기 위해서였다. 정공이 성(成) 땅의 포위에서 돌아왔다. 왜 조묘에 고제(告祭)하였는가? 위태로웠기 때문이다. 무엇 때문에 이를 위태하다고 하였는가? 제나라 땅과 가까운 곳이었기 때문이었다.

十有二年 春 薛伯定[1]卒
夏 葬薛襄公
叔孫州仇帥師墮郈[2] ◌墮猶取也
衛公孟彄[3]帥師伐曹
季孫斯 仲孫何忌 帥師墮費[4]
秋 大雩
冬 十月 癸亥 公會齊侯[5] 盟于黃[6]
十有一月 丙寅 朔 日有食之
公至自黃
十有二月 公圍成[7] ◌非國言圍 圍成 大公也
公至自圍成 ◌何以致 危之也 何危爾 邊乎齊也

1) 薛伯定(설백정) : 설나라 양공(襄公). B.C. 510년에 즉위. 13년 간 재위.
2) 墮郈(휴후) : 후성(郈城)을 무너뜨리다. 당시 노나라에 삼환(三桓)씨가 각각의 사읍(私邑)을 가지고 있었다. 계손씨(季孫氏)가 비(費) 땅을, 맹손씨(孟孫氏)가 성(成) 땅을, 숙손씨(叔孫氏)가 후(郈) 땅을 가지고 있었다.
3) 公孟彄(공맹구) : 위나라 대부이며 공맹지(公孟摯)의 아들이다.
4) 墮費(휴비) : 비를 무너뜨리다. 비는 계손씨의 봉읍이다.
5) 齊侯(제후) : 공양전의 경문에는 진후(晉侯)로 되어 있다.
6) 黃(황) : 제나라 땅 이름.
7) 圍成(위성) : 성(成) 땅을 포위하다. 성 땅은 맹손씨의 봉읍이다.

13. 정공 13년 갑진(甲辰)

가. 동물을 기르는 동산을 축조하다

13년 갑진(甲辰) 봄에 제나라 군주인 후작이 수가(垂葭)에 군사를 주둔시켰다.

여름에 사연(蛇淵)에다 동물을 기르는 동산을 축조(築造)했다.

노나라는 비포(比蒲)에서 크게 군사 훈련을 행했다.

위(衛)나라 공맹구(公孟彄)가 군사를 거느리고 조(曹)나라를 정벌했다.

가을에 진(晉)나라 조앙(趙鞅)이 진양(晉陽)으로 들어가서 진나라에 반항했다. '이(以)'는 함께 하지 않았다는 것이다. '반(叛)'이란 조앙이 직접적으로 반항했다는 것이다.

十有三年 春 齊侯[1] 次于垂葭[2]

夏 築蛇淵囿[3]

大蒐于比蒲[4]

衛公孟彄帥師伐曹

秋 晉趙鞅[5] 入于晉陽[6] 以叛 ◌以者 不以者也 叛 直叛也

1) 齊侯(제후) : 공양전과 좌전의 경문에는 제후(齊侯) 밑에 '위후(衛侯)' 두 글자가 더 있다.
2) 垂葭(수가) : 제나라 땅 이름. 공양전 경문에는 수하(垂瑕)로 되어 있다.
3) 蛇淵囿(사연유) : 사연은 노나라 땅 이름. 유는 동산, 공원.
4) 比蒲(비포) : 노나라 땅 이름.
5) 趙鞅(조앙) : 조간자(趙簡子)라고 일컫다. 혹은 조맹(趙孟)이라고 일컫고 당시 진(晉)나라의 경(卿)이었다.
6) 晉陽(진양) : 조앙(趙鞅)의 봉읍.

나. 조앙(趙鞅)이 진(晉)나라 도읍으로 돌아오다

겨울에 진(晉)나라 순인(荀寅)과 사길석(士吉射)이 조가(朝歌)로 들어가서 반란을 일으켰다.

진(晉)나라의 조앙(趙鞅)이 진나라의 도읍으로 돌아갔다. 조앙이 반항했는데 그를 '귀(歸)'라고 말한 것은 무슨 뜻인가? 조앙이 그의 땅을 가지고 돌아간 것을 귀하게 여긴 것이다. 그의 땅을 가지고 돌아간 것을 귀하게 여겼다면 이는 커다란 이익으로 여겼다는 것인가? 커다란 이익은 아니고 허물을 뉘우친 것을 허락해 준 것이다. 뉘우친 허물을 허락해 주었다면 무엇으로써 반란을 일으켰다고 말할 수 있겠는가? 진양의 땅으로써 나라를 바르게 했기 때문이었다. 땅으로써 국가를 바르게 했다면 어찌하여 반란이라고 말하였는가? 그 군주의 명령이 없이 진양으로 들어갔기 때문이었다.

설(薛)나라에서 그 군주인 비(比)를 시해(弑害)했다.

冬 晉荀寅[1] 士吉射[2] 入于朝歌[3]以叛

晉趙鞅歸于晉[4] ◌此叛也 其以歸言之何也 貴其以地反也 貴其以地反 則是大利也 非大利也 許悔過也 許悔過則何以言叛也 以地正國也 以地正國 則何以言叛 其入無君命也

薛弑其君比

1) 荀寅(순인) : 진(晉)나라의 대부.

2) 士吉射(사길석) : 범길석(范吉射), 범소자(范昭子)라고 칭하고 사앙(士鞅)의 아들이다.

3) 朝歌(조가) : 위나라 땅 이름.

4) 趙鞅歸于晉(조앙귀우진) : 한씨(韓氏)와 위씨(魏氏)가 진정공(晉定公)을 고동(鼓動)시켜서 범씨(范氏)와 순씨(荀氏)를 축출하고 조앙을 돌아오도록 청한 것을 뜻한다.

14. 정공 14년 을사(乙巳)

가. 공숙수(公叔戍)가 노나라로 도망해 오다

14년 을사(乙巳) 봄에 위(衛)나라의 공숙수(公叔戍)가 노나라로 도망해 왔다.

진(晉)나라 조양(趙陽)이 송나라로 달아났다.

2월 신사(辛巳)일에 초나라 공자 결(結)과 진(陳)나라 공손타인(公孫佗人)이 군사를 거느려 돈(頓)나라를 멸망시키고 돈나라 군주인 자작 장(牂)을 데리고 돌아갔다.

여름에 위(衛)나라 북궁결(北宮結)이 노나라로 도망해 왔다.

5월에 월(越)나라가 오(吳)나라 군사를 취리(檇李)에서 쳐부수었다.

오(吳)나라 군주인 자작 광(光)이 세상을 떠났다.

정공이 제나라 군주인 후작과 위(衛)나라 군주인 후작과 견(牽)에서 회합했다. 정공이 회합에서 돌아왔다.

가을에 제나라 군주인 후작이 송나라 군주인 공작과 조(洮)에서 만났다.

천자(天子)가 석상(石尙)을 시켜 사제(社祭) 지낸 고기를 보냈다. '신(脤)'이란 무엇인가? 적대(炙臺)에 담은 고기이며 제사 지낸 고기이다. 날것은 신(脤)이라고 이르고 익힌 것은 번(膰)이라고 한다. 경문(經文)에서 말한 석상(石尙)은 사(士)이다. 어찌하여 그가 사(士)인 것을 아는가? 천자의 대부(大夫)는 이름을 쓰지 않는다. 석상(石尙)이 춘추(春秋)에 자기 이름이 기재되기를 바라서 천자에게 간하여 말하기를 "오래되었습니다. 주(周)나라가 노(魯)나라에 예를 행하지 않은 지가…. 청하옵건대 신(脤)의 예를 거행하십시오."라고 했다. 주나라의 정당한 예절이 회복된 것을 귀하게 여긴 것이었다.

十有四年 春 衛公叔戍[1]來奔

晉趙陽[2]出奔宋

二月 辛巳 楚公子結 陳公孫佗人[3] 帥師滅頓 以頓子牂[4]歸

夏 衛北宮結來奔

五月 於越敗吳于檇李[5]

吳子光[6]卒

公會齊侯衛侯于牽[7] 公至自會

秋 齊侯宋公會于洮[8]

天王使石尙來歸脤[9] ◯脤者 何也 俎實[10]也 祭肉也 生曰脤 熟曰

膰[11] 其辭石尚 士也 何以知其士也 天子之大夫不名 石尚欲書春秋 諫曰 久矣周之不行禮於魯也 請行脤 貴復正也

1) 公叔戌(공숙수) : 공숙문자(公叔文子)라고 일컫고 위문자(衛文子)이다.
2) 晉趙陽(진조양) : 좌전 경문에는 위조양(衛趙陽)으로 되어 있다. 또 조양은 공숙수(公叔戌)의 도당이라고 했다.
3) 公孫佗人(공손타인) : 공양전 경문에는 공자타인(公子佗人)으로 되어 있다.
4) 牂(장) : 공양전 경문에는 창(牄)으로 되어 있다.
5) 檇李(취리) : 오나라의 땅 이름.
6) 吳子光(오자광) : 곧 오왕(吳王) 합려(闔廬)이다.
7) 牽(견) : 위나라의 땅 이름.
8) 洮(조) : 땅 이름.
9) 脤(신) : 사제(社祭)에 제물로 올린 고기.
10) 俎實(조실) : 제사 때 적대(炙臺)에 올린 고기.
11) 膰(번) : 제사 때 쓰는 익힌 고기.

나. 괴외(蒯聵)가 송나라로 달아나다

위(衛)나라의 세자 괴외(蒯聵)가 송(宋)나라로 달아났다.

위나라의 공맹구(公孟彄)가 정(鄭)나라로 달아났다.

송나라 군주인 공작의 아우 진(辰)이 소(蕭)나라에서 노나라로 도망해 왔다.

노나라가 비포(比蒲)에서 크게 군사 훈련을 행했다.

주(邾)나라 군주인 자작이 노나라에 와서 정공을 만났다.

노나라에서 거보(莒父)와 소(霄)에 성을 쌓았다.

衛世子蒯聵[1]出奔宋
衛公孟彄出奔鄭
宋公之弟辰 自蕭來奔
大蒐于比蒲
邾子來會公

城莒父及霄[2)]

1) 蒯聵(괴외) : 위(衛)나라 태자. 자세한 내용은 좌전에 있다.

2) 莒父及霄(거보급소) : 거보와 소는 모두 노나라 성읍(城邑)이다.

15. 정공 15년 병오(丙午)

가. 생쥐가 희생의 소를 물어 죽였다

15년 병오(丙午) 봄, 왕력으로 정월에 주(邾)나라 군주인 자작이 우리 노나라를 찾아왔다.

생쥐가 교제(郊祭)에 쓸 희생인 소를 물어서 소가 죽었다. 다시 점을 쳐서 소를 정했다. 신령에 대한 불경(不敬)이 이보다 더 큼이 없었다.

2월 신축(辛丑)일에 초(楚)나라 군주인 자작이 호(胡)나라를 멸망시키고 호(胡)나라 군주인 자작 표(豹)를 데리고 돌아갔다.

여름인 5월 신해(辛亥)일에 교제(郊祭)를 지냈다.

임신(壬申)일에 정공(定公)이 고침(高寢)이라는 궁전에서 홍거했다. 고침(高寢)에서 홍거(薨去)한 일은 예에 합당한 죽음을 맞이한 것이 아니었다.

十有五年 春 王正月 邾子來朝

鼷鼠食郊牛 牛死 改卜牛 ◌不敬莫大焉

二月 辛丑 楚子滅胡[1)] 以胡子豹歸

夏 五月 辛亥 郊[2)]

壬申 公薨于高寢[3)] ◌高寢 非正也

1) 滅胡(멸호) : 호나라를 멸망시키다. 진(晉)나라의 패권(覇權)이 쇠락해지고 초(楚)나라가 점점 강성해져서 주위의 작은 나라를 합병시키는데 작년에는 돈(頓)나라를 멸망시키고 이번에 호(胡)나라도 멸망시켜서 패자(覇者)가 되려는 야심을 가졌다.

2) 郊(교) : 교제(郊祭)이다. 본래는 정월에 거행하려 했는데 교제를 지낼 소를 생쥐가 뿔을 갉아 먹어서 죽게 되어 다시 점을 쳐서 희생소를 정했다. 이에 다시 3개월 동안 길러서 사용하게 되면 이 교제는 5월에나 거행하게 되는 것이다. 그래서 불경스러움이 이보다 큰 것이 없다고 했다.

3) 高寢(고침) : 궁궐 이름이다. 제후의 침(寢)이 세 곳이 있다. 중간에 있는 것을 고침(高寢)이라고 이르고, 좌측에 있는 것은 좌로침(左路寢)이 되고 우측에 있는 것은 우로침(右路寢)이라고 이른다. 고침은 처음 봉해진 임금이 사용하는 것이며 군주의 자리를 계승한 자는 좌로침이나 우로침을 사용하는 것이다.

나. 한달(罕達)이 송나라를 정벌하다

정나라 한달(罕達)이 군사를 거느리고 송나라를 정벌했다.

제나라 군주인 후작과 위(衛)나라 군주인 후작이 군사를 거저(渠蒢)에 주둔시켰다.

주(邾)나라 군주인 자작이 정공(定公)의 장례에 참석하러 달려왔다. 상사(喪事)가 급한 것이므로 '달려왔다' 고 말했다.

가을인 7월 임신(壬申)일에 익씨(弋氏)가 세상을 떠났다. 익씨(弋氏)라고 한 것은 첩(妾)이란 말이다. 익씨는 애공(哀公)의 어머니다.

8월 초하루인 경진(庚辰)일에 일식(日蝕)이 있었다.

9월에 등(滕)나라 군주인 자작이 노나라에 와서 정공(定公)의 장례에 참석했다.

정사(丁巳)일에 우리 군주 정공(定公)의 장례일이었는데 비가 내려서 장례를 치르지 못했다. 장례는 이미 날짜가 정해져 있어서 비가 내린다고 중지하지 않는 것이 예(禮)이다. '비가 내려서 장례를 치르지 못했다' 고 한 것은 상사(喪事)를 제약하지 않았다는 뜻이다.

무오(戊午)일 저녁에 정공의 장례를 지냈다. '내(乃)' 는 급하게 했다는 뜻이며 하루가 부족했다는 말이다.

신사(辛巳)일에 정공의 부인 익씨(弋氏)를 장사 지냈다.
겨울에 칠(漆)에 성(城)을 쌓았다.

鄭罕達[1]帥師伐宋
齊侯衛侯 次于渠蒢[2]
邾子來奔喪 ◌喪急 故以奔言之
秋 七月 壬申 弋氏[3]卒 ◌妾辭也 哀公之母也
八月 庚辰 朔 日有食之
九月 滕子來會葬
丁巳 葬我君定公 雨不克葬 ◌葬既有日 不爲雨止 禮也 雨不克葬 喪不以制[4]也
戊午日下稷[5] 乃克葬 ◌乃 急辭也 不足乎日[6]之辭也
辛巳 葬定弋
冬 城漆[7]

1) 罕達(한달) : 정(鄭)나라의 대부 자영제(子嬰齊)의 아들이다. 공양전의 경문에는 헌달(軒達)이라고 했다.
2) 渠蒢(거저) : 땅 이름이다. 공양전의 경문에는 거저(籧蒢)로 되어 있다.
3) 弋氏(익씨) : 정공(定公)의 부인(夫人)이며 애공(哀公)의 어머니이다. 공양전과 좌전의 경문에는 사씨(姒氏)로 되어 있다. 아래도 동일하다.
4) 不以制(불이제) : 예로써 상사를 제약하지는 않는다는 뜻.
5) 稷(직) : 공양전과 좌전의 경문에는 측(昃)으로 되어 있다. 태양이 서쪽으로 기운 때이다.
6) 不足乎日(부족호일) : 날이 족하지 못했다.
7) 漆(칠) : 노나라 땅 이름이다.

제12편 애공 시대(哀公時代)

(재위 : 1년~26년까지)

시법(謚法)에 '공손하고 인자한데 요절한 것'을 '애(哀)'라고 한다.

▨애공 연표(哀公年表)

국명 / 기원전	周	鄭	齊	宋	晉	衛	蔡	曹	滕	陳	杞	薛	莒	邾	許	小邾	楚	秦	吳	越	魯
	敬王	聲公	景公	景公	定公	靈公	昭公	伯陽	頃公	閔公	僖公	惠公	郊公	隱公	元公		昭王	惠公	夫差	句踐	哀公
494	26	7	54	23	18	41	25	8	19	8	12	3		13	10		22	7	2	3	1
493	27	8	55	24	19	42	26	9	20	9	13	4		14	11		23	8	3	4	2
492	28	9	56	25	20	出公 1	27	10	21	10	14	5		15	12		24	9	4	5	3
491	29	10	安孺 57	26	21	2	28	11	隱公 1	11	15	6		16	13		25	悼公 1	5	6	4
490	30	11	悼公 1	27	22	3	成侯 1	12	2	12	16	7		17	14		26	2	6	7	5
489	31	12	2	28	23	4	2	13	3	13	17	8		18	15		27	3	7	8	6
488	32	13	3	29	24	5	3	14	4	14	18	9		19	16		惠王 1	4	8	9	7
487	33	14	4	30	25	6	4	15	5	15	閔公 1	10			17		2	5	9	10	8
486	34	15	5	31	26	7	5	멸망	6	16	2	11			18		3	6	10	11	9
485	35	16	6	32	27	8	6		7	17		12			19		4	7	11	12	10
484	36	17	簡公 1	33	28	9	7		졸	18					20		5	8	12	13	11
483	37	18	2	34	29	10	8			19					21		6	9	13	14	12
482	38	19	3	35	30	11	9			20					22		7	10	14	15	13
481	39	20	4	36	31	莊公 1	10			21							8	11	15	16	14
480	40	21	平公 1	37	32	2	11			22							9	12	16	17	15
479	41	22	2	38	33	3	12			멸망							10	13	17	18	16
478	42	23	3	39	34	起 1	13										11	14	18	19	17
477	43	24	4	40	35		14										12	15	19	20	18
476	44	25	5	41	36	出公 1	15											共公 1	20	21	19
475	元王 1	26	6	42	37	後 2	16											2	멸망	22	20
474	2	27	7	43	出公 1	3	17											3		23	21
473	3	28	8	44	2	4	18											4		24	22
472	4	29	9	45	3	5	19											5		25	23

국명 / 기원전	周	鄭	齊	宋	晉	衛	蔡	曹	滕	陳	杞	薛		邾	許	小邾	楚	秦	吳	越	魯
	元王	聲公	平公	景公	出公	出公後	聲公											共公		句踐	哀公
471	5	30	10	46	4	6	1											21		26	24
470	6	31	11	47	5	7	2											22		27	25
469	7	32	12	48	6	8	3											23		28	26
468	貞定 1	33	13	49	7	9	4											24		29	悼公 1

※주(周) : 경왕(敬王) 41년에 공자 졸하다.

※제(齊) : 전상(田常)이 애공 14년에 간공을 죽이고 동생 평공(平公)을 세워서 국권(國權)을 마음대로 하고 이 때부터 전씨(田氏) 나라가 되다.

※조(曹) : 애공 9년에 송(宋)나라에 멸망하다.

※등(滕) : 은공이 졸한 후 연대가 불확실하다.

※거(莒) : 단 교공만 기록되어 있을 뿐, 자세한 내력이 없다.

※설(薛) : 혜공이 졸한 후 후대가 미상하다.

※주(邾) : 애공 10년에 주자 익(益)이 도망오다. 그후 후계가 미상하다.

※허(許) : 애공 13년에 원공이 죽고 후대가 미상하다.

제12편 애공 시대(哀公時代)

1. 애공(哀公) 원년 정미(丁未)

가. 정월에 애공(哀公)이 즉위하다

원년 정미(丁未) 봄, 왕력으로 정월에 애공(哀公)이 즉위했다.

초나라 군주인 자작과 진(陳)나라 군주인 후작과 수(隨)나라 군주인 후작과 허나라 군주인 남작 등이 채(蔡)나라를 포위했다.

元年[1] 春 王正月 公卽位

楚子 陳侯 隨侯 許男 圍蔡[2]

1) 元年(원년) : 애공(哀公) 원년. 애공의 이름은 장(將)이고 정공(定公)의 아들이다. 주(周)나라 경왕(敬王) 26년, B.C. 494년에 즉위하여 14년에 서쪽의 사냥에서 기린을 얻기까지 춘추(春秋)가 끝마치다. 즉위 후 26년 동안 재위했다. 시호는 '공손하고 인자한데 요절한 것'을 애(哀)라 한다고 했다.

2) 圍蔡(위채) : 채나라를 포위하다. 자세한 내용은 좌전에 기재되어 있다.

나. 생쥐가 교제에 쓸 희생소의 뿔을 갉아 먹다

생쥐가 교제(郊祭)에 쓸 희생(犧牲)소의 뿔을 갉아 먹어 다른 소를 점쳐서 바꾸었다.

여름인 4월 신사(辛巳)일에 교제(郊祭)를 지냈다. 이는 교제(郊祭)의 변칙적인 예(禮)를 말한 것이다. 변칙적인 예 속에도 또 좋은 것이 있다는 것을 말한 것이다.

'생쥐가 교제에 쓸 희생소의 뿔을 갉아 먹어서 다시 점을 쳐서 소를 바꾸었다.' 라고 한 것은 공경스럽지 않은 것을 기록한 것이다. 교제지낼 소는 날마다 살피는데, 소의 굽은 뿔을 펼쳐서 보고 상처를 살피는 일은 펼쳐보는 도를 다하는 것이다.

교제(郊祭)는 정월에서부터 3월까지가 교제(郊祭)를 지낼 때이다. 여름인 4월의 교제는 시기가 아니다. 5월의 교제도 시기가 아니다. 여름의 시작은 봄을 잇는 것이다. 가을의 끝에서 봄의 시작을 이으려는 것으로 대개 이때의 교제는 옳지 않은 것이다.

'9월에 교제를 거행했다〔九月用郊〕' 에서 '용(用)' 은 거행한 것이 적당하지 않았다는 것이다. 교제를 지낼 때 세 번 점치는 것은 예에 합당한 것이다. 네 번 점치는 것은 예가 아니다. 다섯 번 점치는 것은 강행(强行)한 것이다.

점을 쳐서 희생 소를 놓아 주는 것은 길하면 놓아 주고 길하지 않으면 놓아 주지 않는다. 소가 상처가 났는데 상처가 났다고 말하지 않은 것은 상처는 소로부터 일어났기 때문이다. 그러므로 그 말이 느슨해진 것이다.

소가 온전한 것을 생(牲 : 犧牲)이라 이르고 상처가 난 것을 '소〔牛〕' 라 이르고 희생이 아닌 것을 '소〔牛〕' 라 이르는데 그 소는 하나일 뿐이요 그 소가 쓰이는 바에 따라서 달라질 뿐이다.

변화가 있어 교제를 지내지 않으므로 점을 쳐 소를 놓아 주는 것이다. 이는 이미 소(牛)일 뿐이다. 그런데 점을 쳐서 놓아 준다는 것은 무슨 뜻인가? 예에는 없애는 것보다 차라리 있는 것처럼 하여 일찍이 상제(上帝)에게 바치려고 놓아 두는 것이다. 그러므로 점을 친 후에 놓아 주는 것이다. 감히 마음대로 하지 않는다는 뜻이다.

점을 쳐서 불길하면 어떻게 하는가? 놓아 주지 않는 것이다. 편안하게 놓아 두고 매어서 기다리는 것이다. 6월 상갑(上甲)일에 비로소 희생을 준비한 뒤에 자유롭게 하는 것이다. 경문(經文)에서 말한 것은 희생의 변칙적인 것이라면서 이르기를 "내가 일괄적으로 교제의 변칙적인 예를 개괄하여 말하였다."라고 한 것은 무슨 뜻인가? 우리는 6월 상갑(上甲)일에 처음으로 희생을 갖추고 10월 상갑일(上甲日)에 처음으로 희생을 매어 놓으며 11월과 12월에 희생이 비록 변화가 있더라도 그 변화를 말하지 않는 것이다. 정월을 기다린 연후에 희생의 변화를 말하는 것이니 이러한 것이 교제를 개괄한 것이다. 교제(郊祭)는 음식을 먹는 도(道)이다. 그 때를 귀하게 여기고 그 예를 크게 하고 그 희생을 기르는데, 비록 조금은 시기와 합치되지 않더라도 그 예를 얻으면 가한 것이다.

경문(經文)에서 3월에 교제를 점친 것을 기록하지 않은 것은 무슨 뜻인가?

교제란 정월부터 3월까지가 교제를 지내는 시기이다. 우리는 12월 하신일(下辛日)에서 정월의 상신일(上辛日)까지 점을 치는데 이때 불길하여 따르지 못할 것 같으면, 정월 하신일(下辛日)에서 2월 상신일(上辛日)까지 점을 치는데 이것도 불길하여 따르지 못할 것 같으면, 2월 하신일(下辛日)에서 3월 상신일(上辛日)까지 점을 치는 것이다. 이때도 불길하여 따르지 못할 것 같으면 교제를 지내지 않는 것이다.

가을에 제나라 군주인 후작과 위(衛)나라 군주인 후작이 진(晉)나라를 정벌했다.

겨울에 노나라 중손하기(仲孫何忌)가 군사를 거느리고 주(邾)나라를 정벌했다.

鼷鼠食郊[1]牛角 改卜牛

夏 四月 辛巳 郊 ◌此該之變而道之也[2] 於變之中 又有言焉 鼷鼠食郊牛角 改卜牛 志不敬也 郊牛日展觓角[3]而知傷 展道盡矣 郊自正月至于三月 郊之時也 夏四月郊 不時也 五月郊 不時也 夏之始可以承春 以秋之末 承春之始蓋不可矣 九月用郊 用者 不宜用者也 郊三卜 禮也 四卜 非禮也 五卜 强也 卜免牲者 吉則免之 不吉則否 牛傷 不言傷之者 傷自牛作也 故其辭緩 全曰牲 傷曰牛 未牲[4]曰牛 其牛一也 其所以爲牛者異 有變而不郊 故卜免牛也 已牛矣 其尙卜免之 何也 禮 與其亡[5]也寧有 嘗置之上帝矣 故卜而後免之 不敢專

也卜之不吉 則如之何 不免 安置之 繫而待 六月上甲始庀牲[6] 然後左右之 子之所言者 牲之變也 而曰我一該郊之變而道之 何也 我以六月上甲始庀牲 十月上甲始繫牲 十一月 十二月 牲雖有變 不道也 待正月 然後言牲之變 此乃所以該郊 郊 享道[7]也 貴其時 大其禮 其養牲 雖小不備可也 子不忘三月卜郊 何也 郊自正月至于三月 郊之時也 我以十二月下辛[8] 卜正月上辛[9] 如不從 則以正月下辛 卜二月上辛 如不從 則以二月下辛 卜三月上辛 如不從 則不郊矣

秋 齊侯衛侯 伐晉

冬 仲孫何忌帥師伐邾

1) 郊(교) : 교제(郊祭)를 말한다. 노나라에서 교제를 지내는 것을 이 뒤로는 지내지 않았다. 춘추의 기록도 이후는 없다.

2) 此該之變而道之也(차해지변이도지야) : 여기서 교제를 개괄하여 말한다의 뜻. 해(該)는 갖추다의 뜻.

3) 日展觓角(일전구각) : 날마다 굽은 뿔을 펴다의 뜻.

4) 未牲(미생) : 희생으로 선택되지 않은 소

5) 亡(망) : 무(無)와 같다.

6) 上甲始庀牲(상갑시비생) : 상순(上旬)에 들어 있는 갑일(甲日)에 희생을 준비한 것. 비는 준비하다, 갖추다의 뜻.

7) 享道(향도) : 음식물을 상천(上天 : 하늘)에 드리는 예.

8) 下辛(하신) : 하순(下旬)에 들어 있는 신일(辛日).

9) 上辛(상신) : 상순(上旬)에 들어 있는 신일(辛日).

2. 애공 2년 무신(戊申)

가. 곽수(漷水) 동쪽과 기수(沂水) 서쪽 땅을 점령하다

2년 무신(戊申) 봄, 왕력으로 2월에 노나라 계손사(季孫斯)와 숙손주구(叔孫州仇)와 중손하기(仲孫何忌)가 군사를 거느리고 주(邾)나라를 정벌하여 곽수(漷水) 동쪽의 땅과 기수(沂水) 서쪽의 땅을 점령했다. 곽수 동쪽이란 곽수의 전체를 다한 것이 아니다. 기수의 서쪽 땅이란 기수의 땅을 다 취한 것이 아니다. 곽수의 동쪽 땅과 기수의 서쪽 땅만 취했다는 뜻이다.

계사일에 숙손주구와 중손하기가 주(邾)나라의 군주인 자작과 구역(句繹)에서 맹약했다. 계손사와 숙손주구와 중손하기의 세 사람이 정벌했는데 두 사람만 참여하여 맹약한 것은 어째서인가? 각각 그들이 정벌하여 얻은 것만 가지고 맹세한 것이었다.

여름인 4월 병자(丙子)일에 위(衛)나라 군주인 후작 원(元)이 세상을 떠났다.

등(滕)나라 군주인 자작이 노(魯)나라를 찾아왔다.

二年 春 王二月 季孫斯 叔孫州仇 仲孫何忌 帥師伐邾 取漷[1]東田及沂[2]西田 ◌漷東未盡也 及沂西田 沂西未盡也

癸巳 叔孫州仇 仲孫何忌 及邾子盟于句繹[3] ◌三人伐而二人盟何也 各盟其得也

夏 四月 丙子 衛侯元[4]卒

滕子來朝

1) 漷(곽) : 곽수(漷水)이며 강 이름이다.

2) 沂(기) : 기수(沂水). 이는 서쪽의 기수(沂水)를 뜻한다고 했다.

3) 句繹(구역) : 주(邾)나라 땅 이름.

4) 衛侯元(위후원) : 위(衛)나라의 영공(靈公)이다. B.C. 534년에 즉위하여 42년 간 재위했다. 뒤는 괴외(蒯聵)의 아들 첩(輒)이 군주가 되어 계승하였다.

나. 위(衛)나라 괴외(蒯聵)를 척(戚)으로 보내다

진(晉)나라 조앙(趙鞅)이 군사를 거느리고 위(衛)나라의 세자 괴외(蒯聵)를 척(戚)으로 들여보냈다. '납(納)' 이란 국내에서 받아주지 않은 것이다. 군사를 거느린 뒤에 들여보냈다고 한 것은 정벌할 뜻이 있는 것이다. 어찌하여 받아들이지 않았다고 썼는가? 그의 아들인 첩(輒)이 받아주지 않은 것이다. 첩이 아버지의 명을 받지 않고 왕부(王父 : 할아버지, 곧 祖父靈公)의 명을 받은 것이다. 아버지의 명을 믿고 왕부의 명을 사양하면 이는 왕부를 높이지 않는 것이다. 그 아버지를 받아주지 않은 것은 왕부를 존경한 것이다.

가을인 8월 갑술(甲戌)일에 진(晉)나라 조앙(趙鞅)이 거느리는 군사가 정(鄭)나라 한달(罕達)이 거느린 군사와 철(鐵)에서 싸워 정나라 군사가 크게 패했다.

겨울인 10월에 위(衛)나라 영공(靈公)을 장사 지냈다.

11월에 채(蔡)나라가 주래(州來)로 옮겨갔다. 채(蔡)나라에서 그 대부(大夫)인 공자 사(駟)를 죽였다.

晉趙鞅帥師 納衛世子蒯聵于戚[1] ◌納者 內弗受也 帥師而後納者有伐也 何用弗受也 以輒[2]不受也 以輒不受父之命 受之王父也 信父而辭王父 則是不尊王父也 其弗受 以尊王父也

秋 八月 甲戌 晉趙鞅帥師 及鄭罕達帥師 戰于鐵[3] 鄭師敗績

冬 十月 葬衛靈公

十有一月 蔡遷于州來 蔡殺其大夫公子駟[4]

1) 戚(척) : 진(晉)나라 땅 이름.

2) 輒(첩) : 위(衛)나라 괴외(蒯聵)의 아들이며 영공(靈公)의 뒤를 이어 출공(出公)이 되었다.

3) 鐵(철) : 위나라 산 언덕 이름. 공양전 경문에는 율(栗)로 되어 있다.

4) 公子駟(공자사) : 공자 사(駟)가 채나라가 주래(州來)로 수도를 옮기는 것을 반대했다.

3. 애공 3년 기유(己酉)

가. 4월 갑오(甲午)일에 지진이 일어나다

3년 기유(己酉) 봄에 제(齊)나라 국하(國夏)와 위(衛)나라 석만고(石曼姑)가 군사를 거느리고 진(晉)나라 척(戚)을 포위했다. 이것은 위(衛)나라의 일이었다. 그 앞에 '제나라 국하'를 먼저한 것은 무엇 때문인가? 자식이 아버지를 포위하지 않게 하기 위해서였다. 척(戚) 땅을 위(衛)나라에 소속시키지 않은 것은 자식인 첩(輒)이 아버지가 있지 않았다는 것을 뜻한 것이다.

여름인 4월 갑오(甲午)일에 지진이 일어났다.

5월 신묘(辛卯)일에 노나라 환궁(桓宮)과 희궁(僖宮)에 화재가 일어났다. 환공을 먼저 언급하고 희공을 말한 것은 조상에는 높고 낮은 단계가 있는 것이다. 우리 노나라 애공에서 말한다면 한결같을 뿐이다.

노나라 계손사(季孫斯)와 숙손주구(叔孫州仇)가 군사를 거느리고 계양(啓陽)에 성을 쌓았다.

송나라 악곤(樂髡)이 군사를 거느리고 조(曹)나라를 정벌했다.

가을인 7월 병자(丙子)일에 계손사(季孫斯)가 세상을 떠났다.

채(蔡)나라 사람이 그 대부(大夫)인 공손렵(公孫獵)을 오(吳)나라로 추방했다.

겨울인 10월 계묘(癸卯)일에 진(秦)나라 군주인 백작이 세상을 떠났다.

노나라 숙손주구와 중손하기가 군사를 거느리고 주(邾)나라를 포위했다.

三年 春 齊國夏 衛石曼姑[1] 帥師圍戚[2] ○此衛事也 其先國夏何也 子不圍父也 不繫戚於衛者 子不有父也

夏 四月 甲午 地震

五月 辛卯 桓宮[3]僖宮[4]災 ○言及 則祖有尊卑 由我言之 則一也

季孫斯 叔孫州仇 帥師城啓陽[5]

宋樂髡帥師伐曹

秋 七月 丙子 季孫斯卒

蔡人放其大夫公孫獵于吳

冬 十月 癸卯 秦伯[6]卒

叔孫州仇 仲孫何忌 帥師圍邾

1) 石曼姑(석만고) : 위나라 대부. 위나라 영공이 세상을 떠날 때 새로운 임금인 첩(輒)을 받들라고 위탁을 받았다.
2) 圍戚(위척) : 척 땅을 포위하다. 위나라에서 동의하지 않았는데 괴외가 국경으로 들어오려고 하므로 위나라 첩이 파병하여 구축(驅逐)했다. 이때 제나라는 위나라와 우호 관계에 있었으므로 발병하여 지원했다.
3) 桓宮(환궁) : 환공(桓公)의 사당.
4) 僖宮(희궁) : 희공(僖公)의 사당.
5) 啓陽(계양) : 노나라의 땅 이름. 공양전 경문에는 개양(開陽)으로 되어 있다.
6) 秦伯(진백) : 진(秦)나라 혜공(惠公). B.C. 500년에 즉위. 10년 간 재위.

4. 애공 4년 경술(庚戌)

가. 도적이 채(蔡)나라 군주를 시해하다

4년 경술(庚戌) 봄, 왕력으로 2월 경술(庚戌)일에 도적이 채(蔡)나라 군주인 후작 신(申)을 시해했다. '도적이라고 일컬어서 군주를 시해했다'고 한 것은 임금과 신하의 도(道)로써 말하지 않은 것이다. 국내에 군주가 있어야 하는데 밖에서 시해된 것은 군주를 시해한 도(道)로써 말하지 않은 것이다.

춘추(春秋)에는 세 가지 도적이 있다. 미천한 사람이 대부(大夫)를 죽이는 것을 '도적〔盜〕'이라 이르고 취할 것이 아닌데 취하는 것을 '도적'이라 이르고 중국(中國)의 정도(正道)를 피하여 이익을 몰래 취하는 것을 '도적'이라 이른다고 했다.

채나라 공손진(公孫辰)이 오(吳)나라로 달아났다.

진(秦)나라 혜공(惠公)을 장사 지냈다.

송나라 사람이 소주(小邾)나라 군주인 자작을 잡았다.

四年 春 王二月[1] 庚戌 盜弑蔡侯申[2] ◌稱盜以弑君 不以上下道道也 內其君而外弑者 不以弑道道也 春秋有三盜 微殺大夫 謂之盜 非

所取而取之 謂之盜 辟[3]中國之正道以襲[4]利 謂之盜
蔡公孫辰出奔吳
葬秦惠公
宋人執小邾子

1) 二月(이월) : 공양전의 경문에는 삼월(三月)로 되어 있다.
2) 弑蔡侯申(시채후신) : 채나라 후작 신(申)을 시해하다. 채후신은 곧 채나라 소공(昭公)이다. B.C. 518년에 즉위하여 28년 간 재위했다. 좌전 경문에는 시(弑)는 살(殺)로 되어 있다.
3) 辟(피) : 피(避)와 같다. 위반하다의 뜻.
4) 襲(습) : 몰래 취하다.

나. 신축(辛丑)일에 박사(亳社)에 화재가 났다

여름에 채(蔡)나라에서 그 대부(大夫)인 공손생(公孫姓)과 공손곽(公孫霍)을 죽였다.

진(晉)나라 사람이 융만(戎蠻)의 군주인 자작 적(赤)을 잡아서 초(楚)나라에 넘겼다.

노나라에서 서쪽 외곽에 성을 쌓았다.

6월 신축(辛丑)일에 박사(亳社)에 화재가 일어났다. 박사(亳社)란 박(亳) 땅의 사(社)이다. 박(亳) 땅은 망한 나라이다. 망국(亡國)의 사(社)로써 사당의 병풍으로 삼아 경계시킨 것이다. 그 집은 망국의 사(社)로써 하늘과 통하는 것을 얻지 못한 것이었다.

가을인 8월 갑인(甲寅)일에 등(滕)나라 군주인 자작 결(結)이 세상을 떠났다.

겨울인 12월에 채(蔡)나라 소공(昭公)을 장사 지냈다.

등(滕)나라 경공(頃公)을 장사 지냈다.

夏 蔡殺其大夫公孫姓[1] 公孫霍
晉人執戎蠻子赤[2]歸于楚
城西郛

六月 辛丑 亳社[3]災 ◯亳社者 亳之社也 亳 亡國也 亡國之社以爲廟屛 戒也 其屋亡國之社 不得上達也

秋 八月 甲寅 滕子結[4]卒

冬 十有二月 葬蔡昭公

葬滕頃公

1) 公孫姓(공손생) : 공양전의 경문에는 공손귀생(公孫歸姓)으로 되어 있다.

2) 戎蠻子赤(융만자적) : 융만은 북방의 오랑캐. 자는 자작, 적은 그의 이름이다. 공양전의 경문에는 융만(戎曼)으로 되어 있다.

3) 亳社(박사) : 박은 은(殷)나라 때의 국도(國都). 사(社)는 토지의 신에게 제사지내는 사당.

4) 滕子結(등자결) : 등나라 경공(頃公). B.C. 510년에 즉위. 20년 간 재위.

5. 애공 5년 신해(辛亥)

가. 비(毗)에 성을 쌓다

5년 신해(辛亥) 봄에 노나라에서 비(毗)에 성을 쌓았다.

여름에 제나라 군주인 후작이 송(宋)나라를 정벌했다.

진(晉)나라 조앙(趙鞅)이 군사를 거느리고 위(衛)나라를 정벌했다.

가을인 9월 계유(癸酉)일에 제나라 군주인 후작 저구(杵臼)가 세상을 떠났다.

겨울에 노나라 숙선(叔還)이 제나라에 갔다.

윤달에 제나라 경공(景公)을 장사 지냈다. 그 윤달에 장사 지낸 것은 예에 합당한 것이 아니었다.

五年 春 城毗[1]

夏 齊侯伐宋

晉趙鞅帥師伐衛

秋 九月 癸酉 齊侯杵臼[2]卒

冬 叔還如齊

閏月[3] 葬齊景公 ◌不正其閏也

1) 毗(비) : 노나라의 땅 이름이다.

2) 齊侯杵臼(제후저구) : 곧 제나라 경공(景公)이다. B.C. 547년에 즉위하여 58년 간 재위했다. 공양전의 경문에는 저(杵)가 처(處)로 되어 있다.

3) 閏月(윤월) : 윤달. 제후는 5개월에 장사를 지내는데 경공이 9월에 졸했으면 다음 해 2월에 장사를 지내야 하는데 당겨서 장사를 치렀다.

6. 애공 6년 임자(壬子)

가. 주(邾)나라 하(瑕)에 성을 쌓다

6년 임자(壬子) 봄에 노나라에서 주(邾)나라의 하(瑕)에 성을 쌓았다.

진(晉)나라 조앙이 군사를 거느리고 선우(鮮虞)를 정벌했다.

오(吳)나라가 진(陳)나라를 정벌했다.

여름에 제나라의 국하(國夏)와 고장(高張)이 노나라로 도망해 왔다.

노나라의 숙선(叔還)이 사(柤)에서 오(吳)나라와 회합했다.

가을인 7월 경인(庚寅)일에 초(楚)나라 군주인 자작 진(軫)이 세상을 떠났다.

六年 春 城邾瑕[1]

晉趙鞅帥師伐鮮虞[2]

吳伐陳[3]

夏 齊國夏及高張來奔

叔還會吳于柤

秋 七月 庚寅 楚子軫[4]卒

1) 邾瑕(주하) : 주(邾)나라의 하(瑕)이며 땅 이름이라 했다. 공양전의 경문에는 가(葭)로 되어 있다.

2) 伐鮮虞(벌선우) : 선우(鮮虞) 사람이 일찍이 제나라 위나라와 함께 진(晉)나라 범씨(范氏)를 구조해 준 일이 있는데 조앙이 보복한 것이다.
3) 伐陳(벌진) : 애공(哀公) 원년에 초나라가 채나라를 정벌할 때 진(晉)나라가 참여한 것으로 오(吳)나라가 채나라를 위하여 보복한 것이다.
4) 楚子軫(초자진) : 곧 초(楚)나라 소왕(昭王)이다. B.C. 515년에 즉위하여 27년 간 재위했다.

나. 제(齊)나라 양생(陽生)이 제나라로 들어가다

제(齊)나라 양생(陽生)이 제나라로 들어갔다. 제나라의 진걸(陳乞)이 그의 군주인 도(荼)를 시해했다. 제나라의 양생이 들어가자 그의 임금이 시해되었는데 진걸이 주도했다는 것은 무슨 뜻인가? 양생의 임금은 도(荼)가 아니었기 때문이다. 그 양생의 임금이 도(荼)가 아니라는 것은 무슨 뜻인가? 양생은 경공(景公)의 정처(正妻) 소생이고 도(荼)는 정처 소생이 아니었기 때문이다. 정처 소생이 아닌데 그를 '임금' 이라고 이른 까닭은 무엇인가? 도(荼)가 비록 정처 소생은 아니었으나 이미 명을 받았기 때문이다.

'입(入)' 이란 국내에서 받아들이지 않은 것이다. 도(荼)가 정처 소생이 아닌데 어찌하여 받지 않았다고 썼는가? 그가 명을 받았으나 받지 않은 것으로 말한 것일 뿐이다. 양생을 국씨(國氏)로 한 것은 무슨 뜻인가? 나라를 도(荼)에게서 탈취했기 때문이다.

겨울에 중손하기(仲孫何忌)가 군사를 거느리고 주(邾)나라를 정벌했다.

송나라 향소(向巢)가 군사를 거느려 조(曹)나라를 정벌했다.

齊陽生[1]入于齊 齊陳乞弑其君荼[2] ◌陽生入而弑其君 以陳乞主之 何也 不以陽生君荼也 其不以陽生君荼 何也 陽生正 荼不正 不正則其曰君 何也 荼雖不正 已受命矣 入者 內弗受也 荼不正 何用弗受 以其受命 可以言弗受也 陽生其以國氏 何也 取國于荼也

冬 仲孫何忌帥師伐邾

宋向巢帥師伐曹

1) 陽生(양생) : 제나라 경공(景公)의 아들. 일찍이 노나라에 도망와 있었다. 뒤에 진걸(陳乞)이 제나라로 맞아들여 즉위하게 했는데 곧 도공(悼公)이다.

2) 荼(도) : 유자(孺子)라고 일컫고 안유자(晏孺子)이며 제(齊)나라 경공의 총첩(寵妾)의 아들이다. 경공이 사망한 후 임금이 되었다. 공양전의 경문에는 사(舍)로 되어 있다.

7. 애공 7년 계축(癸丑)

가. 송나라 황원(皇瑗)이 정나라를 침공하다

7년 계축(癸丑) 봄에 송나라 황원(皇瑗)이 군사를 거느리고 정(鄭)나라를 침공했다.

진(晉)나라 위만다(魏曼多)가 군사를 거느리고 위(衛)나라를 침공했다.

여름에 애공(哀公)이 오(吳)나라와 증(繒)에서 회합했다.

가을에 애공이 주(邾)나라를 정벌했다. 8월 기유(己酉)일에 애공이 주(邾)나라로 들어가 주나라 군주인 자작 익(益)을 데리고 왔다. '이(以)' 란 함께 하지 않은 것이다. 익(益)이라고 이름을 쓴 것은 미워한 것이다. 춘추(春秋)에는 천하에 임(臨)하는 말이 있고 한 국가에 임하는 말이 있고 한 집안에 임하는 말이 있다. 그를 '데리고 왔다.' 라고 한 것은 노나라에서 꺼리는 말이 들어 있다.

송(宋)나라 사람이 조(曹)나라를 포위했다.

겨울에 정(鄭)나라 사홍(駟弘)이 군사를 거느리고 조(曹)나라를 구원했다.

七年 春 宋皇瑗[1]帥師侵鄭

晉魏曼多[2]帥師侵衛

夏 公會吳于繒[3]

秋 公伐邾 八月 己酉 入邾 以邾子益來 ◯以者 不以者也 益之名惡也 春秋有臨[4]天下之言焉 有臨一國之言焉 有臨一家之言焉 其言來者 有外魯之辭焉

宋入圍曹

冬 鄭駟弘[5]帥師救曹

1) 皇瑗(황원) : 송나라 황보충석(皇父充石)의 8세손. 당시 송나라의 경(卿).

2) 魏曼多(위만다) : 위양자(魏襄子)라고 일컫다. 위서(魏舒)의 손자. 일찍이 한불신(韓不信)과 함께 하여 범씨(范氏)를 축출했다. 사기(史記)에는 위치(魏侈)로 되어 있다.

3) 繒(증) : 땅 이름. 본래는 나라 이름이었으나 거(莒)나라가 멸망시켰다. 좌전에는 증(鄫)으로 되어 있다.

4) 臨(임) : 군림(君臨)하다의 뜻.

5) 駟弘(사홍) : 정환자(鄭桓子)라고 일컫다.

8. 애공 8년 갑인(甲寅)

가. 오(吳)나라가 노나라를 정벌하다

8년 갑인(甲寅) 봄, 왕력으로 정월에 송나라 군주인 공작이 조(曹)나라로 쳐들어가서 조(曹)나라 군주인 백작 양(陽)을 데리고 돌아갔다.

오(吳)나라가 우리 노(魯)나라를 정벌했다.

여름에 제나라 사람이 노나라 환(讙)과 천(闡)을 점령했다. 이는 노나라를 미워한 것이다.

노나라에서 주(邾)나라 군주인 자작 익(益)을 주나라로 돌려보냈다. 익(益)이라고 이름을 쓴 것은 나라를 잃었기 때문이다.

가을인 7월이다.

겨울인 12월 계해(癸亥)일에 기(杞)나라 군주인 백작 과(過)가 세상을 떠났다.

제나라 사람이 훤(讙)과 천(闡)을 노나라에 돌려주었다.

八年 春 王正月 宋公入曹 以曹伯陽[1]歸
吳伐我
夏 齊人取讙及闡[2] ◯惡內也
歸邾子益于邾 ◯益之名 失國也
秋 七月
冬 十有二月 癸亥 杞伯過[3]卒
齊人歸讙及闡

1) 曹伯陽(조백양) : 조(曹)나라 군주이다. 이때 조나라가 멸망했다. B.C. 501년에 즉위하여 15년 간 재위했다.
2) 讙及闡(훤급천) : 훤 땅과 천 땅. 모두 노나라 땅 이름.
3) 杞伯過(기백과) : 기(杞)나라 희공(僖公)이다. B.C. 504년에 즉위하여 18년 간 재위했다.

9. 애공 9년 을묘(乙卯)

가. 초(楚)나라에서 진(陳)나라를 정벌하다

9년 을묘(乙卯) 봄, 왕력으로 2월에 기(杞)나라 희공(僖公)을 장사 지냈다.

송(宋)나라 황원(皇瑗)이 군사를 거느리고 정나라 군사를 옹구(雍丘)에서 모두 잡았다. '취(取)'란 쉽게 했다는 말이다. 군사를 쉽게 잡았다는 말은 정나라 군사에 문제가 있었다는 것을 꾸짖은 것이다.

여름에 초나라 사람이 진(陳)나라를 정벌했다.

가을에 송나라 군주인 공작이 정나라를 정벌했다.

겨울인 10월이다.

九年 春 王二月 葬杞僖公
宋皇瑗帥師 取鄭師于雍丘[1] ◌取 易辭也 以師而易取 鄭病矣
夏 楚人伐陳
秋 宋公伐鄭
冬 十月

1) 雍丘(옹구) : 송나라의 땅 이름.

10. 애공 10년 병진(丙辰)

가. 주(邾)나라 군주가 도망해 오다

10년 병진(丙辰) 봄, 왕력으로 2월에 주(邾)나라 군주인 자작 익(益)이 노나라로 도망해 왔다.

애공(哀公)이 오(吳)나라와 회합하고 제나라를 정벌했다.

3월 무술(戊戌)일에 제나라 군주인 후작 양생(陽生)이 세상을 떠났다.

여름에 송나라 사람이 정나라를 정벌했다.

진(晉)나라 조앙(趙鞅)이 군사를 거느리고 제나라를 침공했다.

5월에 애공이 제나라를 정벌하는 일에서 돌아왔다.

제(齊)나라 도공(悼公)을 장사 지냈다.

위(衛)나라 공맹구(公孟彄)가 제나라에서 위나라로 돌아갔다.

설(薛)나라 군주인 백작 이(夷)가 세상을 떠났다.

가을에 설(薛)나라 혜공(惠公)을 장사 지냈다.

겨울에 초나라 공자 결(結)이 군사를 거느려 진(陳)나라를 정벌했다.

오(吳)나라가 진(陳)나라를 구원했다.

十年 春 王二月 邾子益來奔[1]
公會吳 伐齊
三月 戊戌 齊侯陽生[2]卒

夏 宋人伐鄭
晉趙鞅帥師侵齊
五月 公至自伐齊
葬齊悼公
衛公孟彄自齊歸[3]于衛
薛伯夷[4]卒
秋 葬薛惠公
冬 楚公子結[5]帥師伐陳
吳救陳

1) 益來奔(익내분) : 주(邾)나라 은공(隱公)이 도망해 오다. 은공은 제나라의 생질이다. 먼저는 노나라에 망명해 있다가 뒤에는 제나라에 망명했다가 다시 노나라로 도망해 왔다.
2) 陽生(양생) : 제나라 도공(悼公). B.C. 488년에 즉위하여 4년 간 재위했다.
3) 公孟彄自齊歸(공맹구자제귀) : 정공(定公) 14년에 위나라의 공맹구가 정나라로 달아났다가 뒤에 또 제나라에 이르렀다.
4) 薛伯夷(설백이) : 설나라 혜공(惠公). 공양전에는 설백인(薛伯寅)으로 됨.
5) 公子結(공자결) : 초나라의 자기(子期)라고 일컫다.

11. 애공 11년 정사(丁巳)

가. 제나라 국서(國書)가 노나라를 정벌하다

11년 정사(丁巳) 봄에 제나라 국서(國書)가 군사를 거느리고 우리 노(魯)나라를 정벌했다.

여름에 진(陳)나라 원파(轅頗)가 정나라로 달아났다.

5월에 애공이 오(吳)나라와 회합하여 제나라를 정벌했다.

갑술(甲戌)일에 제나라 국서(國書)가 군사를 거느리고 오(吳)나라와 애릉(艾陵)에서 싸웠다. 제나라 군사가 크게 패했고, 오나라는 제나라 국서를 잡아 죽였다.

가을인 7월 신유(辛酉)일에 등(滕)나라 군주인 자작 우모(虞

母)가 세상을 떠났다.

겨울인 11월에 등나라 은공(隱公)을 장사 지냈다.

위(衛)나라 세숙제(世叔齊)가 송(宋)나라로 달아났다.

十有一年 春 齊國書帥師伐我[1)]

夏 陳轅頗[2)]出奔鄭

五月 公會吳伐齊

甲戌 齊國書帥師 及吳戰于艾陵[3)] 齊師敗績 獲齊國書

秋 七月 辛酉 滕子虞母[4)]卒

冬 十有一月 葬滕隱公

衛世叔齊[5)]出奔宋

1) 國書帥師伐我(국서솔사벌아) : 애공 10년 3월에 노나라에서 오(吳)나라를 따라 제나라를 정벌한 것에 대해 제나라가 다시 와서 보복한 것이다. 이때 노나라에서 제나라 군대를 격파하지 못했다.

2) 轅頗(원파) : 진(陳)나라 대부이며 일찍부터 사도(司徒)를 맡고 있었다. 그는 교만하고 방자하며 군주만 따라서 공적인 것을 가탁하여 사적인 것만 탐내 진(陳)나라 사람들이 축출했다. 공양전 경문에는 원파(袁頗)로 되어 있다.

3) 艾陵(애릉) : 제나라 지명이다.

4) 滕子虞母(등자우모) : 등나라 군주인 자작 우모이며, 곧 등나라 은공(隱公)이다. B.C. 490년에 즉위하여 7년 간 재위했다.

5) 世叔齊(세숙제) : 태숙질(太叔疾)이라고 일컫는다. 위나라 대부이다.

12. 애공 12년 무오(戊午)

가. 노나라에서 토지세법(土地稅法)을 시행하다

12년 무오(戊午) 봄에 노나라에서 토지세법(土地稅法)을 시행했다. 옛날에는 공전(公田)에서 부과하는 세법이란 10분의 1이었다. 토지의 세법(稅法)을 시행한 것은 예에 합당한 정당한 방법이 아니었다.

여름인 5월 갑진(甲辰)일에 맹자(孟子)가 세상을 떠났다. 맹자(孟子)란 누구인가? 소공(昭公)의 부인(夫人)이다. 그를 부인(夫人)이라고 이르지 않은 것은 어째서인가? 동성(同姓)을 취한 것을 숨긴 것이다.

애공(哀公)이 오(吳)나라와 탁고(橐皐)에서 회합했다.

가을에 애공이 위(衛)나라 군주인 후작 및 송(宋)나라 황원(皇瑗)과 운(鄖)에서 회합했다.

송나라 향소(向巢)가 군사를 거느리고 정나라를 정벌했다.

겨울인 12월에 메뚜기 떼가 일어났다.

十有二年 春 用田賦[1] ◌古者公田什一[2] 用田賦 非正也

夏 五月 甲辰 孟子[3]卒 ◌孟子者 何也 昭公夫人也 其不言夫人 何也 諱取同姓[4]也

公會吳于橐皐[5]

秋 公會衛侯宋皇瑗于鄖[6]

宋向巢帥師伐鄭

冬 十有二月 螽

1) 用田賦(용전부) : 가가호호(家家戶戶)에서 가지고 있는 모든 토지의 수량에 따라서 군용물자를 납부하는 세금제도이다.

2) 公田什一(공전십일) : 공전(公田)이란 정전법(井田法)에서 8가구에 둘러싸여 있는 중앙의 전답으로 8가구가 공동으로 경작하여 그 수확을 세금으로 내는 것인데 10분의 1의 세금법을 뜻한다. 곧 주(周)나라 시대에 일반적으로 다섯 식구의 집안에서 1부(一夫)가 백묘(百畝)를 받아 관청에 그 수확에서 10분의 1을 내는 세금을 뜻한다.

3) 孟子(맹자) : 노나라 소공(昭公)의 부인(夫人)이며 오(吳)나라의 딸이다. 오나라는 같은 희성(姬姓)이다.

4) 取同姓(취동성) : 동성에게 장가들다. 오(吳)나라는 태백(泰伯)의 후예로 희성(姬姓)이다.

5) 橐皐(탁고) : 오나라의 땅 이름.

6) 鄖(운) : 오나라의 땅 이름.

13. 애공 13년 기미(己未)

가. 진(晉), 오(吳)나라와 황지(黃池)에서 회합하다

13년 기미(己未) 봄에 정(鄭)나라 한달(罕達)이 군사를 거느리고 송나라 군사를 암(嵒)에서 잡았다. '취(取 : 잡았다)'는 쉽게 잡았다는 말이다. 군사로써 쉽게 적의 군사를 잡았다는 말은 송나라가 병든 것을 비난한 것이다.

여름에 허(許)나라 군주인 남작 성(成)이 세상을 떠났다.

애공이 진(晉)나라 군주인 후작과 오(吳)나라 군주인 자작과 황지(黃池)에서 회합했다. 황지(黃池)의 회합은 오나라를 자작으로 올려 준 것이다. 드디어 자작이 되었다. 오나라는 이적(夷狄)의 나라였다. 머리를 깎고 몸에 문신을 하는 야만적인 풍속을 가진 나라인데 노나라의 예(禮)를 따르고자 하고 진(晉)나라의 권세를 가지려 하고, 중국의 관(冠)과 현단(玄端)을 청하여 의복으로 껴입고, 그 성주(成周)의 왕실에 공물을 바쳐서 주(周)나라 천자를 높임으로써 오나라를 자작으로 올려 준 것이었다.

또 오(吳)나라는 동방(東方)의 대국(大國)이다. 자주 자주 작은 나라를 이르도록 하여 제후들과 회합하여 중국과 하나가 되려고 오나라가 능히 하고 있는데 신하가 되지 못할 것인가? 이에 오나라를 올려 준 것이다. 왕(王)은 높은 칭호이다. 자(子)는 낮은 칭호이다. 높은 칭호를 사양하고 낮은 칭호에 살면서 제후들과 회합하여 천자를 높이고 있다.

오왕(吳王) 부차(夫差)가 말하기를 "아름다운 관(冠)을 쓰고 올 것이다."라고 했다. 공자(孔子)께서 말씀하시기를 "위대하다! 부차(夫差)여! 능히 관(冠)을 하라고 말하지 않았건만 관(冠)을 하고자 한다."라고 했다.

十有三年 春 鄭罕達帥師 取宋師於嵒[1] ◌取 易辭也 以師而易取宋病矣

夏 許男成[2]卒

公會晉侯及吳子于黃池[3] ◌黃池之會 吳子進乎哉 遂子矣 吳 夷狄之國也 祝髮文身[4] 欲因魯之禮 因晉之權 而請冠端而襲[5] 其藉于成周 以尊天王 吳進矣 吳 東方之大國也 累累[6]致小國以會諸侯 以合乎中國 吳能爲之 則不臣乎 吳進矣 王 尊稱也 子 卑稱也 辭尊稱而居卑稱 以會乎諸侯 以尊天王 吳王夫差[7]曰 好冠來 孔子曰 大矣哉 夫差未能言冠而欲冠也

1) 嵒(암) : 암(岩)과 같은 자이며 땅 이름이다.
2) 許男成(허남성) : 허(許)나라 원공(元公)이다. B.C. 504년에 즉위하여 22년간 재위했다.
3) 黃池(황지) : 땅 이름이다.
4) 祝髮文身(축발문신) : 축발은 머리를 깎다. 문신은 몸에 문신을 새기다. 축은 끊다, 자르다의 뜻. 문(文)은 문(紋)과 같다.
5) 請冠端而襲(청관단이습) : 관은 모자, 단은 현단(玄端)으로 중국의 사(士), 대부(大夫), 제후(諸侯)들이 입는 옷. 습은 입다의 뜻.
6) 累累(누누) : 자주 자주의 뜻.
7) 夫差(부차) : 오왕(吳王) 합려(闔閭)의 아들이며 B.C. 495년에서 473년까지 재위했다. 일찍이 월(越)나라를 쳐부수고 월왕(越王) 구천(句踐)을 포로로 잡았다.

나. 월(越)나라가 오(吳)나라로 쳐들어가다

초(楚)나라 공자 신(申)이 군사를 거느리고 진(陳)나라를 정벌했다.

월(越)나라가 오(吳)나라로 쳐들어갔다.

가을에 애공(哀公)이 회합에서 돌아왔다.

진(晉)나라 위만다(魏曼多)가 군사를 거느리고 위(衛)나라를 침공했다.

허(許)나라 원공(元公)을 장사 지냈다.
9월에 메뚜기 떼가 일어났다.
겨울인 11월에 혜성(慧星)이 동쪽 하늘에 나타났다.
도적이 진(陳)나라 하구부(夏區夫)를 죽였다.
12월에 메뚜기 떼가 일어났다.

楚公子申[1]帥師伐陳
於越入吳
秋 公至自會
晉魏曼多[2]帥師侵衛
葬許元公
九月 螽
冬 十有一月 有星孛于東方[3]
盜殺陳夏區夫[4]
十有二月 螽

1) 公子申(공자신) : 자서(子西)라고 일컫다. 초나라 대부이다.
2) 魏曼多(위만다) : 공양전의 경문에는 위다(魏多)로 되어 있다.
3) 有星孛于東方(유성패우동방) : 날이 새어 다른 별들이 보이지 않을 때 동쪽 하늘에 혜성(慧星)이 나타나서 보였다는 뜻.
4) 夏區夫(하구부) : 진(陳)나라 대부이다. 공양전의 경문에는 하구부(夏彄夫)로 되어 있다.

14. 애공 14년 경신(庚申)

가. 사냥에서 기린을 잡다

14년 경신(庚申) 봄에 서쪽 지방에서 수렵(狩獵)하여 기린(麒麟)을 잡았다. 기린을 이끌어 잡은 것이다. 사냥한 지방을 기록하지 않은 것은 사냥하지 않았기 때문이다. 사냥하지 않았는데 '수

(狩)' 라고 이른 까닭은 기린을 얻은 것을 크게 여긴 것으로 똑같은 것을 크게 여긴 것이다. 그것을 '내(來)' 라고 말하지 않은 것은 기린이 중국의 밖에 있는 동물이 아니기 때문이었다. '유(有)' 라고 말하지 않은 것은 기린이란 중국에 항상 존재하지 않을 뿐 아니라 영원히 존재하지도 않는 것이기 때문이다.

十有四年[1] 春 西狩獲麟[2] ◌引取之也 狩地 不地不狩也 非狩而曰狩大獲麟 故大其適也 其不言來 不外麟於中國也 其不言有 不使麟不恒於中國也

1) 十有四年(십유사년) : 본 해는 주(周)나라 경왕(敬王) 39년이며 B.C. 481년이다. 춘추의 경문이 14년에 이르러 중지되었다. 공양전과 곡량전은 모두가 14년에서 중지되었다. 좌전만 애공 27년까지 기록되어 있다.

2) 西狩獲麟(서수획인) : 수는 사냥하다, 수렵하다. 수렵은 옛날에 군대를 검열하는 하나의 방식이었다. 좌전에는 숙손씨(叔孫氏)의 수레를 간수하는 사람의 아들인 서상(鉏商)이 기린을 잡았는데 그것이 무엇인지 모르고 상서롭지 못하게 여겨 그것을 사냥터 지키는 사람에게 주었다고 했다.

원문자구색인(原文字句索引)

〔가〕

〔나〕

〔다〕

〔마〕

〔바〕

〔사〕

〔아〕

〔자〕

〔차〕

〔타〕

〔파〕

〔하〕

시간과 공간을 초월하여 영원한 고전으로 남아질 수 있는
과거속의 유산을 캐내어 메마른 마음밭을 기름지게 가꾸어 줄 수 있는 —

자유문고의 책들

1. 정관정요
오긍 지음 ●620쪽

2. 식경
편집부 해역 ●304쪽

3. 십팔사략
증선지 지음 ●258쪽

4. 소학
조형남 해역 ●328쪽

5. 대학
정우영 해역 ●160쪽

6. 중용
조강환 해역 ●168쪽

7. 신음어
여곤 지음 ●256쪽

8. 논어
김상배 해역 ●376쪽

9. 맹자
전일환 해역 ●464쪽

10. 시경
이상진 · 황송문 역● 576쪽

11. 서경
이상진 · 강명관 역 ●444쪽

12. 주역
양학형 · 이준영 역 ●496쪽

13. 노자도덕경
노재욱 해역 ●272쪽

14. 장자
노재욱 편저 ●260쪽

15. 묵자
박문현 · 이준영 역 ●552쪽

16. 효경
박명용 · 황송문 역 ●232쪽

17. 한비자
노재욱 · 조강환 역 ● 상532쪽 · 하512쪽

18. 근사록
정영호 해역 ●424쪽

19. 포박자
갈홍 저/장영창 역 ●280쪽

20. 여씨춘추
정영호●12기370쪽●8람464쪽●6론240쪽

21. 고승전
혜교 저/유월탄 역 ●260쪽

22. 한문입문
최형주 해역 ●232쪽

23. 열녀전
유향 저/박양숙 역 ●416쪽

24. 육도삼략
조강환 해역 ●296쪽

25. 주역참동계
최형주 해역 ●272쪽

26. 한서예문지
이세열 해역 ●328쪽

27. 대대례
박양숙 해역 ●344쪽

28. 열자
유평수 해역 ●304쪽

29. 법언
양웅 저 / 최형주 역 ●312쪽

30. 산해경
최형주 해역 ●408쪽

31. 고사성어
송기섭 지음 ●304쪽

32. 명심보감 · 격몽요결
박양숙 해역 ●280쪽

33. 이향견문록
유재건 엮음 / 이상진 역 ●상352쪽 · 하352쪽

34. 성학십도와 동국십팔선정
이상진 외2인 해역●248쪽

35. 시자
신용철 해역 ●240쪽

36. 유몽영
장조 저 · 박양숙 역 ● 240쪽

37. 채근담
박양숙 해역 ●288쪽

38. 수신기
간보 저/전병구 역 ●462쪽

39. 당의통략
이덕일 · 이준영 역 ● 457쪽

40. 거울로 보는 관상
신성은 엮음 ●400쪽

41. 다경
박양숙 해역 ●240쪽

42. 음즐록
정우영 해역 ●176쪽

43. 손자병법
조일형 해역 ● 272쪽

44. 사경
김해성 해역 ● 288쪽

45. 예기
지재희 역 ●상/중/하

46. 이아 주소
최형주 편저● 420쪽

47. 주례
지재희 해역 ●608쪽

48. 춘추좌전
남기현 해역 ●상 · 중 · 하 각 656쪽

49. 순자
이지한 해역 ●656쪽

50. 악기
이영구 해역 ●312쪽

51. 가범
이영구 해역 ●336쪽

52. 원본소녀경
최형주해역 ●322쪽

53. 상군서
남기현 해 역 ●288쪽

54. 황제내경소문
최형주해역● 상472쪽 · 중448쪽 · 하416쪽

55. 황제내경영추
최형주해역 ● 상496쪽 · 하416쪽

56. 의례
지재희 · 이지한 해역 ●424쪽

58. 춘추공양전
남기현 해역 ●568쪽

南基顯 先生 略歷

1929年 忠北 淸原 出生. 號는 元峯. 忠南大學校 農業經營學科를 卒業.
成均館大學校 儒學大學院 總同門會長. 高麗大學校 政策大·經營大學院 修了.
延世大學校 言論弘報·行政大學院 修了. 서울大學校 國際大學院·環境大學院 修了.
成均館 進士會長. 참여연대 熟年會長. 成均館 副館長.
成均館大學校 總同門會 副會長. 成均館儒道會 總本部 首席副會長.
宜寧南氏 大宗會 會長. 韓國氏族聯合會 首席副總裁.
韓國環境常綠樹運動 聯合 總裁. 韓國 NGO指導者 總聯合 中央會 總裁.
道德國家 國民運動聯合 總裁.

解譯書 : '春秋左傳(上·中·下)' '商君書' '春秋公羊傳'

인지
생략

동양학총서〔57〕

춘추곡량전(春秋穀梁傳)

초판1쇄 인쇄 2005년 2월 15일
초판1쇄 발행 2005년 2월 19일

해역자 : 남기현
펴낸이 : 이준영

회장 · 유태전
주간 · 이덕일 / 편집 · 강유련 / 교정 · 김경숙 / 영업기획 · 한정주
조판 · 태광문화 / 인쇄 · 천광인쇄 / 제본 · 기성제책 / 유통 · 문화유통북스

펴낸곳 : 자유문고
서울 영등포구 문래동6가 56-1 미주프라자 B-102호
전화 · 2637-8988 · 2676-9759 / FAX · 2676-9759
홈페이지 : http://www.jayumungo.com
e-mail : jayumg@hanmail.net
등록 · 제2-93호(1979. 12. 31)

정가 20,000원

※잘못 만들어진 책은 구입하신 서점에서 바꿔드립니다.

ISBN 89-7030-072-4 04150
ISBN 89-7030-000-7 (세트)